AF574272

el GRAN LIBRO DEL PUNTO

el GRAN LIBRO DEL PUNTO

VIKKI HAFFENDEN • FREDERICA PATMORE

CONTENIDO

PRÓLOGO

Todos los libros sobre el arte de tricotar pretenden ser el libro que hay que tener, pero *El gran libro del punto* lo es realmente. Si vas a empezar a hacer punto, en él hallarás muchos consejos sobre la elección del equipo y los hilos, y las instrucciones paso a paso, con excelentes fotografías, te guiarán cuidadosamente a la hora de montar los puntos y tejer tus primeras muestras. A medida que ganes experiencia y confianza, las claras explicaciones de cada técnica –desde el punto del revés hasta la confección de prendas– te permitirán desarrollar tus habilidades a tu propio ritmo. Los más experimentados encontrarán nuevas técnicas que probar e incluso nuevas variantes de las que llevan años utilizando. También espero que los estudiantes de textil y moda encuentren en este libro una valiosa fuente de inspiración para potenciar su creatividad.

Al hojearlo verás que las técnicas están agrupadas por tipos, con abundante información adicional y consejos sobre cómo o dónde utilizarlas. Además de los detalles de acabado de las prendas, como ojales y bolsillos, y las instrucciones para adornar tu labor, se explican paso a paso las técnicas más complejas, como la intarsia y los ochos. Estas aparecen en el

muestrario de puntos junto con los calados, el jacquard y distintas texturas. En este completo muestrario podrás ver cómo la combinación de técnicas puede producir los tejidos más bonitos, coloridos y texturizados. Por supuesto, la gran ventaja de este libro es que, mientras tejes, puedes consultar las instrucciones paso a paso para obtener ayuda en cualquier momento.

Como he sido tejedora durante incontables años y he enseñado diseño textil de punto durante la mayor parte de ellos, me enorgullece decir que este libro representa un acervo de conocimientos y habilidades acumulados a través de mi propia práctica del diseño y la enseñanza. Como tal, espero que se convierta en tu libro de referencia indispensable. Estoy segura de que nadie lo cerrará sin haber aprendido algo y de que cualquier persona mínimamente interesada en el punto disfrutará teniéndolo y, lo que es más importante, utilizándolo.

Vikki

VIKKI HAFFENDEN

ACERCA DE **ESTE LIBRO**

Este libro es adecuado para cualquier persona, tanto si nunca ha manejado un par de agujas como si lleva años haciendo punto. Abarca todas las áreas clave: equipo y materiales, muestras de puntos, técnicas y labores, proporcionándote todo lo que necesitas para ponerte a tejer.

Comienza por familiarizarte con los capítulos Materiales y Equipo, llenos de materiales esenciales y especializados. En el capítulo Muestrario verás todos los bonitos tejidos que puedes crear usando las técnicas de este libro, muchos de los cuales solo necesitan puntos sencillos. El capítulo Técnicas, que constituye la mayor parte del libro, te guía a través de más de 250 técnicas, desde las que te ayudan a empezar y a comprender un patrón hasta las especializadas, desde los ochos y los puntos calados hasta los motivos multicolores y los adornos. Esta nueva edición también incluye el punto tejido con los brazos.

El capítulo Labores contiene 20 ideas fantásticas que abarcan distintos niveles de dificultad y una gran variedad de técnicas. Demuestra tu habilidad tejiendo gorros, bufandas y prendas de vestir, así como artículos para el hogar. En *El libro del punto* encontrarás todo lo que necesitas para tejer con precisión, confianza y estilo.

MATERIALES

HILOS

El hilo es la fibra larga e hilada con la que tejemos. Hay muchos tipos de hilos, cosa que permite a los tejedores disfrutar de una gran variedad de experiencias sensoriales al expresarse por este medio. Los hilos pueden estar hechos de distintas fibras (pp. 12–19) y tener diversas texturas (pp. 20–24). Las posibilidades son apasionantes: en teoría se puede tejer con cualquier cosa, desde una madeja de hilo de seda para calcetines hasta las tiras de la bolsa de plástico en la que te la llevaste a casa, y elegir entre una gama de colores que va de los tonos sutiles y apagados a los más vivos y llamativos.

FIBRAS

Los hilos, como los tejidos, están hechos con fibras. Estas pueden ser de origen animal, como el pelo de una cabra; vegetal (derivada de una planta), o artificial (sintética). Las fibras se procesan e hilan para elaborar hilos. Un hilo puede estar hecho de una sola fibra, como la lana 100 %, o de una mezcla de fibras para mejorar sus cualidades (por ejemplo, su resistencia o suavidad). También se crean mezclas con fines estéticos, como la de seda con lana para darle un brillo lustroso. Todos los hilos tienen propiedades diferentes, por lo que es importante elegir la mezcla más adecuada para tu labor.

FIBRAS NATURALES

Lana ▶
El vellón de diversas razas de ovejas, como la Shetland o la Bluefaced Leicester, se procesa para fabricar hilos de lana pura o mezclada con otras fibras. Muy cálida y resistente, la lana es ideal para prendas de invierno como chaquetas, jerséis, gorros y guantes. La lana de tacto áspero contiene fibras cortas y gruesas que pueden ser irritantes, por lo que es mejor tejer las prendas que se llevan cerca de la piel con tipos de lana más suaves. A menos que la etiqueta indique que es «superwash», la lana siempre debe lavarse con cuidado a mano.

Lana merina
Se obtiene de ovejas merinas, cuya lana es una de las más finas de todas las razas ovinas. Sus fibras largas y lustrosas producen un hilo suave, ideal para prendas que se llevan sobre la piel, como bufandas, manguitos y ropa infantil. Se suele mezclar con otras fibras y a menudo se trata para que pueda lavarse a máquina.

Mohair
Esta fibra es el pelo de la cabra de Angora y produce un «halo» natural único cuando se teje. Tejer con mohair es todo un reto, ya que su aspecto encrespado dificulta apreciar bien la estructura del tejido y los errores, pero los jerséis supergrandes o complementos de este hilo resultan muy atractivos. No es aconsejable para prendas de bebé, ya que recién tejidas pueden soltar pelillos, peligrosos si se inhalan.

Alpaca
Esta fibra de tacto lujoso procede de la alpaca, una pariente de la llama, y es una de las fibras naturales más cálidas con las que puedes tejer. Incluso una prenda de alpaca fina aísla lo suficiente en climas muy fríos. Es ideal para gorros de esquí y jerséis y calcetines gruesos y abrigados. También existe el hilo de alpaca *baby* (del primer esquilado), aún más suave.

Cachemira ▶
Esta fibra procedente de la suave subcapa del pelaje de una cabra da un hilo suntuoso, de tacto sedoso. Es ligera, pero fuerte, y suele proporcionar más metros de hilo por gramo que otras fibras equivalentes. Es cara de producir y a menudo se mezcla con otras fibras para darles suavidad y un toque de lujo. Disfruta llevándola sobre la piel en chales, bufandas y jerséis. Siempre debe lavarse a mano.

Angora ▶
El denso pelo del conejo de Angora produce una fibra suave y larga que se suele mezclar con otras fibras para obtener hilos con un «halo» peludo similar al del mohair. Cada pelo en sí es sumamente sedoso, y los hilos resultantes, aunque suaves, tienden a soltar fibras. La angora permite tejer prendas deliciosamente suaves y cálidas, pero es muy delicada, por lo que no resulta recomendable para bolsos o artículos del hogar. Como en el caso de otras fibras delicadas, consulta las instrucciones de cuidado en la etiqueta de madejas u ovillos.

Algodón mate ▶
El algodón es la borra que rodea las semillas de la planta del mismo nombre y que se hila para obtener una fibra transpirable, adecuada para el verano. La mayoría de los hilos de algodón son fáciles de lavar y, si se cuidan correctamente, pueden ser increíblemente robustos y durar décadas. Por tanto, es una buena fibra para artículos del hogar y bolsos de punto. El algodón puro y sin tratar es ideal para teñirlo a mano.

◀ **Algodón mercerizado (perlé)**
El hilo de algodón puede ser mercerizado: tratado mediante un proceso mecánico y químico para comprimirlo y transformarlo en un hilo ultrarresistente con un brillo reflectante y que no suelta pelusa, también llamado perlé. El algodón mercerizado suele ser más caro, pero resulta idóneo para artículos que deban ser resistentes y no deformarse, como un bolso de noche, una chaqueta de verano o una colcha que requiera lavados regulares.

◀ **Seda**
El gusano de seda es una oruga que come hojas de morera y se convierte en mariposa dentro de un capullo que fabrica extruyendo un filamento de seda. El hilo de seda se obtiene retorciendo filamentos. La seda de los gusanos criados con morera es muy fina, lustrosa y elegante, mientras que la de gusanos salvajes (tussah o tasar), es algo más gruesa y menos lustrosa, pero ambas son extremadamente fuertes. A causa de su extraordinario origen, la fibra de seda siempre ha sido cara. Su exquisita textura la hace ideal para regalos y prendas de punto de lujo.

◀ **Lino**
Esta fibra procede de los tallos de la planta del mismo nombre. Es más bien áspera y tiene una superficie oleosa y cerosa, pero se convierte en un hilo liso, suave y transpirable, ideal para tejer chaquetas y tops ligeros, idóneos para climas cálidos.

Cáñamo ▶
El uso de las fibras de cáñamo, una planta especialmente versátil, para fabricar hilo para tejer a mano no es muy común. Este hilo posee una rugosidad rústica que se suaviza con el tiempo y el uso. Su producción suele ser respetuosa con el medio ambiente, y por su resistencia, es excelente para tejer bolsas de red y artículos para el hogar, como manteles individuales y posavasos.

Ramio ▶
Procede de la planta del mismo nombre, de la familia de las ortigas, cuya corteza interna se procesa para transformarla en unas fibras con un ligero brillo, pero algo quebradizas, por lo que suelen mezclarse con otras antes de hilarlas. Como otras fibras vegetales, el ramio no aísla bien, pero produce tejidos transpirables y duraderos.

FIBRAS BIOSINTÉTICAS

Proteínas de soja y de leche ▶
Las proteínas derivadas de la soja y la leche (caseína) pueden utilizarse para fabricar fibras, que suelen verse en hilos de mezcla. Esas fibras finas y lisas aportan suavidad y flexibilidad a otras, como el lino o la lana. Los hilos que contienen proteína de soja son menos lavables a máquina y no retienen especialmente bien el calor. Son más adecuados para boleros y chaquetas vaporosos, y prendas de verano.

◀ Bambú
Los hilos de bambú para hacer punto se obtienen triturando los tallos, o cañas, de la planta para producir una fibra similar al lino o procesando químicamente las plantas reducidas a pulpa, en cuyo caso se llama «viscosa de bambú». Recuerda a la seda por su brillo y su tacto, y es más fácil de tejer si se mezcla con otras fibras. Mejora la transpirabilidad y la elasticidad del algodón puro y es ideal para prendas de verano y chales.

Avances en las fibras biosintéticas
Es posible producir fibras a partir de una amplia gama de fuentes naturales, como el plátano, la piña, las algas y la quitina (presente en cangrejos, gambas, langostas y hongos). Aparte de la soja, el bambú y la viscosa, esas fibras no son muy habituales en hilos para tejer a mano y cuando aparecen lo hacen mezcladas con otras fibras. Estas fibras alternativas se están desarrollando para reducir el impacto ambiental de la producción y la eliminación de las fibras tradicionales, y algunos aseguran que tienen beneficios adicionales para la salud de los usuarios.

▶ FIBRAS SINTÉTICAS

◀ Microfibra
Con su suavidad aterciopelada, la microfibra es cada vez más común en los hilos de mezcla. Puede que las fibras sintéticas de este tipo no te atraigan, pero se incluyen a menudo en un hilo para reducir su densidad, aumentar su suavidad o evitar que la fibra migre y forme bolitas en la superficie de los tejidos de punto. Pese a estas ventajas, preocupa que pasen al medio ambiente microfibras de plástico durante el lavado.

Metálicos ▶
Aunque no son fibras, los hilos metálicos forman parte del abanico de hilos y fibras disponibles para tejer. El lúrex y otros hilos metálicos crean ribetes y adornos muy efectistas. Pueden resultar incómodos si se usan solos, pero forman mezclas muy interesantes con otros hilos, y es divertido experimentar con ellos.

Acrílico ▶
Las fibras acrílicas se obtienen a partir del etileno, un derivado del petróleo, y son muy baratas de fabricar. El hilo acrílico es ligeramente más áspero al tacto que otros hilos sintéticos y a menudo viene en tonos muy vivos y luminosos, difíciles de conseguir con fibras naturales. Robusto y resistente a la polilla, es ideal para juguetes, prendas de fantasía y labores de bajo presupuesto. Tiende a acumular electricidad estática.

Nailon ▶
La poliamida, o nailon, es una fibra increíblemente fuerte y ligera. Su elasticidad la hace ideal para tejidos de punto, y se utiliza a menudo para reforzar hilos para artículos que pueden estar sometidos a un gran desgaste, como los hilos para calcetines y para zurcir. Como otras fibras artificiales, mejora la capacidad de lavado de las fibras con las que se mezcla, evitando que encojan y se fieltren.

MEZCLAS DE HILOS

Mezclas de lana y algodón
La resistencia y la suavidad del algodón aportan uniformidad, transpirabilidad y mejor capacidad de lavado a la calidez (y a veces aspereza) de la lana. Esta mezcla es ideal para quienes tienen la piel sensible y para los bebés. El algodón y la lana absorben el tinte de distinta manera, lo que puede dar aspecto rayado a la mezcla. La lana suelta menos pelusa si se mezcla con una fibra vegetal estabilizadora.

Mezclas de fibras sintéticas y naturales
Las fibras sintéticas suelen mezclarse con fibras naturales para darles estructura, resistencia y para que sean más fáciles de lavar, pero también por razones estéticas, como añadirles brillo. Ayudan a cohesionar otros hilos, como el mohair y la lana, para impedir que se deshilachen; también evitan que las fibras animales encojan. La resistencia de estas mezclas las hace idóneas para calcetines o guantes.

Mezclas de fibras sintéticas
Los fabricantes pueden mezclar fibras sintéticas para crear diversas texturas, como hilos de fantasía de efecto peludo, hilos suaves y lisos para ropa de bebé y sustitutos gruesos de la lana. Aunque no mantienen mucho el calor en comparación con las fibras animales, la mayoría de las mezclas de fibras sintéticas pueden lavarse con frecuencia y algunas incluso secarse en secadora.

HILOS DE FANTASÍA Y CON TEXTURA

A las personas que buscan algo diferente, los hilos de fantasía les abren un mundo de posibilidades insólitas. Desde la aterciopelada chenilla hasta los hilos con distintas texturas, hay muchos con los que experimentar. Cada uno crea un efecto peculiar en el tejido, e incluso puede que este no parezca un tejido de punto en absoluto. Lee esta sección para sacar el artista textil que llevas dentro y deja que los hilos te inspiren para crear algo fresco y atrevido.

Chenilla ▶
Este hilo suele estar compuesto por algodón y fibras sintéticas, y está formado por fibras cortas que emergen de un alma o núcleo resistente. Un tejido hecho con él tendrá un tacto lujoso y aterciopelado. La chenilla es idónea para el punto de jersey, pero no tanto para puntos más intrincados, calados o de ochos, pues puede ocultar los detalles. Se trata de un hilo delicado, que puede deteriorarse con el uso; por eso es más adecuado para prendas de punto liso para adultos, gorros y bufandas.

Hilo de varios cabos ▶
Un hilo de varios cabos es el compuesto por varias hebras o hilos simples (cabos) retorcidos. El número de cabos define a grandes rasgos su grosor, pero este dependerá siempre del de las hebras retorcidas. La mayoría de los hilos para tejer a mano son de este tipo porque el retorcido incrementa tanto su estabilidad como el grosor. Se obtienen hilos jaspeados retorciendo hilos de distintos colores, y moteados si los hilos tienen diferentes texturas.

◀ Hilo peludo
Mezclado con otros hilos, un hilo peludo puede crear gran variedad de efectos e incluso imitar la piel sintética. Este hilo es una buena elección para adornos o ribetes y suele verse también en bufandas. Existen muchas variantes, con combinaciones de «pelos» metálicos, de galón y sedosos unidos a un alma sólida. Se suele tejer con agujas de gran tamaño.

◀ Hilo flameado
Se caracteriza por tener unas partes más abultadas (llamadas gatas) que otras. Esta peculiaridad lo asemeja a algunos hilos rústicos hilados a mano. El contraste entre partes gruesas y finas crea un tejido único, de superficie un poco irregular. La textura producida por este hilo da lugar a originales complementos y prendas exteriores de abrigo.

◀ Hilo recubierto
También llamado cordoncillo, suele tener por alma un hilo de una fibra suave, como lana o algodón, que se envuelve en otro más fino, como un hilo metálico o de nailon. Los hilos elásticos suelen fabricarse de este modo, con alma de elastano. El hilo de cobertura suele enrollarse con bastante densidad, dando así una superficie lisa que resalta los puntos y mejora la definición general del tejido.

Hilo simple de torsión ligera ▶
Este tipo de hilo suele ser más esponjoso y menos denso que un hilo normal, ya que consta de múltiples filamentos ligeramente torcidos. Puede ser de algodón, lana o una mezcla de fibras, y resulta ligero, elástico y muy suave a la hora de tejer. A menudo los hilos muy gruesos han sido hilados de este modo, para evitar que las prendas de punto pesen demasiado y se deformen. Estos hilos son idóneos para complementos gruesos y rápidos de tejer, como gorros y calentadores.

Cinta ▶
La principal característica de este hilo es su perfil plano. Puede haber sido tejido como un hilo tubular de tipo *chainette* y aplanado al enrollarlo en un ovillo. El tejido hecho con él variará si lo retuerces al tejer o lo colocas plano sobre la aguja al hacer cada punto: en el primer caso obtendrás un tejido nudoso; en el segundo, la pieza acabada tendrá una superficie lisa.

Galón ▶
Es similar a la cinta, pero un poco más ancho. Ambos suelen estar compuestos por mezclas de fibras sintéticas o vegetales, para darles resistencia y brillo. El galón se presta muy bien para tejer complementos, como bufandas, bolsos de noche y cinturones únicos, y también tops de verano. Muchos hilos de cinta y de galón son resbaladizos, y ello requiere prestar especial atención a la tensión del punto y a la manera de sujetarlos.

◀ **Hilo bouclé**
El aspecto rizado de este hilo es el resultado de la adición de remolinos de fibras suaves en torno a un eje de hilo sólido. En el tejido, esos bucles destacan y crean un efecto de pelo ensortijado. Los hilos bouclés suelen especificar una tensión engañosamente baja debido a su grosor total. Son ideales para prendas de líneas muy sencillas o para dar una textura interesante a tejidos lisos a punto de jersey.

◀ **Hilo jaspeado**
Este hilo crea un tejido similar al *tweed*, una tela clásica de lana normalmente con motas de colores contrastados. Esta tela se hacía con vellones sin teñir de ovejas de distinto color, pero hoy se fabrica en una gran variedad de colores con una amplia gama de motas de tonos vivos y sutiles. El hilo puede tener una base matizada a la que se le añaden las características motas durante el proceso de hilado, de modo que se asientan en la superficie para darle textura e interés cromático.

Hilo elástico ▶
Los hilos elásticos contienen un pequeño porcentaje de fibra de elastano, que mejora la capacidad natural de recuperación de la forma original del tejido resultante. La fibra principal puede ser natural, como el algodón, pero también mezclada o totalmente sintética. Estos hilos son más comunes en grosores finos y medios, e idóneos para bañadores y ropa de deporte.

Hilo reflectante ▶
Este hilo se fabrica retorciendo una fina hebra de fibra sintética que refleje la luz con hebras de fibras más tradicionales, como lana, acrílico o nailon. Es divertido para artículos de decoración o prendas de fiesta, pero también resulta interesante para bufandas, gorros y guantes que proporcionen un plus de seguridad por la noche a senderistas y ciclistas, e incluso para un abrigo extraseguro para el perro durante los paseos de noche. Se fabrica en distintos grosores y colores.

HILOS ESPECIALES

Deja atrás la imagen tradicional del tejido de punto con estas apuestas radicales frente a la herencia histórica de la lana y la comodidad de los modernos hilos sintéticos. Amplía tus horizontes y aventúrate en los mundos de la bisutería, la escultura, la elaboración de alfombras, el mobiliario e incluso los artículos para el hogar, como cuencos y cajas. Son muchos los materiales que puedes utilizar como hilos para tejer: aquí tienes algunas ideas para experimentar.

◀ **Bolsas de plástico**
Recicla las bolsas de plástico cortándolas en tiras y atando estas con nudos bien prietos, o por medio de la técnica de encadenado de la página 261, para crear hilos. Combinando bolsas de colores y transparentes obtendrás texturas interesantes, a las que contribuirán los propios nudos. Teje con agujas grandes, en función de la anchura de las tiras y de lo prieto o flojo que quieras que quede el tejido. Usa esta técnica para tejer bolsas, esteras y artículos impermeables, como neceseres o fundas para asientos de jardín.

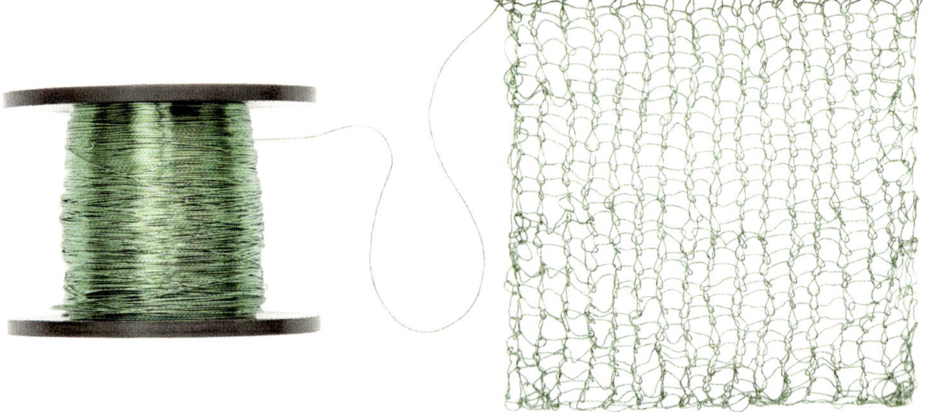

◀ **Alambre**
Este material poco habitual se usa a menudo para tejer piezas de bisutería: compra alambre para ensartar cuentas, disponible en varios colores, y teje con él gargantillas, collares y pulseras. Prueba a ensartar las cuentas en el alambre antes de tejer y disponlas en el tejido a medida que avanzas (p. 220). Para crear algo realmente original, dobla la hebra de alambre con otro hilo para obtener un tejido maleable que mantenga su forma y haz piezas tridimensionales.

Trapillo ▶
Tradicionalmente se hacían felpudos y alfombras anudando tiras de ropa vieja y de retales. Piensa en utilizar también este «hilo» de tiras de tela, o trapillo, para tejer. El tamaño de las agujas dependerá del grosor de las tiras. Hay quien ha usado incluso un par de mangos de escoba para tejer felpudos increíblemente gruesos y robustos con tiras muy gruesas de rafia y de tela de tapicería.

Cuerda ▶
Ideal para tejer artículos prácticos, como cuencos y cajitas, existe en una amplia gama de colores y pesos o grosores. Prueba con agujas relativamente finas, como las de 5 mm, para crear un tejido rígido, capaz de mantener su forma. Cubre las piezas acabadas con cola blanca diluida para impermeabilizarlos y facilitar su limpieza en el futuro: basta con pasar un paño húmedo.

Caucho, plástico y silicona ▶
Esta familia de hilos comprende los hilos «gominola» y se usa para tejer complementos decorativos, como cinturones, y esculturas. Los hay fluorescentes, brillantes y que relucen en la oscuridad, y en distintos pesos. Pueden pegarse a las agujas, así que utiliza agujas de plástico o de metal y aplica un lubricante como el aceite para bebés. Algunos tienen un alma hueca que los hace más ligeros y permite insertar alambre para esculpir el tejido.

Mecha de lana ▲
Esta fibra voluminosa y mullida, con los filamentos paralelos entre sí, se obtiene en las primeras fases del proceso de hilado, antes de realizar cualquier torsión para formar el hilo. En consecuencia tiende a deshacerse cuando se tira de ella de forma longitudinal; también desprenderá filamentos y puede formar mucho *pilling*. Antes de intentar tejer con mecha de lana, ya sea con agujas o con los brazos, conviene fieltrarla ligeramente. Las fibras de mecha sintética son más largas y, por tanto, más resistentes. Es mejor evitar empalmar la mecha a mitad de una labor: ten en cuenta que los proveedores de hilos disponen de longitudes adecuadas para labores pequeñas y grandes.

COMPRA DEL HILO

Los hilos se venden en cantidades específicas, o unidades. Las unidades más habituales de los hilos para punto son los ovillos y las madejas, que suelen venir en cantidades de 25, 50 o 100 g. También puedes comprar unidades más grandes, como los conos o bobinas diseñados para tricotar a máquina, y ovillos gigantes para tejer con los brazos (p. 252) o con agujas también gigantes.

◀ **Ovillo**
En las tiendas de hilos se venden principalmente ovillos redondos, listos para usar: basta con tirar del hilo desde el centro para empezar a tejer.

Ovillo oblongo ▶
Los ovillos de forma ovalada o alargada también están listos para usar sin ninguna preparación especial. Si tiras del hilo desde el centro podrás conservar la etiqueta en su sitio mientras tejes para que el ovillo no se deshaga.

◀ **Cono**
Este tipo de bobina suele ser demasiado pesado para llevarlo en la bolsa de labores, por lo que es mejor devanar el hilo antes de empezar a tejer. Los hilos muy finos diseñados para tejer a máquina se venden en conos. Si piensas utilizar este tipo de hilo, es mejor enrollar dos o más hebras juntas en un ovillo antes de tejer.

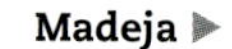

Madeja ▶
Es un anillo de hilo enrollado sobre sí mismo que debe devanarse antes de utilizarlo. Esto puede hacerse a mano o con una devanadera y una ovilladora (pp. 46–47) y te da la oportunidad de comprobar que el hilo no tenga nudos o taras. Algunos hilos que se venden en madeja están compuestos por fibras finas y delicadas, y no son aptos para ciertas ovilladoras industriales.

ETIQUETAS DE LOS HILOS

Todo lo que necesitas saber sobre un hilo está en su etiqueta, que te indicará mediante símbolos cómo tejer con él y cómo limpiarlo. Aquí tienes una selección de los símbolos más comunes. Conserva siempre las etiquetas: son vitales para identificar el hilo si necesitas comprar más. El nuevo hilo debe tener el mismo número de lote o tintada que el anterior para evitar que la labor acabada presente una ligera diferencia de color.

▲ **Faja**
La etiqueta de ovillos y madejas, también llamada faja, contiene información sobre el peso y el grosor del hilo, así como las instrucciones de lavado. Anuda un trocito de hilo a la faja y consérvala para consultarla en el futuro.

Símbolos
Los fabricantes pueden utilizar un sistema de símbolos para dar detalles sobre un hilo, incluidas las agujas adecuadas y la tensión requerida para tejer.

Peso y grosor del hilo

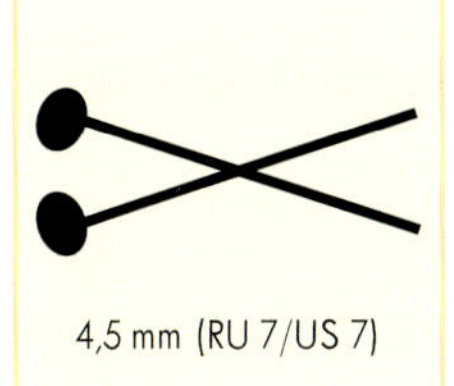

Tamaño de agujas recomendado

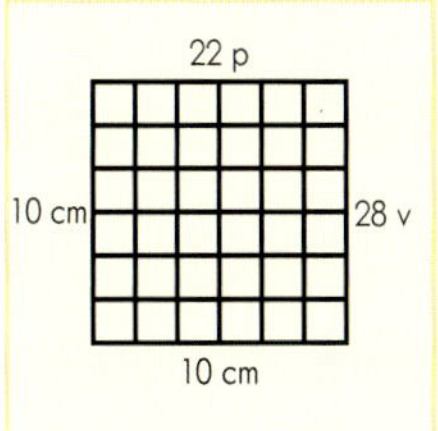

Tensión en una muestra de 10 cm de lado

COLOR
520

Número de tono o color

TINTADA
313

Número de lote o tintada

Peso del ovillo

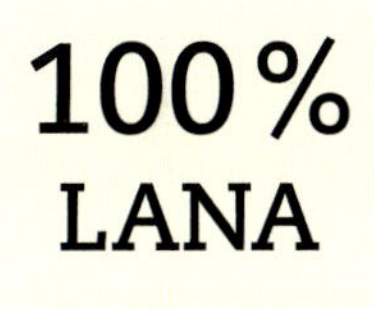

Contenido de fibra

Lavar a máquina en frío

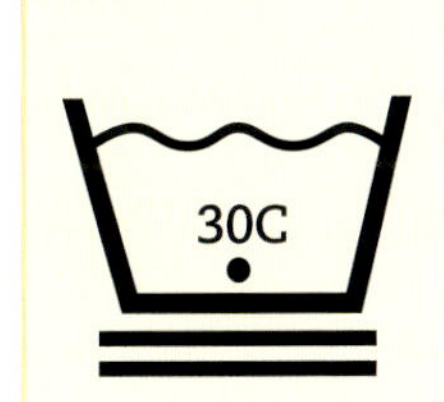

Lavar a máquina en frío/prendas delicadas

Lavar a mano en frío

Lavar a mano en caliente

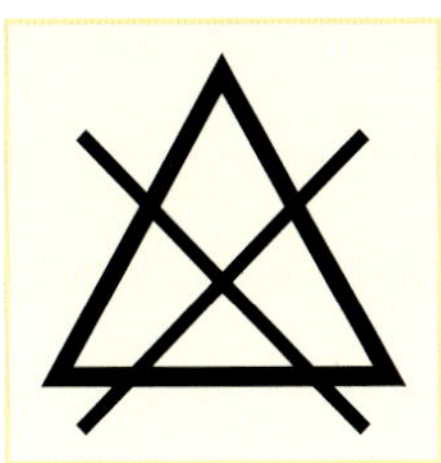

No usar lejía

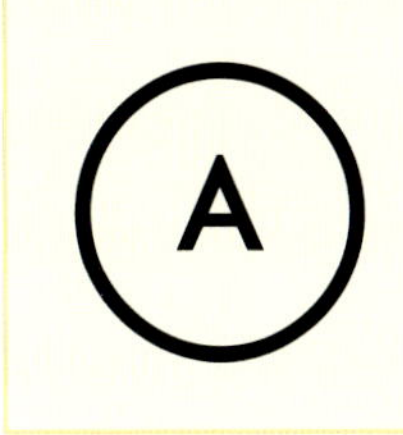

Limpiar en seco con cualquier disolvente

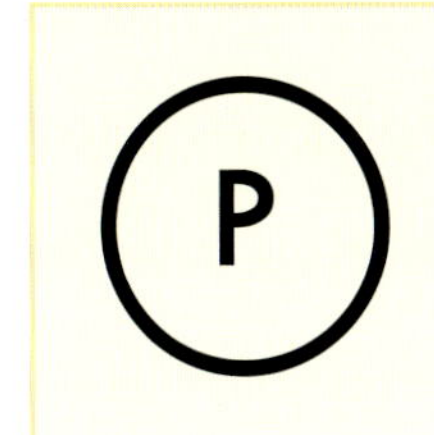

Limpiar en seco con ciertos disolventes

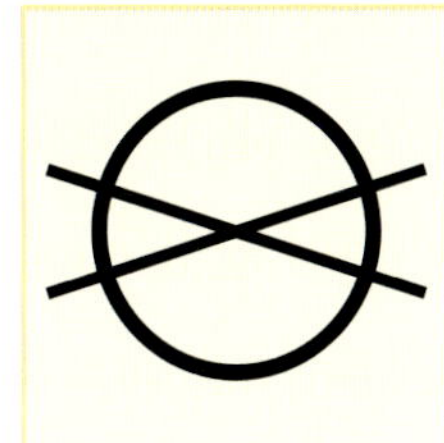

No limpiar en seco

No secar en secadora

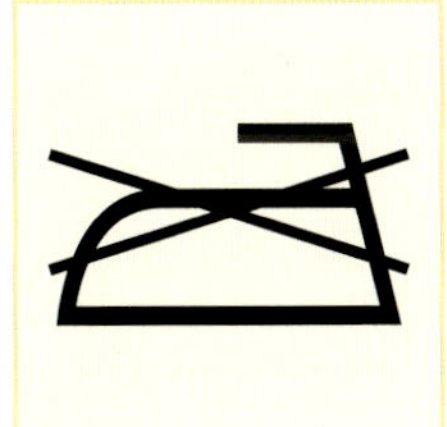

No planchar

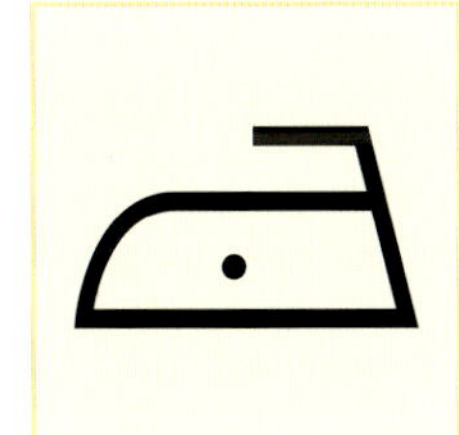

Planchar a baja temperatura

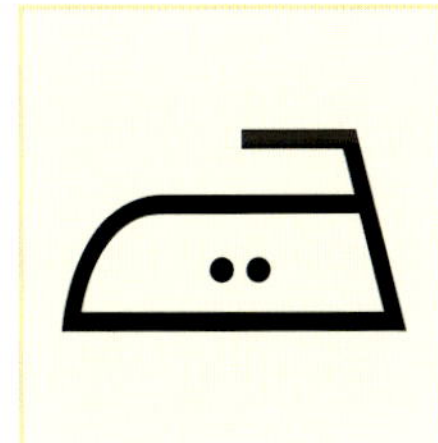

Planchar a temperatura media

ELECCIÓN DEL COLOR DEL HILO

La elección del color es una decisión muy importante a la hora de emprender una nueva labor de punto. La rueda de colores, o círculo cromático, es una herramienta útil para familiarizarse con la teoría del color. Cada segmento muestra el matiz y la gradación de tonos de un color. El matiz es el color puro y brillante, y los tonos van de oscuros a claros según se mezcle con negro, gris o blanco (tonos pastel). El color puede afectar drásticamente al aspecto de una labor. Cuando elijas colores para un motivo jacquard, opta por una combinación de tonos oscuros, medios y claros para optimizar los contrastes.

◀ **Cómo utilizar una rueda de colores**
Los pintores la utilizan para ver cómo combinan los colores. El azul, el rojo y el amarillo son colores primarios; el verde, el naranja y el morado son secundarios, y los colores intermedios son terciarios. Los colores que están uno al lado del otro armonizan entre sí. Los colores opuestos en línea recta, como el morado y el amarillo, se complementan y crean un fuerte contraste.

Tonos cálidos ▶
El extremo cálido del espectro cromático consta principalmente de tonos rojos y amarillos. También forman parte de este grupo los marrones, naranjas y morados. Utiliza estos colores para aportar riqueza y profundidad. Una mezcla de tonos cálidos puede ser favorecedora, en función del color de tu piel: acércate el hilo a la cara para ver si te sienta bien.

◀ **Tonos fríos**
El azul, el verde y el violeta se encuentran en el extremo frío del espectro y pueden combinar especialmente bien. Los colores fríos suelen ser más oscuros que los cálidos. Si se usan junto con los cálidos, su impacto es menor: por ello, si necesitas equilibrar una mezcla cálida en una labor, necesitarás una mayor proporción de colores fríos que de cálidos.

Tonos pastel ▶
Estas variantes muy pálidas, con frecuencia frías, de colores más oscuros e intensos suelen ser las preferidas para ropa de bebés y niños pequeños; por ello existe una gran variedad de hilos sintéticos y de mezcla en estos tonos. Los colores pastel también tienen un gran protagonismo en prendas de adulto para primavera/verano: busca colores que evoquen los helados en hilos ligeros y disfruta utilizando una paleta delicada.

Blanco y negro
No verás el blanco y el negro en la rueda de colores porque no se clasifican como colores: el negro es la ausencia de todo color, mientras que el blanco es la combinación de todos los colores del espectro. En los hilos sucede lo contrario: el negro se habrá teñido mucho, y el blanco se habrá blanqueado para eliminar todo color. Ten en cuenta que, al utilizar el negro, es más difícil ver los puntos y las texturas complejas no se apreciarán bien en la prenda final. Sin embargo, el blanco garantiza la visibilidad de cada punto y cada detalle.

Tonos vivos ▶
Jugar con tonos vivos y fluorescentes en una labor resulta divertido, especialmente para tejer complementos llamativos o motivos a intarsia. Una manera estupenda de animar una labor de punto en tonos apagados es añadirle un ribete o unos botones de tonos luminosos. Ese toque de color puede cambiar por completo el aspecto general de una labor.

◀ Mezclas estacionales
La naturaleza puede ser una gran fuente de inspiración a la hora de planificar prendas de punto a rayas o con motivos jacquard o a intarsia, en las que se utilizarán muchos colores simultáneamente. Piensa en las puestas de sol, las hojas de otoño, las frutas escarchadas de invierno o las alegres flores de primavera. Registra todo esto en un cuaderno de bocetos o en fotografías y fíjate en la proporción de cada color. Las buenas marcas de hilos cambian su gama de colores según la temporada o estación del año: en primavera, por ejemplo, habrá más colores vivos y pastel.

MATERIALES

PESOS DE LOS HILOS

Los hilos se fabrican en distintos pesos y grosores, que junto con el tamaño de las agujas, afectarán al aspecto del artículo acabado y al número de puntos necesarios para tejer una muestra de tensión cuadrada de 10 cm de lado. En esta página encontrarás el peso de hilo y el tamaño de agujas más adecuados según las labores. A continuación de los nombres de los tipos de hilo se indican entre paréntesis los términos más habituales en Reino Unido y EE. UU. Las fotografías de la página siguiente muestran el aspecto de los hilos tejidos a punto de jersey.

TABLA DE PESOS DE LOS HILOS

¿QUÉ VAS A TEJER?	HILO	SÍMBOLO	TAMAÑO DE AGUJAS RECOMENDADO SISTEMA MÉTRICO	RU	EE. UU.
ENCAJE	Ultrafino *(lace, 2-ply, fingering)*	0 Encaje	2 mm 2,25 mm	14 13	0 1
CALCETINES FINOS, CHALES, ROPA DE BEBÉ	Superfino *(superfine, 3-ply, fingering, baby)*	1 Superfino	2,25 mm 2,75 mm 3 mm 3,25 mm	13 12 11 10	1 2 – 3
JERSÉIS, ROPA DE BEBÉ, CALCETINES Y COMPLEMENTOS LIGEROS	Fino *(fine, 4-ply, sport, baby)*	2 Fino	3,25 mm 3,5 mm 3,75 mm 4 mm	10 – 9 8	3 4 5 6
JERSÉIS, BUFANDAS LIGERAS, MANTAS, JUGUETES	Ligero *(double knit [DK], light worsted, 5-6 ply)*	3 Ligero	3,75 mm 4 mm 4,5 mm	9 8 7	5 6 7
JERSÉIS, PRENDAS DE OCHOS, MANTAS, GORROS, BUFANDAS, MITONES	Medio *(Aran, medium, worsted, afghan, 12-ply)*	4 Medio	4,5 mm 5 mm 5,5 mm	7 6 5	7 8 9
ALFOMBRAS, CHAQUETAS, MANTAS, GORROS, CALENTADORES, COMPLEMENTOS DE INVIERNO	Grueso *(bulky, chunky, craft, rug, 14-ply)*	5 Grueso	5,5 mm 6 mm 6,5 mm 7 mm 8 mm	5 4 3 2 0	9 10 10 ½ – 11
MANTAS GRUESAS, ALFOMBRAS, BUFANDAS GRUESAS	Supergrueso *(super bulky, super chunky, bulky, roving, 16-ply* [o más])	6 Supergrueso	8 mm 9 mm 10 mm 12,75 mm	0 00 000 –	11 13 15 17
COMPLEMENTOS, MANTAS, COLCHAS, ALFOMBRAS	Extragrueso *(roving, jumbo, giant)*	7 Extragrueso	12,75–25 mm y más	–	17–50 y más

TEJIDO CON DISTINTOS GROSORES DE HILO

Ultrafino
Este hilo es extremadamente ligero, por lo que las unidades de 50 g tendrán muchos metros y cundirán mucho. Si se teje con agujas del tamaño aconsejado, el tejido resultante es muy fino y delicado.

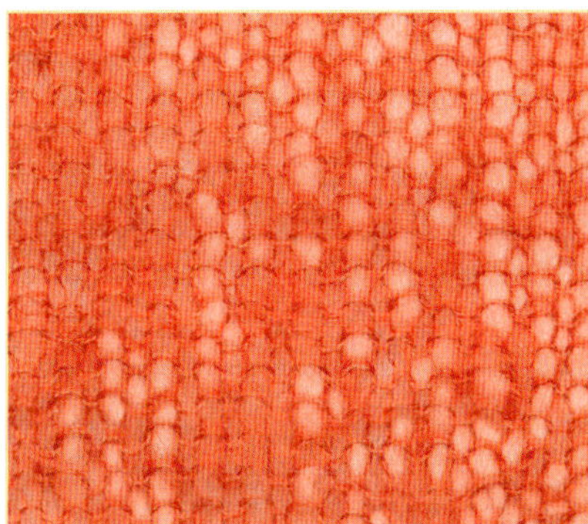

Superfino
Ideal para labores de encaje ligeras, cunde mucho por ovillo y requiere agujas finas. Una mezcla de mohair como la de la imagen se puede tejer con agujas un poco más gruesas y producirá un bonito tejido abierto y tan ligero como la gasa. Los encajes complicados quedan muy bien con este hilo.

Fino
Muchas personas lo prefieren al superfino porque requiere un tamaño de agujas más cómodo, pero sigue produciendo un tejido muy fino. Es ideal para calcetines y ropa de bebé. La pequeñez de los puntos y la nitidez del tejido también lo hacen perfecto para el punto multicolor y con textura.

Ligero
El hilo de estambre ligero se usa para todo, de mantas y juguetes a jerséis y chaquetas, generalmente con agujas de 4 mm. Algo más grueso que el fino (de 4 cabos), pero con las mismas propiedades, se teje más deprisa y por ello puede ser preferible a aquel.

Medio
Este hilo grueso y cálido suele tejerse con agujas de 5 mm. Es ideal para prendas masculinas con detalles gruesos en forma de ochos, y el tejido no resulta demasiado pesado. Estos hilos constan de una gran variedad de fibras para resistir el lavado a máquina, por lo que son idóneos para prendas prácticas.

Grueso
Aunque voluminoso, este hilo se fabrica principalmente con fibras ligeras para evitar que las prendas se deformen con el tiempo. Normalmente se teje con agujas de 7 mm para crear un tejido grueso para prendas de abrigo, gorros y calentadores. Rápido de tejer y perfecto para regalos.

Supergrueso
Su grosor varía, pero suele utilizarse con agujas muy gruesas a partir de 10 mm. Es una buena elección para los principiantes, ya que los puntos quedan tan grandes que los errores se ven fácilmente y el tejido crece muy rápido. Ideal para bufandas resistentes.

Extragrueso
Los hilos muy gruesos y suaves son ideales para tejer con los brazos. Aunque los artículos pequeños, como las bufandas, pueden tejerse con agujas muy grandes, estas no suelen ser lo bastante largas para mantas y colchas. Incluso si encontraras agujas tan largas, serían muy difíciles de manejar.

ADORNOS

Da un toque de distinción a tus labores con diversos adornos, desde bordados hasta cuentas, lentejuelas, un bonito ribete, cierres ingeniosos y artículos de mercería atractivos, como unas asas. Cualquiera de ellos puede hacer única tu labor, dependiendo de cómo lo utilices. Los adornos te dan la oportunidad de expresar tu creatividad: prueba algunas de las ideas que te proponemos.

◀ **Hilo de bordar**
Los hilos de bordar sedosos y brillantes existen en una infinidad de colores y estilos. Los hilos metálicos son especialmente interesantes y animarán un fondo de punto liso. Utiliza una aguja de tapicería para bordar sobre punto y recuerda que la mayoría de los hilos de bordar estipulan que deben lavarse a mano.

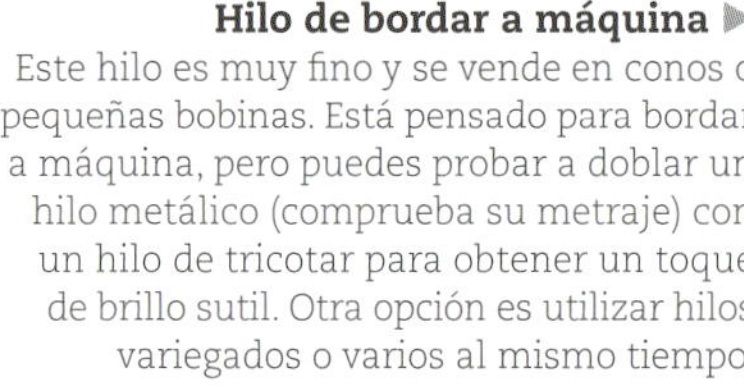

Hilo de bordar a máquina ▶
Este hilo es muy fino y se vende en conos o pequeñas bobinas. Está pensado para bordar a máquina, pero puedes probar a doblar un hilo metálico (comprueba su metraje) con un hilo de tricotar para obtener un toque de brillo sutil. Otra opción es utilizar hilos variegados o varios al mismo tiempo.

Galón ▶
Cuando vayas a elegir el galón, lleva la labor para coordinar bien los colores (aunque creas que puedes recordar un color, no es seguro que sea así). Prueba con galones de organza, estampados, a rayas o metálicos. Pásalos a modo de cinta por tu labor, ribetea un borde o dales forma de lazada o de roseta.

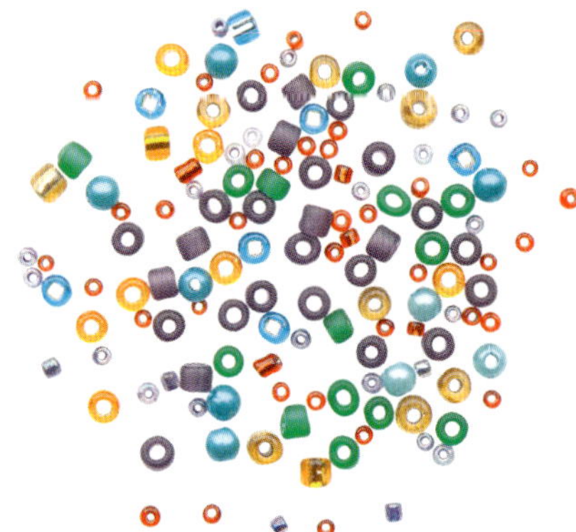

Cuentas para tejer ▲
Las cuentas y abalorios para tejer suelen fabricarse especialmente para resistir los lavados y no perder su color con el roce y con el tiempo, y en tamaños adecuados para grosores específicos de hilo.

▲ **Ribetes**
Existe todo un mundo de adornos para la confección. Aunque se usan menos en el punto, pueden realzar una labor que, de otro modo, resultaría sosa y sin gracia. Hay ribetes de todas las formas y tamaños, desde los de pedrería hasta las tiras del ingenuo bordado inglés, los flecos y las plumas de marabú, por citar solo algunos. Cualquiera de ellos puede dar una dimensión fascinante tu labor.

◀ **Asas para bolsos**
Los bolsos de punto son más resistentes cuando se llevan con asas sólidas. Estas soportarán el peso del contenido del bolso sin deformarse ni romperse. Hay asas de plástico de colores llamativos, de madera o de metal, que pueden utilizarse para dar al bolso un aspecto clásico, contemporáneo o extravagante.

Cierres ▶
Elige los cierres con cuidado, según el tipo de labor y el hilo que utilices, y asegúrate de que no sean tan pesados que puedan deformar el tejido. Los botones suelen ser también decorativos, pero otros cierres resultan más discretos, como los corchetes o los automáticos. Cóselos con hilo de tricotar o de coser. Utiliza automáticos para el punto fieltrado. Puedes emplear un segundo botón plano o un trozo de tela firme para reforzar la parte posterior del tejido al colocar los cierres.

Lentejuelas ▲
Puedes añadir las lentejuelas mientras tejes o coserlas luego. En el primer caso, elige *paillettes*, que tienen el agujero más grande que las lentejuelas normales, que solo son adecuadas para hilos finos. Elige lentejuelas planas, que quedarán planas sobre la labor y entre ellas, y son menos propensas a rayarse y perder el color de la superficie.

◀ **Botones**
La elección de los botones de una prenda es importante. Además de ser decorativos, los botones tienen una finalidad práctica: asegúrate de elegir los adecuados para la manera en que se va a limpiar la prenda, o puede que haya que quitarlos antes. Los de coco, nácar, madera y metal son bastante neutros y combinan con muchos colores. Lleva tu labor a la tienda para ver cómo le sientan la forma, el color y el tamaño de los botones.

EQUIPO

AGUJAS DE PUNTO

Los tejedores experimentados suelen decidirse por un tipo de agujas en función de su estilo y tensión al tejer. Hay agujas de distintos tipos y materiales, y todos ellos tienen ventajas cuando se utilizan técnicas concretas o se trabaja con determinadas fibras. Descubre aquí cómo elegir las agujas más adecuadas para la labor que tienes en mente.

AGUJAS RECTAS

Las agujas rectas proporcionan un gran apoyo a la mano mientras se teje. Si eres principiante, empieza con ellas. Las agujas cortas se recomiendan para labores pequeñas; las largas son más adecuadas para las labores más anchas, como un jersey o una manta de bebé, y para las personas a las que les gusta sujetar las agujas por debajo de los brazos o los codos.

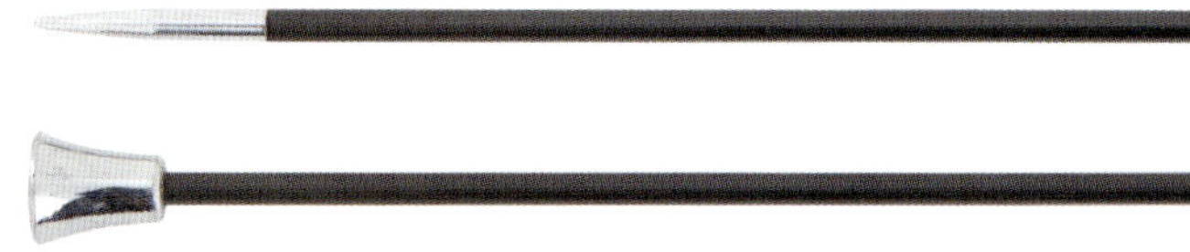

Agujas de metal ▶
Cuando se teje con fibras peludas como el mohair o la lana, que pueden pegarse, las resbaladizas agujas de metal son estupendas. Si te parece que tiendes a hacer el punto demasiado prieto, esa superficie resbaladiza puede ayudarte, ya que hará que la tensión se afloje. Las agujas de más de 8 mm de diámetro pueden resultar incómodas, por lo que rara vez se encuentran.

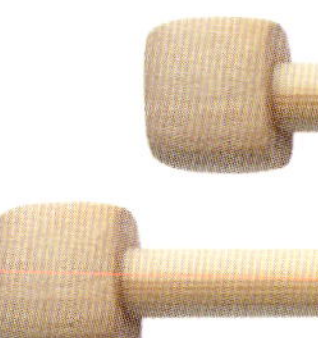

Agujas de ébano o palisandro ▶
Estas agujas de madera de tacto lujoso pueden ser bastante caras. Suelen tener una superficie cerosa que se vuelve lisa con el uso, creando una superficie suave al tacto. Al igual que las de bambú, ayudan a conseguir una tensión uniforme; mantienen su forma y permanecen rectas cuando se utilizan, lo que les da sensación de solidez.

◀ Tamaño
El diámetro de las agujas de punto varía desde tan solo 1,5 mm hasta más de 25 mm. Los tres sistemas de tamaño de agujas más habituales son el sistema métrico, el antiguo británico y el estadounidense. La tabla de la derecha muestra las equivalencias entre estos sistemas; fíjate en que no siempre son exactas. Existen también agujas de varias longitudes para adaptarse a distintas labores y a las distintas maneras de sujetarlas.

▼ Agujas de fibra de carbono con punta metálica
Las agujas de fibra de carbono disfrutan de las propiedades de este material de alta tecnología. Son cálidas al tacto y flexibles, como las de madera, pero más resistentes, y no se comban. Su elegante punta metálica se introduce fácilmente en los puntos, y la transición entre la punta y el eje es suave, de modo que los puntos no se enganchan al deslizarse por ellas. Esos materiales combinados hacen que tejer resulte cómodo y agradable.

◀ Agujas de plástico
Si buscas agujas con una superficie a medio camino entre las del metal y las de bambú, elige las de plástico. El plástico se mantiene a una temperatura constante mientras se teje, lo que puede convenir a las personas que padecen artritis. Evita las agujas de plástico de 4 mm o menores, ya que las labores pesadas pueden doblarlas o romperlas.

◀ Agujas de bambú
El bambú es un material ligero y flexible, excelente para agujas de punto. Ayuda a mantener los puntos regularmente espaciados, creando así un tejido uniforme con una buena tensión. Ideal para fibras resbaladizas como la seda, el perlé y el hilo de bambú, se recomienda para personas con artritis. Las agujas finas se comban ligeramente con el uso para adaptarse a la curvatura de la mano.

◀ Agujas cuadradas
La mayoría de las agujas de punto son cilíndricas con un extremo puntiagudo, pero estas nuevas agujas tienen la superficie facetada, con la punta afilada. Fabricadas en metal, se apoyan mejor una sobre otra, lo que resulta especialmente útil cuando se teje con agujas de doble punta, y causan menos tensión en las manos, por lo que son especialmente adecuadas para quienes padecen artritis.

▶ TABLA DE CONVERSIÓN

Esta tabla muestra las equivalencias más próximas entre los tres sistemas de tamaño de agujas. Si tienes unas agujas viejas y desconoces cuál es su tamaño, compra un calibrador (p. 42) y pásalas por los agujeros de este para averiguarlo.

SISTEMA MÉTRICO	RU	EE. UU.
1,5 mm	–	000 00
2 mm	14	0
2,25 mm 2,5 mm	13	1
2,75 mm	12	2
3 mm	11	–
3,25 mm	10	3
3,5 mm	–	4
3,75 mm	9	5
4 mm	8	6
4,5 mm	7	7
5 mm	6	8
5,5 mm	5	9
6 mm	4	10
6,5 mm	3	10 ½
7 mm	2	–
7,5 mm	1	–
8 mm	0	11
9 mm	00	13
10 mm	000	15
12 mm	–	17
15 mm	–	19
20 mm	–	35
25 mm	–	50

AGUJAS DE DOBLE PUNTA Y CIRCULARES

Algunas labores requieren tejer en redondo para crear un tubo de punto, sin costura alguna. Para ello puedes utilizar tanto agujas de doble punta como agujas circulares, pero la elección de unas u otras suele depender de la longitud. La mayoría de las agujas circulares son demasiado largas para tejer calcetines o guantes, por lo que en su lugar se utilizan agujas de doble punta, con las que se puede tejer un tubo muy estrecho. La tensión y el estilo cambiarán según las que uses.

Agujas de doble punta de bambú

Agujas de doble punta de metal

Agujas de doble punta de plástico

▲ **Agujas de doble punta**
Son las tradicionales para tejer calcetines, guantes y tubos estrechos. Se venden en varias longitudes para adaptarse a labores de distintos tamaños. Al principio, algunas personas pueden notar que se forman escaleras en las uniones entre las agujas; sin embargo, este problema desaparecerá con la práctica. Las agujas de doble punta son menos resbaladizas cuando están hechas de bambú o madera, y la mayoría de las personas considera que las de estos tipos son más cómodas para trabajar.

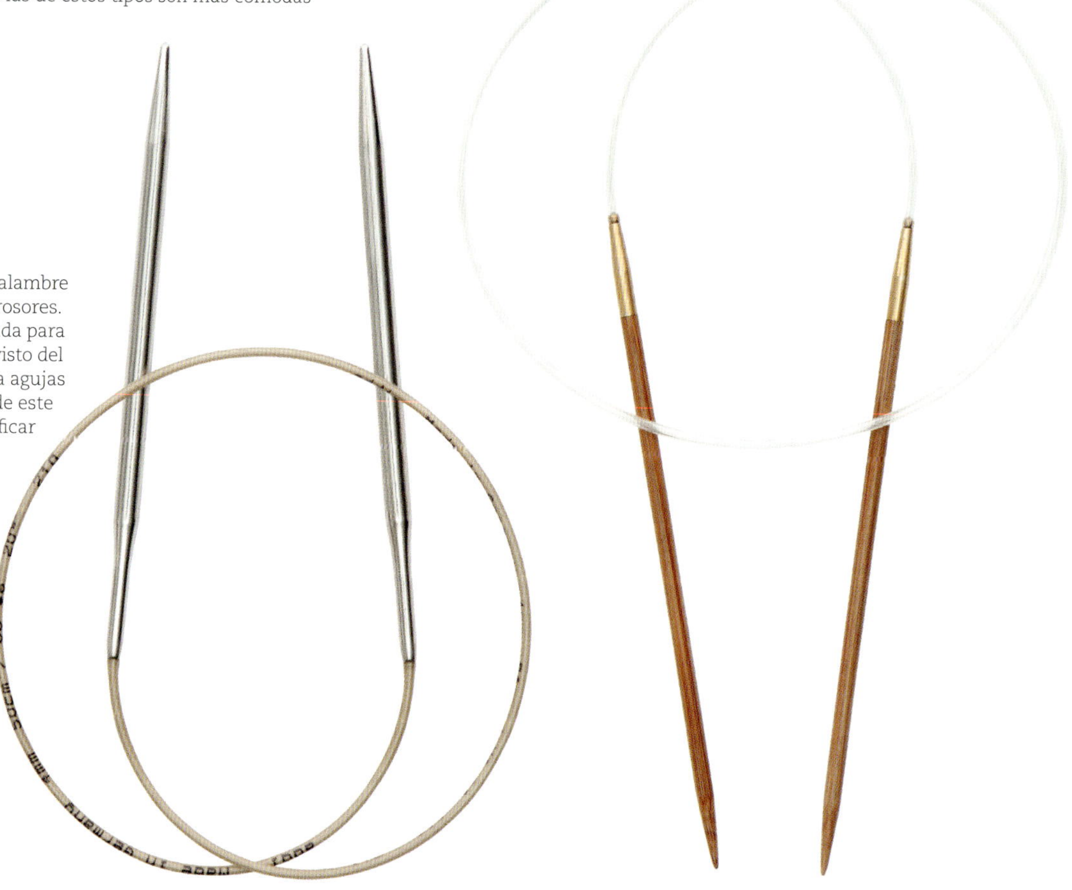

Agujas circulares ▶
Se trata de dos agujas cortas unidas por un alambre flexible. Las hay de distintas longitudes y grosores. Es importante elegir la longitud más adecuada para tu labor: debe coincidir con el diámetro previsto del tubo tejido. Por ejemplo, un gorro necesitaría agujas circulares más cortas que un jersey tejido de este modo. Los patrones de punto suelen especificar el tamaño necesario. En la página 188 se muestra una técnica que permite utilizar agujas circulares más largas. También se puede tejer en plano con agujas circulares: basta con dar la vuelta a las agujas después de cada vuelta, en lugar de tejer en redondo.

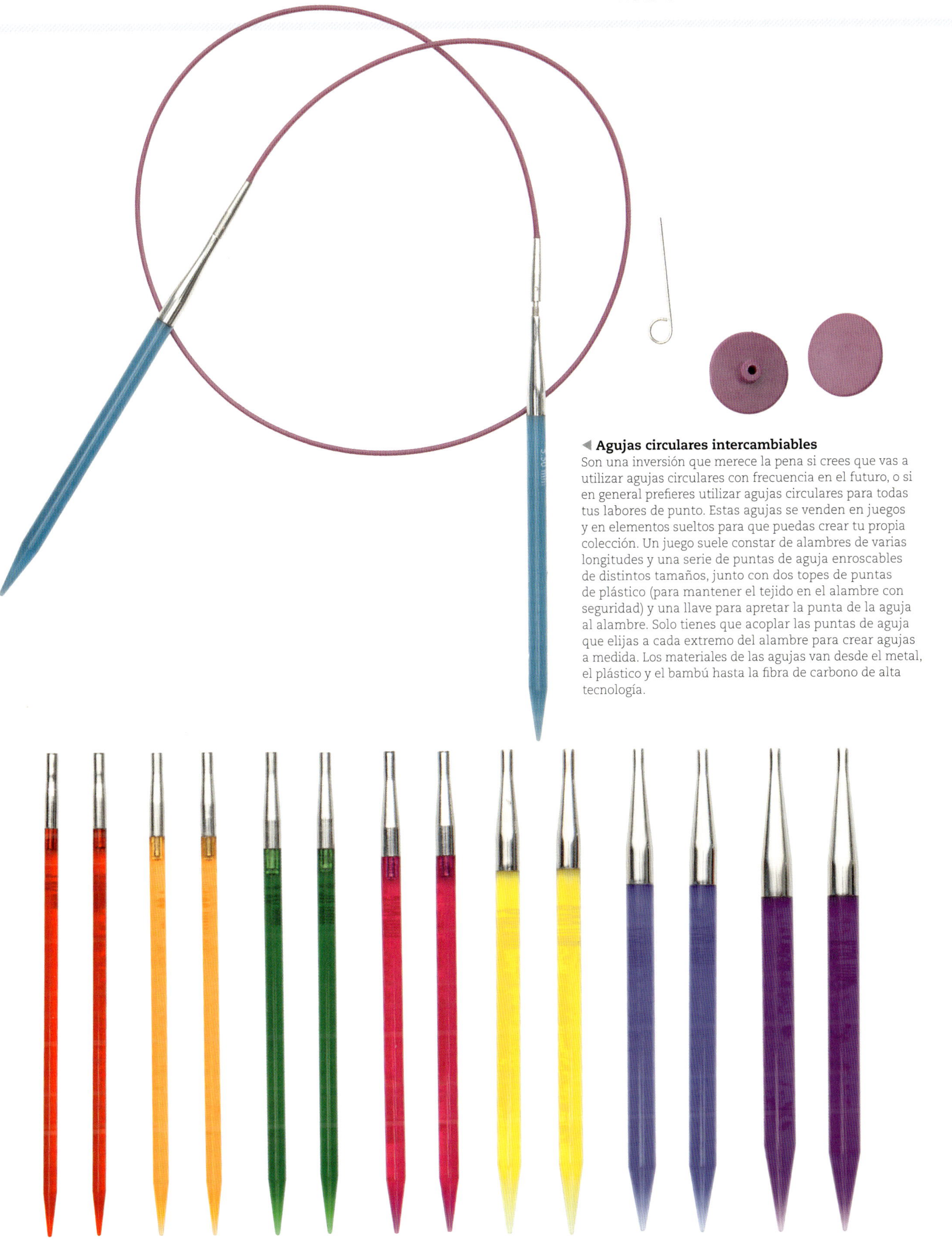

◀ **Agujas circulares intercambiables**
Son una inversión que merece la pena si crees que vas a utilizar agujas circulares con frecuencia en el futuro, o si en general prefieres utilizar agujas circulares para todas tus labores de punto. Estas agujas se venden en juegos y en elementos sueltos para que puedas crear tu propia colección. Un juego suele constar de alambres de varias longitudes y una serie de puntas de aguja enroscables de distintos tamaños, junto con dos topes de puntas de plástico (para mantener el tejido en el alambre con seguridad) y una llave para apretar la punta de la aguja al alambre. Solo tienes que acoplar las puntas de aguja que elijas a cada extremo del alambre para crear agujas a medida. Los materiales de las agujas van desde el metal, el plástico y el bambú hasta la fibra de carbono de alta tecnología.

OTRO EQUIPO

Existen cientos de artilugios para facilitar la tarea de hacer punto. Algunos son meramente prácticos, mientras que otros son absolutamente vitales. Aquí tienes los esenciales; las herramientas más avanzadas y especializadas se muestran en las páginas 44 a 47.

ELEMENTOS BÁSICOS

Estos son los artículos que siempre deberías tener a mano cuando trabajas en una labor. La mayoría de las personas que hacen punto suele guardarlos en una bolsa portátil para llevarlos consigo a cualquier sitio en que les apetezca sentarse y ponerse a tejer. Los que aparecen abajo son relativamente baratos y los encontrarás en mercerías y tiendas de materiales para punto.

▲ Aguja de tapicería
Las agujas de este tipo tienen la punta roma para no dañar las fibras, por lo que son idóneas para el punto. Comprueba que el ojo es del tamaño adecuado para el hilo: no fuerces al hilo a pasar por un ojo demasiado pequeño, o lo estropearás.

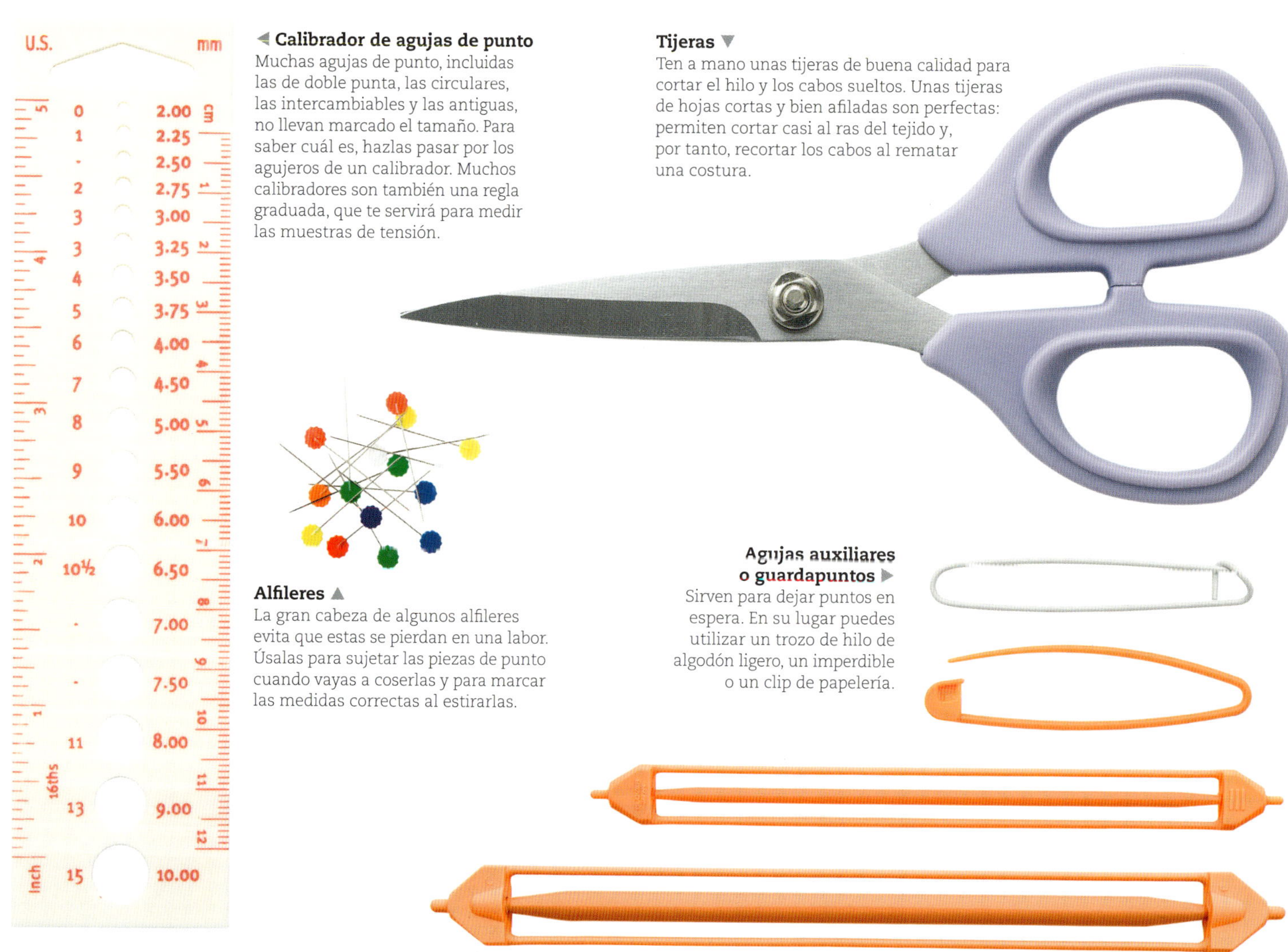

◄ Calibrador de agujas de punto
Muchas agujas de punto, incluidas las de doble punta, las circulares, las intercambiables y las antiguas, no llevan marcado el tamaño. Para saber cuál es, hazlas pasar por los agujeros de un calibrador. Muchos calibradores son también una regla graduada, que te servirá para medir las muestras de tensión.

Tijeras ▼
Ten a mano unas tijeras de buena calidad para cortar el hilo y los cabos sueltos. Unas tijeras de hojas cortas y bien afiladas son perfectas: permiten cortar casi al ras del tejido y, por tanto, recortar los cabos al rematar una costura.

Alfileres ▲
La gran cabeza de algunos alfileres evita que estas se pierdan en una labor. Úsalas para sujetar las piezas de punto cuando vayas a coserlas y para marcar las medidas correctas al estirarlas.

Agujas auxiliares o guardapuntos ►
Sirven para dejar puntos en espera. En su lugar puedes utilizar un trozo de hilo de algodón ligero, un imperdible o un clip de papelería.

Organizador de agujas ▲
Úsalo para guardar tus agujas ordenadas y protegidas de cualquier desperfecto. Hay organizadores enrollables y bolsas en una amplia gama de formas y tamaños. Para las agujas gruesas es preferible una bolsa (similar a un estuche para lápices largo); las de doble punta se pueden guardar en un organizador enrollable corto.

◀ Contador de vueltas
Puede ser un cilindro numerado que se introduce al final de una aguja y se gira al acabar cada vuelta, o un pulsador que se aprieta cada vez que se completa una vuelta.

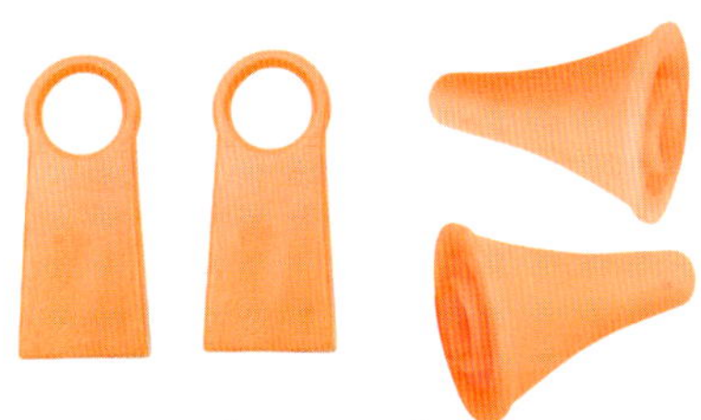

Protectores de puntas ▲
Cubre con ellos la frágil punta de las agujas para evitar que se dañe; también protegerán tu bolsa de labores de los pinchazos e impedirán que los puntos se salgan y el tejido se deshaga cuando dejas de tejer.

Cinta métrica ▲
Úsala para tomar las medidas a la persona para la que tejes una prenda y calcular la talla correctamente, así como para comprobar la tensión del punto y medir el avance de la labor. Si es doble, ten cuidado de no mezclar los dos sistemas de medida.

◀ Marcadores de puntos
Úsalos para marcar el inicio y el final de un grupo de puntos y para identificar el final de cada vuelta al tejer en redondo. Al llegar al marcador, pásalo de la aguja izquierda a la derecha y continúa tejiendo la vuelta normalmente.

Bolsa de labores ▼
Las bolsas para labores de punto suelen tener muchos compartimentos adecuados para guardar el equipo y los materiales. Pon una pieza de cedro (p. 49) en su interior para proteger la labor de la humedad y la polilla.

EQUIPO ESPECIALIZADO

Cuando empieces a usar técnicas más avanzadas precisarás un equipo más especializado. Cada elemento es específico para una tarea particular, como tejer motivos multicolores, calados y de ochos. Si eres principiante y solo dominas los puntos básicos, no te preocupes por estos utensilios por el momento, pero seguramente los necesitarás en el futuro, cuando tengas más experiencia y emprendas labores más ambiciosas.

Agujas laneras de punta roma ▶
Para coser las labores y rematar los cabos sueltos necesitas una selección de agujas de ojo grande y punta roma de diferente grosor. Estas no dañarán o partirán las fibras delicadas y se deslizarán entre los puntos cuando coses. Las de punta curva son más cómodas de usar. También hay agujas rectas con una lengüeta que puede abrirse para adecuarse a los hilos muy gruesos.

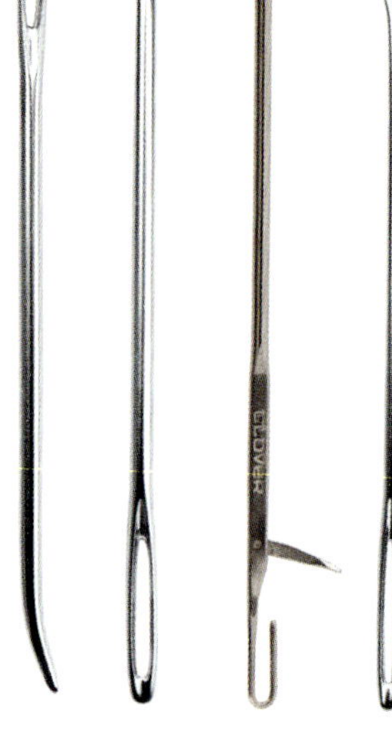

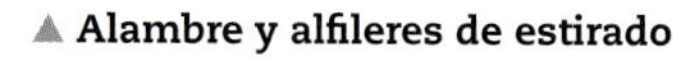

▲ Alambre y alfileres de estirado
Se usan para estirar piezas de punto y son particularmente útiles para el encaje fino tras lavarlo a mano o antes de estirarlo al vapor. Pasa los alambres como si hicieras un hilván por los bordes del tejido seco (o húmedo si lo estiras al vapor). Mide el tejido y dale las dimensiones correctas antes de fijarlo con alfileres y deja que se seque naturalmente.

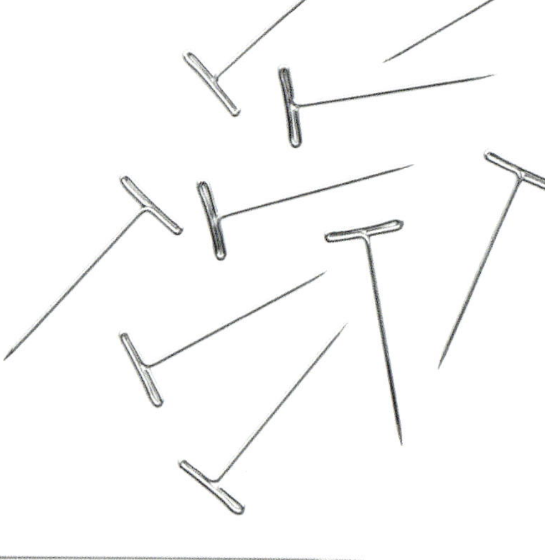

◀ Aguja de lengüeta
Es preferible al ganchillo para remallar puntos caídos. La lengüeta permite estirar los puntos para pasarlos a través de otros limpiamente, y el mango firme y el vástago anguloso lo hacen cómodo de sujetar.

◀ Ganchillo
Existen ganchillos de distintos materiales, como metal, madera y bambú. Un ganchillo facilita la tarea de remallar puntos caídos. La superficie resbaladiza de los de metal probablemente hace que estos sean más agradables para el usuario. También puedes usar un ganchillo para insertar borlas.

▲ Agujas laneras de punta afilada
Compra las de ojo grande y úsalas para rematar los cabos sueltos tras acabar de coser con una de punta roma. También puedes necesitar una aguja de punta afilada para añadir una cremallera o un ribete a una pieza de punto.

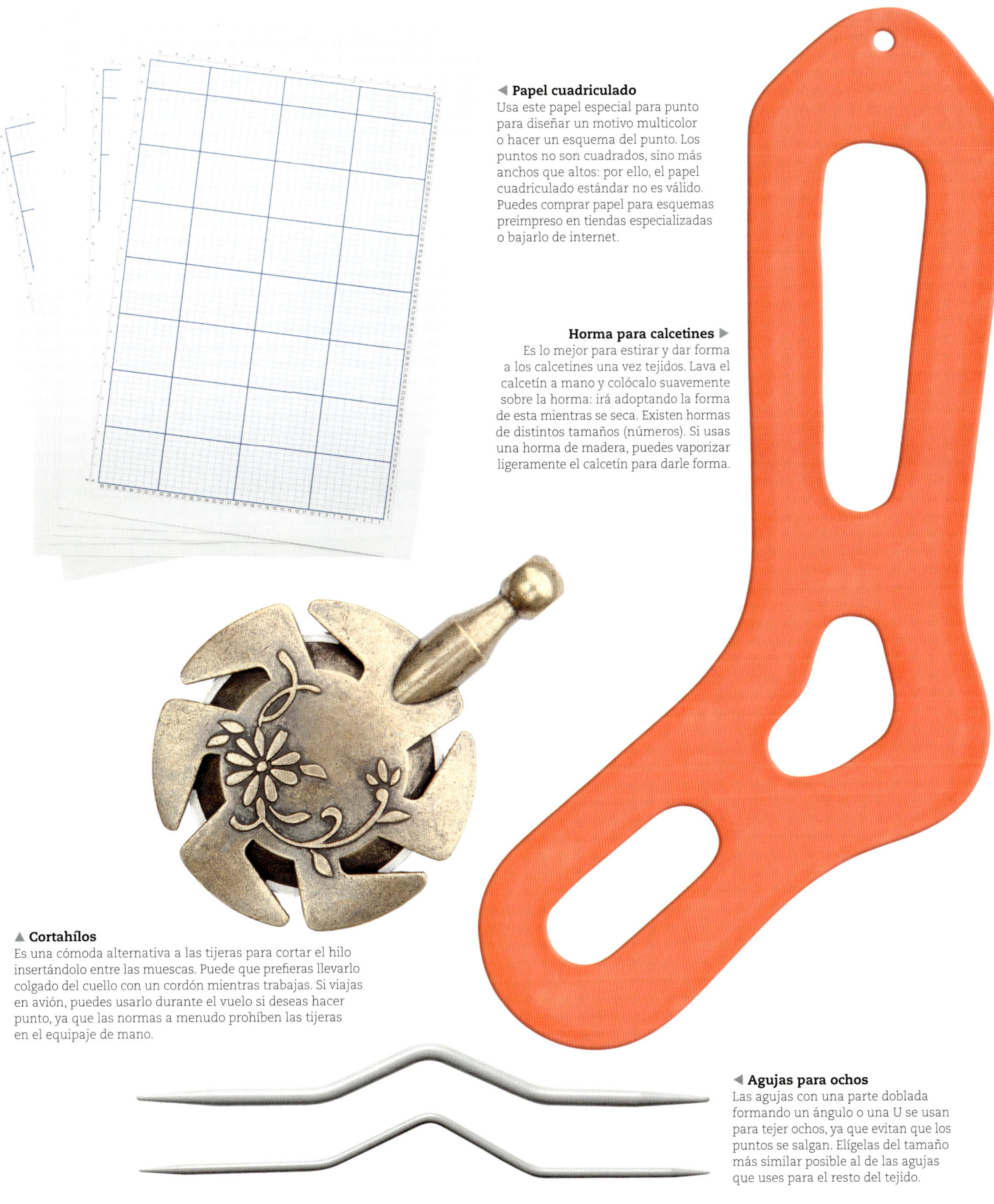

◀ **Papel cuadriculado**
Usa este papel especial para punto para diseñar un motivo multicolor o hacer un esquema del punto. Los puntos no son cuadrados, sino más anchos que altos: por ello, el papel cuadriculado estándar no es válido. Puedes comprar papel para esquemas preimpreso en tiendas especializadas o bajarlo de internet.

Horma para calcetines ▶
Es lo mejor para estirar y dar forma a los calcetines una vez tejidos. Lava el calcetín a mano y colócalo suavemente sobre la horma: irá adoptando la forma de esta mientras se seca. Existen hormas de distintos tamaños (números). Si usas una horma de madera, puedes vaporizar ligeramente el calcetín para darle forma.

▲ **Cortahílos**
Es una cómoda alternativa a las tijeras para cortar el hilo insertándolo entre las muescas. Puede que prefieras llevarlo colgado del cuello con un cordón mientras trabajas. Si viajas en avión, puedes usarlo durante el vuelo si deseas hacer punto, ya que las normas a menudo prohíben las tijeras en el equipaje de mano.

◀ **Agujas para ochos**
Las agujas con una parte doblada formando un ángulo o una U se usan para tejer ochos, ya que evitan que los puntos se salgan. Elígelas del tamaño más similar posible al de las agujas que uses para el resto del tejido.

◀ **Tricotín**
A los niños les encanta usar este artilugio para tejer un estrecho tubo de punto, o cordoncillo. La alternativa es un tricotín mecánico, apto para hilos finos y ligeros, que permite tejer cordoncillos largos mucho más rápido.

◀ **Tricotín mecánico**
Este aparato accionado girando una manivela es apto para hilos finos y ligeros. Suele tener cuatro agujas de lengüeta y permite crear cordoncillos largos mucho más rápido que un tricotín manual. Utilízalo para crear tus propios hilos *chainette* o tubulares gruesos.

▲ **Pinzas multiusos**
Estas útiles pinzas pueden sustituir a los alfileres: no partirán el hilo ni engancharán las hebras. Úsalas para sujetar firmemente los bordes de las piezas antes de coserlos e incluso cabos sueltos al tejido.

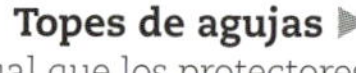

Topes de agujas ▶
Al igual que los protectores de puntas para las agujas normales, evitan que se salgan los puntos de las agujas de doble punta cuando no se teje.

Ovilladora ▶
Permite devanar rápidamente madejas enrollando el hilo en un ovillo en lugar de hacerlo a mano. Usa esta útil herramienta para devanar dos o más hilos juntos antes de tejer para obtener un hilo de hebra doble bien enrollado. Tirando de una hebra por el centro del otro ovillo, los hilos se retorcerán al mismo tiempo.

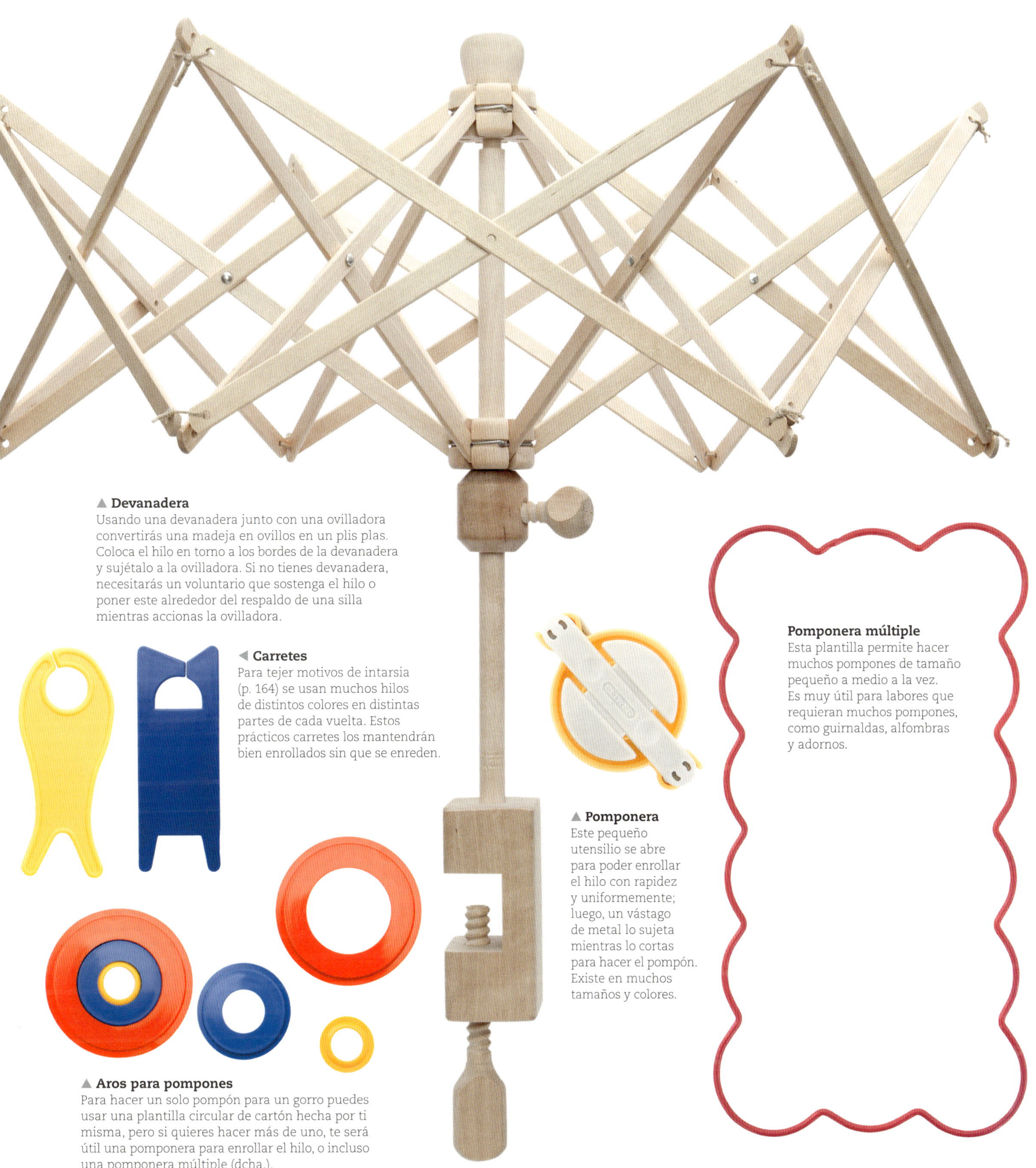

▲ **Devanadera**
Usando una devanadera junto con una ovilladora convertirás una madeja en ovillos en un plis plas. Coloca el hilo en torno a los bordes de la devanadera y sujétalo a la ovilladora. Si no tienes devanadera, necesitarás un voluntario que sostenga el hilo o poner este alrededor del respaldo de una silla mientras accionas la ovilladora.

◀ **Carretes**
Para tejer motivos de intarsia (p. 164) se usan muchos hilos de distintos colores en distintas partes de cada vuelta. Estos prácticos carretes los mantendrán bien enrollados sin que se enreden.

▲ **Pomponera**
Este pequeño utensilio se abre para poder enrollar el hilo con rapidez y uniformemente; luego, un vástago de metal lo sujeta mientras lo cortas para hacer el pompón. Existe en muchos tamaños y colores.

Pomponera múltiple
Esta plantilla permite hacer muchos pompones de tamaño pequeño a medio a la vez. Es muy útil para labores que requieran muchos pompones, como guirnaldas, alfombras y adornos.

▲ **Aros para pompones**
Para hacer un solo pompón para un gorro puedes usar una plantilla circular de cartón hecha por ti misma, pero si quieres hacer más de uno, te será útil una pomponera para enrollar el hilo, o incluso una pomponera múltiple (dcha.).

CUIDADO DE LAS PRENDAS DE PUNTO

Tras el arduo trabajo de tejer una prenda, es importante protegerla de posibles daños y mantenerla como nueva. Las polillas son una de sus principales amenazas: les encanta poner sus huevos en las fibras naturales, y las larvas las mordisquean y crean unos antiestéticos agujeritos que harán que el punto se deshaga. El equipo que te presentamos a continuación te ayudará a mantener tus prendas de punto en buen estado.

Bolsitas de lavanda
La lavanda es un antipolilla natural tradicional. Haz tus propias bolsitas, de tela o de punto, de lavanda seca y triturada, y cuélgalas en el armario o mételas en los cajones de la ropa. Úsalas también en bolsas selladas para guardar los hilos.

Quitapelusas
El punto puede formar bolitas de pelusa apelmazada *(pilling)* en la superficie. Si hay muchas, retíralas con un cepillo o un quitapelusas. Hazlo con suavidad, sin apretar, o dañarás el tejido. Los suavizantes para la ropa pueden agravar el problema.

Bolas antipolillas
Contienen productos químicos que repelen polillas e insectos. Mételas en los bolsillos o en las bolsas para la ropa. Las hay de olor fuerte y sutil; ten cuidado con las fuertes, ya que su olor puede ser imposible de erradicar.

Cepillo para mohair
El mohair puede aplastarse y perder su halo peludo tras un lavado o estar largo tiempo guardado. Por ello es clave invertir en un cepillo especial para recuperar su aspecto mullido con suaves toques. También puedes prevenir el enmarañamiento en las partes sometidas a un roce excesivo, como las axilas de un jersey.

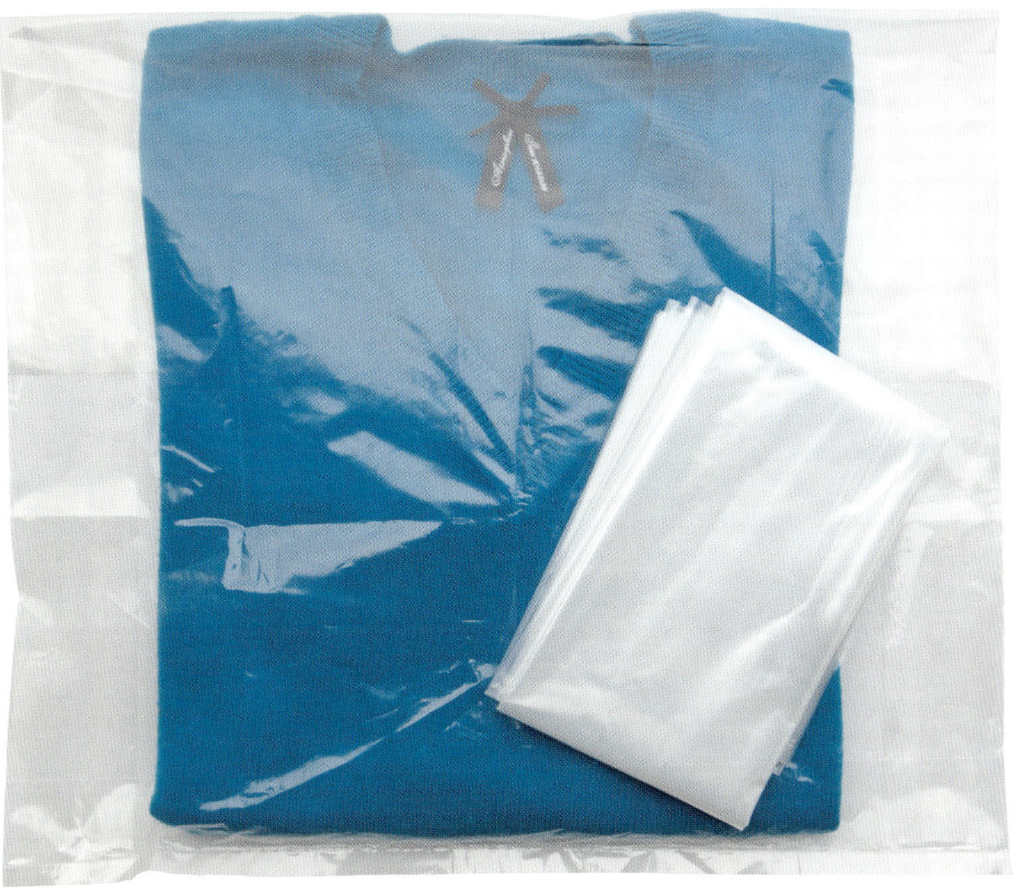

◀ **Bolsas para la ropa**
Son imprescindibles y las hay de muchos estilos, desde las simples bolsas con cremallera hasta las de plástico con aroma a lavanda y las que permiten el envasado al vacío para reducir el volumen y ahorrar espacio. Asegúrate de que las bolsas estén bien cerradas para evitar que entren la humedad y los insectos. Aunque una bolsa pueda parecer segura cuando está plegada, ten en cuenta que las polillas son capaces de colarse en los espacios pequeños.

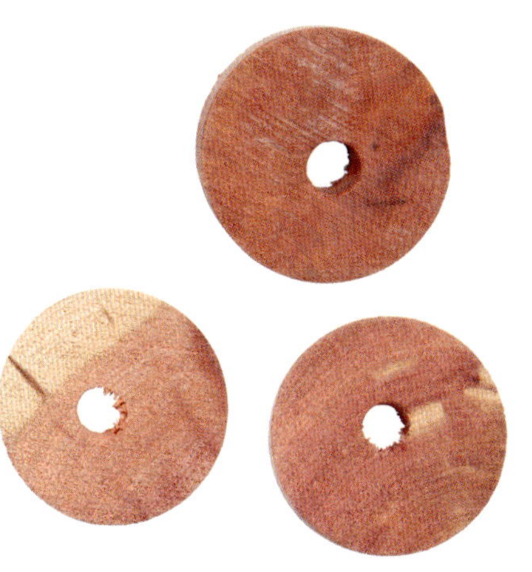

Piezas de madera de cedro ▶
La madera de cedro tiene un aroma sutil que algunas personas prefieren al de la lavanda y que también repele a las polillas. Se vende en piezas con forma de cubo, disco y anilla para colgar en el armario, repartir en los cajones o en bolsas o cajas de hilos. Pierden fragancia con el tiempo, pero pueden lijarse para que resurja el olor natural. También se les puede aplicar una gota de aceite de pomelo, dejar que se sequen y obtener así un antipolilla que además tenga propiedades antibacterianas.

Detergente para lana ▶
Este jabón, muy suave, limpiará las fibras con delicadeza y eliminará la suciedad sin dañar el hilo ni extraerle el tinte. Hoy es posible comprar detergentes para lana que no necesitan aclarado, lo que hace aún más cómodo el lavado a mano de los preciados artículos de punto.

MUESTRARIO

MUESTRAS DE PUNTOS

Estas muestras te permitirán descubrir los bonitos y originales tejidos de punto que se pueden crear mediante las técnicas de las páginas 88 a 251. Aunque nunca hayas hecho punto, es probable que hayas oído hablar de algunos de los puntos más conocidos, como el de jersey y el de arroz, pero lo que tal vez no sepas es que hay muchísimas más posibilidades de crear un sinfín de efectos, desde llamativos ochos y motivos de colores hasta delicados encajes y tejidos con cuentas. Echa un vistazo a este capítulo para determinar cuáles te gustan más. Encontrarás las técnicas pertinentes en el capítulo siguiente, y los esquemas e instrucciones, en el capítulo Puntos (pp. 320–355).

MUESTRAS DE PUNTOS DEL DERECHO Y DEL REVÉS

Aquí tienes algunos de los muchos puntos que se crean combinando puntos de derecho y del revés. Cada uno de ellos produce un tejido plano, reversible y sencillo de hacer. Los que no tienen una cara del derecho específica presentan exactamente el mismo aspecto tanto por delante como por detrás, y los pocos que la tienen también poseen una textura atractiva en la cara del revés. Como no se enrollan en los bordes, estos puntos son ideales para tejer bufandas sencillas, mantitas de bebé y colchas. Consulta las páginas 116 y 117 para obtener información paso a paso sobre los puntos del derecho y del revés.

PUNTO DE ARROZ p. 320

CANALÉ SIMPLE p. 320

CANALÉ DOBLE (O 2x2) p. 320

PUNTO DE DAMERO p. 320

PUNTO DE DAMERO EN RELIEVE p. 320

PUNTO DE DAMERO CON RAYAS p. 320

PUNTO DE DAMERO PEQUEÑO p. 321

PUNTO DE ROMBOS p. 321

PUNTO BRIOCHE (O INGLÉS) p. 321

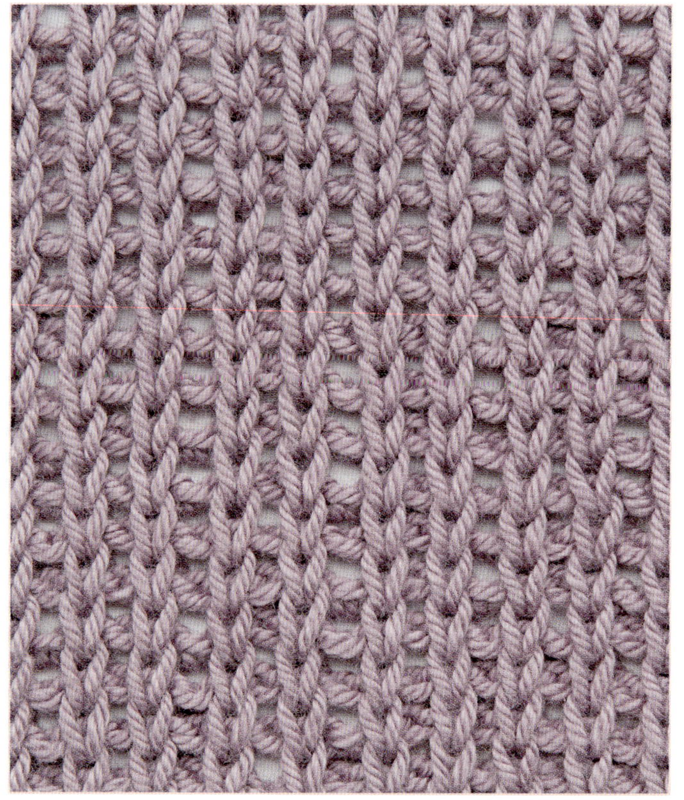

CANALÉ DEL PESCADOR p. 321

PUNTO DE ARROZ DOBLE p. 321

MEDIO PUNTO DE ARROZ p. 321

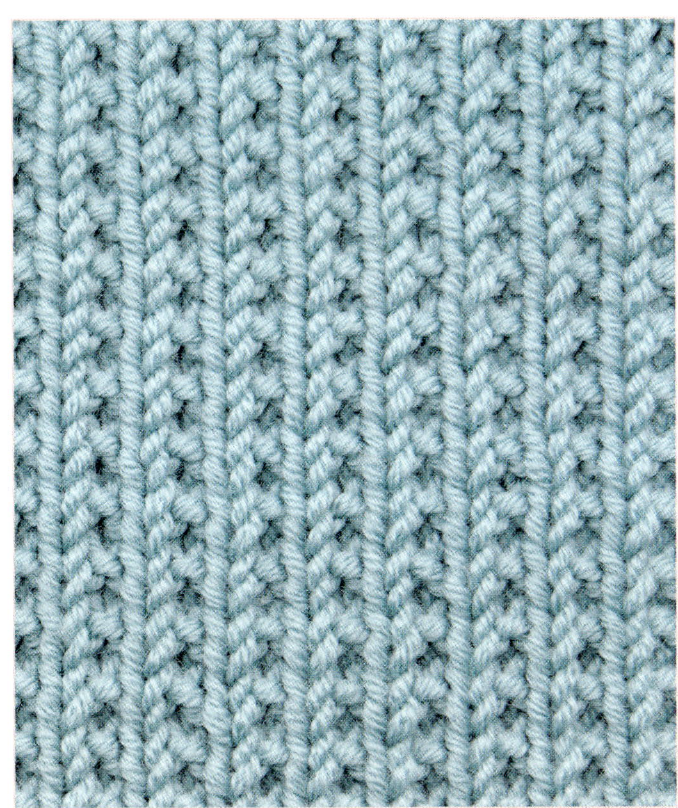

CANALÉ CRUZADO p. 322

CANALÉ PARTIDO p. 322

PUNTO DE ARROZ PARTIDO p. 322

CANALÉ 4x4 A PUNTO BOBO p. 322

RAYAS VERTICALES A PUNTO DE ARROZ p. 322

PUNTO ANDALUZ DOBLE p. 322

AUMENTOS Y MENGUADOS

Los aumentos y menguados dan forma y textura a las piezas de punto. Aumentando o menguando (es decir, disminuyendo) el número de puntos en la aguja se obtiene una gran variedad de formas y dibujos. A medida que tu pieza de punto cambia de forma, el borde de montaje de los puntos no siempre permanece recto, y se origina un bonito borde ondulado en la mayoría de los casos. Las muestras de este grupo se tejen repitiendo una secuencia en la que se combinan aumentos y menguados que se anulan mutuamente, de manera que el número total de puntos no varía. Con los puntos de estas muestras se tejen bufandas, chales y mantas particularmente bonitos. Consulta las páginas 128 a 145 para saber cómo aumentar y menguar paso a paso.

PUNTO DE ZIGZAG p. 323

ZIGZAG A PUNTO BOBO p. 323

PUNTO PAVO REAL p. 323

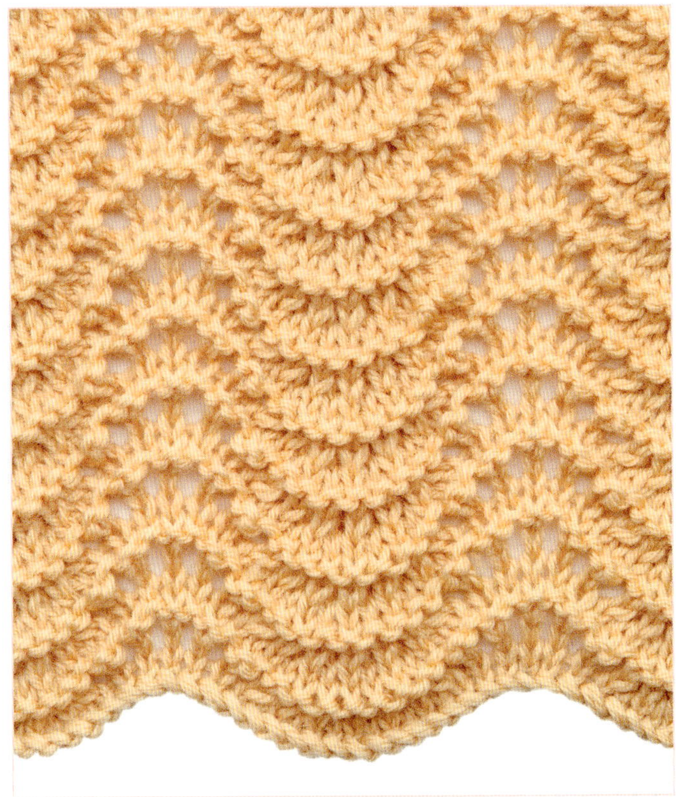

CANALÉ EN DIAGONAL p. 323

PUNTO DE ARÁNDANO p. 323

PUNTO *PUFF* p. 323

PUNTO DE GARBANZO p. 324

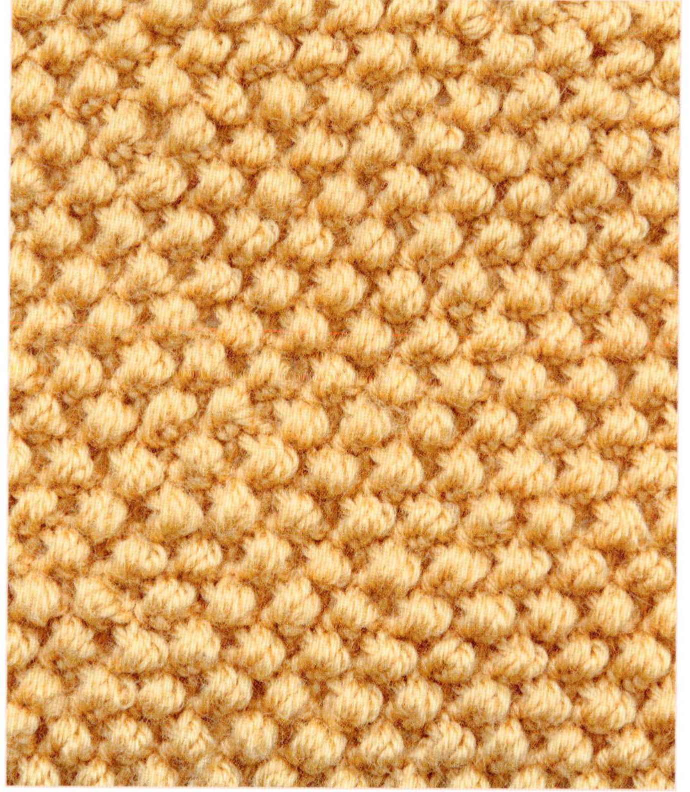

AUMENTOS Y MENGUADOS: MUESTRAS DE FLORES

Todas estas flores se han diseñado para practicar de una manera fácil y divertida las técnicas de aumentos y menguados simples. Cada flor se teje de una sola pieza, sin apenas costuras. Además, no es necesario rematar los cabos sueltos, ya que se pueden utilizar para trenzar un sencillo tallo. Estas flores son ideales para adornar una solapa, superponerlas como aplicaciones en mantas, fundas de cojín, bolsos, bufandas y jerséis, o decorar tarjetas de felicitación. Consulta las páginas 128 a 145 para saber cómo aumentar y menguar paso a paso.

FLOR DE DOCE PÉTALOS p. 324

FLOR DE PÉTALOS CURVOS p. 324

FLOR DE PÉTALOS DE LAZO Y CENTRO PEQUEÑO p. 326

FLOR DE PÉTALOS DE LAZO Y CENTRO GRANDE p. 326

ANÉMONA p. 325

HOJA GRANDE p. 325

FLOR-POMPÓN p. 325

MUESTRAS DE OCHOS Y PUNTOS CRUZADOS

Estas muestras de ochos y puntos cruzados fáciles de tejer constituyen una excelente introducción a este tipo de texturas para los principiantes. Intenta seguir las instrucciones escritas hasta la primera repetición; luego sigue el esquema para la siguiente y verás lo fácil que es utilizar un esquema de ochos y puntos cruzados. Los puntos cruzados crean una textura más sutil y, al no necesitar una aguja especial, también se tejen muy rápido. Tanto los ochos como los puntos cruzados aportan textura y grosor a una labor, por lo que son ideales para prendas y complementos de punto liso, como una funda de cojín. Los ochos encogerán tu labor a lo ancho, así que recuerda montar más puntos de los que necesitarías normalmente. Consulta las páginas 146 y 147 para obtener información paso a paso sobre los ochos y los puntos cruzados.

OCHOS DE CUATRO PUNTOS p. 326

OCHOS DE SEIS PUNTOS p. 327

OCHOS EN CADENA p. 327

FALSO PUNTO DE OCHOS p. 331

PUNTO DE HERRADURA p. 327

PUNTOS CRUZADOS EN ZIGZAG SOBRE PUNTO BOBO p. 329

TRENZAS p. 328

OCHOS ROMBOIDALES p. 328

OCHOS A PUNTO DE JERSEY Y PUNTO BOBO p. 329

OCHOS CON GARBANZOS p. 330

NIDO DE ABEJA p. 328

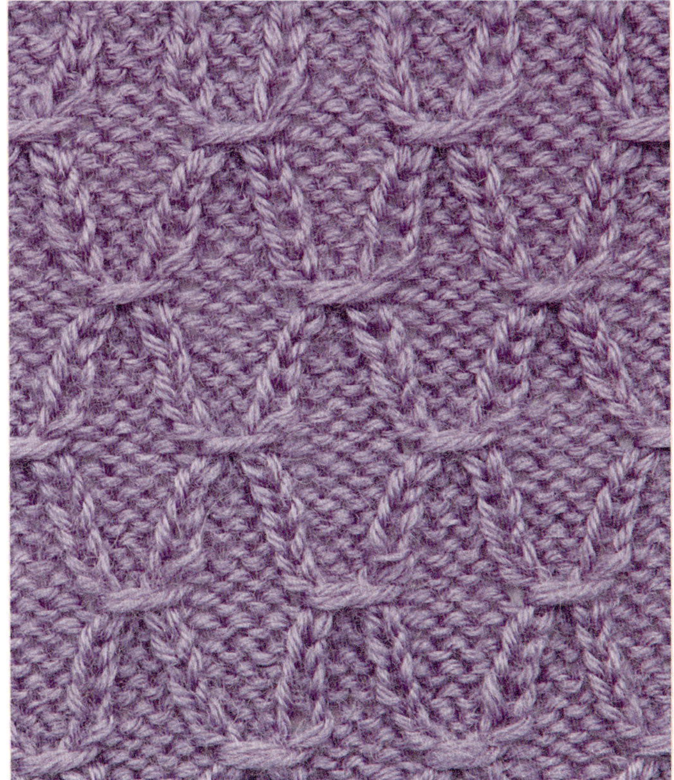

PUNTO DE CANASTA p. 330

CANALÉ ONDULADO p. 331

OCHOS DE ABANICOS p. 331

PUNTO DE DAMERO CON OCHOS p. 330

MUESTRAS DE PUNTOS CALADOS Y ENCAJE

Los puntos calados y el encaje dan un aspecto delicado y elegante a chales, bufandas, prendas de vestir y mantas. Si el fondo del punto que has elegido es punto de jersey, tendrás que tejer un borde a punto bobo o a punto de arroz alrededor de la pieza. Esto puede hacerse remontando puntos y tejiendo el borde una vez terminada la pieza, o tejiendo cuatro vueltas a punto bobo al principio y al final de esta, así como cuatro puntos a punto bobo a cada lado. Otra opción es coser un ribete de punto o de tela en torno a la pieza acabada. Consulta las páginas 152 y 153 para obtener información paso a paso sobre las técnicas de punto calado y encaje.

PUNTO DE RED p. 332

PUNTO CALADO DE TRÉBOLES p. 332

PUNTO DE RED ANCHA p. 332

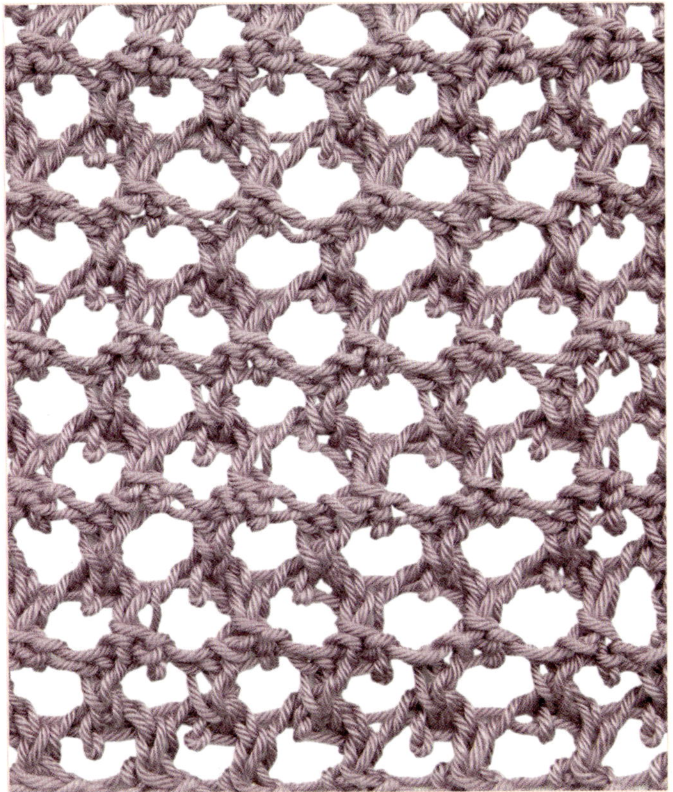

PUNTO DE RED VERTICAL p. 333

ENCAJE DE MINIHOJAS p. 333

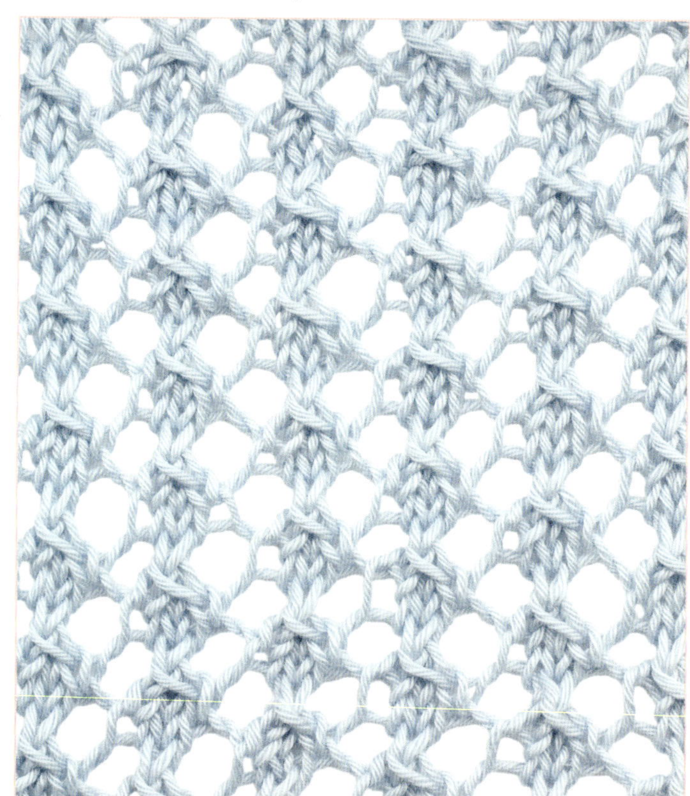

PUNTO CALADO DE FLECHAS p. 333

PUNTO DE RED EN ZIGZAG p. 334

PUNTO CALADO DE HOJAS GRANDES p. 334

PUNTO CALADO DE ESTRELLAS p. 334

PUNTO DE DOMINÓ CALADO p. 334

ENCAJE DE HOJAS p. 335

PUNTO DE ROMBOS CALADO p. 335

MOTIVOS CALADOS CON FORMA DE UVE p. 335

MOTIVOS CALADOS ROMBOIDALES p. 335

PUNTO DE MALLA p. 336

PUNTO DE VAINICA p. 336

PUNTO DE HERRADURA CALADO p. 337

CANALÉ CALADO EN DIAGONAL p. 337

PUNTO DE ESCALERA p. 336

HILERAS CALADAS p. 336

PUNTO CALADO CON PUNTOS CAÍDOS p. 337

PUNTO DE MALLA VERTICAL p. 337

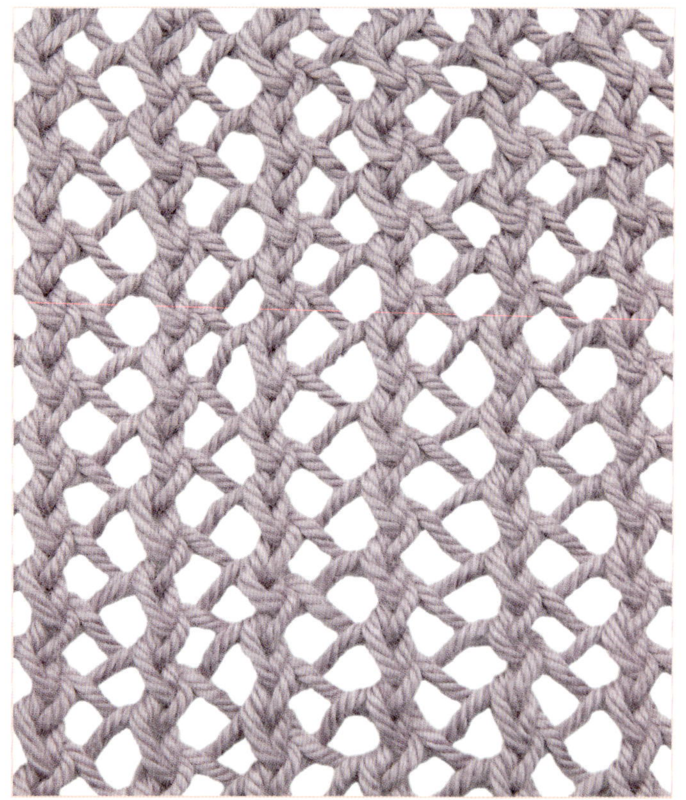

MOTIVO NÁUTICO CALADO p. 336

MUESTRAS DE PUNTO MULTICOLOR

Aquí tienes algunas muestras de motivos multicolores a punto de jersey fáciles de tejer. Algunos son adecuados para la técnica jacquard (o Fair Isle), y el resto para la de intarsia o una combinación de ambas. Las cenefas se pueden tejer por separado para obtener simples franjas de color, o en serie para crear una pieza a rayas. Si nunca has tejido con hilos de varios colores, empieza por los motivos en jacquard, ya que solo requieren utilizar dos colores en cada vuelta. Consulta las páginas 154 a 164 para conocer paso a paso las técnicas de punto multicolor.

CENEFAS SENCILLAS EN JACQUARD p. 338

CÍRCULOS REPETIDOS EN JACQUARD p. 338

CORAZÓN EN INTARSIA p. 338

PÁJARO EN INTARSIA p. 339

FLORECITAS EN JACQUARD p. 339

FLORES EN INTARSIA p. 340

FLOR EN JACQUARD E INTARSIA p. 340

TULIPÁN EN INTARSIA p. 341

MUÑEQUITA EN INTARSIA p. 341

GATO EN INTARSIA p. 340

NÚMEROS Y LETRAS EN INTARSIA p. 340

PATO EN INTARSIA p. 342

CALAVERA Y TIBIAS EN INTARSIA p. 342

CORAZONES EN JACQUARD p. 341

ZIGZAG TRICOLOR EN JACQUARD p. 339

ENREDADERA EN INTARSIA p. 343

MOTIVO *ARGYLE* EN JACQUARD E INTARSIA p. 342

COPO DE NIEVE EN INTARSIA p. 343

MUESTRAS DE FALSO PUNTO MULTICOLOR

El falso punto multicolor es una técnica «tramposa» para introducir el color en el tejido sin necesidad de trabajar con dos hilos diferentes en la misma vuelta: en vez de esto, se utilizan algunos puntos de vueltas anteriores para añadir un color diferente a las vueltas de encima. La técnica consiste en deslizar esos puntos y tirar de ellos hacia arriba para tejerlos en una vuelta posterior (p. 122). Todos los puntos se deslizan del revés, a menos que se indique lo contrario. Como estas muestras presentan muchos puntos deslizados, el tejido final es más resistente, ideal para bolsos, fundas de cojín y mantas.

HILERAS DE PUNTOS DEL REVÉS p. 343

PUNTO BOBO DESLIZADO TRICOLOR p. 344

RAYAS IRREGULARES p. 343

PUNTO DE FLECHA p. 344

PUNTO DE TELAR p. 344

PUNTO DE PANAL p. 345

RAYAS VERTICALES p. 344

MUESTRAS DE RIBETES

La mayoría de estos ribetes fáciles se tejen a lo largo. Si el ribete es para una manta, teje un poco más para poder fruncirlo en cada esquina. Al llegar a la longitud deseada, no cierres los puntos: pásalos a una aguja auxiliar o guardapuntos y cose el ribete alrededor de la manta. Así podrás tejer más vueltas, si fuera necesario, antes de cerrarlos. Consulta las páginas 220 a 237 para saber cómo adornar las piezas de punto paso a paso.

RIBETE DE PÉTALOS p. 345

RIBETE DE PICOS p. 345

PUNTILLA p. 346

VOLANTE CON PIQUILLO p. 346

RIBETE CON PIQUITOS p. 346

RIBETE CON FLECO p. 347

PUNTILLA ANCHA p. 347

RIBETE DE FESTÓN CALADO p. 347

FLECO DE ANILLAS CON ABALORIOS p. 348

RIBETE DE CONCHAS CALADO p. 348

RIBETE DE OCHOS p. 348

MEDALLONES

Estos sencillos medallones pueden coserse para formar piezas más grandes para mantas, bolsos y fundas de cojín. También pueden tejerse por separado hasta darles el tamaño necesario para convertirlos en piezas como una funda de cojín o un salvamanteles. Otra posibilidad es utilizar el cuadrado y el círculo como base para un recipiente tejido en redondo (p. 250). Consulta las páginas 186 a 193 para saber cómo tejer en redondo paso a paso.

CÍRCULO SENCILLO p. 349

CUADRADO SENCILLO p. 349

CUADRADO CON AUMENTOS EN ESPIRAL p. 349

CUADRADO CON CALADOS p. 351

HEXÁGONO p. 350

OCTÓGONO SENCILLO p. 350

CUADRADO A INGLETE p. 350

MUESTRAS DE PUNTO CON CUENTAS

Cuentas, abalorios y lentejuelas harán brillar tus labores de punto. Las muestras que se presentan aquí se han tejido mediante la técnica de ensartado de las cuentas en el hilo antes de montar los puntos (p. 220). A la hora de calcular el número de cuentas, es mejor ensartar más de las que creas necesarias: de este modo no tendrás que dejar de tejer para ensartar otras. Ten en cuenta que las cuentas harán que aumente el peso de tu labor, por lo que es aconsejable utilizar menos en labores grandes, como jerséis y mantas. Usa siempre cuentas lavables. No se recomienda añadir cuentas a los artículos destinados a bebés y niños pequeños. Consulta las páginas 220 a 224 para saber cómo tejer con cuentas paso a paso.

DESTELLOS DISPERSOS p. 351

ABALORIOS EN DIAGONAL p. 351

PUNTO DE JERSEY CON ABALORIOS p. 351

HILERAS DE ABALORIOS p. 353

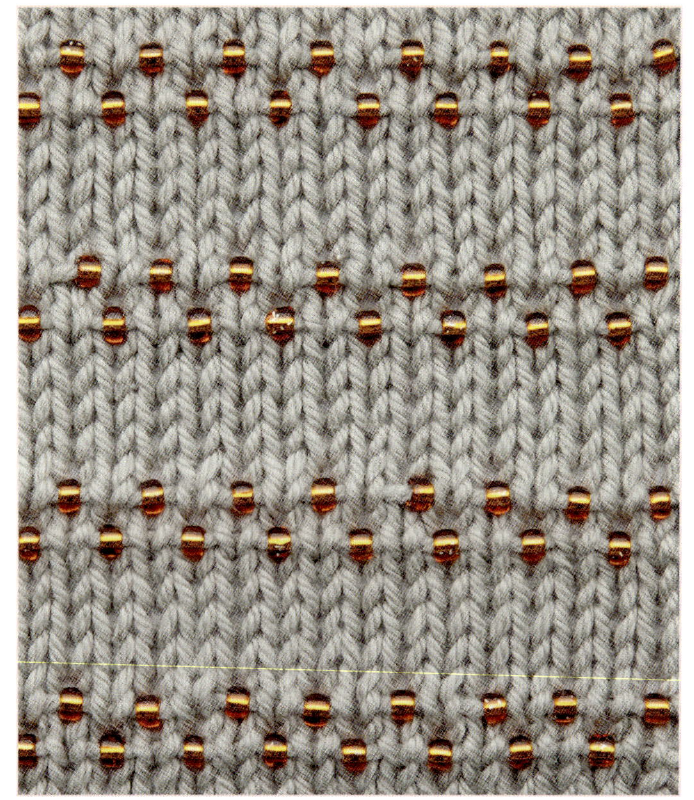

PUNTO DE ZIGZAG CON ABALORIOS p. 352

PUNTO DE ROMBOS CON ABALORIOS p. 352

PUNTO *DIAMANTÉ* p. 352

PUNTO BOBO CON ABALORIOS p. 352

ABALORIOS EMBEBIDOS p. 353

RAYAS VERTICALES DE LENTEJUELAS p. 353

TEJIDO DE LENTEJUELAS p. 353

TÉCNICAS

TÉCNICAS BÁSICAS

Aprender a hacer punto es un proceso rápido. Son pocas las técnicas que hay que dominar antes de poder tejer labores sencillas, como bufandas, mantitas de bebé o fundas para cojines. Las técnicas básicas son: montar los puntos, tejer a punto del derecho y punto del revés, y cerrar los puntos.

HACER UN NUDO CORREDIZO

Antes de empezar a hacer punto debes aprender a crear la primera lazada en la aguja. Esta lazada se llama nudo corredizo y es el primer punto formado cuando se montan los puntos.

1 Empieza cruzando el hilo procedente del ovillo sobre el extremo libre (llamado cabo suelto) para formar un círculo.

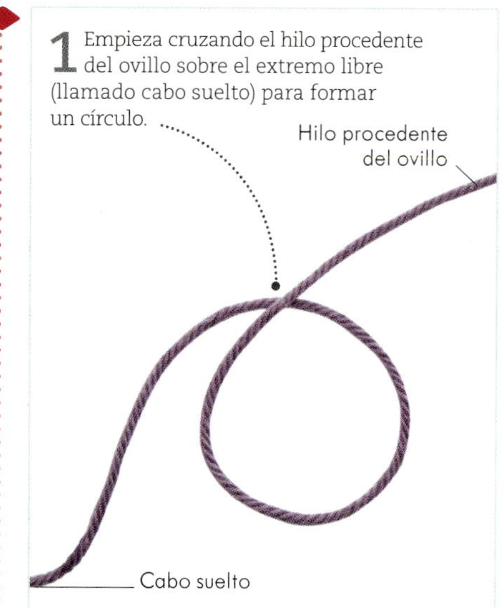

2 Inserta la punta de una aguja a través del círculo, rodéala con el hilo procedente del ovillo y saca el hilo a través del círculo.

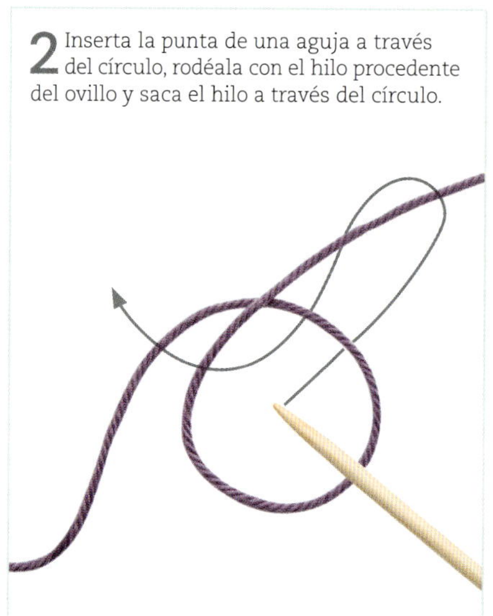

3 Así se forma una lazada en la aguja y un nudo abierto, flojo, por debajo.

4 Tira firmemente de ambos extremos del hilo para apretar el nudo y la lazada en torno a la aguja.

5 Comprueba que el nudo está lo suficientemente prieto para que no se salga de la aguja, pero no tanto que no puedas deslizarlo por ella.

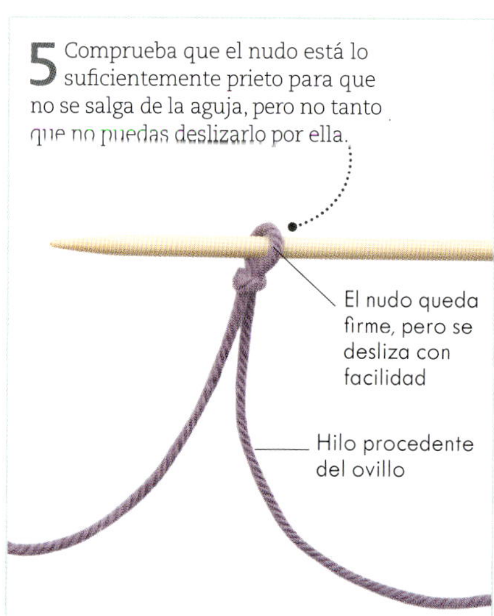

6 El extremo de hilo cortado debería tener al menos 10–15 cm de largo, para que luego puedas enhebrarlo en una aguja lanera para rematarlo. Sin embargo, las instrucciones de una labor podrían indicar que se deje un cabo suelto mucho más largo para usarlo en costuras o para otros fines.

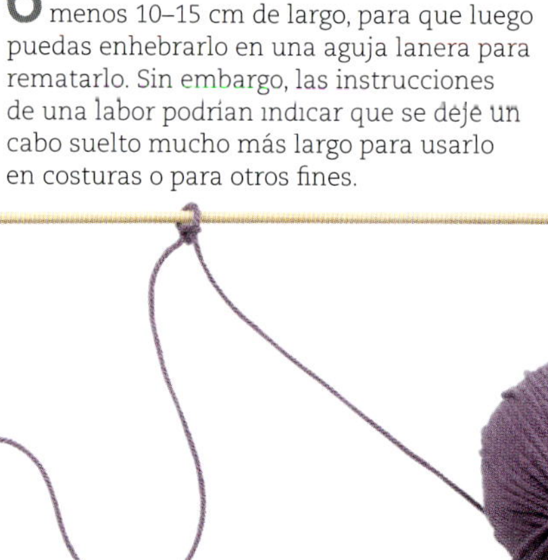

SUJETAR EL HILO Y LAS AGUJAS

Aunque todos los puntos se hacen exactamente igual, puedes sujetar el hilo con la mano derecha o con la izquierda. Estas dos maneras de sujetar el hilo se conocen como inglesa y continental (o alemana), respectivamente. El punto es una disciplina ambidextra, de modo que toda persona, sea diestra o zurda, debería probar ambos estilos de hacer punto para averiguar cuál le va mejor.

TEJER A LA INGLESA

1 Enlaza el hilo en torno a los dedos de la mano derecha. Procura controlarlo con firmeza, pero con la mano relajada, dejando que pase entre los dedos a medida que tejes.

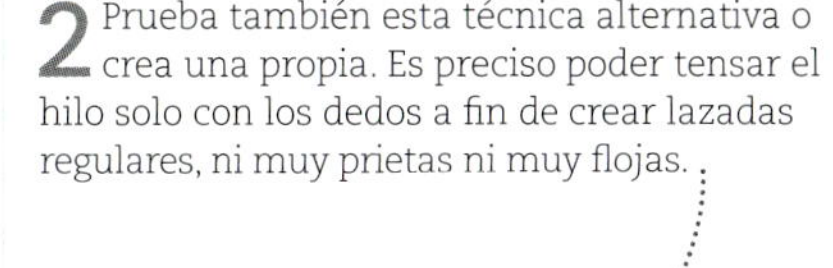

2 Prueba también esta técnica alternativa o crea una propia. Es preciso poder tensar el hilo solo con los dedos a fin de crear lazadas regulares, ni muy prietas ni muy flojas.

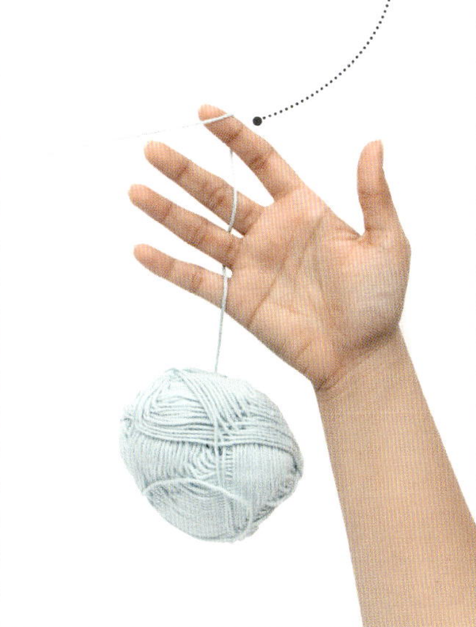

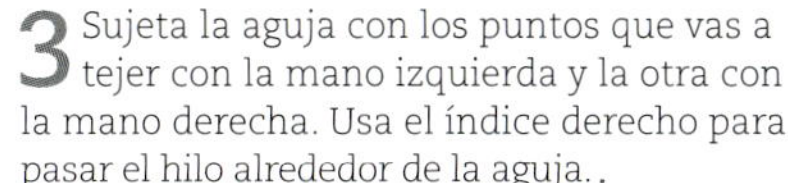

3 Sujeta la aguja con los puntos que vas a tejer con la mano izquierda y la otra con la mano derecha. Usa el índice derecho para pasar el hilo alrededor de la aguja.

TEJER AL ESTILO CONTINENTAL

1 Enlaza el hilo entre los dedos de la mano izquierda de la manera que te resulte más cómoda. Debes poder aflojar y tensar el hilo con facilidad, a fin de crear lazadas uniformes.

2 Esta otra técnica consiste en enrollar el hilo dos veces en el índice.

3 Sujeta la aguja con los puntos por tejer con la mano izquierda y la otra con la derecha. Echa el hilo (colócalo sobre la aguja) con el índice izquierdo y sácalo a través de las lazadas con la punta de la aguja derecha.

ESTILO CONTINENTAL ALTERNATIVO

Este método facilita mucho la tarea de tejer y es ideal para el punto bobo (p. 114) o el punto de jersey circular. Como se trabaja cerca de la punta, las agujas de punta cónica cortas son las mejores. Cuando tejas al estilo continental puede que notes que la tensión se afloja, en cuyo caso utiliza agujas más finas.

Tanto para tejer a punto del derecho como del revés, enrolla el hilo en el meñique izquierdo, pero mantenlo sobre todos los dedos. Así te será más fácil tejer a punto del revés.

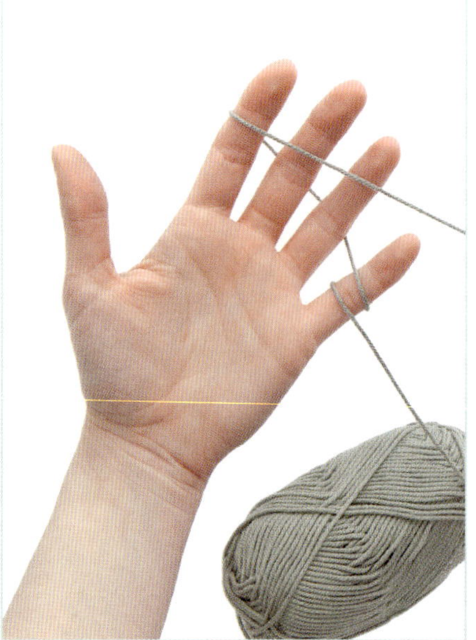

TEJER DEL DERECHO AL ESTILO CONTINENTAL ALTERNATIVO

1 Levanta el índice con el hilo sobre él y sujeta el hilo con la yema del dedo medio contra la aguja izquierda, ligeramente por delante del punto.

2 Inserta la punta de la aguja derecha en el punto, engancha el hilo del dedo medio y sácalo pasándolo a través del punto de la aguja izquierda.

3 Al final de la vuelta, mantén el hilo alrededor de los dedos izquierdos. Cambia las agujas para empezar la siguiente vuelta.

TEJER DEL REVÉS AL ESTILO CONTINENTAL ALTERNATIVO

1 Sujeta el hilo como para tejer del derecho. Lleva el hilo hacia delante. Con el índice levantado y el dedo medio tocando la aguja izquierda cerca de la punta, inserta la aguja como para tejer del revés. Inclina la otra aguja hacia ti y luego hacia atrás con un movimiento circular para que el hilo se enrolle sobre ella.

2 Al mismo tiempo, lleva el índice izquierdo con el hilo hacia delante, enrollando así el hilo en la aguja. Mantén el índice en contacto permanente con la aguja izquierda.

3 Inmediatamente, aleja ligeramente la punta de la aguja derecha para enganchar el hilo y abrir el punto anterior. Lleva la aguja hacia atrás a través del antiguo punto y haz una nueva lazada del revés. Retira el punto anterior de la aguja izquierda.

TEJER DEL REVÉS AL ESTILO CONTINENTAL ALTERNATIVO: DESHACER UN PUNTO INCORRECTO

1 Si, por error, enrollas el hilo por debajo, en lugar de por encima, de la aguja derecha, la «pata» delantera de cada punto estará más lejos de la punta de la aguja que la «pata» trasera. Se trata de un punto retorcido.

2 Para enderezar los puntos en la vuelta siguiente, teje del derecho por la parte posterior del punto. Si te resulta difícil dominar la manera correcta de enrollar el hilo, pero aun así deseas tejer del revés al estilo continental, teje cada vuelta a punto del derecho que siga a una vuelta a punto del revés trabajando por la parte posterior del punto.

MONTAJES CON UNA HEBRA

Todos los métodos de montar los puntos utilizando una sola hebra de hilo están relacionados con el método simple, o del pulgar (abajo). Suelen ser montajes ligeros, pero pueden hacerse más firmes retorciéndolos. El montaje alterno crea un borde decorativo. El montaje tejido del derecho (p. 92) y el montaje en ochos, o trenzado (p. 93) son útiles para montar puntos en medio de una pieza, por ejemplo, si necesitas añadir más de un punto al aumentar. Cuando va seguido de punto de jersey, el montaje tejido del derecho puede enrollarse hacia el lado del punto del derecho. Para bordes en los que esto sea importante, elige un montaje tubular con dos hebras (p. 102).

MONTAJE SIMPLE (Método del pulgar)

1 Este es el método más fácil. Sujeta la aguja con el nudo corredizo en la mano derecha. Pasa el hilo alrededor del pulgar izquierdo como muestra la imagen y sujétalo sobre la palma de la mano con los demás dedos. Inserta la punta de la aguja de abajo arriba a través de la lazada del pulgar como indica la flecha.

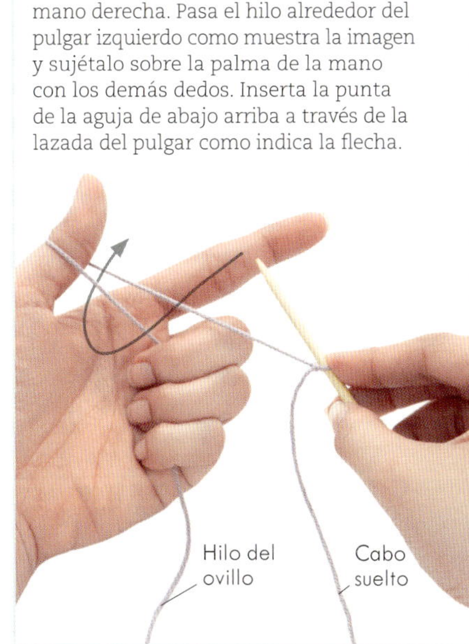

2 Saca la lazada del pulgar y tira del hilo para tensar la nueva lazada montada en la aguja, deslizándola junto al nudo corredizo.

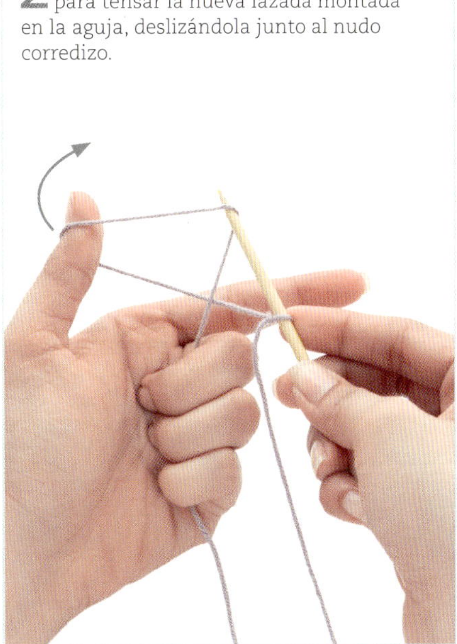

3 Pasa de nuevo el hilo alrededor del pulgar y continúa haciendo lazadas de la misma manera hasta tener en la aguja el número de puntos requerido.

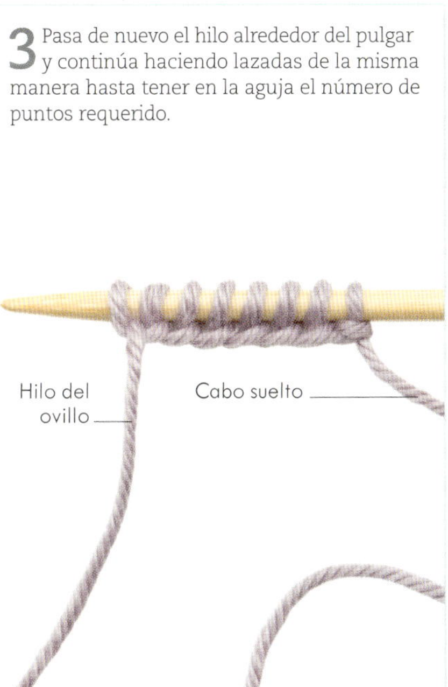

MONTAJE TEJIDO DEL DERECHO

1 Sujetando el hilo en la mano derecha o en la izquierda, como se explica en la página 89, sostén la aguja con el nudo corredizo en la mano izquierda. Pasa la punta de la aguja derecha, de derecha a izquierda, por el centro de la lazada de la aguja izquierda.

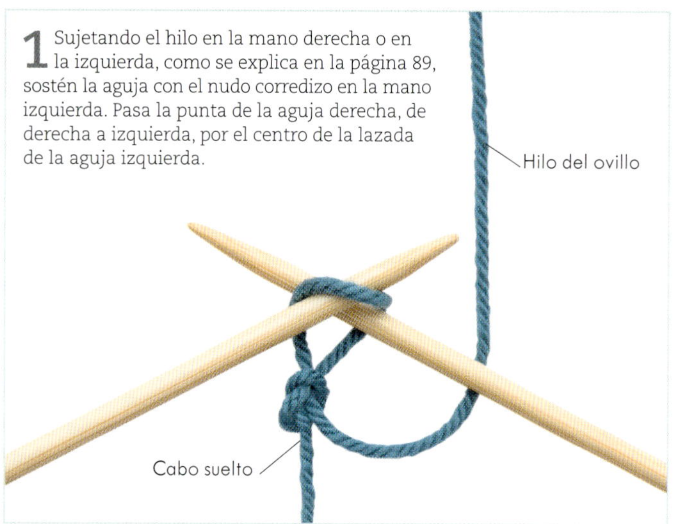

2 Con el hilo detrás de las agujas, pásalo por debajo y alrededor de la punta de la aguja derecha. (Mientras montas los puntos, mantén las lazadas de la aguja izquierda en su lugar con el índice o el dedo medio izquierdos).

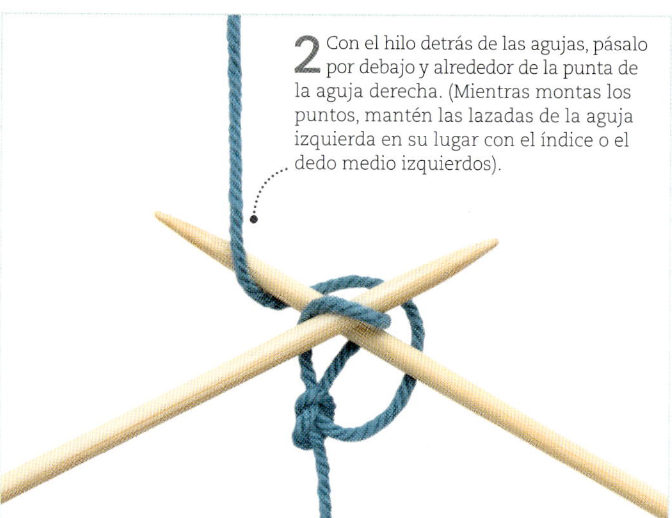

3 Con la punta de la aguja derecha, saca con cuidado el hilo a través de la lazada de la aguja izquierda. (Así es como se forma un punto del derecho, de ahí el nombre de este método).

4 Inserta la punta de la aguja izquierda, de izquierda a derecha, en la lazada de la aguja derecha. Pasa la lazada a la aguja izquierda. Para obtener un borde firme, inserta la punta de la aguja de derecha a izquierda, retorciendo la lazada al pasarla.

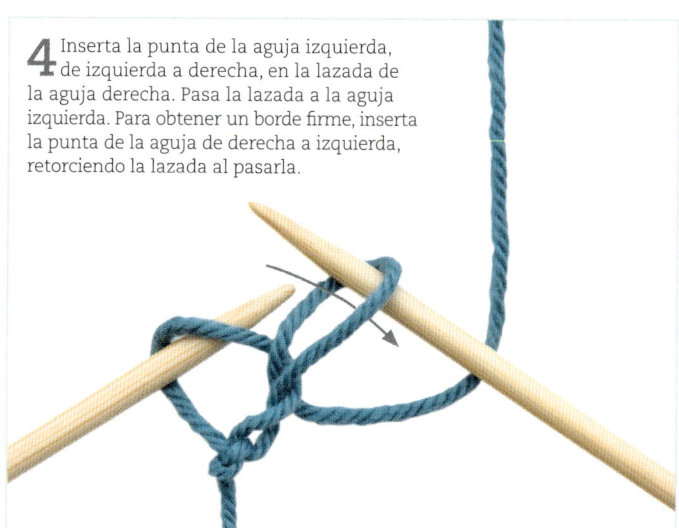

5 Tira de ambos extremos del hilo para apretar la nueva lazada en la aguja y desliza dicha lazada hasta el nudo corredizo.

6 Continúa montando puntos de la misma manera hasta tener el número requerido. Para conseguir un montaje más flojo, sujeta dos agujas juntas en la mano izquierda mientras montas los puntos.

MONTAJE EN OCHOS

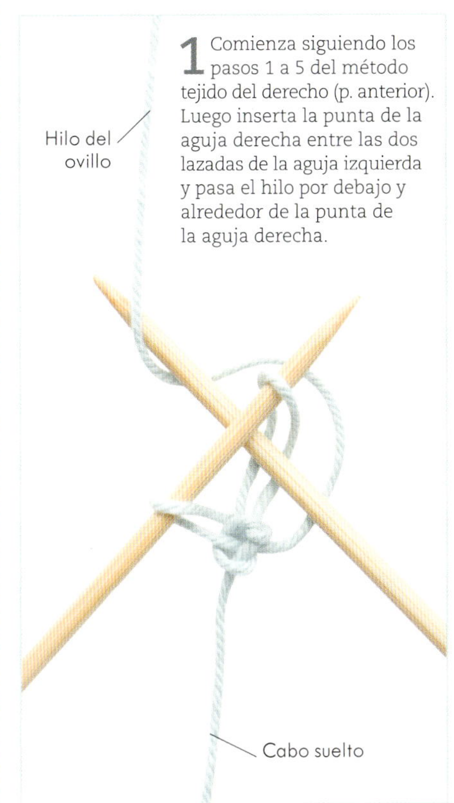

1 Comienza siguiendo los pasos 1 a 5 del método tejido del derecho (p. anterior). Luego inserta la punta de la aguja derecha entre las dos lazadas de la aguja izquierda y pasa el hilo por debajo y alrededor de la punta de la aguja derecha.

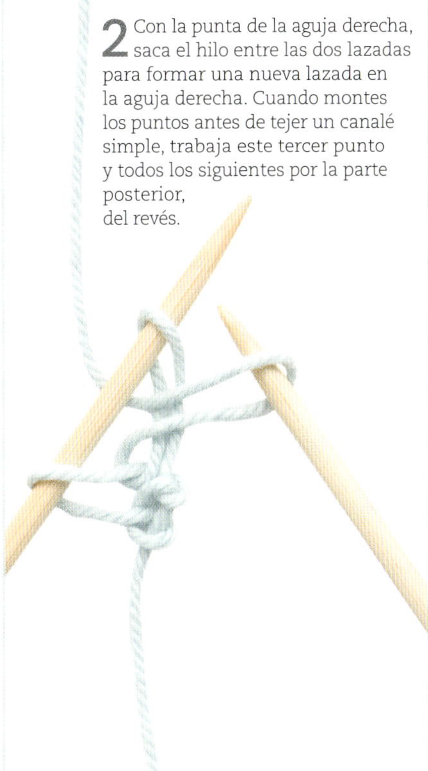

2 Con la punta de la aguja derecha, saca el hilo entre las dos lazadas para formar una nueva lazada en la aguja derecha. Cuando montes los puntos antes de tejer un canalé simple, trabaja este tercer punto y todos los siguientes por la parte posterior,
del revés.

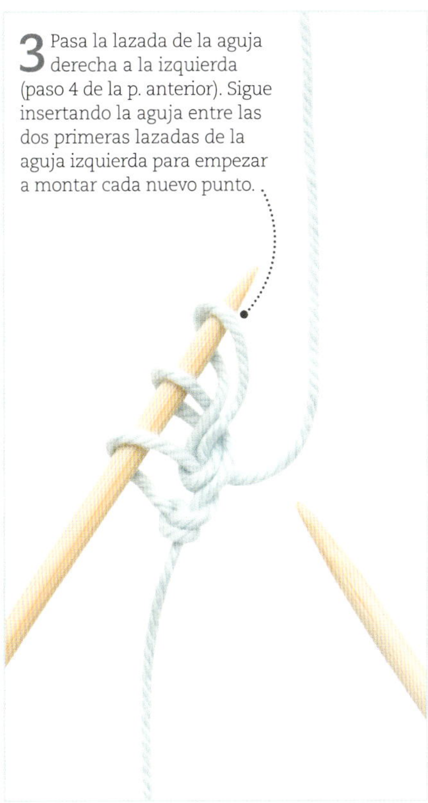

3 Pasa la lazada de la aguja derecha a la izquierda (paso 4 de la p. anterior). Sigue insertando la aguja entre las dos primeras lazadas de la aguja izquierda para empezar a montar cada nuevo punto.

MONTAJE SIMPLE (Método del índice)

1 Así se consigue un montaje suave. Sujeta la aguja con el nudo corredizo en la mano derecha. Levanta el hilo desde abajo con el índice izquierdo apuntando hacia fuera. Dobla y gira el dedo para que apunte hacia ti.

2 Inserta la aguja desde atrás en la lazada que queda encima del dedo.

3 Saca el dedo y aprieta el punto en la aguja.

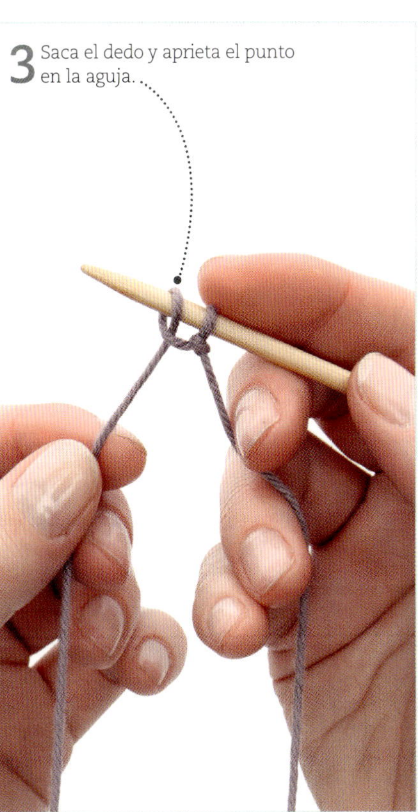

MONTAJE ALTERNO CON EL ÍNDICE Y EL PULGAR

1 Crea el primer punto como con el método del índice, como se muestra en la página 93.

2 Crea el segundo punto como con el método del pulgar (p. 91) levantando el hilo por detrás con el pulgar izquierdo, enrollándolo alrededor de este e insertando la aguja en la hebra delantera.

3 Repite los pasos 1 y 2 hasta montar los puntos que necesites. En la primera vuelta teje por la parte anterior de los puntos, aunque parezcan retorcidos.

MONTAJE SIMPLE RETORCIDO

Este método proporciona un borde firme. Los giros del hilo hacen que tejer la primera vuelta sea más fácil que con otros montajes.

1 Sujeta la aguja con el nudo corredizo en la mano derecha. Levanta el hilo desde atrás con el índice izquierdo.

2 Retuerce el hilo girando el dedo dos veces en círculos en sentido antihorario.

3 Coloca la lazada del dedo en la aguja y tira para apretarla.

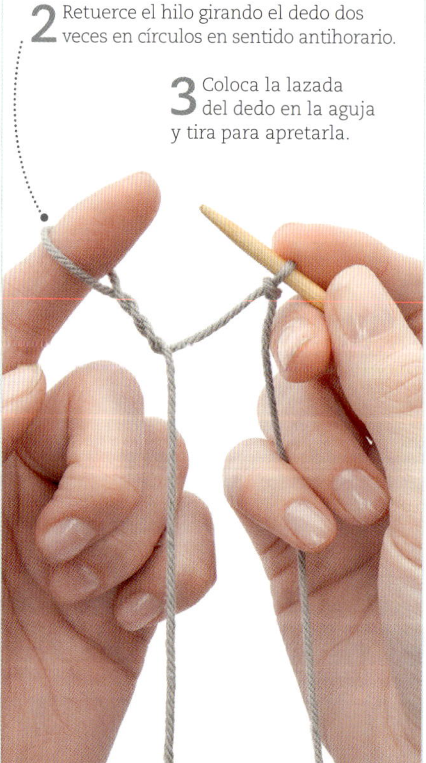

4 Repite los pasos 1 a 3 hasta montar los puntos que necesites. El borde decorativo resultante es de textura abierta.

MONTAJES CON DOS HEBRAS

Estos montajes, en los que se utilizan dos hebras, pero generalmente una sola aguja, son fuertes, elásticos y versátiles. Suelen ir seguidos de una vuelta a punto del revés, a menos que el revés de la labor sea el derecho de esta. Al igual que el montaje doble (abajo), empieza todos ellos con un nudo corredizo hecho a partir de un cabo suelto al menos tres veces más largo que la anchura que ha de tener la labor.

MONTAJE DOBLE (Método del pulgar y el índice)

1 Haz un nudo corredizo en la aguja, dejando un cabo suelto muy largo: calcula unos 3,5 cm para montar cada punto. Sujeta la aguja en la mano derecha. Luego pasa el cabo suelto sobre el pulgar izquierdo y el hilo del ovillo sobre el índice de la misma mano. Sujeta ambos hilos en la palma de la mano izquierda.

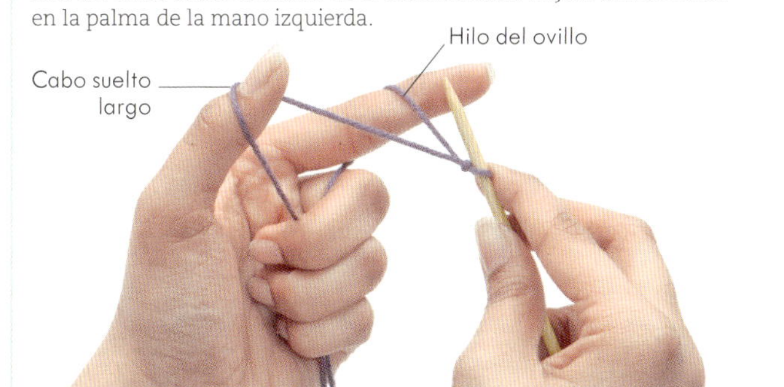

2 Inserta la punta de la aguja de abajo arriba por la parte externa de la lazada del pulgar.

3 Rodea la punta de la aguja con el hilo del índice, de derecha a izquierda, y saca el hilo a través de la lazada del pulgar, como muestra la flecha.

4 Saca la lazada del pulgar.

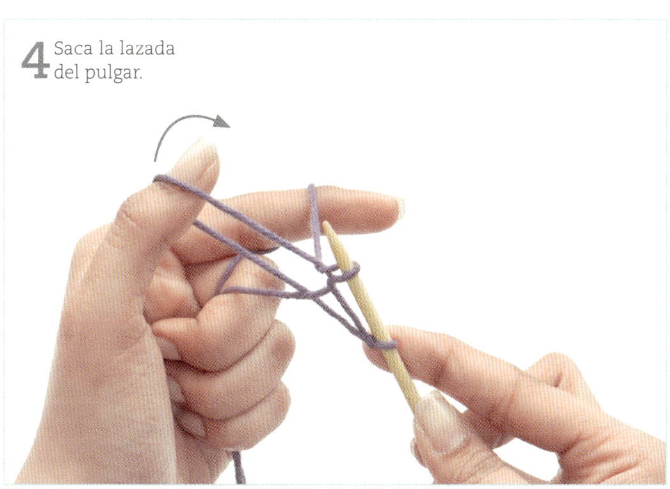

5 Tira de los dos extremos de hilo para tensar el nuevo punto montado en la aguja y desliza este hasta el nudo corredizo.

6 Enrolla el hilo alrededor del pulgar y monta un nuevo punto de la misma manera. Monta tantos puntos como sea preciso.

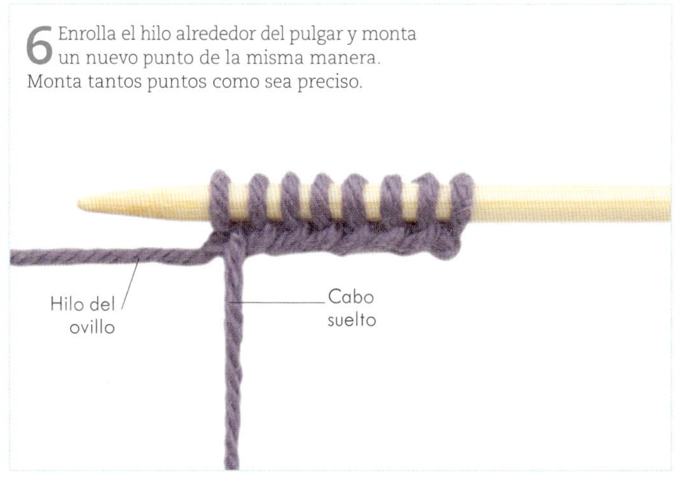

MONTAJE CON UN BORDE CONTRASTADO

1 Corta un trozo del hilo de contraste tres veces más largo que el montaje y anuda uno de sus extremos al extremo del ovillo del hilo principal.

2 Sujeta ambas hebras con la mano izquierda, con el hilo de contraste hacia ti y el nudo en el extremo.

3 Pasa la aguja entre los hilos, de modo que el nudo quede bien ajustado en el lado derecho de la aguja. Sujétalo con el índice derecho.

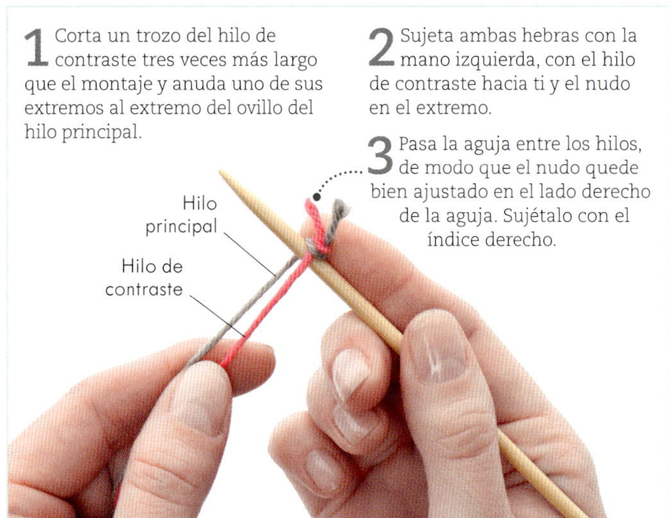

4 Pasa el hilo de contraste alrededor del pulgar en sentido antihorario y rodea el índice con el hilo del color principal como muestra la imagen.

5 Inserta la aguja por debajo de la hebra delantera del hilo de contraste del pulgar.

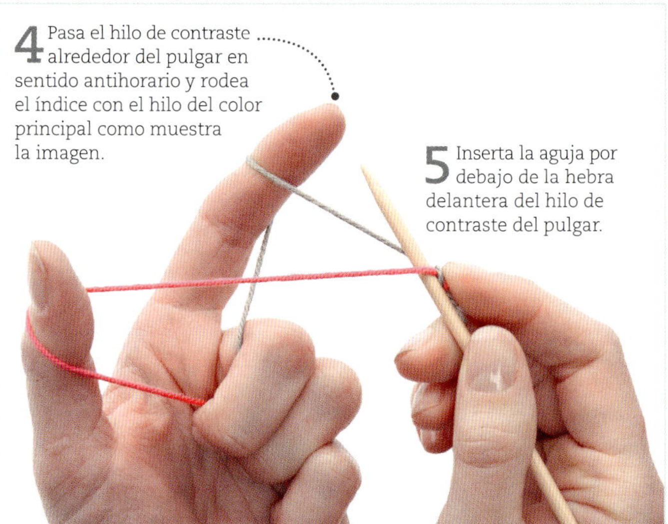

6 Mueve la aguja hacia el índice y lleva la punta hacia arriba y por encima de la hebra delantera de la lazada del índice, tirando de ella hacia ti, y luego saca esta lazada del color principal a través de la lazada del color de contraste del pulgar.

7 Suelta la lazada del hilo de contraste del pulgar. Tira de los dos extremos del hilo para ajustarla bien a la aguja y desliza el punto montado hasta el nudo corredizo. Repite los pasos 4 a 7.

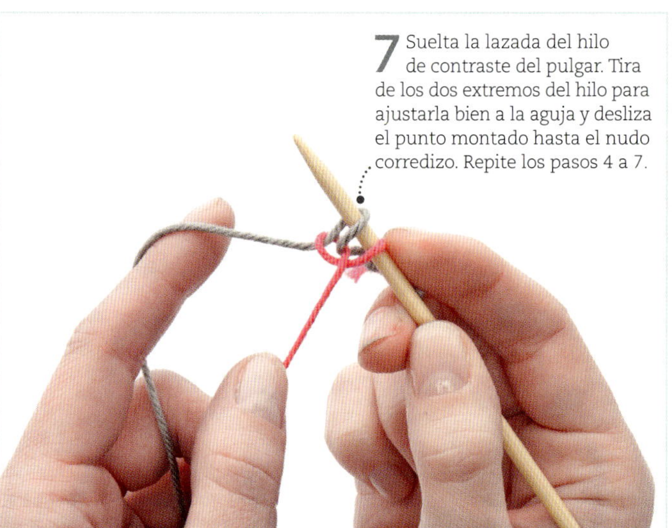

8 Monta los puntos necesarios. Teje a punto del derecho la siguiente vuelta con el hilo principal y continúa trabajando a punto bobo.

MONTAJE DOBLE RETORCIDO

Este montaje es elástico, por lo que resulta útil antes de un canalé. Hazlo aún más elástico creándolo sobre dos agujas juntas.

1 Sujeta el hilo y la aguja como para el montaje doble con el pulgar y el índice (p. 95). Lleva la aguja hacia ti y luego hacia atrás por debajo de las dos hebras de la lazada del pulgar.

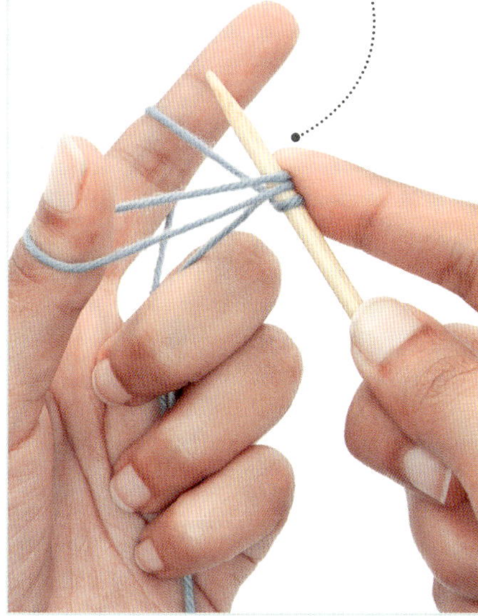

2 Lleva la aguja hacia ti por encima de la hebra del pulgar más alejada y hacia abajo entre las dos hebras del pulgar. Ahora, la lazada del pulgar tendrá forma de ocho.

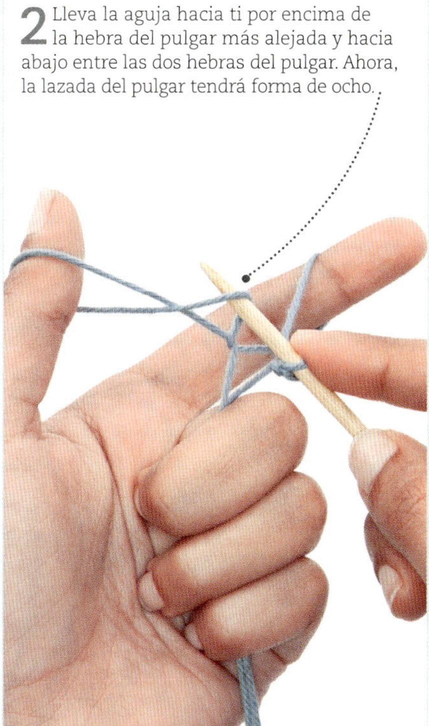

3 Pasa la aguja por encima de la primera lazada del índice.

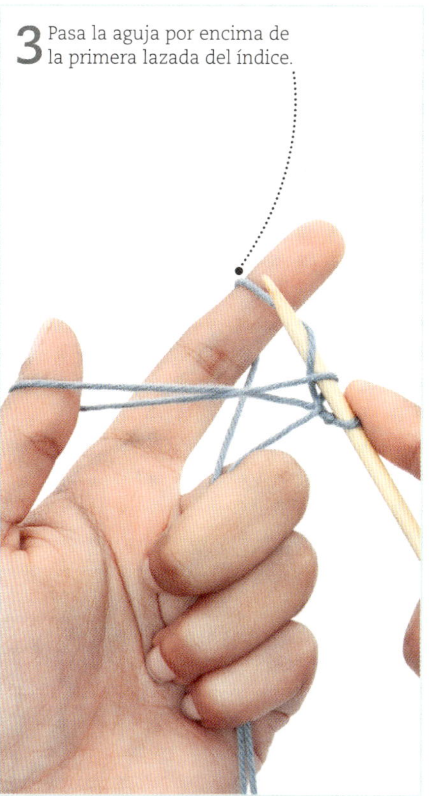

4 Lleva la aguja hacia ti. Deja caer el extremo del pulgar lejos de ti y deja que la lazada se deslice hacia el extremo para abrir la lazada del pulgar. Lleva la aguja hacia abajo a través de la lazada abierta del pulgar.

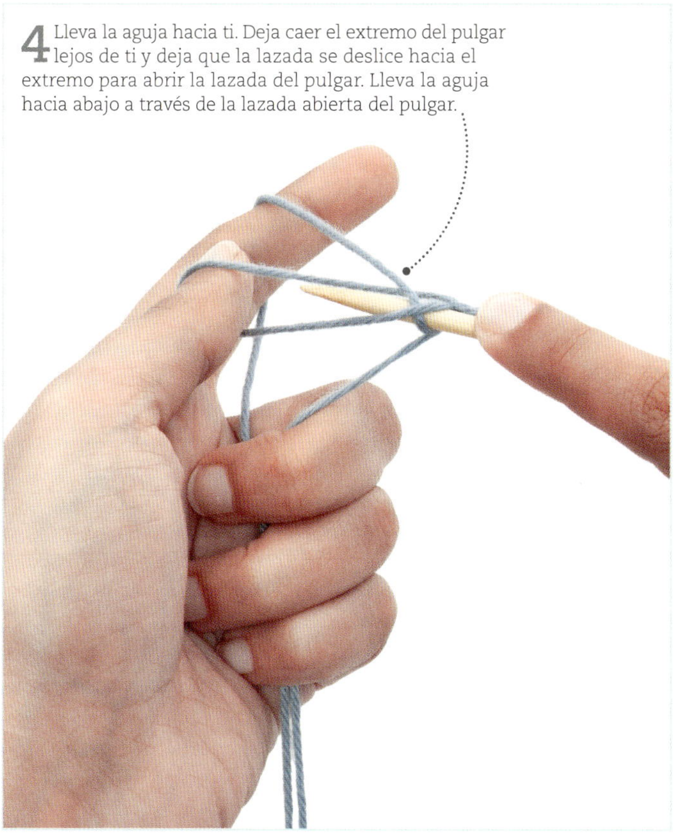

5 Suelta la lazada del pulgar manteniendo el hilo alrededor del índice, listo para iniciar la siguiente lazada de montaje. Tira de la hebra corta para apretar el punto.

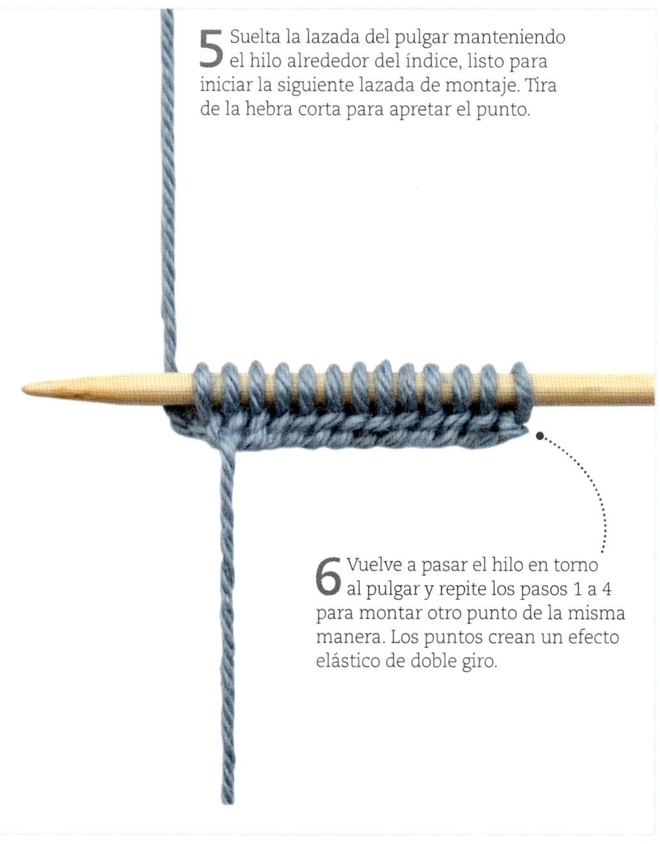

6 Vuelve a pasar el hilo en torno al pulgar y repite los pasos 1 a 4 para montar otro punto de la misma manera. Los puntos crean un efecto elástico de doble giro.

MONTAJE ITALIANO

1 Sujeta la aguja con el nudo corredizo y el extremo del ovillo en la mano derecha, y el cabo suelto en la izquierda.

2 Lleva el índice y el pulgar izquierdos hacia delante por debajo del cabo suelto. Pasa la aguja por encima y por debajo de esta hebra, haciendo una lazada en el dedo índice.

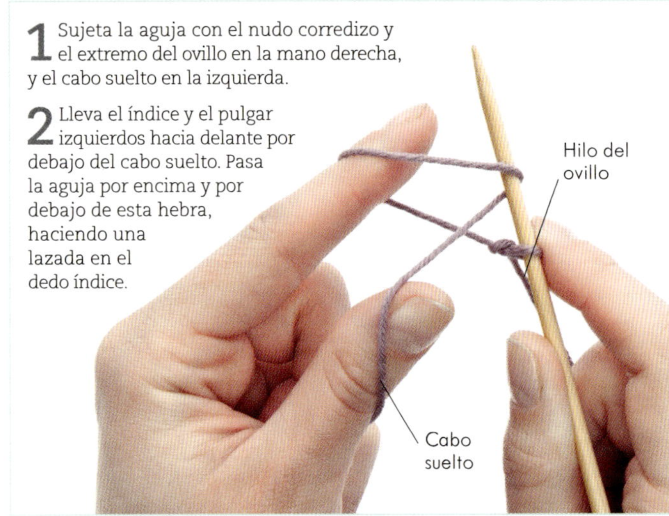

3 Manteniendo esta posición, enrolla el hilo del ovillo en la aguja de izquierda a derecha.

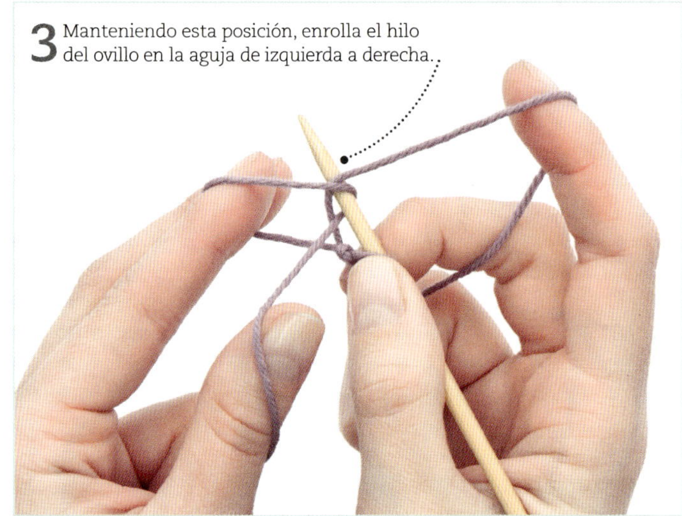

4 Desliza la lazada del índice sobre la punta de la aguja. Tira del cabo suelto para tensarlo.

5 Vuelve a pasar el hilo por encima de los dedos índice y pulgar y continúa haciendo lazadas del mismo modo hasta tener en la aguja el número de puntos requerido.

MONTAJE CON DOS AGUJAS

1 Sujeta la aguja con el nudo corredizo en la mano izquierda, con un cabo suelto corto por detrás.

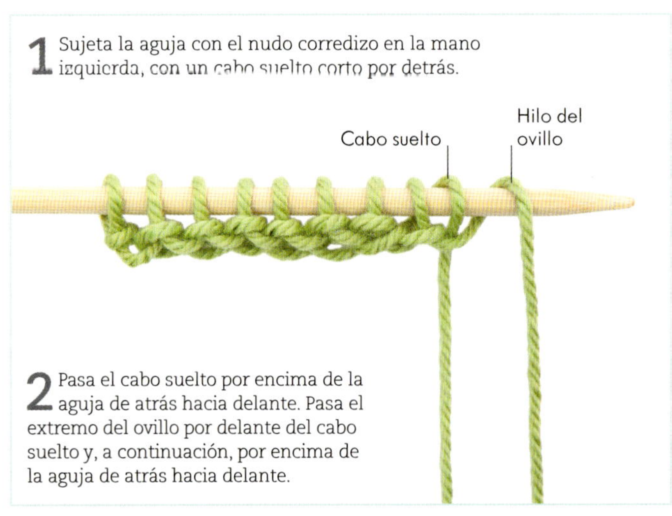

2 Pasa el cabo suelto por encima de la aguja de atrás hacia delante. Pasa el extremo del ovillo por delante del cabo suelto y, a continuación, por encima de la aguja de atrás hacia delante.

3 Con una aguja vacía en la mano derecha, pasa la primera lazada por encima de la segunda y retira la aguja derecha.

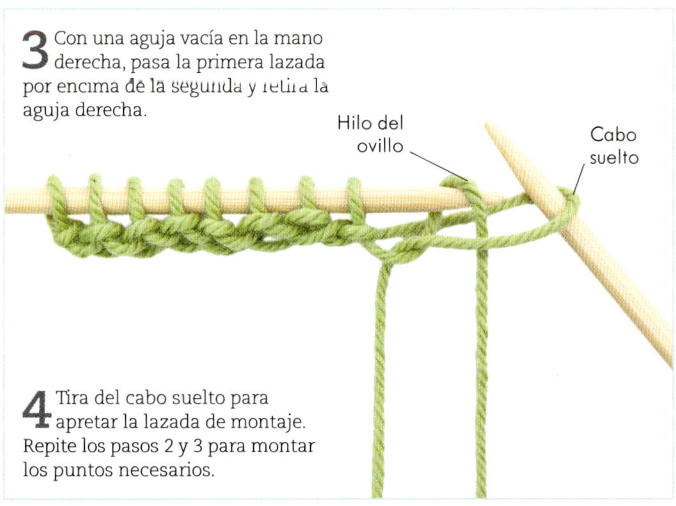

4 Tira del cabo suelto para apretar la lazada de montaje. Repite los pasos 2 y 3 para montar los puntos necesarios.

MONTAJE DOBLE COMBINADO

También conocido como montaje estonio, este método proporciona un borde muy elástico y es ideal para puños de canalé.

1 Crea el primer punto como en el montaje doble (p. 95). El segundo punto es similar, excepto que esta vez giras el pulgar en sentido contrario para coger el hilo. El extremo de la hebra queda hacia el interior del pulgar.

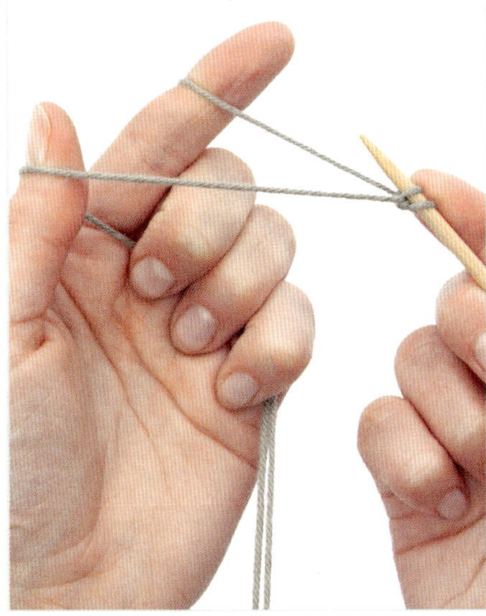

2 Con la aguja apuntando hacia fuera, llévala por encima de la primera hebra del pulgar y luego por debajo de la hebra de la parte interior del pulgar. Pasa la aguja por encima de la hebra más cercana de la lazada del índice.

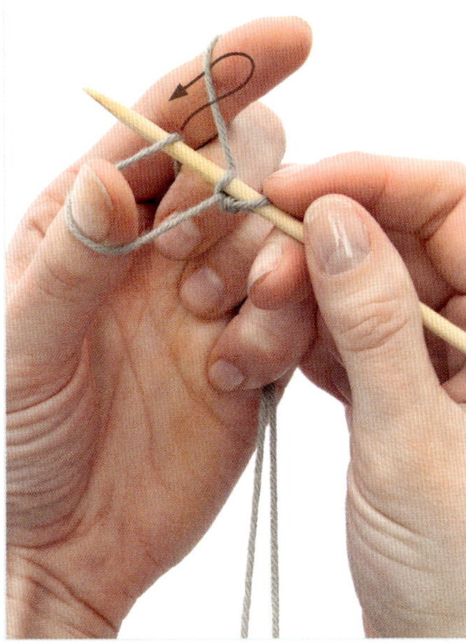

3 Saca la lazada a través de la lazada del pulgar.

4 Suelta la lazada del pulgar. Tira del cabo suelto para apretar la nueva lazada. Repite la operación hasta montar los puntos necesarios.

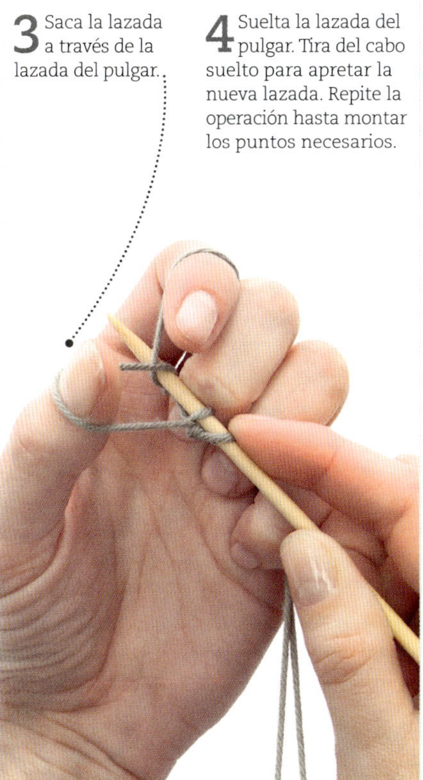

MONTAJE DOBLE CON HEBRA DOBLE

1 Antes de empezar mide la longitud del cabo suelto necesario para el montaje. Dobla el hilo de modo que tengas dos hebras de esa longitud y haz un nudo corredizo en el extremo libre del hilo, cogiendo ambas hebras.

Cabo suelto doblado

Hilo del ovillo

2 Trabaja de la manera habitual para el montaje doble con el pulgar y el índice (p. 95), o cualquier otro método con dos hebras, utilizando la hebra simple del extremo del ovillo para hacer los puntos y la hebra doble para la lazada de base.

Cabo suelto doblado

Hilo del ovillo

MONTAJES ESPECIALES

Los siguientes montajes son útiles para fines específicos y pueden estar especificados en las instrucciones del patrón. Sin embargo, muchas instrucciones dicen simplemente «montar» cierto número de puntos, en cuyo caso debes elegir uno de estos métodos para añadir funcionalidad o individualidad a tu labor.

MONTAJE TEJIDO DEL DERECHO AL ESTILO CONTINENTAL ALTERNATIVO

1 Dobla el cabo suelto de modo que te quede un hilo doble igual a cuatro veces la longitud del borde de montaje, más 10 cm.

2 Haz un nudo corredizo en la hebra doble a unos 10 cm del extremo libre. Pásalo a una aguja. Sujeta la hebra doble en la mano izquierda, y la hebra simple y la aguja en la derecha.

3 Pasa el pulgar izquierdo por debajo de la hebra doble desde delante, en sentido circular horario, enrollando la hebra doble dos veces. Inserta la aguja a través de ambas lazadas.

4 Pasa la hebra simple alrededor de la aguja y desliza las lazadas del pulgar para hacer un punto de la manera normal.

5 Suelta la lazada del pulgar y tira primero de la hebra doble para apretar la lazada en la aguja.

6 Para hacer el siguiente punto, lleva la hebra simple por encima de la aguja hacia atrás.

7 Repite los pasos 2 a 4 hasta alcanzar la longitud de montaje deseada, terminando con un punto envuelto en el pulgar, haciendo un número par de puntos.

8 En la primera vuelta teje del derecho el primer punto (la lazada del pulgar) y del revés el siguiente. Por último, teje un punto del revés en el nudo corredizo inicial de hebra doble.

MONTAJE PROVISIONAL

1 Corta un trozo de hilo de contraste que tenga el doble de la longitud del montaje deseada. Un hilo de contraste liso y fuerte será más fácil de quitar después. Haz un nudo corredizo en un extremo y pásalo a una aguja.

2 Haz un nudo corredizo en el hilo principal. Pásalo a la misma aguja.

3 Sujeta los hilos como en el montaje doble (p. 95), con el hilo de contraste alrededor del pulgar.

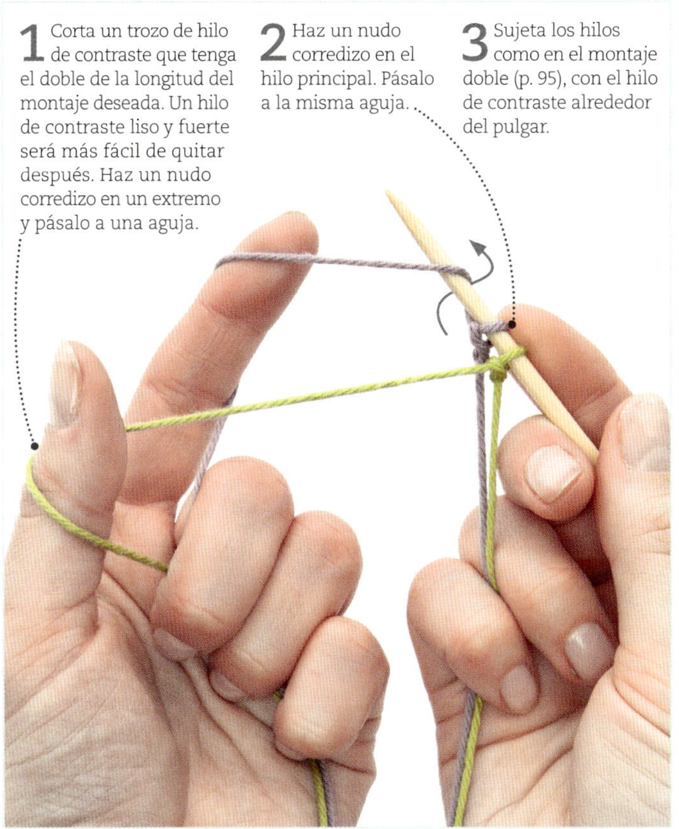

4 Inclina la muñeca derecha y lleva la aguja hacia abajo entre los hilos y hacia arriba por debajo del hilo principal.

5 Gira la aguja hacia ti y llévala por encima, y luego vuelve a alejarla de ti por debajo del hilo de contraste.

6 Coge el hilo principal por arriba y por detrás, y llévalo por debajo del hilo de contraste y alrededor de la aguja. Deja que el hilo de contraste se deslice hacia la parte posterior de la aguja. Repite los pasos 4 a 6 hasta montar los puntos necesarios.

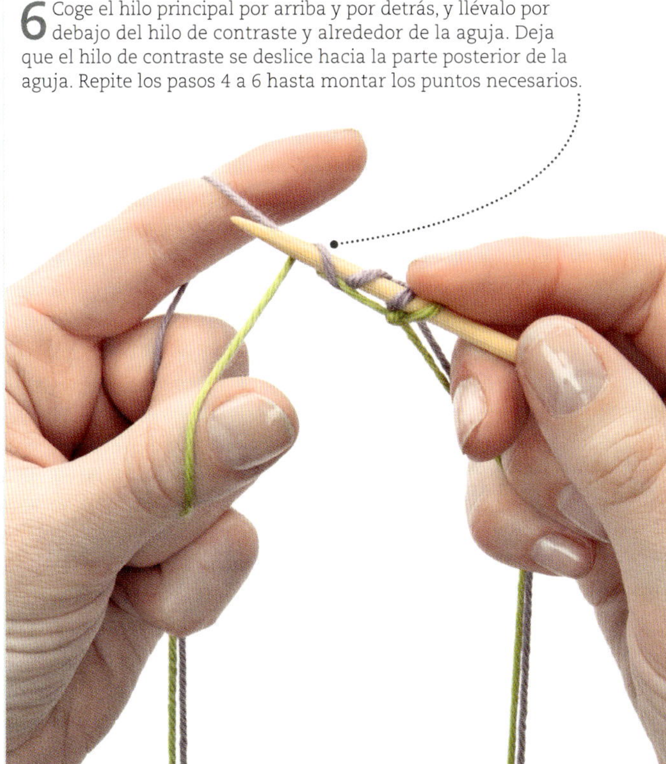

7 Suelta el nudo corredizo del hilo de contraste al final del montaje. Anuda los extremos de este hilo hasta que quieras retirarlo y recoger los puntos abiertos. Teje del derecho por la parte anterior los puntos de la primera vuelta.

MONTAJE PROVISIONAL A GANCHILLO

1 Haz un nudo corredizo en un ganchillo con un hilo que contraste. Sujeta el hilo y la aguja en la mano izquierda y el ganchillo en la derecha. Pasa el hilo por detrás de la aguja y por encima del índice izquierdo. Sujeta la aguja y el ganchillo cruzados, con el ganchillo delante. Coloca el hilo en el ganchillo con el índice izquierdo.

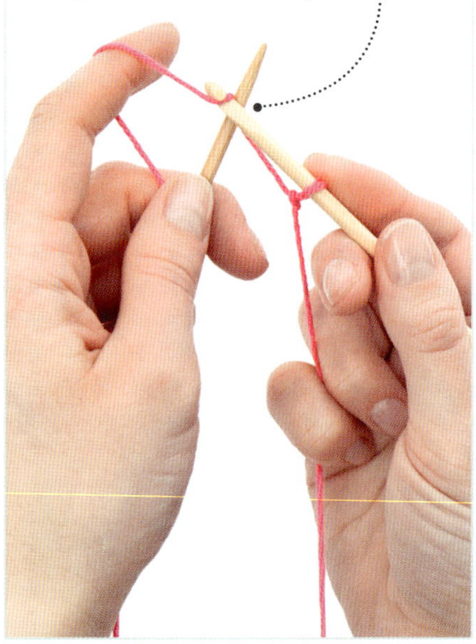

2 Pasa el hilo a través del nudo corredizo. El hilo pasará por encima de la aguja formando un punto. Pasa el hilo por detrás de la aguja y haz otra lazada. Continúa montando los puntos necesarios. Corta el hilo y sácalo por la última cadeneta del ganchillo. Marca este extremo para que quede claro cuál se deshará.

3 Teje tu pieza. Cuando vayas a trabajar en el borde del montaje, tira del hilo marcado para sacarlo de la última cadeneta, tras lo cual podrás deshacer toda la cadeneta y recoger los puntos abiertos.

MONTAJE TUBULAR (o invisible)

Sirve para un canalé simple, pero puede ondularse si se estira demasiado. Utiliza agujas al menos dos números menores que las que uses para el tejido principal.

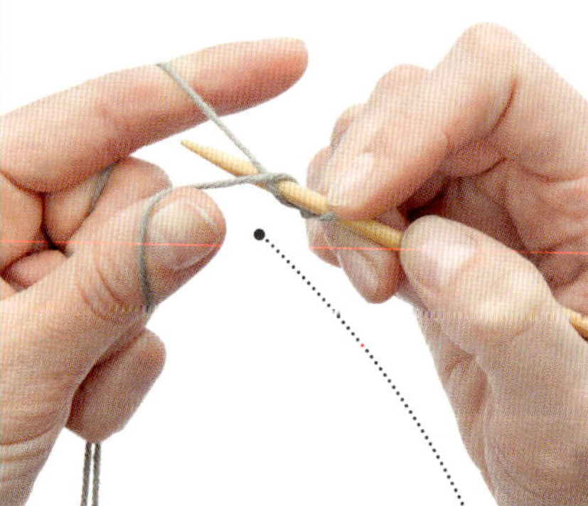

1 Sujeta el hilo y las agujas como en el montaje doble (p. 95), pero con la palma de la mano hacia abajo, formando una «V» de hilo apuntando hacia la derecha.

2 Lleva la aguja hacia delante, pasando por encima y por debajo de la hebra interior del pulgar.

3 Coge la hebra del dedo índice, pasando por encima y de nuevo hacia ti.

4 Gira el pulgar alejándolo de ti con un movimiento circular, pasando la hebra del pulgar por encima de la aguja. Vuelve a colocar la mano izquierda en su posición original, pasando el hilo por debajo de la aguja.

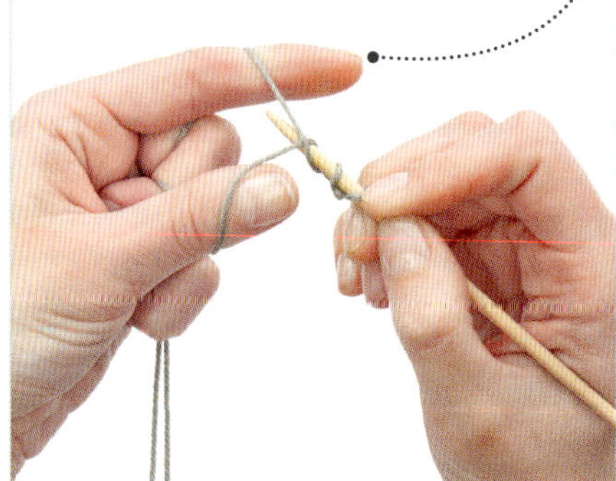

5 Asegúrate de que el punto rodea toda la aguja y queda centrado bajo ella.

6 Vuelve a pasar la aguja por encima y por debajo de la hebra del índice. Con la aguja hacia ti, vuelve a pasarla por encima y por debajo de la hebra del pulgar.

7 Mueve el índice izquierdo hacia ti con un movimiento circular, pasando el hilo por encima de la aguja, y vuelve a colocar la mano en su posición original, asegurándote de que el punto rodea toda la aguja. Repite los pasos 2 a 7 para montar un número par de puntos.

Los puntos deben quedar debajo de la aguja.

8 Al final, pasa las dos hebras una alrededor de la otra por debajo de la aguja. En la primera vuelta, teje del derecho por la parte posterior el primer punto, lleva el hilo hacia delante y desliza el siguiente punto del revés. Repite la operación a lo largo de la vuelta. Teje dos o cuatro vueltas de punto tubular antes de empezar el tejido principal. No tejas los puntos por la parte posterior.

MONTAJE TUBULAR ALTERNATIVO CON BORDE ENROLLADO

1 Con un hilo liso, haz un montaje provisional a ganchillo (p. anterior) de la mitad de los puntos necesarios más uno. Con el hilo del color principal y agujas pequeñas, teje tres vueltas a punto de jersey, empezando con una vuelta a punto del derecho y terminando con la cara del revés de frente.

2 Teje un punto del revés y lleva el hilo hacia atrás. Inserta la punta de la aguja derecha de arriba abajo a través de la barra del punto del revés del color principal en la unión de colores tres filas más abajo.

3 Inserta la aguja izquierda de delante atrás en el punto recogido y téjelo del derecho por la parte anterior. Lleva el hilo hacia delante. Repite los pasos 2 y 3 hasta completar la vuelta. Termina con un punto del revés.

4 Cambia a las agujas principales. Este montaje crea un número impar de puntos. Un canalé simple tendrá un punto del derecho en cada extremo y debe trabajarse en vueltas que empiecen de este modo: un punto del derecho, un punto del revés; luego, en la siguiente vuelta, un punto del revés, uno del derecho, y así sucesivamente. Mengua un punto al final del canalé o cuando sea conveniente. Retira el montaje provisional a ganchillo.

MONTAJE ANUDADO

Este montaje crea un borde fuerte y decorativo. Puede quedar prieto, así que trabaja sin apretar con agujas gruesas.

1 Haz un nudo corredizo en la aguja y monta un punto como en el montaje doble (p. 95).

2 Sujeta la segunda aguja con la mano izquierda, insértala en el nudo corredizo y pasa este por encima del último punto hecho para sacarlo de la aguja derecha.

3 Repite la operación montando dos puntos y pasando el primero por encima del segundo hasta alcanzar la longitud de montaje deseada. Si lo prefieres, puedes sustituir el montaje doble por un montaje simple (p. 91). Siempre debe tejerse el primer punto de la primera vuelta.

MONTAJE TEJIDO DOBLE

Excelente para bordes con flecos y antes de labores de punto doble. Teje siempre el primer punto de la primera vuelta.

1 Trabajando sin apretar, haz un nudo corredizo y monta un punto siguiendo el método de montaje tejido del derecho (p. 92).

2 Inserta la aguja derecha en ambas lazadas y téjelas juntas, pero no saques los puntos. Pasa la nueva lazada de la aguja derecha a la izquierda. Teje el nuevo punto junto con el anterior. Repite el paso 2 para montar los puntos necesarios.

MONTAJE ONDULADO

1 Monta un número par de puntos dos veces mayor que el de los puntos necesarios con el método de montaje doble (p. 95). Puedes elegir otros montajes decorativos.

2 Inserta la aguja derecha en los dos primeros puntos de delante atrás y téjelos juntos. Repite la operación a lo largo de la vuelta.

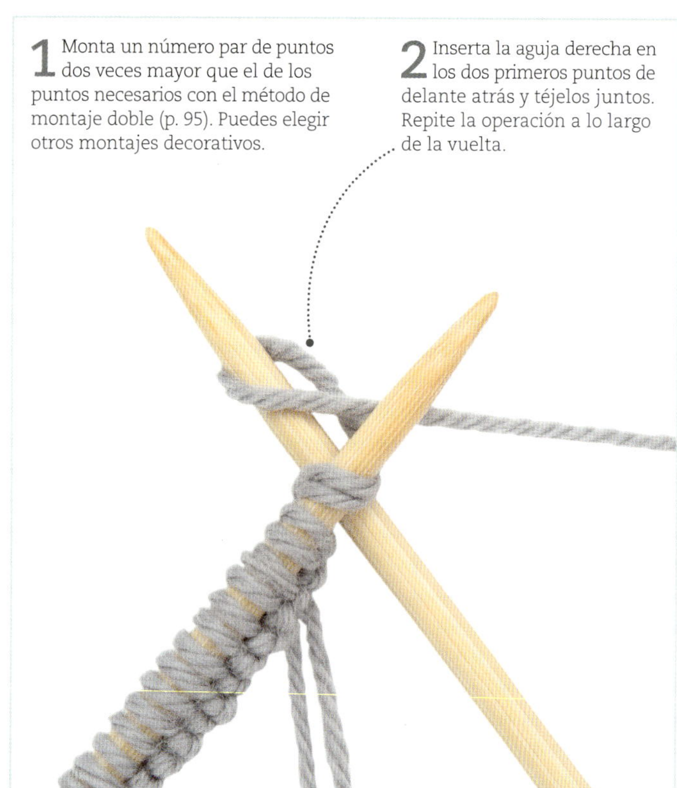

3 Teje la vuelta siguiente como de costumbre.

4 Esto crea un bonito borde decorativo. Es posible que necesites más hilo, ya que se utiliza el doble de puntos.

MONTAJE SOBRE UN BORDE

1 Teje un ribete estrecho de la longitud necesaria para el montaje. Si dudas de cuál es la longitud correcta, pasa los puntos a una aguja auxiliar (p. 107) al final y modifícala según sea necesario.

2 Trabaja a lo largo del borde derecho, con la cara del derecho de frente. Sujeta el nuevo hilo por detrás. Inserta la punta de la aguja de delante atrás a través del primer punto del borde, enrolla el hilo en la aguja y saca una lazada hacia delante.

3 Continúa a lo largo de todo el borde, recogiendo uniformemente el nuevo hilo para formar puntos en la aguja. Si es necesario, omite algunas vueltas para evitar que el montaje se deforme.

4 Teje el tejido principal a partir del borde del ribete, según sea necesario. Empieza con una vuelta del revés si el tejido principal es a punto de jersey.

MONTAJE DE AGUJERO

Esta técnica es ideal para empezar medallones circulares.

1 Enrolla el hilo en el índice izquierdo. Inserta un ganchillo y saca una lazada como si hicieras un nudo corredizo.

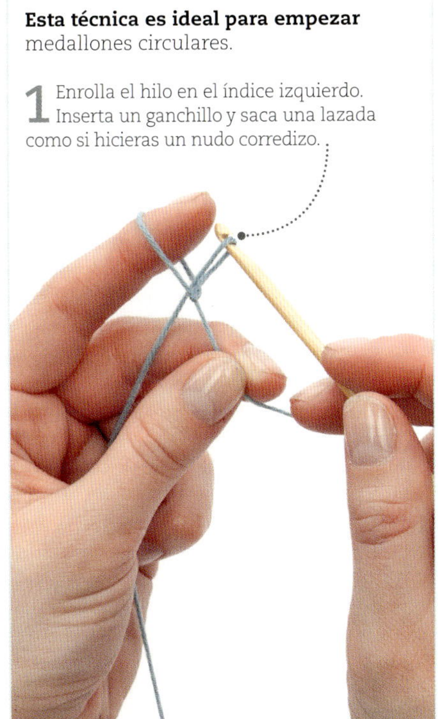

2 Mantén el índice en el nudo. Engancha de nuevo el hilo y saca la nueva lazada por la lazada del ganchillo. Un punto hecho.

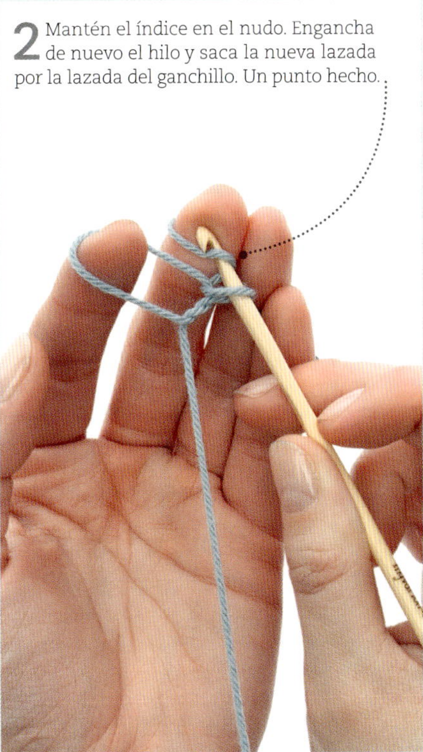

3 Vuelve a meter el ganchillo en la lazada del nudo de tu dedo y saca otra lazada. Saca otra lazada a través de esta. Ahora habrá dos puntos en el ganchillo.

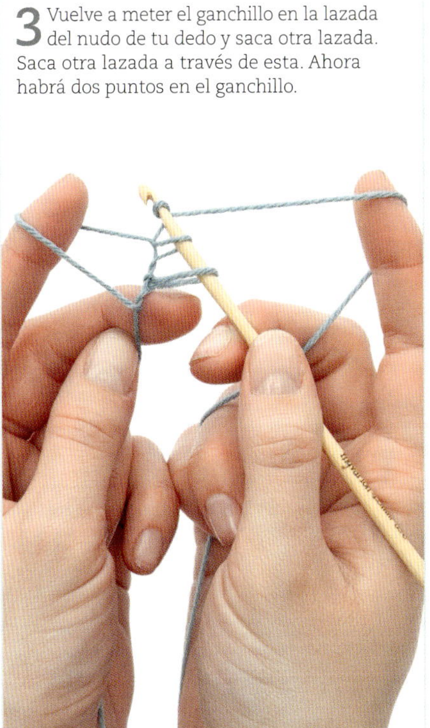

4 Repite el paso 3, añadiendo una lazada al ganchillo cada vez hasta que tengas suficientes lazadas para una cuarta parte de los puntos necesarios. Retira el dedo después de los primeros puntos. Pasa estos puntos a la primera aguja de hacer punto y repite para montar un círculo para cuatro agujas

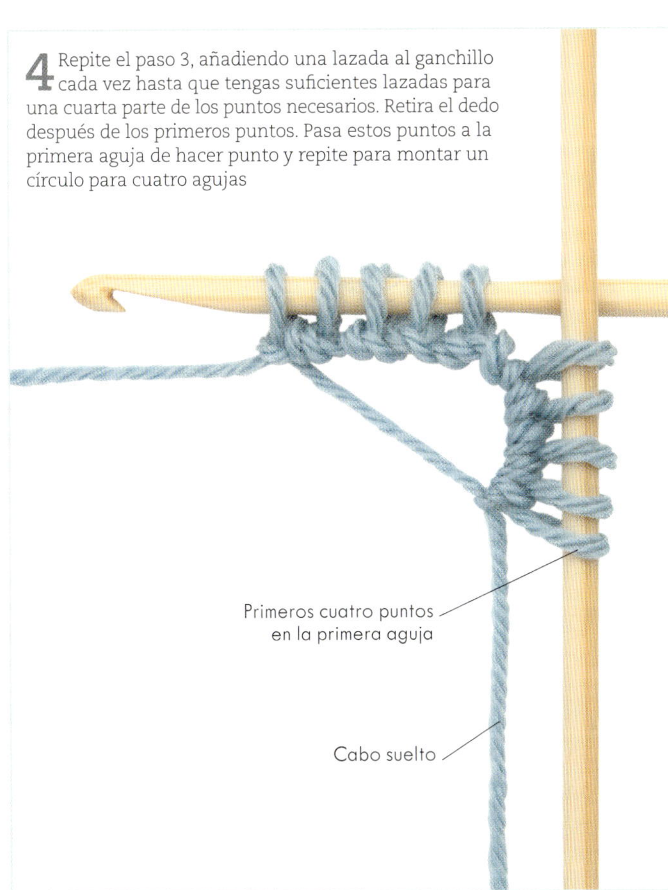

5 Una vez terminada la labor, tira del cabo suelto del centro, y el agujero se cerrará limpiamente.

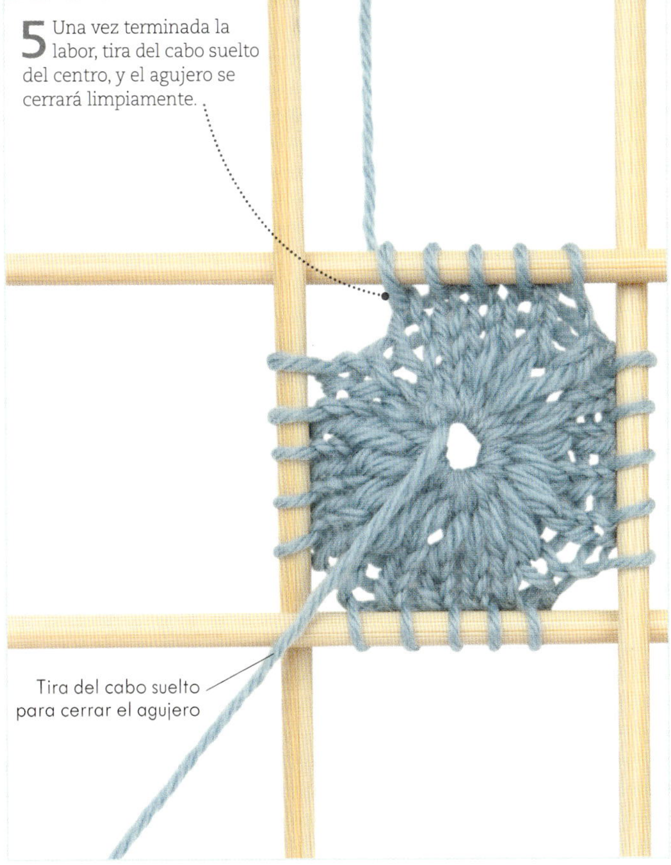

CIERRES DE PUNTOS

Tras terminar una pieza es preciso cerrar todas las lazadas para que no se deshagan los puntos. Esto se llama cerrar los puntos. Antes de cerrar los puntos, ya sea del derecho o del revés, siempre hay que pasar el hilo hacia atrás. Si las instrucciones indican que hay que mantener los puntos abiertos para seguir tejiendo más tarde, deslízalos a una aguja auxiliar o un guardapuntos.

CERRAR LOS PUNTOS DEL DERECHO

1 Comienza tejiendo del derecho los dos primeros puntos. Luego, inserta la punta de la aguja izquierda, de izquierda a derecha, a través del primer punto y pasa este por encima del segundo y de la aguja derecha.

2 Para cerrar el siguiente punto, haz un nuevo punto del derecho y repite el paso 1. Continúa así hasta que en la aguja derecha solo quede un punto. (Si las instrucciones dicen «cerrar los puntos como se presenten», teje los puntos de la manera en que aparecen a medida que los vas cerrando).

3 Para evitar que el último punto se deshaga, corta el hilo dejando un cabo suelto de unos 20 cm para rematarlo más tarde. (También se puede dejar mucho más largo para utilizarlo en una costura). Pasa el extremo del hilo por la última lazada y tira de él con fuerza para cerrarla.

CERRAR LOS PUNTOS DEL REVÉS

1 Teje dos puntos del revés y lleva el hilo hacia atrás. Inserta la punta de la aguja izquierda en el primer punto y pásala por encima del segundo punto y de la aguja derecha.

2 Lleva el hilo hacia el frente y repite los pasos 1 y 2 a lo largo de la vuelta, pero tejiendo solo un punto del revés en el paso 1. Cierra el punto final como en el cierre del derecho (arriba).

MÉTODOS DE CIERRE ALTERNATIVOS

Prueba una de estas técnicas de cierre de puntos para complementar una labor. Considera la posibilidad de utilizar un color que contraste, en un cierre básico o en combinación con uno de estilo decorativo. Entre las técnicas que se explican a continuación comprenden las que dan más elasticidad al canalé o aflojan un borde, y una adaptación del cierre con tres agujas (p. 108) que puede utilizarse incluso para coser bolsillos y dobladillos.

DEJAR PUNTOS EN ESPERA

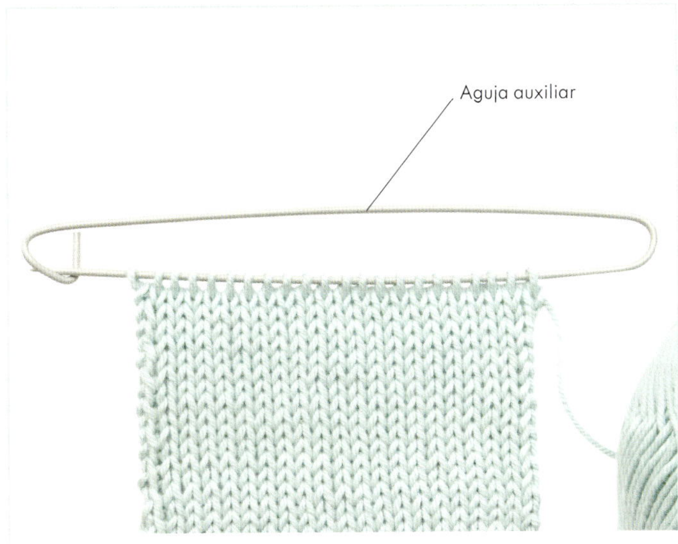

En una aguja auxiliar: Si hay que dejar los puntos abiertos para seguir tejiendo después, las instrucciones te indicarán si debes cortar el hilo o mantenerlo en el ovillo. Desliza los puntos con cuidado a una aguja auxiliar lo bastante larga para que quepan todos. Si se trata de pocos puntos, puedes usar un imperdible.

Con un trozo de hilo: Si no dispones de aguja auxiliar, o esta no es lo suficientemente larga, puedes utilizar un trozo de hilo de algodón, pasándolo con una aguja lanera a través de los puntos a medida que los sacas de la aguja de hacer punto. Luego anuda los extremos del hilo.

CIERRE CON EFECTO CANALÉ

Úsalo después de un canalé simple para mantener las ondulaciones del tejido. Este método aporta un poco más de elasticidad que el cierre todo del derecho o del revés.

1 Teje un punto del derecho y un punto del revés. Lleva el hilo hacia atrás. Inserta la aguja izquierda en el primer punto, pasa este sobre el segundo y retíralo de la aguja derecha.

2 Teje el siguiente punto del derecho, pasa el primero por encima del segundo y retíralo de la aguja derecha como antes.

3 Lleva el hilo al frente y teje el siguiente punto del revés, luego lleva el hilo hacia atrás y pasa el último punto sobre el segundo. Repite los pasos 2 y 3 a lo largo de la vuelta. Tira del último punto para rematarlo.

CIERRE «RETRASADO»

Es ideal después de tejer un encaje.

1 Teje los dos primeros puntos del derecho (esto inicia la vuelta y no se repite). Inserta la punta de la aguja izquierda en el primer punto, pasa este sobre el segundo y retíralo de la punta derecha. No lo saques de la punta izquierda.

2 Pasa la aguja derecha por la parte anterior del punto «retrasado» y teje el primer punto de la aguja izquierda.

3 Suelta las dos lazadas a la vez mientras completas el punto. Continúa pasando y tejiendo puntos como en los pasos 1 y 2 hasta el final del cierre.

CIERRE A GANCHILLO

1 Sujeta el hilo en la mano izquierda y mantenlo por detrás. Desliza el primer punto del revés al ganchillo.

2 Inserta el ganchillo en el siguiente punto y déjalo caer de la aguja izquierda. Engancha el hilo con el ganchillo y sácalo a través de ambos puntos. Repite la operación a lo largo de la vuelta, tirando de la lazada final para rematar.

COSTURA DE CIERRE CON TRES AGUJAS

Esta costura se puede hacer con las piezas encaradas por el derecho, como una costura normal, o por el revés (como aquí) para crear una costura decorativa.

1 Sujeta las agujas con los puntos a unir revés con revés. Inserta una tercera aguja por el centro del primer punto de cada aguja y teje ambos puntos juntos.

2 Continúa tejiendo dos puntos juntos, uno de cada aguja, mientras los cierras de la manera habitual. (Aquí se usa un hilo de distinto color para que se vea mejor la costura).

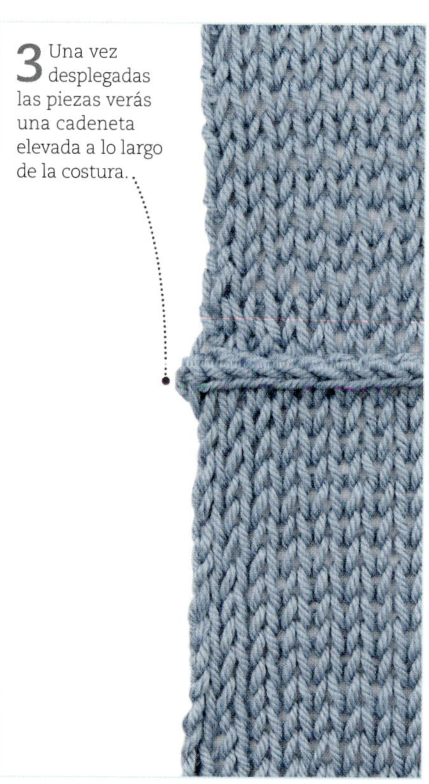

3 Una vez desplegadas las piezas verás una cadeneta elevada a lo largo de la costura.

CIERRE CON PIQUITOS

Cuando haya una costura, cierra el primer punto para dejar un orillo antes de empezar el borde con piquitos.

1 Teje dos puntos del derecho, inserta la aguja izquierda en el primer punto de la aguja derecha y pasa este por encima del segundo punto y de la aguja derecha (Cierre del derecho, p. 106).

2 Pasa el punto restante de la derecha a la aguja izquierda sin retorcerlo. Monta dos puntos con el método de montaje en ochos (p. 93).

3 Cierra tres puntos del derecho como se describe en el paso 1. Cierra otros dos puntos. (Estos forman el borde recto entre los piquitos).

4 Repite los pasos 2 y 3 a lo largo de la vuelta.

5 Puedes hacer un fleco montando más puntos en el paso 2 (para la cola más larga de este ejemplo se han montado 20 puntos). Sea cual fuere el número que elijas, en el paso 3, cierra siempre un punto más de los que hayas montado. Para que las colas se retuerzan, como la del centro, cierra los puntos más prietos de lo que los hayas montado.

6 Para utilizar un color que contraste en los piquitos, teje la última vuelta del tejido principal con el hilo de contraste (una vuelta del revés en punto de jersey). Para evitar que el borde se enrolle hacia el lado de punto del derecho, teje las dos últimas vueltas del tejido principal a punto bobo o punto de arroz. Para obtener una unión de colores limpia, introduce el hilo de contraste en la vuelta del derecho antes de empezar a tejer a punto bobo o punto de arroz. También se puede hacer un montaje con piquitos utilizando este método de montar y cerrar los puntos sobrantes entre cada grupo de puntos del montaje con un borde contrastado (p. 96).

CIERRE EN DOS VUELTAS

1 Teje un número par de puntos. Teje el primer punto del derecho y el segundo del revés. Con el hilo por detrás, inserta la aguja izquierda en el primer punto y pásala por encima del segundo punto y de la aguja derecha.

2 Teje del derecho y del revés los dos puntos siguientes de la aguja izquierda. Lleva el hilo hacia atrás. Pasa el segundo punto (del derecho) sobre el tercero (del revés) a la aguja derecha para cerrar los puntos.

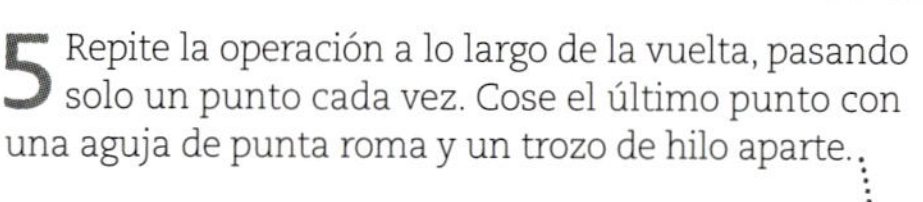

3 Repite el paso 2 a lo largo de la vuelta. Esto te dejará con la mitad del número de puntos originales en la aguja. Corta el hilo dejando un cabo suelto. No des la vuelta a la labor.

4 Pasa el último punto de la aguja derecha a la aguja izquierda sin retorcerlo, y el siguiente punto del mismo modo. Pasa el segundo punto de la aguja izquierda por encima del último punto.

5 Repite la operación a lo largo de la vuelta, pasando solo un punto cada vez. Cose el último punto con una aguja de punta roma y un trozo de hilo aparte.

CIERRE CON MENGUADOS

Es un cierre decorativo y más elástico que el cierre del derecho, por lo que resulta útil para el canalé simple.

Inserta la punta de la aguja derecha en los dos primeros puntos de la aguja izquierda por la parte anterior y téjelos juntos. Pasa el nuevo punto de la aguja derecha a la izquierda sin retorcerlo. Repite la operación a lo largo de la vuelta, sacando la hebra a través del último punto para rematar el hilo.

CIERRE TUBULAR

Este cierre es casi invisible y encaja perfectamente con el montaje tubular (p. 102). Tras completar cada acción de costura, tira del hilo para juntar ligeramente los puntos.

1 Como preparación, en tejido de canalé simple haz dos vueltas de esta manera: teje un punto del derecho, lleva el hilo hacia delante, desliza del revés el siguiente punto (un punto del revés), lleva el hilo hacia atrás. Repite la vuelta. Corta el hilo dejando un cabo suelto cuya longitud sea cuatro veces la que se va a cerrar y enhébralo en una aguja de tapicería de punta roma. Sujeta la aguja de punto con el cabo suelto a la derecha.

2 Inserta la aguja de coser en el primer punto (un punto del derecho) en el sentido del derecho y déjalo caer de la aguja.

3 Salta el nuevo primer punto e inserta la aguja del revés en el nuevo segundo punto (un punto del derecho).

4 Lleva la aguja hacia la derecha e insértala del revés en el primer punto (un punto del revés). Deja caer este punto de la aguja.

5 Lleva la aguja de coser hacia atrás e insértala de atrás hacia delante entre los nuevos primer y segundo punto de la aguja de punto.

6 Inserta la aguja de coser del derecho a través del segundo punto (un punto del revés), llevándola hasta el revés de la labor. Repite los pasos 2 a 6 a lo largo de la vuelta. Cose los extremos.

7 Así queda el cierre una vez completado.

CIERRE DE CANALÉ SUPERELÁSTICO

1 En un canalé simple, echa el hilo antes de tejer el punto del derecho al principio de la vuelta.

2 Inserta la aguja izquierda en el primer punto de la aguja derecha. Levanta este sobre el segundo y retíralo.

3 Lleva el hilo hacia delante. Llévalo lejos de ti por encima de la aguja y de nuevo hacia delante. Teje el siguiente punto del revés. Quedarán tres puntos en la aguja derecha.

4 Lleva el hilo hacia atrás. Pasa el primer y el segundo punto de la aguja derecha por encima del tercero y retíralo.

5 Enrolla el hilo en la aguja y teje el punto siguiente. Pasa el primer y el segundo puntos de la aguja derecha por encima del tercero y retíralos. Repite los pasos 3 a 5 a lo largo de la vuelta.

CIERRE RIBETEADO

Para crear un borde contrastado en punto de jersey, teje la última vuelta del tejido principal en el color de contraste. Esta técnica requiere una tercera aguja.

1 Con la aguja adicional, monta tres puntos con el hilo de contraste. Teje dos vueltas de ribete, terminando con una vuelta por el derecho de la labor (D) y deteniéndote antes del último punto.

2 Sujeta en la mano izquierda la aguja con los puntos que vas a cerrar. Desliza del revés el último punto del ribete de la aguja derecha a la aguja izquierda.

3 Teje juntos el punto del ribete y el punto del color principal por la parte posterior de ambas lazadas.

4 Da la vuelta a la labor. Con el hilo por delante, pasa el primer punto del ribete de la aguja izquierda a la derecha sin retorcerlo. Teje una vuelta por el revés de la labor a lo largo de los restantes puntos del ribete como se presenten.

5 Gira las agujas y teje una vuelta por el derecho (D), deteniéndote antes del último punto del ribete. Repite los pasos 3 a 5 a lo largo de los puntos abiertos.

CIERRE CON PRESILLAS DE CADENETA A GANCHILLO

Este cierre decorativo ayuda a evitar que los bordes se estiren, sobre todo en el encaje.

1 Los puntos deben ser divisibles por cuatro. Sujeta los puntos (con el derecho hacia ti) en la mano izquierda. Pasa el primer punto a un ganchillo.

2 Echa el hilo en el ganchillo y sácalo para hacer una nueva cadeneta. Repite hasta que tengas suficientes puntos para hacer una presilla a lo largo del borde de cierre cuando esté estirado.

3 Inserta el ganchillo en los cuatro primeros puntos de la aguja. Echa el hilo en el ganchillo y saca una lazada a través de los cuatro puntos.

4 Echa el hilo en el ganchillo y haz otra cadeneta a través de las dos lazadas. Repite los pasos 2 a 4 a lo largo del borde, cogiendo cuatro puntos cada vez en el paso 3.

CIERRE EN DIAGONAL

Este ejemplo supone que estás tejiendo una pieza con un borde diagonal para cerrar los puntos en grupos de cinco (como la costura de un hombro).

1 Cierra cuatro puntos con el método de cierre del derecho (p. 106), dejando el último punto en la aguja derecha.

Los dos últimos puntos

2 Teje del derecho hasta el final de la vuelta en la aguja izquierda, gira la labor y teje del revés hasta que solo queden dos puntos en la aguja izquierda.

3 Teje estos dos puntos del revés juntos. Da la vuelta a la labor. Repite los pasos 2 a 4 hasta completar el cierre.

TEJIDOS BÁSICOS A PUNTO DEL DERECHO Y DEL REVÉS

Los tejidos de punto simples se componen de dos puntos básicos: punto del derecho y punto del revés. Una vez sepas hacer estos dos puntos con soltura podrás tejer los tres tejidos más comunes: punto bobo, punto de jersey (también llamado punto de media y punto liso) y canalé, o punto elástico. Las diversas propiedades de estos tejidos son la razón por la que el punto de jersey (y su versión del revés) se utiliza a menudo para prendas de vestir, y el punto bobo y el canalé, para los ribetes de las prendas.

PUNTO BOBO (Abreviatura = *p bobo*)

Vueltas a punto del derecho por el derecho de la labor (D): el punto bobo es el tejido de punto más fácil, ya que todas las vueltas se tejen a punto del derecho. Con el derecho de la labor hacia delante, teje a punto del derecho toda la vuelta.

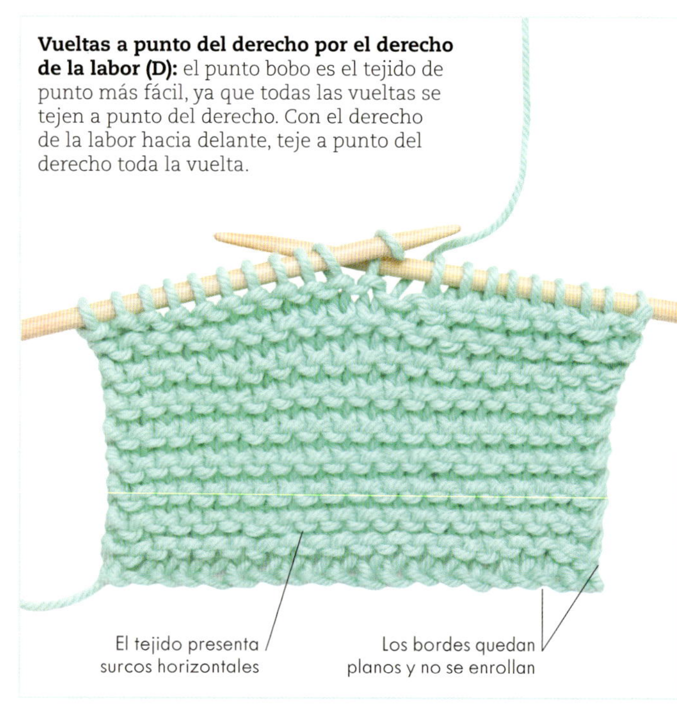

Vueltas a punto del derecho por el revés de la labor (R): con el revés de la labor hacia delante, teje a punto del derecho toda la vuelta. El tejido resultante es suave, con relieve y ligeramente elástico.

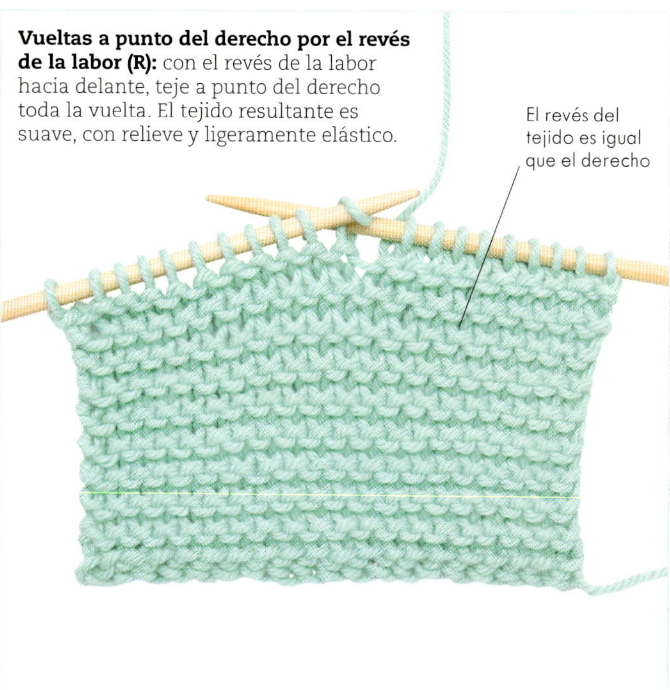

PUNTO DE JERSEY (Abreviatura = *p de jersey*)

Vueltas a punto del derecho por el derecho de la labor (D): el punto de jersey se crea alternando una vuelta a punto del derecho y otra a punto del revés. Con el derecho de la labor hacia delante, teje a punto del derecho toda la vuelta.

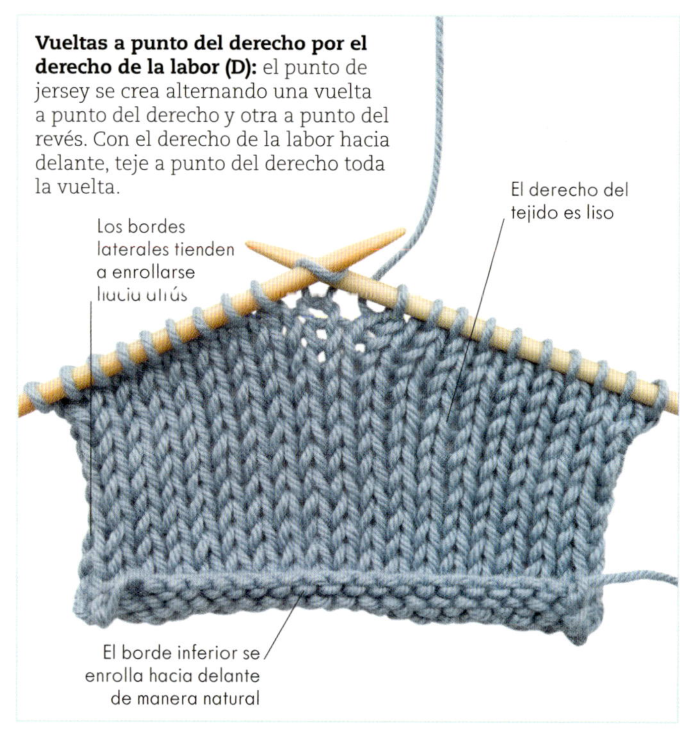

Vueltas a punto del revés por el revés de la labor (R): Con el revés de la labor hacia delante, teje a punto del revés toda la vuelta.

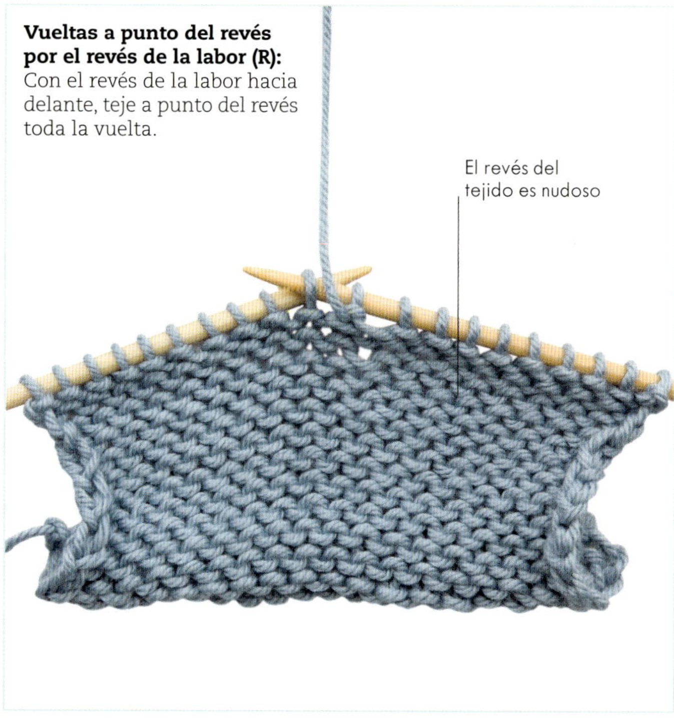

PUNTO DE JERSEY AL REVÉS (Abreviatura = *p de jersey rev*)

Vueltas a punto del revés por el derecho de la labor (D): El punto de jersey al revés se hace igual que el punto de jersey normal, pero invirtiendo las caras de la labor. Con el derecho de la labor hacia delante, teje a punto del revés toda la vuelta.

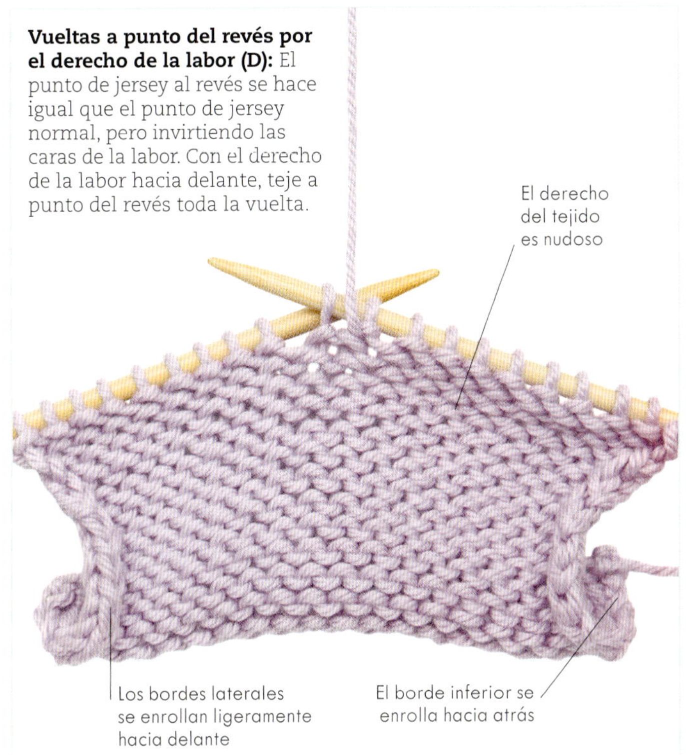

Vueltas a punto del derecho por el revés de la labor (R): Con el revés de la labor hacia delante, teje a punto del derecho toda la vuelta.

CANALÉ, O PUNTO ELÁSTICO (Abreviatura = *can* o *p can*)

Vueltas por el derecho de la labor (D): El canalé simple, o 1 x 1, se hace alternando un punto del derecho y otro del revés. Tras cada punto del derecho, pasa el hilo al frente de la labor entre las dos agujas para hacer el siguiente punto del revés. Tras cada punto del revés, pasa el hilo hacia atrás entre las agujas para hacer el siguiente punto del derecho.

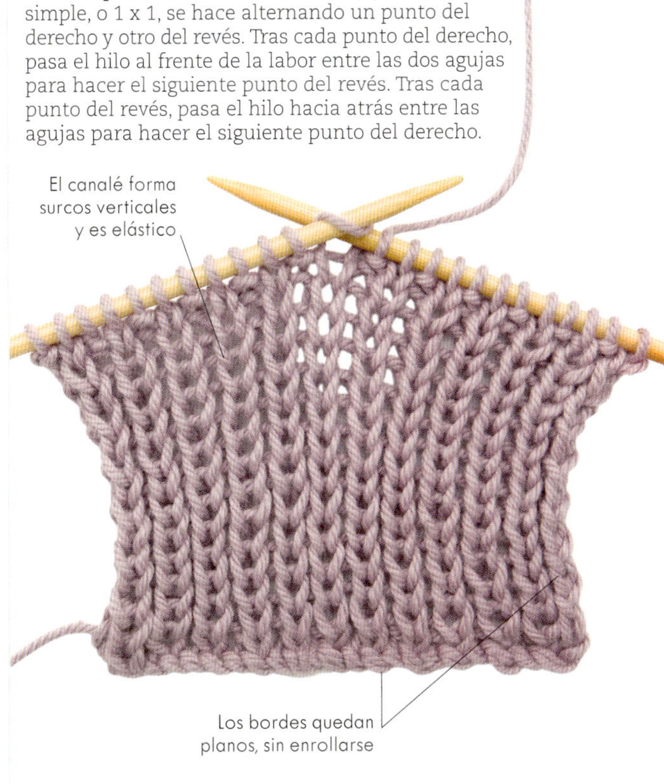

Vueltas por el revés de la labor (R): En las vueltas por el revés, teje del derecho todos los puntos que aparecen del derecho y del revés todos los puntos del revés. Teje las siguientes vueltas de la misma manera para formar unas finas columnas alternas de puntos del derecho y del revés.

PRIMER PUNTO BÁSICO: PUNTO DEL DERECHO Abreviatura = *pd*

Elige un método de montaje simple, con el pulgar o el índice, o tejiendo del derecho (pp. 91–93) y empieza con el punto bobo, que solo requiere tejer a punto del derecho. Experimenta con rayas y diferentes hilos antes de aprender el punto del revés. No importa que se te caiga algún punto, ponle un imperdible para que no se caiga más y cóselo después.

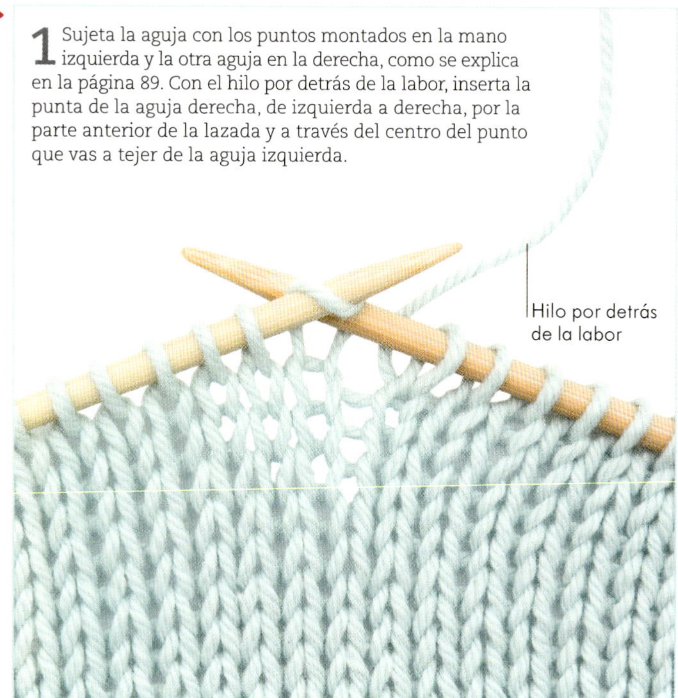

1 Sujeta la aguja con los puntos montados en la mano izquierda y la otra aguja en la derecha, como se explica en la página 89. Con el hilo por detrás de la labor, inserta la punta de la aguja derecha, de izquierda a derecha, por la parte anterior de la lazada y a través del centro del punto que vas a tejer de la aguja izquierda.

2 Pasa el hilo por debajo y alrededor de la punta de la aguja derecha, manteniendo la tensión uniforme mientras se desliza por tus dedos.

3 Con la punta de la aguja derecha, saca con cuidado el hilo a través del punto de la aguja izquierda. Sujeta el hilo con firmeza, pero no demasiado.

4 Deja que la lazada anterior caiga de la aguja izquierda para completar el punto del derecho en la aguja derecha. Pasa todos los puntos de la aguja izquierda a la aguja derecha del mismo modo. Para comenzar una nueva vuelta, da la vuelta a la labor y pasa la aguja derecha a la mano izquierda.

SEGUNDO PUNTO BÁSICO: PUNTO DEL REVÉS Abreviatura = *pr*

El punto del revés es algo más difícil que el del derecho, pero al igual que este, con la práctica se convierte en algo instintivo. Con el tiempo, te parecerá que tus manos sabrían tejer estos sencillos puntos incluso durmiendo. Teje tu primera vuelta a punto del revés tras haber montado los puntos y tejido varias vueltas de punto bobo, es decir, a punto del derecho. Si notas que la tensión con que tejes cambia al tejer a punto del revés, prueba a sujetar el hilo un poco más flojo o más tirante para compensar.

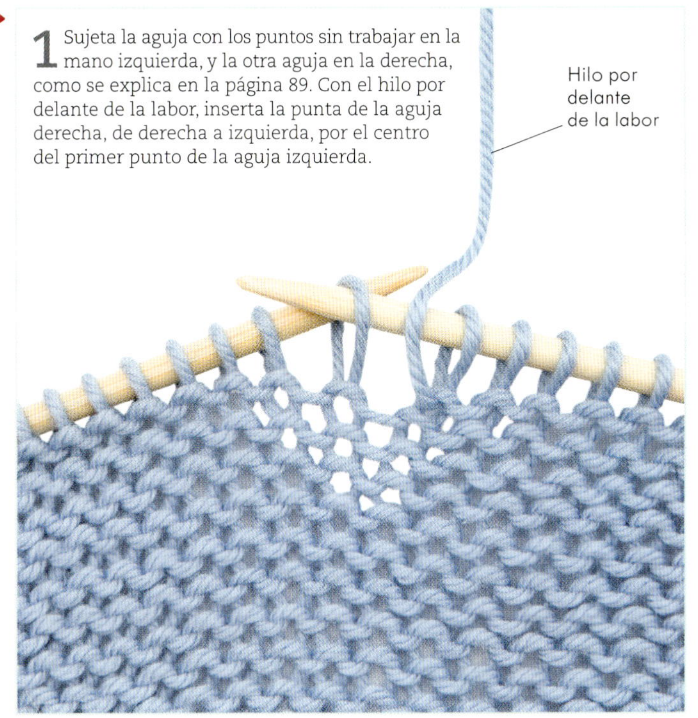

1 Sujeta la aguja con los puntos sin trabajar en la mano izquierda, y la otra aguja en la derecha, como se explica en la página 89. Con el hilo por delante de la labor, inserta la punta de la aguja derecha, de derecha a izquierda, por el centro del primer punto de la aguja izquierda.

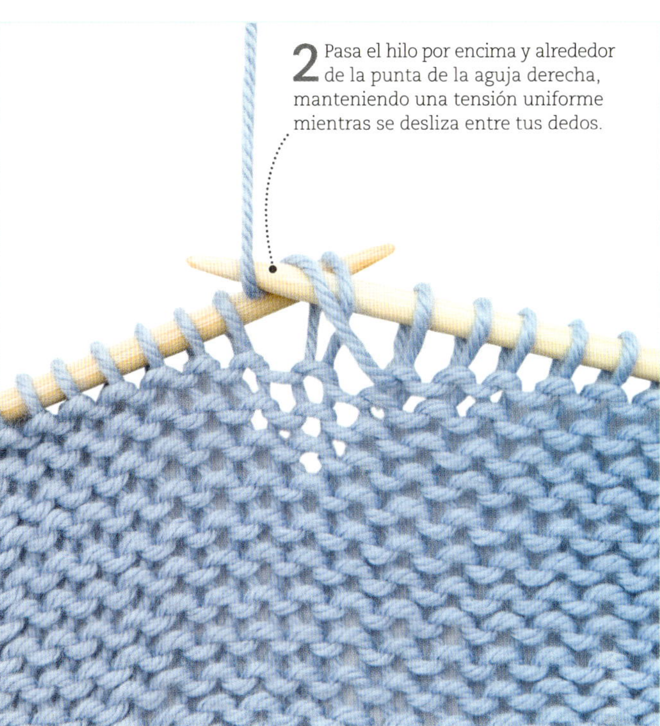

2 Pasa el hilo por encima y alrededor de la punta de la aguja derecha, manteniendo una tensión uniforme mientras se desliza entre tus dedos.

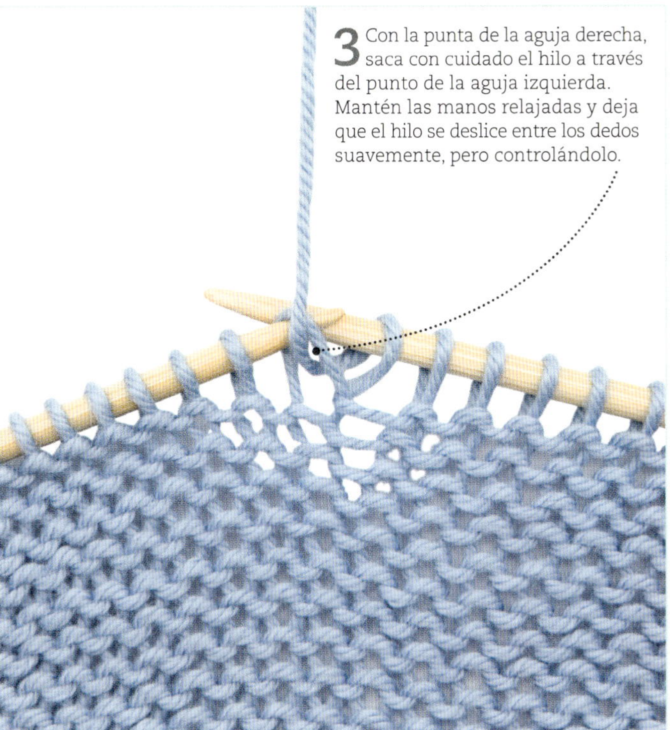

3 Con la punta de la aguja derecha, saca con cuidado el hilo a través del punto de la aguja izquierda. Mantén las manos relajadas y deja que el hilo se deslice entre los dedos suavemente, pero controlándolo.

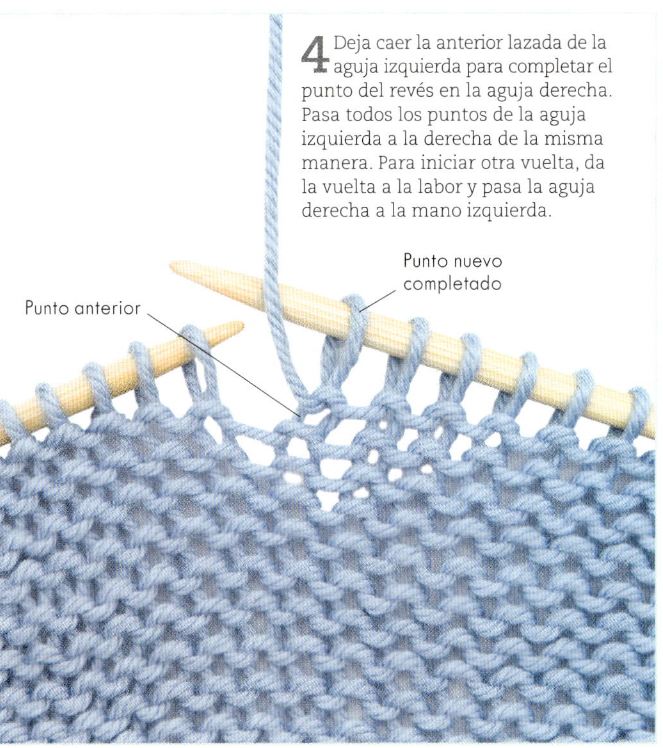

4 Deja caer la anterior lazada de la aguja izquierda para completar el punto del revés en la aguja derecha. Pasa todos los puntos de la aguja izquierda a la derecha de la misma manera. Para iniciar otra vuelta, da la vuelta a la labor y pasa la aguja derecha a la mano izquierda.

PREPARACIÓN Y REPARACIÓN

Estos útiles consejos ayudarán tanto a los absolutos principiantes como a los tejedores más avezados a preparar y completar sus labores con facilidad. Añadir un nuevo ovillo puede resultar complicado y dar lugar a puntos desiguales, y pocos tejedores disfrutan rematando los cabos sueltos. Sin embargo, si aprendes a realizar estas tareas de manera eficiente y pulida, la recompensa será un acabado profesional.

DEVANAR Y UNIR HILOS

Saber devanar una madeja para hacer un ovillo es muy útil, sobre todo porque muchos de los hilos más lujosos se venden en madejas. Empalmar un nuevo ovillo cuando se ha acabado el primero, o cuando es necesario cambiar de color, es un poco desalentador al principio, pero fácil de dominar.

DEVANAR UNA MADEJA EN UN OVILLO

1 Con mucho cuidado, deshaz el nudo que une los extremos del hilo de la madeja. Pide a otra persona que sostenga la madeja, o colócala en torno al respaldo de una silla. Tira de uno de los extremos del hilo y enróllalo formando una pequeña «mariposa» de hilo (p. 120). Saca la mariposa de la mano izquierda sujetándola por el centro.

Cabo suelto

2 Comienza enrollando el hilo en torno a la mariposa y del pulgar para crear un hueco en el centro del ovillo. Sigue devanando hasta acabar toda la madeja cambiando a menudo la dirección de las vueltas del hilo, de modo que el ovillo quede redondo. Asegura el extremo del hilo pasándolo por debajo de algunas de las últimas vueltas. Para empezar a tejer, saca la mariposa del centro del ovillo y usa ese extremo del hilo. Al usar el hilo de dentro hacia fuera se evita que se enrede.

NUDO DE TEJEDOR

Utilízalo para empalmar hilos de distinto grosor.

1 Haz un anillo con el hilo grueso pinzándolo con los dedos. Pasa un extremo más o menos largo del hilo fino a través del anillo desde arriba, enróllalo sobre este cerca de los dedos de atrás hacia delante y sujétalo al anillo con los dedos.

2 Pasa el extremo del hilo fino enrollado por debajo de la hebra anterior del anillo de hilo grueso. Pásalo sobre sí mismo mientras lo llevas hacia atrás y luego pásalo por debajo de la hebra posterior del anillo de hilo grueso.

3 Sujetando las dos hebras gruesas con una mano y las dos finas con la otra, separa suavemente los extremos cortos con los dedos para cerrar el nudo.

NUDO CUADRADO

Se hace como un nudo de la abuela, pero de izquierda a derecha y luego de derecha a izquierda. Es mejor hacerlo en el lugar del tejido donde se necesita para poder asegurarse de que queda por detrás.

AÑADIR UN NUEVO HILO

Para calcular si hay hilo suficiente para completar dos vueltas, dobla el hilo restante por la mitad y haz un nudo corredizo en el doblez. Teje la primera vuelta. Si el nudo queda antes del final de la vuelta, no tienes hilo suficiente y tienes que añadir un nuevo ovillo.

AÑADIR UN NUEVO OVILLO

1 Añade siempre el nuevo ovillo al principio de una vuelta. Anuda los extremos del hilo anterior y del nuevo.

2 Desliza el nudo hasta el borde de la labor para poder ocultarlo después en la costura. Si estás tejiendo una bufanda o una mantita, no lo ates con mucha fuerza, para poder deshacerlo más tarde y rematar los cabos.

NUDO MÁGICO

Este nudo seguro y discreto puede utilizarse a mitad de una vuelta en motivos multicolores. Debe quedar en el revés del tejido, así que asegúrate de hacerlo entre dos puntos.

1 Coloca los hilos en paralelo, con los extremos enfrentados y solapados unos 10 cm.

2 Con el extremo del nuevo hilo, haz un nudo prieto en torno al anterior. Con el extremo del hilo anterior, haz un nudo prieto alrededor del nuevo.

3 Separa los hilos para que los nudos se deslicen y se junten. Tira firmemente para asegurarlos. Recorta los cabos sueltos lo más cerca posible.

NUDO RUSO

Esta unión segura puede hacerse con cualquier hilo, pero es más fácil con lanas de grosor medio y más gruesas.

1 Cerca de la lazada, pasa la aguja entre las hebras a lo largo del nuevo hilo. Una vez que se hayan amontonado 4–5 cm de hilo, empuja la punta hacia fuera del hilo. Tira de la aguja para que salga el cabo suelto y quede una pequeña lazada alrededor del hilo anterior.

2 Repite el paso 1 con el hilo anterior. Tira suavemente de los hilos para igualar las hebras agrupadas y alisar el nudo; luego recorta los extremos.

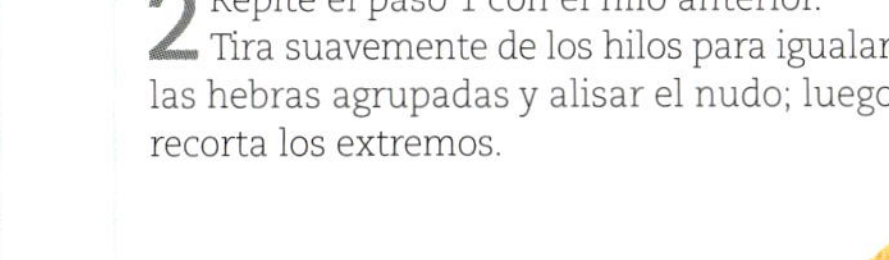

UNIÓN CON AGUJA DE COSER

Esta unión es suave, fuerte y casi invisible.

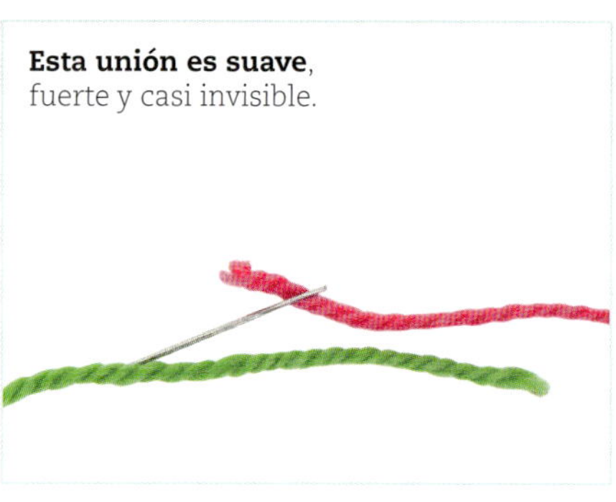

1 Pasa la aguja entre las hebras del hilo anterior, alejándote del extremo y amontonando bastante hilo (al menos 5 cm) en la aguja. Empuja la aguja hacia fuera del hilo y tira de este. Retira la aguja.

2 Enhebra el nuevo hilo en la aguja. Inserta esta lo más cerca posible del punto de unión de los hilos y repite el paso 1. Tira suavemente de los cabos sueltos para separarlos y luego iguala los hilos con los dedos. Los cabos sueltos pueden recortarse una vez terminada la labor.

AÑADIR UN NUEVO HILO: MÉTODO ALTERNATIVO

1 Coloca el nuevo hilo sobre la aguja derecha con el cabo suelto del hilo anterior. Teje el primer punto de la nueva vuelta con los dos hilos. Deja caer el cabo suelto anterior y continúa con el nuevo.

2 Cuando hayas terminado de tejer, retira la segunda hebra del hilo anterior antes de rematar los extremos con una aguja de zurcir de punta roma.

DEVANAR UN CABO SUELTO LARGO

Un cabo suelto largo en tu nudo corredizo puede empezar a enredarse mientras trabajas. Para evitarlo, devánalo en una «mariposa» cerca de tu tejido.

1 Empezando cerca del tejido, enrolla el hilo alrededor del pulgar y el índice en forma de ocho.

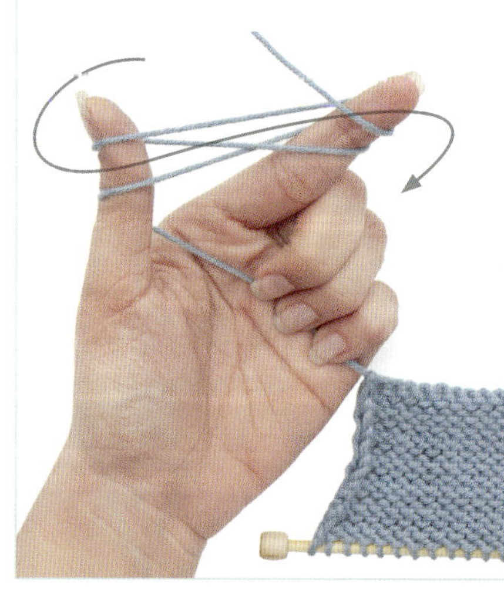

2 Retira la «mariposa» de hilo del pulgar y el índice y enrolla el extremo del hilo unas cuantas veces alrededor de su centro. Mete el extremo por debajo del hilo enrollado para asegurarlo.

REMATAR UN CABO SUELTO

Una pieza recién acabada tendrá al menos dos cabos sueltos: uno en el borde de montaje y otro en el de cierre. Por cada ovillo añadido habrá dos cabos más. Enhebra cada uno de ellos en una aguja de punta roma y pásalo a través de los puntos en vertical o en horizontal por el revés de la labor.

CORREGIR ERRORES

Lo mejor que se puede hacer si uno se equivoca es destejer la labor hasta llegar al error deshaciendo los puntos uno a uno. Si se te cae un punto, debes remallarlo lo antes posible para evitar que se deshaga toda la columna hasta el borde de montaje.

DESTEJER UNA VUELTA DEL DERECHO

Sujeta la aguja con los puntos en la mano derecha. Para destejer punto por punto, inserta la punta de la aguja izquierda de delante atrás en el punto de debajo del primer punto de la aguja derecha y luego saca este de la aguja, deshaciendo la lazada.

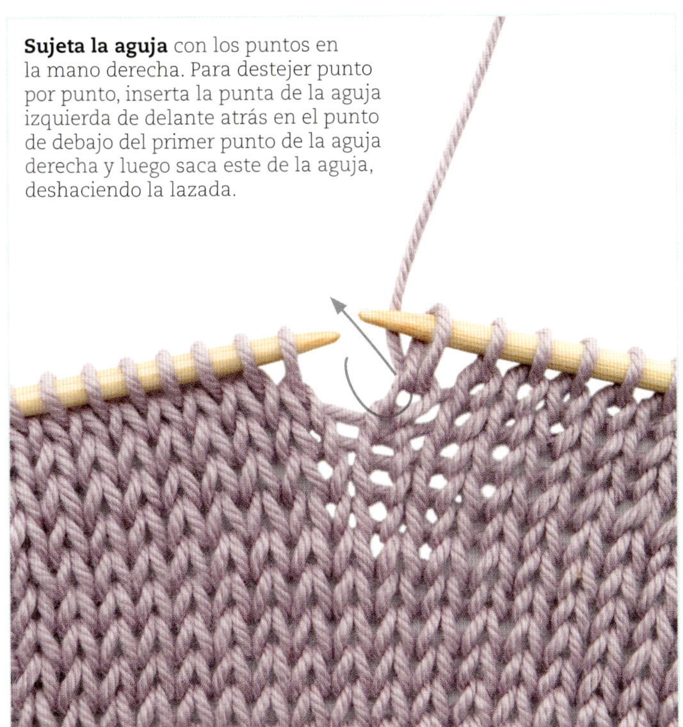

DESTEJER UNA VUELTA DEL REVÉS

Sujeta la aguja con los puntos en la mano derecha. Desteje los puntos del revés uno por uno con la punta de la aguja izquierda de la misma manera que los puntos del derecho.

REMALLAR UN PUNTO CAÍDO

Si dejas caer un punto en punto de jersey, puedes remallarlo fácilmente con un ganchillo. Con el derecho de la labor de frente, inserta el ganchillo en la lazada caída, engancha el hilo entre los puntos y saca una lazada a través de la lazada del ganchillo. Continúa haciendo lo mismo en las vueltas superiores hasta llegar arriba y pasa de nuevo el punto a la aguja.

SEGUIR LAS INSTRUCCIONES DEL PUNTO

Las instrucciones del punto se dan por escrito o en esquemas que sirven para todo tipo de tejidos (combinaciones de puntos del derecho y del revés, puntos calados y de ochos). Tejer una muestra es la mejor manera de aprender a seguir las instrucciones. Los principiantes deberían tejer varias muestras antes de afrontar un patrón completo (pp. 126–127).

COMPRENDER LAS INSTRUCCIONES ESCRITAS

Cualquiera que sepa montar puntos, tejer del derecho y del revés, y cerrar los puntos puede trabajar partiendo de muestras de tejidos con simples combinaciones de puntos del derecho y del revés. Bastará con seguir las instrucciones paso a paso y acostumbrarse a las abreviaturas. En la página 125 encontrarás una lista de las abreviaturas más habituales, pero para los tejidos sencillos solo hay que saber que «1 pd» significa «tejer 1 punto del derecho», «2 pd» significa «tejer 2 puntos del derecho», y así sucesivamente. Y lo mismo para los puntos del revés: «1 pr» significa «tejer 1 punto del revés», «2 pr» significa «tejer 2 puntos del revés», etc.

Para comenzar una muestra es preciso montar el número de puntos indicado, con el hilo elegido y agujas del tamaño recomendado por el fabricante del hilo. Trabajando vuelta a vuelta, repitiendo las vueltas según las instrucciones, tu labor irá creciendo bajo las agujas. Cuando tenga el tamaño deseado, cierra los puntos como se presenten (p. 106).

Los mejores consejos para todo principiante son: tejer las vueltas poco a poco; marcar el derecho de la labor anudando un hilo de distinto color; usar un contador de vueltas para no perderse (p. 43) y, si se lía, destejer los puntos y comenzar de nuevo. Si la muestra te gusta, podrás tejer una bufanda, una manta o una funda de cojín con ese punto, sin necesidad de comprar un patrón.

Los mismos principios sirven para los puntos de ochos y calados (pp. 146–147 y 152–153), una vez domines las técnicas de los ochos, aumentos y menguados.

Algunas instrucciones exigirán «deslizar» puntos, o tejer puntos «retorcidos». Estas técnicas se explican a continuación, a modo de referencia a la hora de consultar las abreviaturas y la terminología del punto.

DESLIZAR PUNTOS DEL REVÉS

1 A menos que se indique lo contrario, los puntos siempre se deslizan o se pasan de una aguja a otra del revés, por ejemplo, para dejarlos en espera en una aguja auxiliar. Para ello, inserta la punta de la aguja derecha, de derecha a izquierda, por la parte anterior de la lazada de la aguja izquierda.

2 Pasa el punto a la aguja derecha, sin tejerlo. El punto deslizado queda en la aguja derecha con el lado derecho en la parte anterior de la aguja, igual que los puntos ya hechos adyacentes.

DESLIZAR PUNTOS DEL DERECHO

1 Los puntos solo se deslizan del derecho cuando así se indique o para menguar (pp. 135–137). Para deslizar un punto del derecho, inserta la aguja derecha, de izquierda a derecha, por la parte anterior del punto de la aguja izquierda.

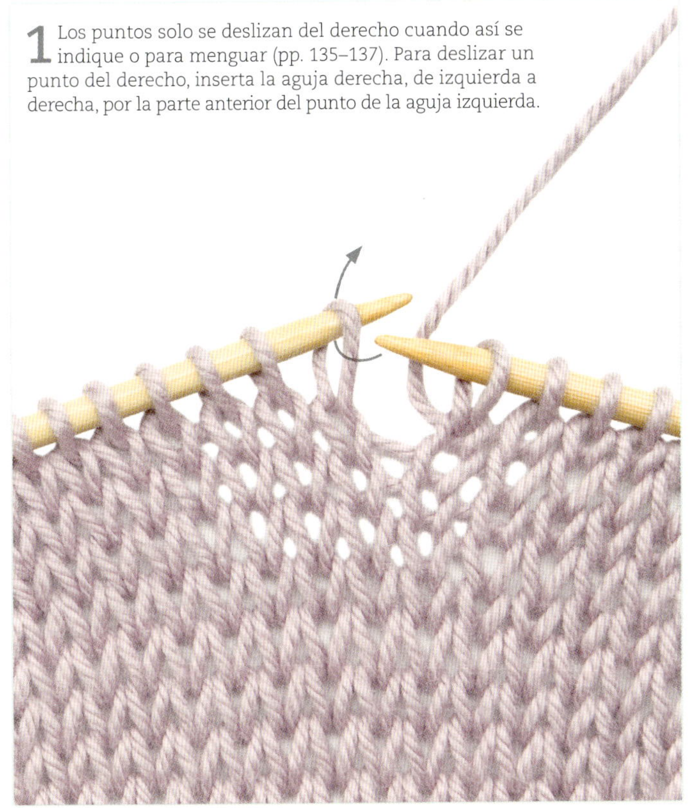

2 Pasa el punto a la aguja derecha, sin tejerlo. El punto deslizado queda en la aguja derecha con el lado izquierdo en la parte anterior de la aguja, a diferencia de los puntos adyacentes.

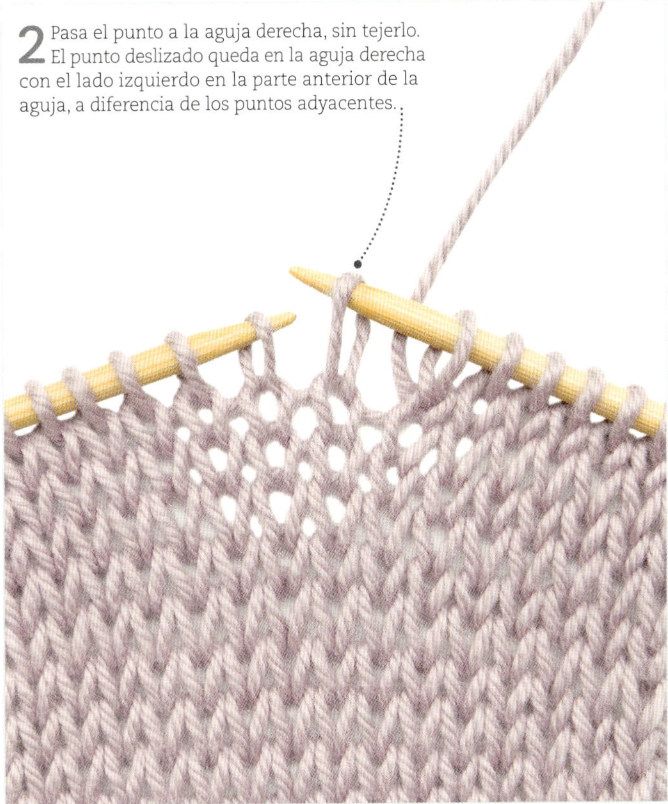

PUNTO DEL DERECHO RETORCIDO (Abreviatura= *pd ret*)

1 Cuando las instrucciones de la vuelta digan «1 pd ret» (tejer un punto del derecho retorcido), inserta la aguja derecha, de derecha a izquierda, en la parte del punto que queda por detrás de la aguja izquierda (es decir, la parte posterior de la lazada).

2 Enrolla el hilo en la punta de la aguja derecha y completa el punto del derecho de la manera habitual. Esto retorcerá el punto de la vuelta inferior de manera que las «patas» del punto se cruzarán en la base. (Para tejer puntos retorcidos del revés se aplica el mismo principio).

UTILIZAR CUENTAS COMO MARCADORES DE PUNTOS Y CONTADOR DE VUELTAS

1 Utiliza cuentas ligeras de varios colores y formas. Mide un trozo de hilo resbaladizo del doble de la longitud final de tu tejido y átalo al cabo suelto del montaje o déjalo suelto.

2 Ensarta una cuenta en el hilo por cada dos vueltas que vayas a tejer. Es mejor tener demasiadas cuentas que pocas, así que añade algunas más. Ata otra cuenta o un botón en el extremo del hilo para que no se salgan las cuentas.

3 Sujeta el hilo con cuentas por la parte posterior de tu labor. Elige una posición del punto para marcarla verticalmente a lo largo de las vueltas.

4 Teje una vuelta hasta la posición del marcador. Lleva el hilo con cuentas hacia delante entre las agujas, de modo que quede entre dos puntos y cuelgue por delante de la labor. Teje el resto de la vuelta con cuidado de no enganchar el hilo con cuentas en el punto siguiente.

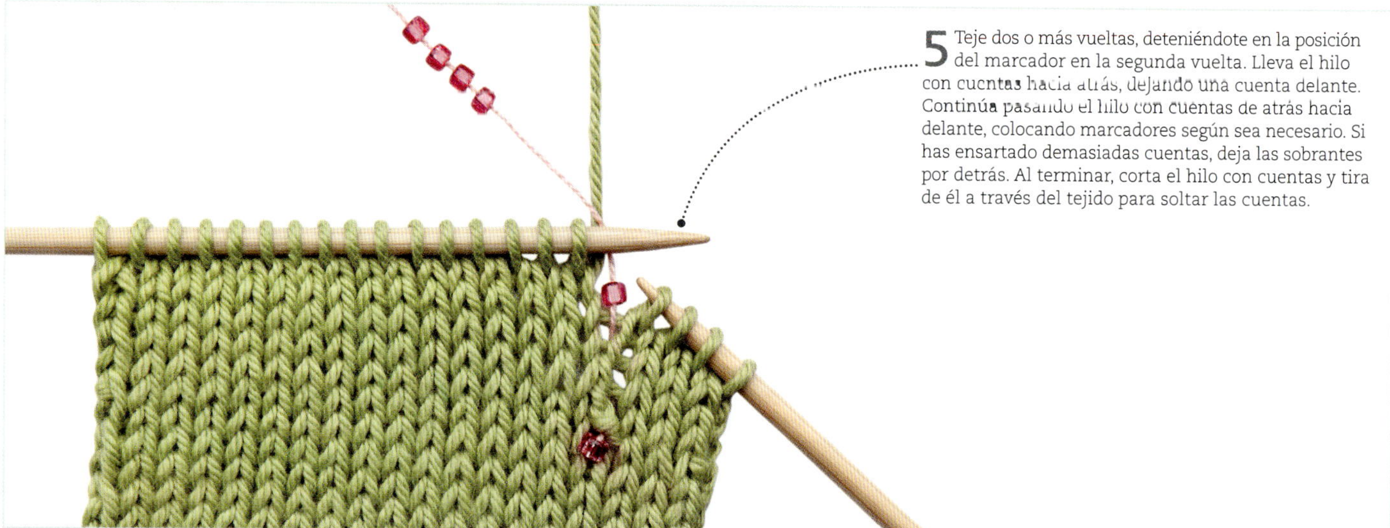

5 Teje dos o más vueltas, deteniéndote en la posición del marcador en la segunda vuelta. Lleva el hilo con cuentas hacia atrás, dejando una cuenta delante. Continúa pasando el hilo con cuentas de atrás hacia delante, colocando marcadores según sea necesario. Si has ensartado demasiadas cuentas, deja las sobrantes por detrás. Al terminar, corta el hilo con cuentas y tira de él a través del tejido para soltar las cuentas.

COMPRENDER LOS ESQUEMAS DE PUNTO

Las instrucciones del punto también pueden darse en forma de esquema con símbolos. Algunas personas prefieren los esquemas porque ofrecen una imagen de la repetición de los puntos que se memoriza rápidamente.

Incluso los esquemas suelen llevar indicaciones escritas sobre el número de puntos que hay que montar. Si no fuera así, puedes calcularlo a partir del esquema, donde el número de puntos de la «repetición» del motivo está claramente marcado. Monta un múltiplo de este número, más los puntos del borde que queden fuera de la repetición.

Cada cuadrado del esquema representa un punto, y cada línea horizontal, una vuelta. Después de montar los puntos, trabaja desde la parte inferior del esquema hacia arriba. Lee las vueltas impares (normalmente las del derecho de la labor) de derecha a izquierda, y las pares (normalmente las del revés de la labor), de izquierda a derecha. Teje los puntos del borde y luego los de la repetición tantas veces como sea necesario. Algunos símbolos significan una cosa en una vuelta por el derecho de la labor y otra en una vuelta por el revés.

Una vez hayas tejido todas las vueltas del esquema, vuelve a empezar por la parte inferior para iniciar una nueva repetición.

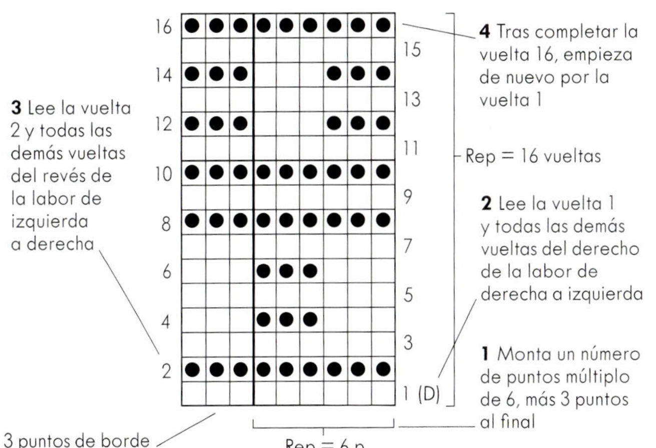

ABREVIATURAS DEL PUNTO

Estas son las abreviaturas más utilizadas. Las abreviaturas especiales que aparecen en las instrucciones de algunas labores se explican allí.

2 pd en 1 tejer un punto del derecho por delante y otro por detrás del mismo punto (p. 128)
2 pdj tejer dos puntos del derecho juntos (p. 135)
2 pr en 1 tejer un punto del revés por delante y otro por detrás del mismo punto (p. 128)
2 prj tejer dos puntos del revés juntos (p. 135)
aum aumentar o aumento/s
cont continuar
D cara del derecho de una labor o un tejido
des deslizar o deslizado/s
des1-1pd -mon deslizar un punto, tejer un punto del derecho y montar el punto deslizado (p. 136)
des1-2pdj -mon deslizar un punto, tejer dos puntos del derecho juntos y montar el punto deslizado (p. 137)
des2-1pd -mon2 deslizar dos puntos, tejer un punto del derecho y montar los dos puntos deslizados (p. 137)
eh echar el hilo, es decir, enrollarlo en la aguja ya sea para tejer un punto o para añadir (aumentar) un punto más.
hdel (trabajando) con el hilo por delante de la labor
hdet (trabajando) con el hilo por detrás de la labor
j juntos
men menguar o menguado/s
mon montar un punto deslizado, es decir, pasarlo por encima del punto o puntos que se indiquen
p punto/s
p ret punto retorcido
pd punto del derecho
pf punto falso (pp. 129–131)
pr punto del revés
R cara del revés de una labor o un tejido
rep repetir/repetición
sig siguiente/s
[ ] * Repetir las instrucciones que se dan entre corchetes, después de un asterisco o entre asteriscos, tantas veces como se indique.

TERMINOLOGÍA Y SÍMBOLOS DEL PUNTO

Los siguientes términos y expresiones se emplean con frecuencia en las instrucciones de las muestras y las labores de punto.

aumentar Añadir puntos en una vuelta (pp. 128–134).
cerrar los puntos Sacar los puntos de la aguja tejiéndolos de modo que no se deshagan.
cerrar los puntos como se presenten Cerrar los puntos tejiéndolos del mismo modo que los de la vuelta anterior.
cerrar los puntos del derecho/ del revés Cerrar los puntos tejiéndolos a punto del derecho o del revés.
cerrar los puntos en canalé Cerrar los puntos tejiéndolos en canalé como la vuelta anterior.
echar el hilo, o la hebra Enrollar el hilo en la punta de la aguja derecha para tejer un punto o para crear uno nuevo (aumento de hilo) [pp. 132–134).
menguar Reducir el número de puntos de una vuelta (pp. 135–137).
montar los puntos Crear en una aguja de punto una serie de lazadas que serán la base del tejido.
punto bobo Se crea tejiendo todas las vueltas a punto del derecho. Si se teje en redondo (p. 114), se alternan una vuelta a punto del derecho y una vuelta a punto del revés.
punto de jersey, de media o liso Tejido a punto del derecho en las vueltas por el derecho de la labor y a punto del revés en las de la cara del revés.
punto de jersey al revés Tejido a punto del revés en las vueltas por el derecho de la labor y a punto del derecho en las de la cara del revés.
recoger puntos del derecho o del revés Insertar la aguja derecha en el punto de la aguja izquierda como para empezar un punto del derecho o del revés.
remontar puntos Sacar lazadas del borde de un tejido de punto y colocarlas en la aguja para seguir tejiendo (p. 196).
tejer recto Tejer sin aumentar ni menguar.
tensión Tamaño de los puntos de un tejido de punto medido contando el número de puntos y vueltas en 10 cm, o en 2,5 cm si se trata de un tejido fino (p.127).

SÍMBOLOS

Estos son algunos de los que se utilizan en este libro. Cualquier símbolo poco habitual se explicará en las instrucciones. Los símbolos pueden variar, por lo que es preciso atenerse a las explicaciones de cada labor.

□ = pd en vueltas del D, pr en el R
⊡ = pr en vueltas del D, pd en el R
◻O = aum de hilo (p. 132)
◻/ = 2 pdj (p. 135)
◻\ = 2 pd desj (p. 136)
◻Λ = des1-2 pdj-mon (p. 137)
◻Λ| = des2-1 pd-mon2 (p. 137)

REALIZAR UN PATRÓN DE PUNTO

Los patrones de las labores de punto pueden parecer complicados a primera vista, pero si se leen paso a paso, son fáciles de entender. Esta sección ofrece una explicación para seguir patrones sencillos y consejos sobre los detalles de acabado y las costuras.

PATRONES DE COMPLEMENTOS SENCILLOS

El mejor consejo para quienes deseen tejer su primera labor de punto a partir de un patrón es que comiencen por un artículo sencillo. Las fundas de cojín son ideales para practicar, ya que las instrucciones son bastante simples y los únicos detalles de acabado son las costuras. Valga como ejemplo este patrón de una funda de cojín tejido a punto de jersey a rayas.

Al principio de muchos patrones figura el nivel requerido para la labor. Asegúrate de que dicho nivel sea asequible para ti.

Comprueba el tamaño de la labor acabada. Si se trata de un simple cuadrado, como esta funda, su tamaño se puede ajustar fácilmente añadiendo o restando puntos y vueltas.

Intenta utilizar el hilo especificado. Si no puedes conseguirlo, elige otro según los criterios explicados en la p. 32.

Teje una muestra de tensión antes de empezar tu labor y cambia de tamaño de agujas si es necesario.

Las instrucciones para tejer una pieza siempre comienzan con el número de puntos que hay que montar, el tipo de hilo y el tamaño de las agujas. Si solo se requieren agujas de un tamaño y un hilo, estos pueden omitirse en esta sección.

Consulta la lista de abreviaturas del patrón (o del libro) para conocer su significado en la p. 125.

La pieza trasera de una funda de cojín puede ser igual que la delantera, o bien de tela. En esta funda, las rayas se invierten en la parte posterior para dar más versatilidad al cojín.

Tras completar todas las piezas, sigue la sección Acabado (o Confección) del patrón.

FUNDA DE COJÍN A RAYAS

Nivel de dificultad
Fácil

Tamaño del cojín acabado
40,5 × 40,5 cm

Materiales
3 ovillos de 50 g/125 m de pura lana ligera en color lavanda (**A**) y aguacate (**B**). Un par de agujas de punto de 4 mm. Relleno del tamaño adecuado para la funda terminada.

Tensión
22 p y 30 vueltas en 10 cm a punto de jersey con agujas de 4 mm o del tamaño necesario para conseguir la tensión correcta. Para ganar tiempo, antes hay que «perderlo»» en comprobar la tensión.

Pieza delantera
Monta 88 puntos con agujas de 4 mm y el hilo A.
Empieza con una vuelta a punto del derecho y teje a p de jersey hasta que la labor mida 14 cm desde el borde de montaje, acabando con el D de frente para iniciar la siguiente vuelta.
Corta el hilo A y cambia al B.
Cont a p de jersey hasta que la labor mida 26,5 cm desde el borde de montaje, acabando con el D de frente para iniciar la siguiente vuelta.
Corta el hilo B y cámbialo por el A.
Cont a p de jersey hasta que la labor mida 40,5 cm desde el borde de montaje, terminando con el D de frente. Cierra los puntos.

Pieza trasera
Como la delantera, pero con el hilo B en lugar del A, y el A en lugar del B.

Acabado
Remata los cabos sueltos. Estira y plancha las piezas ligeramente por el revés, según las instrucciones de la etiqueta del hilo. Cose por tres lados las dos piezas, encaradas por el revés. Da la vuelta a la funda, introduce el relleno y cose el otro lado.

Compra siempre la misma cantidad total del hilo de sustitución en metros, no en peso.

Puedes elegir otros colores, más acordes con tu decoración: los especificados en el patrón son solo sugerencias.

Cambia el tamaño de las agujas si no consigues la tensión correcta con las del tamaño especificado.

Los materiales adicionales necesarios para tu labor suelen figurar en este apartado o en un apartado especial.

Teje en el punto especificado el número de vueltas o los centímetros indicados.

Los colores suelen cambiarse en una vuelta por el derecho de la labor, por ello hay que acabar con el derecho hacia el frente para iniciar la vuelta de cambio de color.

Si no se especifica ningún punto para el cierre, cierra siempre los puntos del derecho.

Consulta en la p. 120 cómo rematar los cabos sueltos.

Consulta las instrucciones de la etiqueta del hilo antes de intentar planchar cualquier pieza de punto. Puede que no sea apto para la plancha, o que solo se deba planchar con una plancha fría (consulta los consejos para el estirado en la p. 213).

Consulta las opciones de costura en las pp. 213–217. Practica con otras piezas de punto antes de empezar la labor principal.

PATRONES DE PRENDAS DE VESTIR

Escoger la talla adecuada y tejer una muestra de tensión son las dos cosas más importantes que debes hacer bien si quieres que una prenda sea un éxito. También es bastante fácil hacer modificaciones sencillas en los patrones de prendas tejidas a punto bobo o punto de jersey.

ESCOGER LA TALLA

Al escoger la talla de un patrón de punto, en lugar de buscar las tallas «típicas», elige la que más se aproxime a cómo prefieres que siente la prenda. La mejor manera de hacerlo es buscar una prenda similar y que te siente bien, ponerla plana y medir su anchura; después, elige en el patrón el ancho más parecido.

Haz una fotocopia del patrón y marca todos los números correspondientes a esa talla. Comienza por el número de ovillos necesarios, el de los puntos que habrá que montar, el largo hasta la sisa, y así sucesivamente. Primero encontrarás el número correspondiente a la talla más pequeña, seguido de los números de las demás entre paréntesis. Cuando en las instrucciones solo aparece una cifra, esta se aplica a todas las tallas.

MODIFICAR LOS PATRONES

Puedes modificar la longitud de los patrones de las prendas tejidas a punto bobo o punto de jersey, pero evita modificar las sisas, el escote o la copa de las mangas. Como las mangas y algunos cuerpos tienen forma, esta también debe ajustarse. Toma nota de cada paso.

En este ejemplo se explica cómo alargar una manga:

1 Copia, fotocopia o dibuja el patrón. Escribe la nueva longitud requerida en el dibujo (por ejemplo, 48 cm).

2 Busca el número de vueltas en 10 cm en la nota de tensión y divide ese número por 10 para calcular cuántas vueltas hay en 1 cm. Por ejemplo, si hay 30 vueltas cada 10 cm, 30 ÷ 10 = 3 vueltas por 1 cm.

3 Multiplica la nueva longitud requerida por el número de vueltas en 1 cm. La cifra resultante es el número total de vueltas de la nueva longitud. Por ejemplo, 48 × 3 = 144 vueltas.

4 Si se aumenta, también habrá que volver a calcular. A partir de las instrucciones, observa el número de puntos que hay que montar en el puño y cuántos habrá en la aguja justo antes del comienzo de la sisa (esta cifra debería figurar al final de la instrucción escrita para los aumentos).

5 Resta la menor cantidad de puntos de la mayor. El resultado es el número total de puntos que hay que aumentar. Divide el resultado por dos (ya que una manga tiene dos lados), para obtener el número de puntos que hay que aumentar a cada lado. Por ejemplo. 114 – 60 = 54 puntos, y 54 ÷ 2 = 27 puntos.

6 Para calcular el número de vueltas entre cada aumento, divide el nuevo número de vueltas hallado en el paso 3 por el número de aumentos calculado en el paso 5. Si el resultado es un número con decimales, redondéalo a la baja. En este ejemplo, 144 ÷ 27 = 4,22; por lo tanto, habrá que aumentar un punto a cada lado cada cuatro vueltas. Teje las vueltas restantes rectas antes de cerrar los puntos por debajo del brazo.

MEDIR LA TENSIÓN

Teje siempre una muestra de tensión para comprobar el tamaño de los puntos (tensión) después de estirarla (p. 213). Asegúrate de que tu tensión coincide con la recomendada en el patrón, de lo contrario tu pieza no tendrá las medidas correctas una vez acabada.

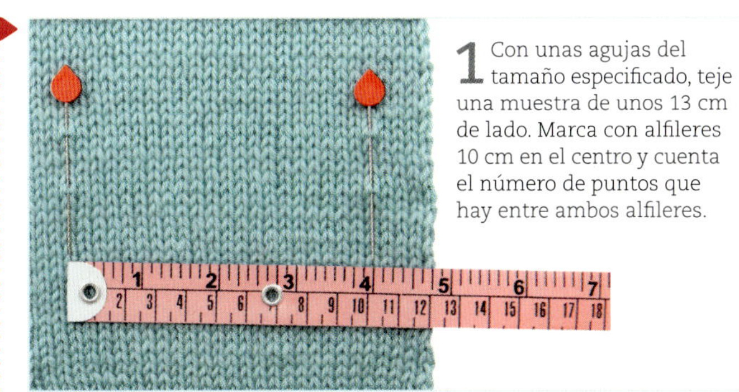

1 Con unas agujas del tamaño especificado, teje una muestra de unos 13 cm de lado. Marca con alfileres 10 cm en el centro y cuenta el número de puntos que hay entre ambos alfileres.

2 Cuenta el número de vueltas en 10 cm del mismo modo. Si hay menos puntos y vueltas de los que debería haber, repite la muestra con unas agujas más finas; si hay más, prueba con unas agujas más gruesas. Utiliza agujas del tamaño más adecuado para conseguir la tensión correcta. (Es más importante ajustar el ancho de los puntos que la altura de las vueltas.)

AUMENTOS Y MENGUADOS

Aumentar y menguar (disminuir) el número de puntos en la aguja son dos maneras de dar forma a una pieza de punto, pasando de bordes rectos y verticales a curvos e inclinados. Pero los aumentos y los menguados se usan también en combinaciones de puntos del derecho y del revés para crear texturas interesantes, desde calados a relieves muy estructurados.

AUMENTOS SIMPLES

Las técnicas siguientes son las más sencillas de las que se utilizan para dar forma a una pieza de punto. Con las dos primeras (2 pd o 2 pr en 1) se obtienen dos puntos a partir de uno. Las otras (remontar un punto o tejer un punto falso) crean un nuevo punto a partir de otro ya existente. Los aumentos múltiples, con los que se añade más de un punto, se usan con menos frecuencia y se explican con detalle en las instrucciones de las labores.

TEJER DOS PUNTOS DEL DERECHO EN UNO, POR DELANTE Y POR DETRÁS (Abreviatura = *2 pd en 1, o aum 1*)

Este es el aumento invisible más común en las vueltas del derecho, y en ocasiones se llama aumento de barra, pues crea una pequeña barra entre los puntos.

1 Para comenzar, teje del derecho el siguiente punto, pero dejándolo en la aguja izquierda. Inserta la aguja derecha por la parte posterior de la lazada, de derecha a izquierda.

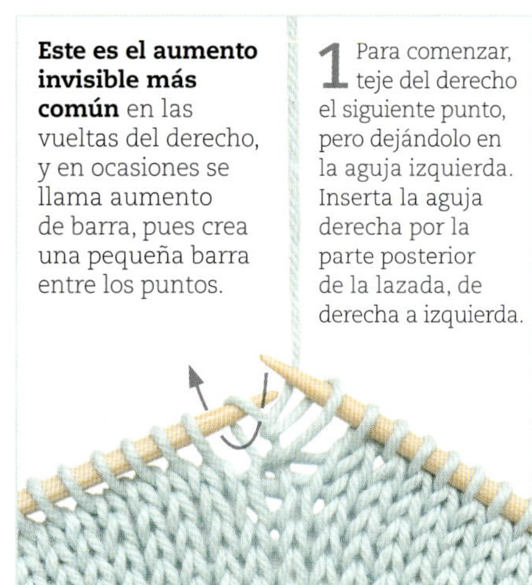

2 Echa el hilo en la aguja derecha y sácalo a través de la lazada para formar el segundo punto, dejando caer el punto anterior de la aguja izquierda.

3 Al tejer un punto por delante y otro por detrás del mismo punto, como aquí, se aumenta un punto en la vuelta.

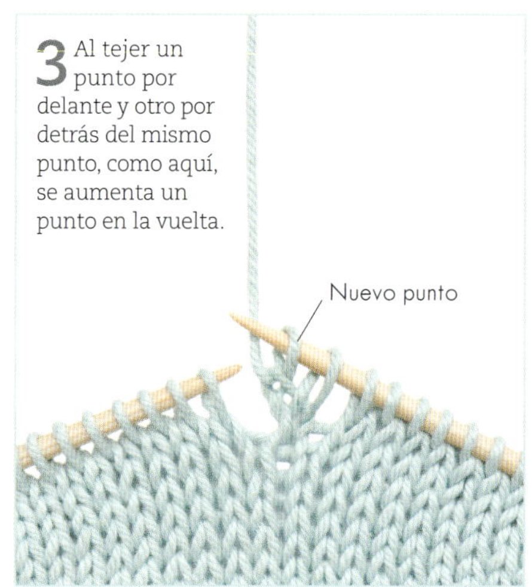

TEJER DOS PUNTOS DEL REVÉS EN UNO, POR DELANTE Y POR DETRÁS (Abreviatura = *2 pr en 1, o aum 1*)

1 Teje del revés el siguiente punto, pero dejándolo en la aguja izquierda. Inserta la aguja derecha en la parte posterior de la lazada, de izquierda a derecha.

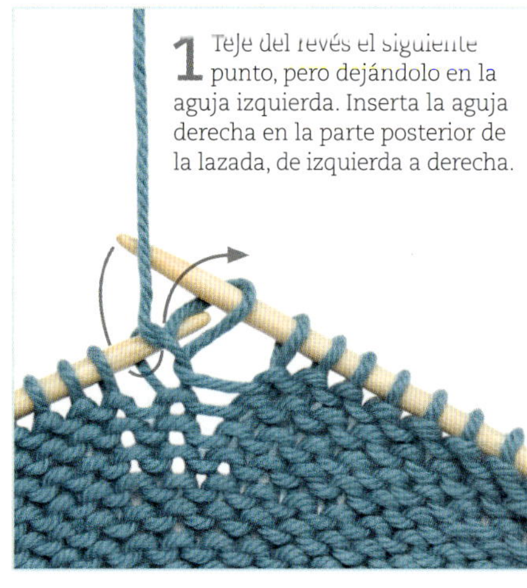

2 Echa el hilo en la aguja derecha, sácalo a través de la lazada para formar el segundo punto y deja caer el punto anterior de la aguja izquierda.

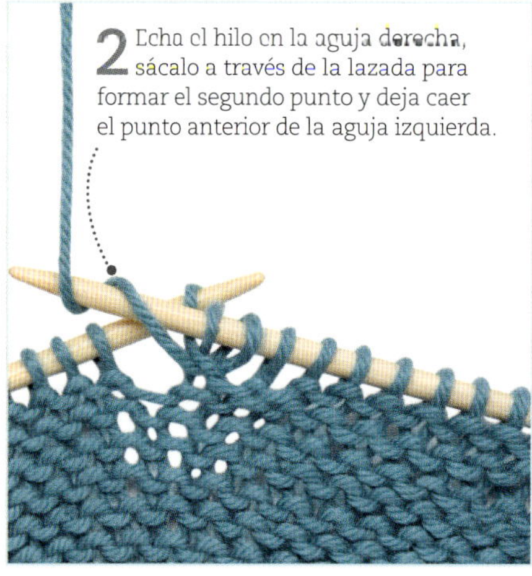

3 Al tejer un punto por delante y otro por detrás del mismo punto, como aquí, se añade un punto en la vuelta.

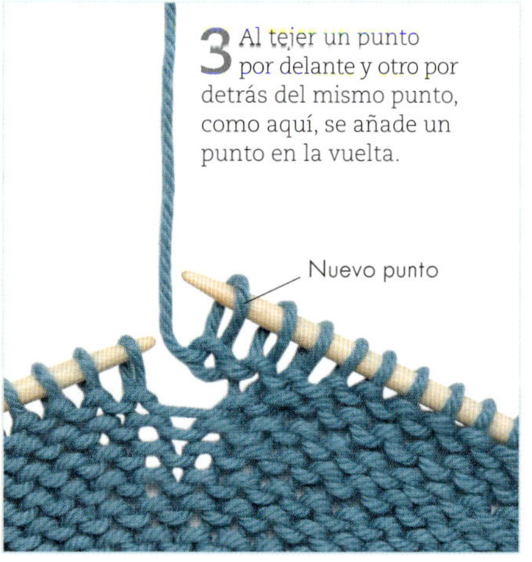

REMONTAR UN PUNTO EN UNA VUELTA DEL DERECHO (Abreviatura: *rem 1 dcha, rem 1 izda, o aum 1*)

Aquí se muestra el aumento más fácil, remontado un punto a la derecha. Consulta en la página 139 la versión a la izquierda.

1 Inserta la punta de la aguja derecha de delante atrás en el punto que está debajo del siguiente punto de la aguja izquierda y teje del derecho el punto remontado.

2 Teje el siguiente punto (el que está encima del punto remontado, en la aguja izquierda) de la manera habitual.

3 Así se crean dos puntos a partir de uno y se añade un punto en la vuelta (la versión en punto del revés se realiza según el mismo principio).

TEJER UN PUNTO FALSO CRUZADO A LA IZQUIERDA EN UNA VUELTA DEL DERECHO (Abreviatura = *pfd izda, o pfd*)

1 Inserta la punta de la aguja izquierda, de delante atrás, bajo la hebra horizontal que une el punto recién hecho y el siguiente. Después inserta la aguja derecha bajo la hebra, de derecha a izquierda y por detrás de la aguja izquierda.

2 Echa el hilo en la aguja derecha y sácalo a través de la hebra levantada. (Esto se llama «tejer del derecho por detrás del punto».)

3 Así se añade un punto en la vuelta. (Al tejer por la parte posterior de la lazada se retuerce la base del nuevo punto y se crea un punto cruzado que cierra el agujero que se habría formado.)

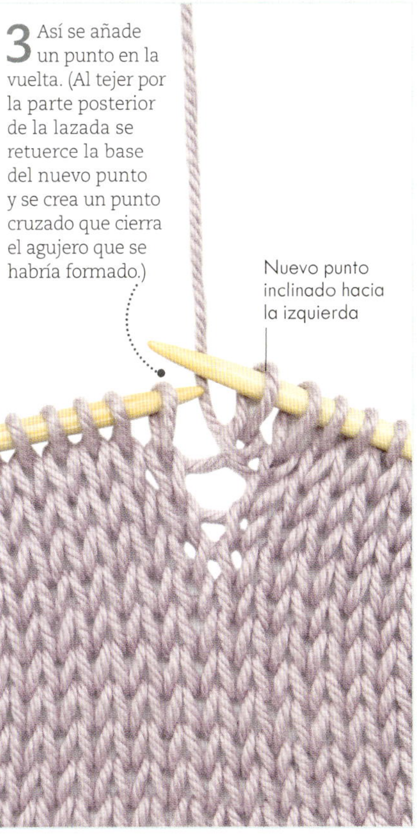

TEJER UN PUNTO FALSO A LA DERECHA EN UNA VUELTA DEL DERECHO (Abreviatura = *pfd dcha, o pfd*)

Las instrucciones no siempre diferencian entre aumentos con puntos falsos cruzados a la izquierda o a la derecha. Elige el más adecuado para tu labor.

1 Inserta la punta de la aguja izquierda de atrás hacia delante por debajo de la hebra horizontal entre el punto que acabas de tejer y el siguiente. Luego inserta la aguja derecha, de izquierda a derecha, por la parte anterior de esta nueva lazada, retorciendo así el punto.

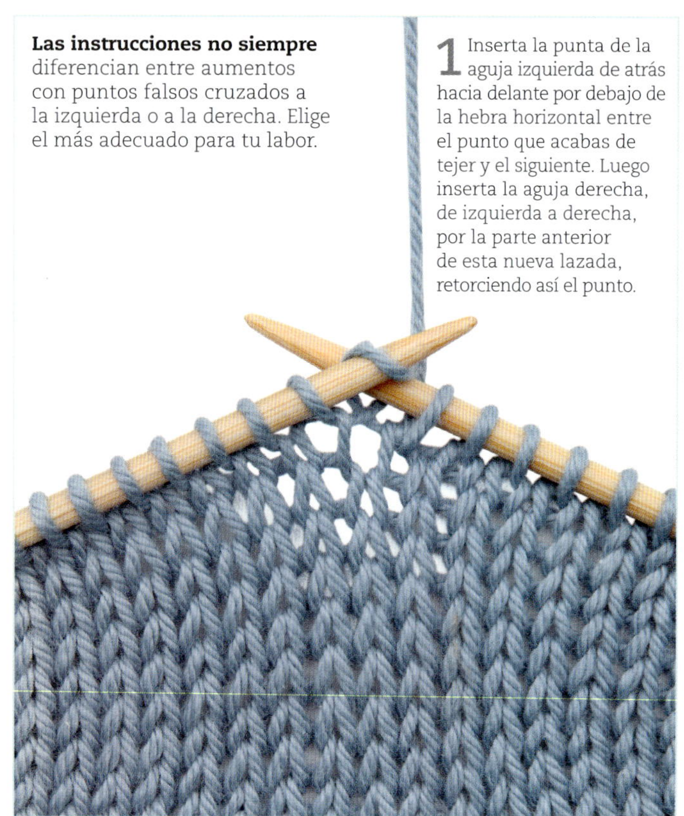

2 Echa el hilo alrededor de la punta de la aguja y sácalo a través de la lazada, tejiendo así un punto del derecho por delante.

3 Esta acción retuerce el punto levantado y cierra el agujero formado al recoger la lazada. El aumento resultante se inclina hacia la derecha y normalmente se hace al final de una vuelta del derecho.

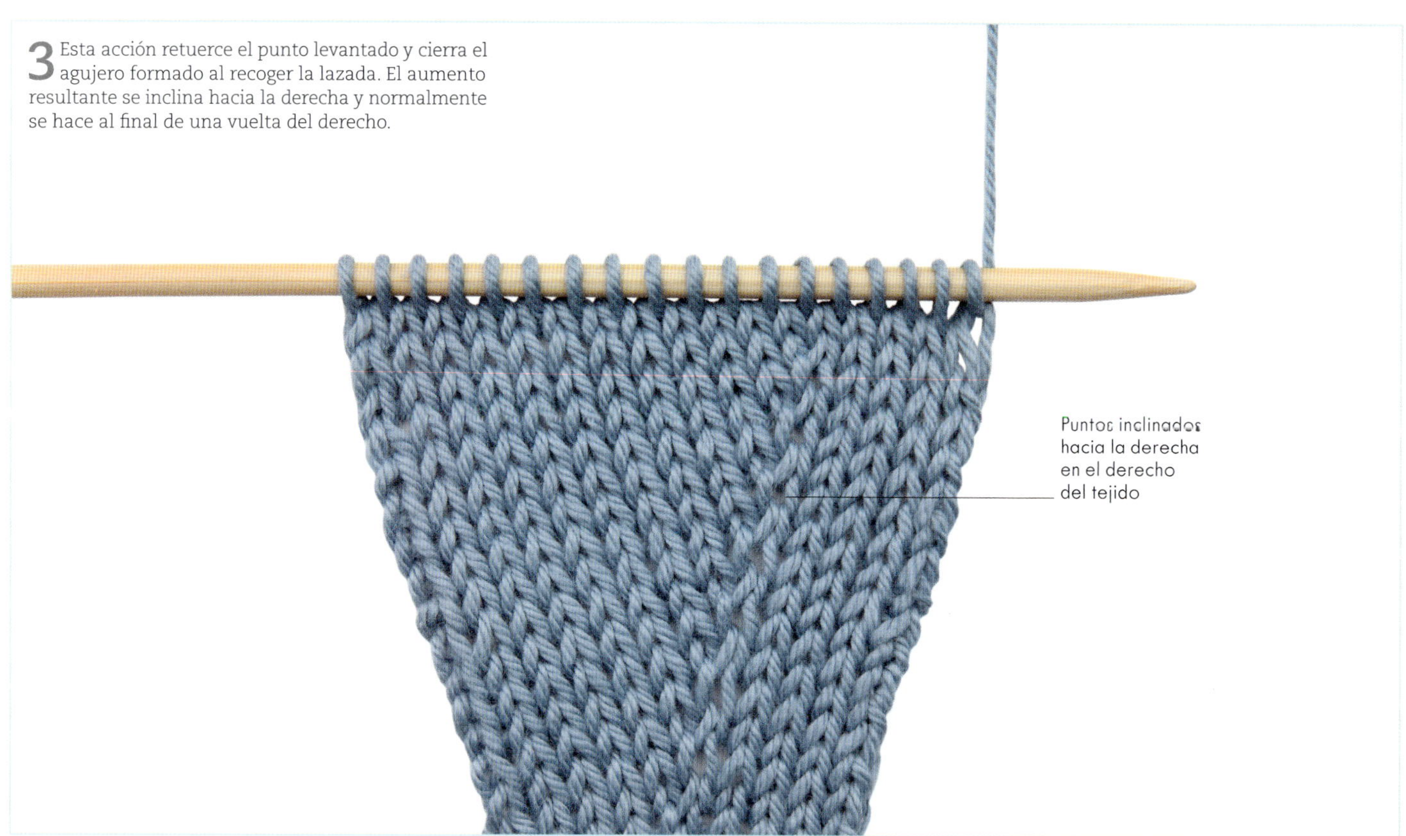

Puntos inclinados hacia la derecha en el derecho del tejido

TEJER UN PUNTO FALSO EN UNA VUELTA DEL REVÉS (Abreviatura = *pfr*)

1 Inserta la punta de la aguja izquierda de delante atrás bajo la hebra horizontal que une el punto recién hecho y el siguiente. Luego inserta la aguja derecha a través de la hebra que está en la aguja izquierda, por detrás de esta y de izquierda a derecha.

2 Echa el hilo en la aguja derecha y sácalo a través de la hebra levantada. (Esto es «tejer del revés por detrás del punto»).

3 Así se crea un punto más en la vuelta. (Cuando se teje del revés por la parte posterior de la lazada se retuerce la base del nuevo punto y se crea un punto cruzado que cierra el agujero que se habría formado.)

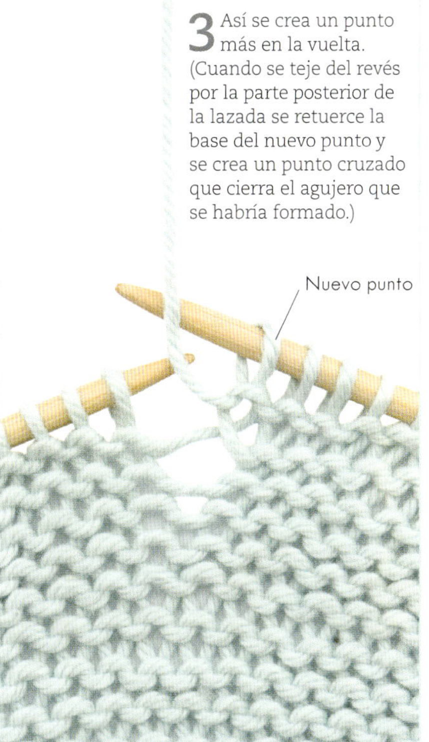

AUMENTOS MÚLTIPLES (Abreviatura = *[1 pd, 1 pr, 1 pd] en el sig p*)

Esta técnica para añadir más de un punto sobre otro ya existente es muy fácil, pero crea un agujerito bajo los nuevos puntos.

1 Para comenzar, teje el siguiente punto del derecho, pero deja el anterior en la aguja izquierda.

2 A continuación, teje un punto del revés y otro del derecho en la misma lazada, en la aguja izquierda. Así se crean dos puntos más en la vuelta. Puedes seguir alternando puntos del derecho y del revés en el mismo punto para aumentar más puntos.

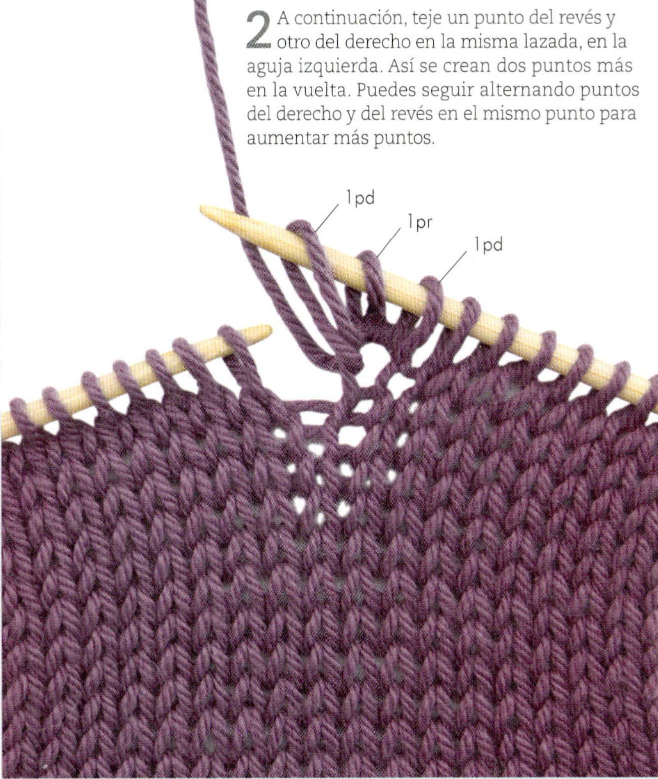

AUMENTOS DE HILO

Los aumentos creados echando el hilo entre puntos forman agujeros en el tejido; por ello también se les llama aumentos visibles y se usan en tejidos de punto de red y encaje (pp. 152–153). Para aumentar un punto de este modo solo hay que echar el hilo (enrollarlo como para tejer un punto) en la aguja derecha. Es importante hacerlo correctamente, o el hilo se cruzará al trabajar sobre él en la siguiente vuelta y cerrará el agujero.

AUMENTO DE HILO ENTRE PUNTOS DEL DERECHO (Abreviatura = *eh*)

1 Lleva el hilo hacia el frente *(hdel)* de la labor, entre ambas agujas. Luego pásalo por encima de la punta de la aguja derecha hacia el revés de la labor y teje el siguiente punto del derecho de la manera habitual.

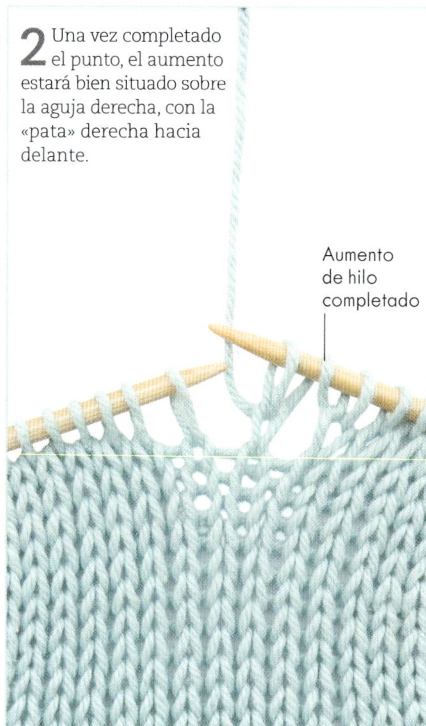

2 Una vez completado el punto, el aumento estará bien situado sobre la aguja derecha, con la «pata» derecha hacia delante.

3 En la siguiente vuelta, teje el aumento del revés por la parte anterior de la lazada, de la manera habitual. Esto crea un agujero bajo el punto del revés.

AUMENTO DE HILO ENTRE PUNTOS DEL REVÉS (Abreviatura = *eh.*)

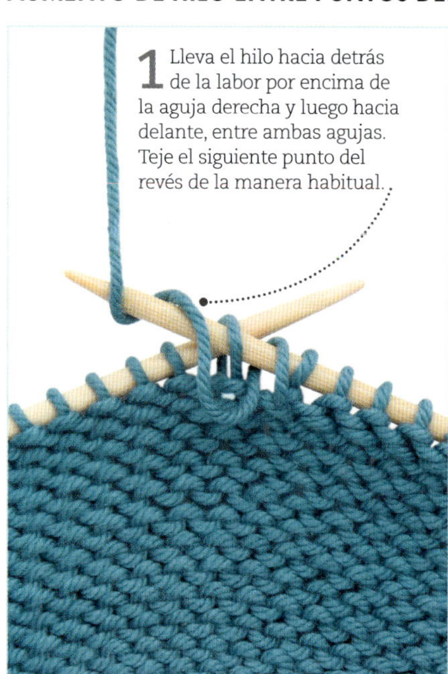

1 Lleva el hilo hacia detrás de la labor por encima de la aguja derecha y luego hacia delante, entre ambas agujas. Teje el siguiente punto del revés de la manera habitual.

2 Tras completar el punto, el aumento estará situado correctamente sobre la aguja derecha, con la «pata» derecha en la parte delantera de la aguja.

3 En la siguiente vuelta, al llegar al aumento, teje un punto del derecho por la parte anterior de la lazada, de la manera habitual. Esto crea un agujero debajo del punto del derecho.

AUMENTO DE HILO ENTRE PUNTOS DEL DERECHO Y DEL REVÉS (Abreviatura = *eh*)

Tras un punto del derecho y antes de uno del revés: Lleva el hilo hacia el frente *(hdel)* de la labor entre las dos agujas; luego, pásalo por encima de la aguja derecha y de nuevo hacia el frente de la labor. Teje del revés el punto siguiente. En la siguiente vuelta, teje sobre el aumento por la parte anterior de la lazada, de la manera habitual, para crear un agujero.

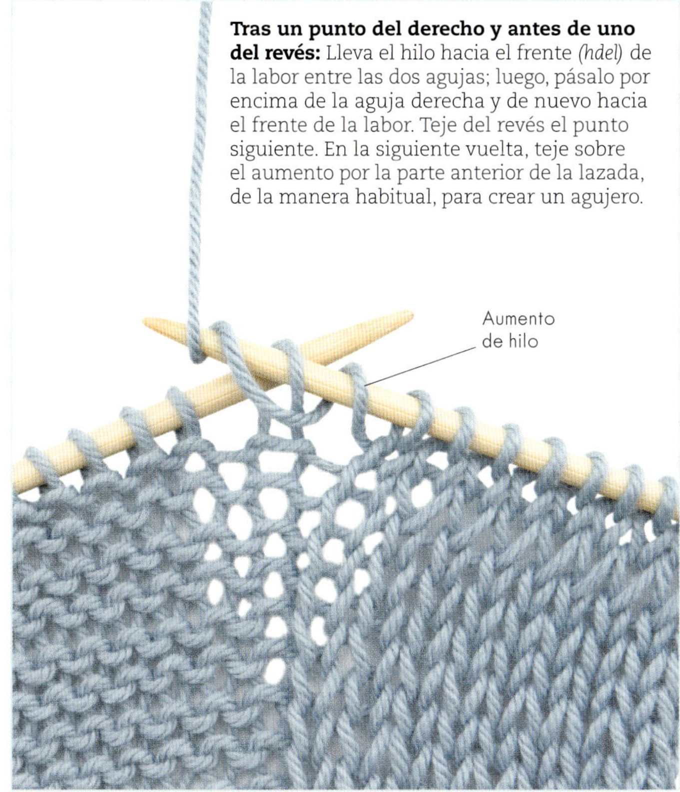

Tras un punto del revés y antes de uno del derecho: Pasa el hilo por encima de la aguja derecha y hacia detrás de la labor y, después, teje del derecho el siguiente punto. En la siguiente vuelta, teje sobre el aumento por la parte anterior de la lazada, de la manera habitual, para crear un agujero.

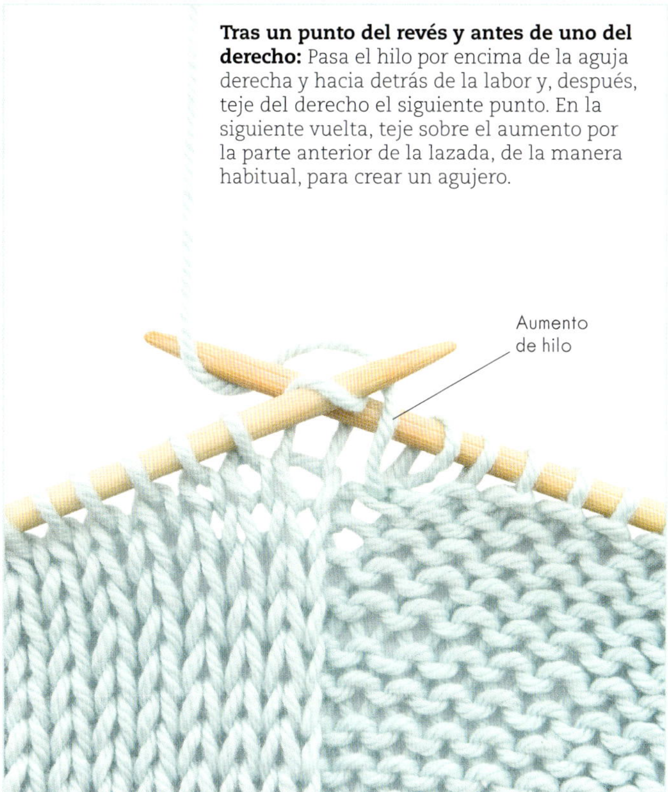

AUMENTO DE HILO AL PRINCIPIO DE UNA VUELTA (Abreviatura = *eh*)

Al principio de una vuelta, antes de un punto del derecho: Inserta la aguja derecha por detrás del hilo en el primer punto del derecho. Echa el hilo por encima de la parte superior de la aguja derecha hacia el revés de la labor y completa un punto del derecho. En la siguiente vuelta, teje el aumento por la parte anterior de la lazada, de la manera habitual, para crear un festón abierto en el borde.

Al principio de una vuelta, antes de un punto del revés: Pasa el hilo, de delante atrás, por encima de la aguja derecha y de nuevo hacia el frente de la labor, entre las dos agujas. Luego teje del revés el primer punto. En la siguiente vuelta, teje el aumento por la parte anterior de la lazada, de la manera habitual, para crear un festón abierto en el borde.

AUMENTO DE HILO DOBLE (Abreviatura = *eh 2 veces*)

1 Para hacer un aumento doble echando el hilo entre dos puntos del derecho, pasa el hilo por encima de la punta de la aguja derecha hacia detrás, después hacia delante entre las dos agujas y otra vez por encima de la aguja derecha hacia atrás, preparado para tejer el siguiente punto del derecho.

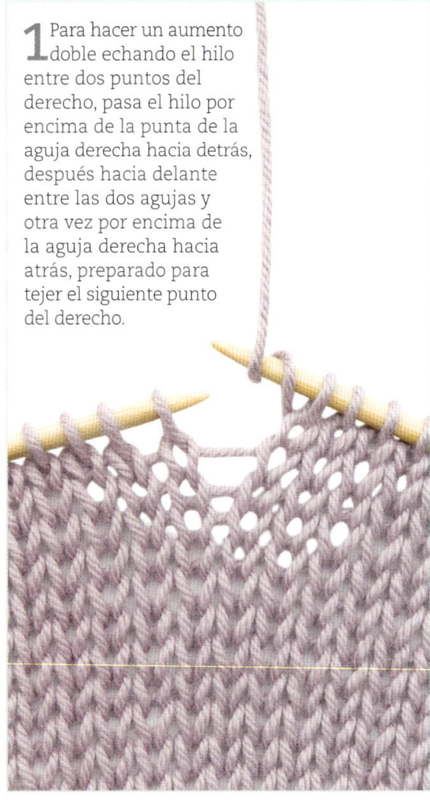

2 Teje el siguiente punto del derecho de la manera habitual. Así se crean dos nuevas lazadas en la aguja derecha.

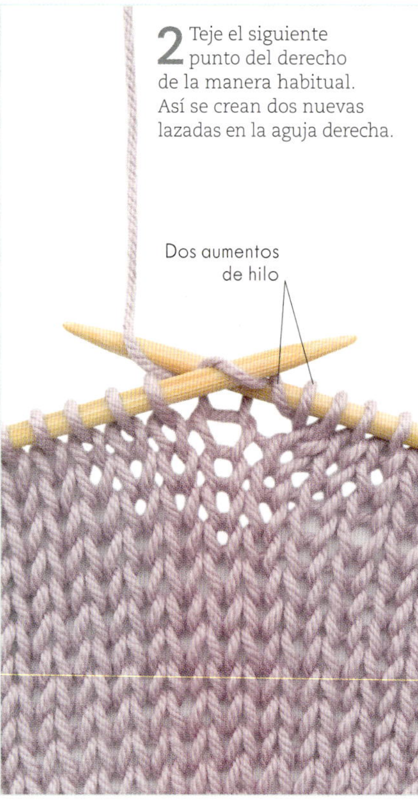

3 En la siguiente vuelta (del revés), teje un punto del revés en el primer aumento, y uno del derecho en el siguiente. El aumento de hilo doble crea un agujero más grande y se suele utilizar para puntos de encaje y ojales.

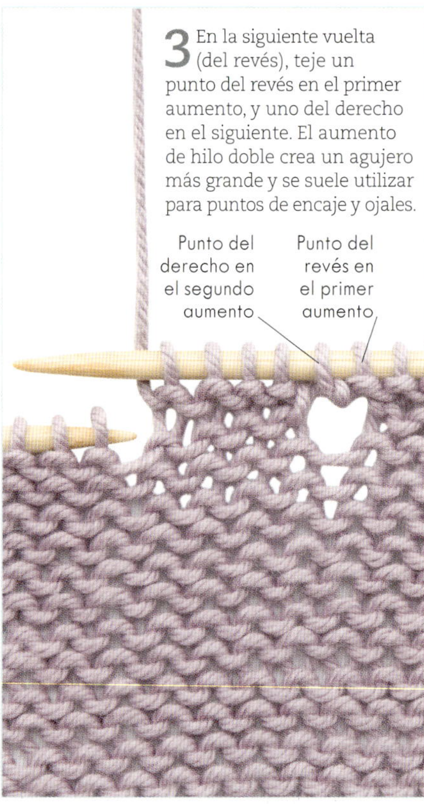

AUMENTO DE HILO CERRADO EN PUNTO BOBO

Esta técnica para crear un aumento «invisible» está especialmente indicada para el punto bobo.

1 Pasa el hilo de atrás hacia delante de la labor por encima de la aguja derecha y luego en torno a esta hacia atrás, entre las dos agujas. Teje el siguiente punto del derecho de la manera habitual.

2 En la siguiente vuelta, teje un punto del derecho por la parte anterior del aumento (la hebra de la parte anterior de la aguja izquierda).

3 Así se crea un punto cruzado y se cierra el agujero del aumento. Aunque el punto cruzado se parece al del aumento tejiendo un punto falso (p. 130), es menos rígido, ideal para la textura del punto bobo.

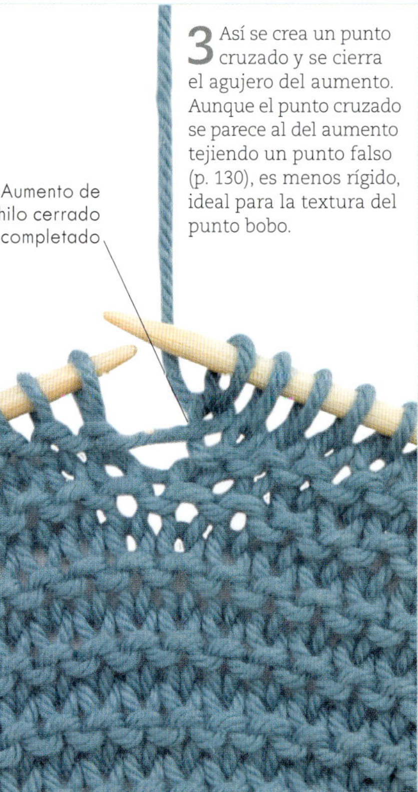

MENGUADOS SIMPLES

Los menguados que se explican aquí son los que se emplean con más frecuencia para dar forma a las piezas de punto y, junto con los aumentos, en puntos de encaje y con relieve. Los menguados más complicados siempre se explican en las instrucciones del patrón. La mayoría de los menguados siguientes son simples, es decir, restan solo un punto, pero también se incluyen algunos dobles.

TEJER JUNTOS DOS PUNTOS DEL DERECHO (Abreviatura = *2 pdj*, o *men 1*)

1 Inserta la aguja derecha, de izquierda a derecha, a través del segundo punto, y luego del primero, de la aguja izquierda.

2 Enrolla el hilo en la aguja derecha, sácalo a través de las dos lazadas y deja caer los dos puntos anteriores de la aguja izquierda.

3 Esto une dos puntos en uno y, por lo tanto, resta un punto en la vuelta. El punto completado se inclina a la derecha.

TEJER JUNTOS DOS PUNTOS DEL REVÉS (Abreviatura = *2 prj*, o *men 1*)

1 Este tipo de menguado debe usarse allí donde las instrucciones indiquen «men 1» en una vuelta a punto del revés. Inserta la aguja derecha, de derecha a izquierda, a través del primer punto, y después del segundo, de la aguja izquierda.

2 Enrolla el hilo en la punta de la aguja derecha y sácalo a través de las dos lazadas, dejando caer los puntos anteriores de la aguja izquierda.

3 Esto une dos puntos en uno y disminuye un punto en la vuelta.

MENGUAR DESLIZANDO Y MONTANDO UN PUNTO (Abreviatura = *des1-1pd-mon*)

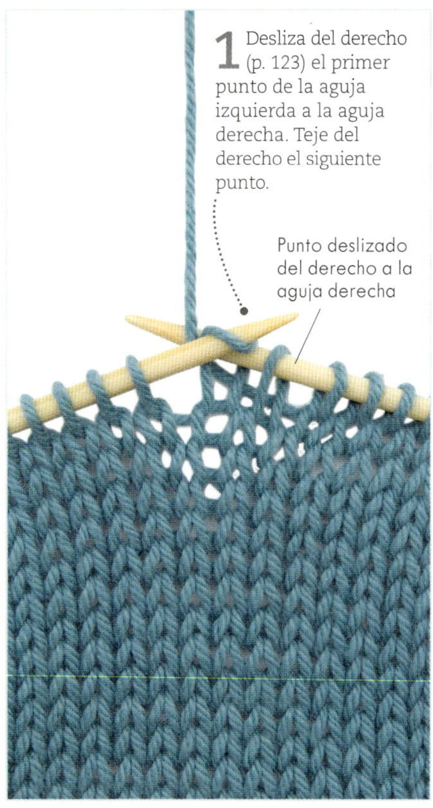

1 Desliza del derecho (p. 123) el primer punto de la aguja izquierda a la aguja derecha. Teje del derecho el siguiente punto.

2 Levanta el punto deslizado con la punta de la aguja izquierda y pásalo sobre el punto del derecho recién hecho, sacándolo de la aguja derecha.

3 Así se unen dos puntos en uno y se mengua un punto en la vuelta.

MENGUAR TEJIENDO JUNTOS DEL DERECHO DOS PUNTOS DESLIZADOS (Abreviatura = *2 pd desj*)

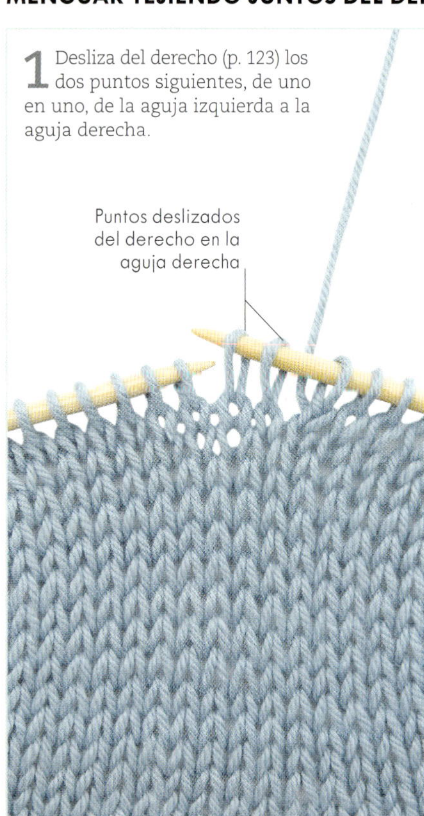

1 Desliza del derecho (p. 123) los dos puntos siguientes, de uno en uno, de la aguja izquierda a la aguja derecha.

2 Inserta la aguja izquierda, de izquierda a derecha, por la parte anterior de los dos puntos deslizados (de manera que la aguja derecha quede debajo de la izquierda). Teje del derecho estos dos puntos juntos.

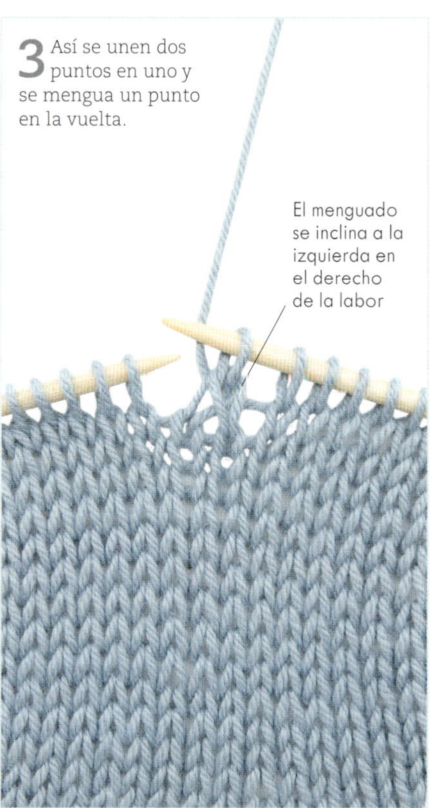

3 Así se unen dos puntos en uno y se mengua un punto en la vuelta.

MENGUAR TEJIENDO JUNTOS DEL REVÉS DOS PUNTOS DESLIZADOS (Abreviatura = *2 pr desl*)

1 Con el hilo hacia el frente, desliza del derecho (p. 123) dos puntos, de uno en uno, a la aguja derecha sin trabajarlos.

2 Sujetando las agujas punta con punta, inserta la izquierda en ambos puntos y pasa estos de nuevo a la aguja izquierda sin retorcerlos.

3 Sujetando la aguja derecha por detrás, pasa la punta hacia arriba, de izquierda a derecha, a través de la parte posterior de los dos puntos, llevando la aguja derecha por delante de la izquierda a medida que pasa por ellos.

4 Coloca el hilo entre las agujas como para tejer un punto del revés. Baja la aguja derecha y vuelve a pasarla a través de las dos lazadas, luego desliza estas juntas fuera de la aguja izquierda. De este modo se hace un punto de dos y se mengua uno.

MENGUADOS DOBLES

3 pdj: Pasa la punta de la aguja derecha, de izquierda a derecha, por el tercer punto de la aguja izquierda, luego por el segundo y finalmente por el primero. Teje estos tres juntos del derecho. Así se menguan dos puntos a la vez.

El punto superior del menguado se inclina a la derecha

Des1-2pd-mon: Desliza del derecho un punto a la aguja derecha; teje juntos del derecho los dos puntos siguientes y pasa el punto deslizado por encima de estos, dejándolos caer de la aguja derecha. Así se menguan dos puntos a la vez.

El punto superior del menguado se inclina a la izquierda

Des2-1pd-mon2: Desliza del derecho dos puntos juntos a la aguja derecha; teje del derecho el siguiente punto y pasa los dos puntos deslizados juntos sobre este, dejándolos caer de la aguja derecha. Así se menguan dos puntos a la vez.

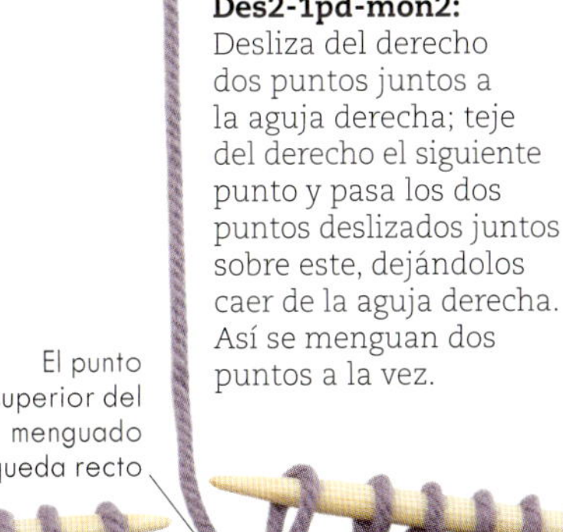

El punto superior del menguado queda recto

TÉCNICAS

AUMENTOS Y MENGUADOS PAREJOS

Los aumentos o los menguados realizados en cada extremo de una vuelta pueden inclinarse hacia la izquierda o hacia la derecha, de modo que los bordes sean simétricos. Las formas parejas deben trabajarse a intervalos constantes y resultan más fáciles si se hacen en una vuelta a punto del derecho. Al tejer un patrón, uno o dos puntos del borde pueden tejerse lisos para que la forma no afecte al patrón.

RESUMEN DE AUMENTOS Y MENGUADOS

AUMENTOS PAREJOS			
AL FINAL DE UNA VUELTA	ABREVIATURA	AL FINAL DE UNA VUELTA	ABREVIATURA
Inclina hacia la izquierda el lado derecho del punto de jersey – aumenta el borde derecho		**Inclina hacia la derecha el lado derecho del punto de jersey – aumenta el borde izquierdo**	
Tejiendo del derecho (o del revés) por delante y por detrás de un punto	*2 p en 1, o aum 1*	Tejiendo del derecho (o del revés) por delante y por detrás de un punto	*2 p en 1, o aum 1*
Tejiendo del revés por delante y por detrás: • en una vuelta del revés vista desde el lado derecho se crea una barra a la derecha del punto en el que se aumenta		Tejiendo del derecho por delante y por detrás: • en una vuelta del derecho vista desde el lado derecho se crea una barra a la izquierda del punto en el que se aumenta	
Remontando un punto a la izquierda	*rem 1 izda o 1 pf izda*	Remontando un punto a la derecha	*rem 1 dcha o 1 pf dcha*
• prácticamente invisible • debe haber vueltas intermedias o tirará • se ve a la derecha del punto aumentado – inclina el punto original hacia la izquierda y hacia el orillo cuando se utiliza para dar forma al borde		• prácticamente invisible • debe haber vueltas intermedias o tirará • se ve a la izquierda del punto aumentado – inclina el punto original hacia la derecha y hacia el orillo cuando se utiliza para dar forma al borde	
Tejiendo un punto falso del derecho (o del revés) cruzado a la izquierda	*1 pf izda*	Tejiendo un punto falso del derecho (o del revés) cruzado a la derecha	*1pf dcha*
• prácticamente invisible • debe haber vueltas intermedias o tirará • se hace entre puntos, por lo que se ve dónde se encuentra • inclina hacia la izquierda el punto tejido después		• prácticamente invisible • debe tener vueltas intermedias o tirará • se hace entre puntos, por lo que se ve dónde se encuentra • inclina hacia la derecha el punto tejido antes	

MENGUADOS PAREJOS			
AL PRINCIPIO DE UNA VUELTA	ABREVIATURA	AL PRINCIPIO DE UNA VUELTA	ABREVIATURA
Inclina hacia la derecha – mengua la parte izquierda del punto de jersey		**Inclina hacia la izquierda – mengua la parte derecha del punto de jersey**	
Tejer del derecho (o del revés) dos puntos juntos	*2 pdj (2 prj)*	Tejer del derecho (o del revés) dos puntos deslizados juntos	*2 pd desj (2 pr desj)*
		Deslizar 1 punto, tejer 1 del derecho y montar (pasar por encima de este) el punto deslizado	*des1-1pd-mon*
		Tejer del derecho (o del revés) dos puntos juntos por la parte posterior de las lazadas	*2 pdj det (2 prj det)*

AUMENTOS PAREJOS REMONTANDO PUNTOS EN LOS BORDES

En este ejemplo se aumenta cada lado de una pieza a punto de jersey mediante un aumento remontando un punto a la derecha (p. 129) al principio, y su parejo, remontando un punto a la izquierda (p. 129) al final de cada vuelta del derecho alterna.

1 En una vuelta de aumento, teje un punto del derecho. Haz un aumento remontando un punto a la derecha, insertando la punta de la aguja derecha de delante atrás en el lado derecho del punto situado debajo del siguiente punto de la aguja izquierda (ten cuidado de no coger más de una hebra de hilo). Teje del derecho esta lazada levantada.

2 Teje hasta el penúltimo punto de la vuelta. Haz un aumento remontando un punto a la izquierda, insertando la punta de la aguja izquierda de delante atrás en el lado izquierdo del punto que se encuentra dos vueltas por debajo del nuevo punto de la aguja derecha. Teje del derecho esta lazada y luego teje el último punto.

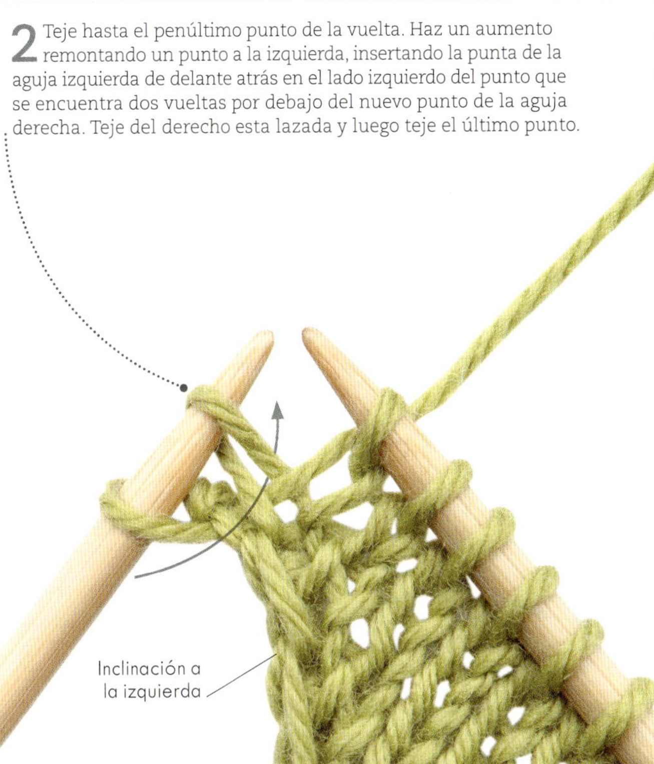

3 Si te resulta incómodo aumentar remontando un punto a la izquierda, coge la lazada con la aguja izquierda de atrás hacia delante, pásala a la aguja derecha, retorciéndola al volver a pasarla a la aguja izquierda. Téjela del derecho por la parte anterior.

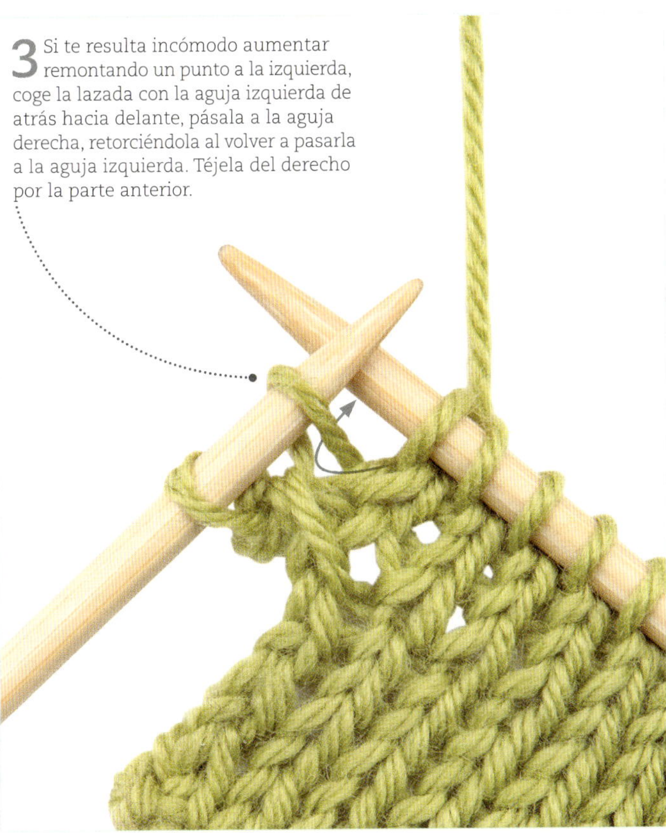

4 Los aumentos parejos tienen este aspecto cuando se completan en varias vueltas.

MENGUADOS PAREJOS EN LOS BORDES (Abreviaturas = *des1-1pd-mon* y *2 pdj*)

En este ejemplo se mengua a cada lado de una pieza a punto de jersey combinando la técnica de deslizar un punto, tejer un punto del derecho y montar sobre este el punto deslizado (des1-1pd-mon) al principio de la vuelta, con la de tejer 2 puntos del derecho juntos (2 pdj) al final de la vuelta. Si lo prefieres, puedes sustituir la primera por des1-1pr-mon.

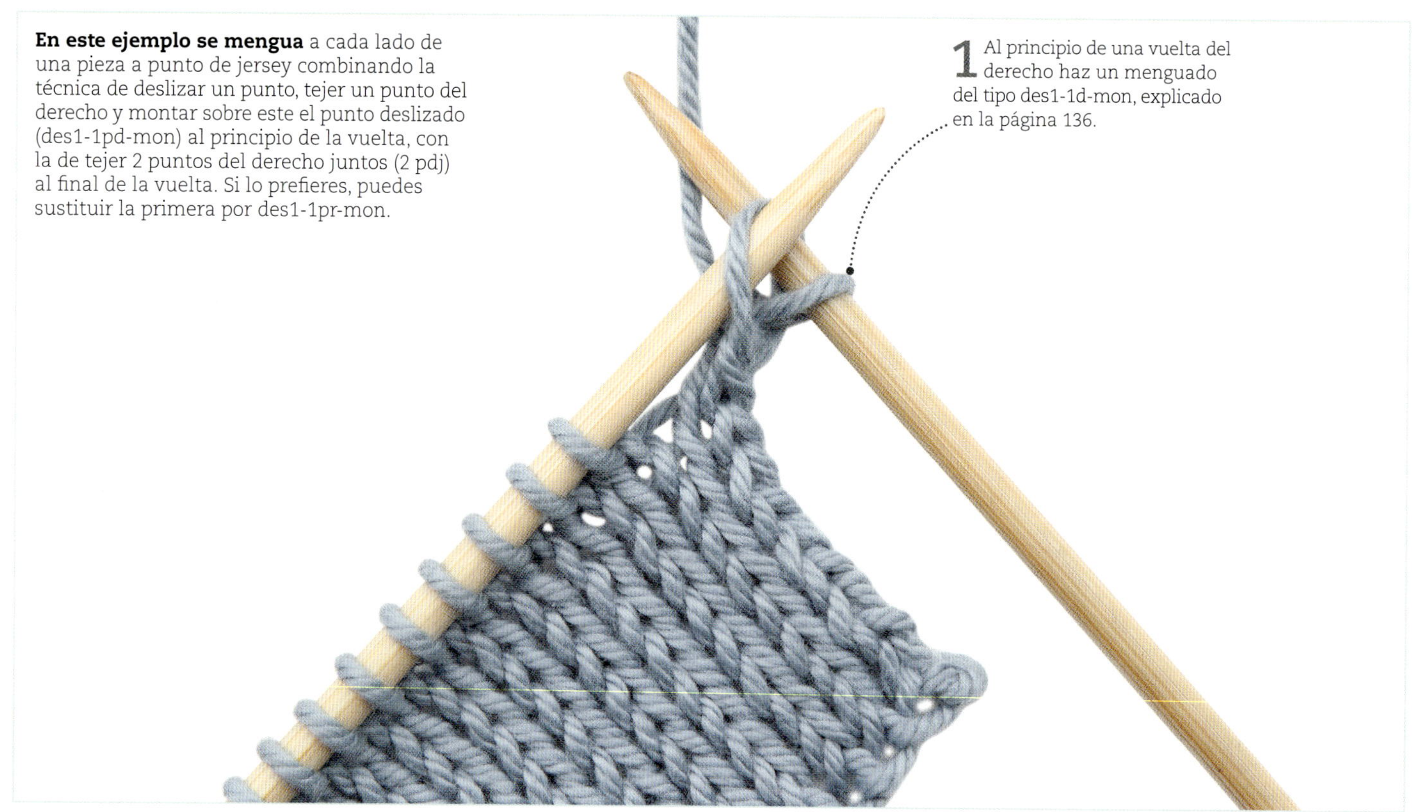

1 Al principio de una vuelta del derecho haz un menguado del tipo des1-1d-mon, explicado en la página 136.

2 Al llegar a los dos últimos puntos de la vuelta, teje estos dos puntos juntos del derecho como se muestra en la página 135.

El «2 pdj» se inclina hacia la derecha en el borde izquierdo

El «des1-1 pd-mon» se inclina hacia la izquierda en el borde derecho

DAR FORMA A UNA PIEZA COMPLETA

Este método para aumentar o reducir la anchura de un tejido a punto de jersey conservando una hilera de puntos que sigue el contorno de la pieza resulta atractivo y facilita la costura. Para ello se utilizan aumentos y menguados «parejos» en una pieza simétrica: un menguado inclinado hacia la izquierda debe corresponderse con uno inclinado hacia la derecha en el otro lado.

EN UNA VUELTA DEL DERECHO (Abreviaturas = 2 *pd desj* y 2 *pdj*)

En este ejemplo se mengua un punto en cada extremo de una vuelta del derecho, pero dejando dos puntos lisos en el orillo.

1 Teje del derecho los dos primeros puntos. Desliza los dos puntos siguientes, de uno en uno, a la aguja derecha. Inserta la aguja izquierda, de izquierda a derecha, por la parte anterior de ambos puntos y téjelos juntos. Esto es un menguado inclinado a la izquierda (p.140).

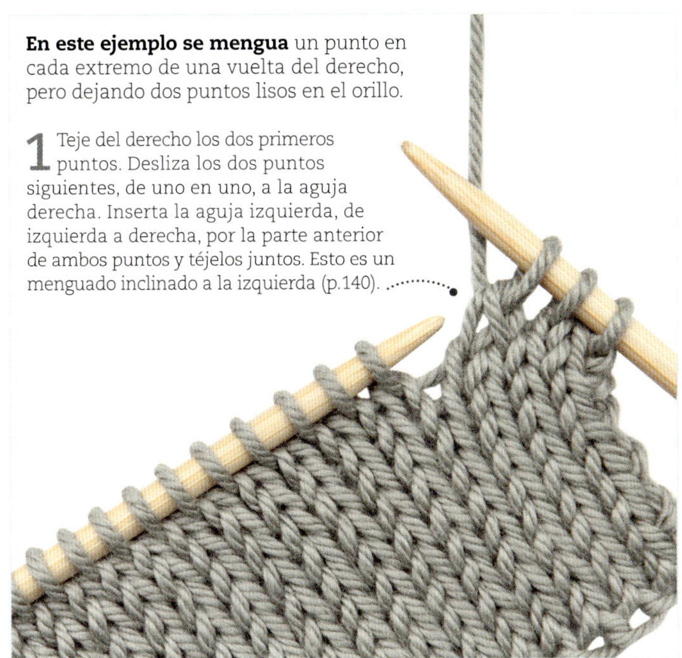

2 Teje del derecho hasta los cuatro últimos puntos de la vuelta. Teje dos puntos del derecho juntos (p. 135) y luego teje del derecho los dos últimos puntos. Esto crea una inclinación hacia la derecha.

EN UNA VUELTA DEL REVÉS (Abreviaturas = 2 *pr desj* y 2 *prj*)

En este ejemplo se mengua un punto en cada extremo de una vuelta del revés, pero dejando dos puntos lisos en el orillo.

1 **Teje del revés los dos primeros puntos**. Pasa del derecho los dos siguientes, de uno en uno, a la aguja derecha. Vuelve a pasarlos a la izquierda sin retorcerlos. Inserta la aguja derecha en la parte anterior de los dos puntos y téjelos juntos del revés (2 pr desj). Esto crea una inclinación hacia la derecha.

2 Teje la vuelta hasta los cuatro últimos puntos, teje dos puntos del revés juntos (p.135) y luego teje del revés los dos últimos. Esto crea una inclinación hacia la izquierda. Los menguados tejiendo puntos deslizados juntos funcionan mejor que otros menguados cuando se combinan con 2 pdj o 1 prj.

AUMENTOS Y MENGUADOS CENTRALES DECORATIVOS

Aunque los aumentos y menguados parejos se utilizan con más frecuencia para dar forma a los bordes en un tejido de punto, resultan muy decorativos, además de funcionales, cuando se hacen muy juntos dentro del tejido principal. Por ejemplo, los menguados centrales podrían espaciarse alrededor de una sobrefalda para darle vuelo, mientras que los aumentos centrales podrían realzar las pinzas de la cintura al pecho. A veces, los aumentos centrales decorativos se combinan con aumentos de hilo en los motivos de encaje más complejos. Todos aumentan o disminuyen dos puntos en la vuelta.

AUMENTO PAREADO CENTRAL TEJIENDO DOS PUNTOS EN UNO

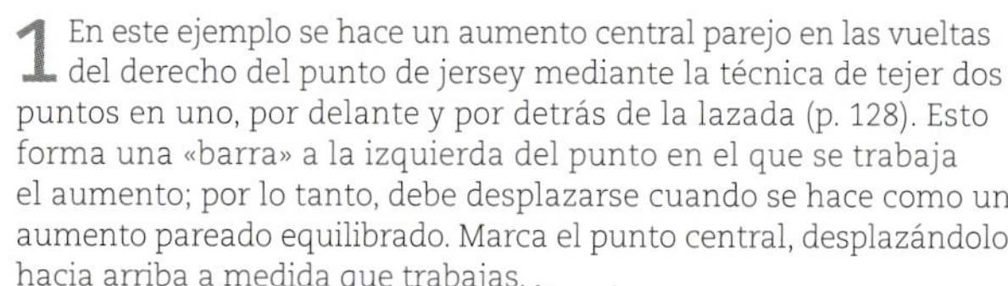

1 En este ejemplo se hace un aumento central parejo en las vueltas del derecho del punto de jersey mediante la técnica de tejer dos puntos en uno, por delante y por detrás de la lazada (p. 128). Esto forma una «barra» a la izquierda del punto en el que se trabaja el aumento; por lo tanto, debe desplazarse cuando se hace como un aumento pareado equilibrado. Marca el punto central, desplazándolo hacia arriba a medida que trabajas.

2 Teje hasta un punto antes del punto central. Haz un punto del derecho por delante del punto siguiente y, dejando el punto en la aguja izquierda, haz un punto del derecho por detrás del punto. Luego deja caer el punto anterior de la aguja izquierda (esto sitúa la barra a la derecha del punto central). Haz otro aumento del mismo tipo en el punto central (esto sitúa la barra a la izquierda del punto central).

3 Teje del derecho hasta el final de la vuelta. Teje una vuelta completa del revés y repite la secuencia de aumento. Este aumento puede hacerse de manera similar en punto del revés, en cuyo caso la barra queda a la derecha del punto.

4 Este aumento puede utilizarse para dar forma a una pieza completa (p.141), en cuyo caso haz el aumento en el segundo punto desde el principio de la vuelta y en el tercero desde el final para dejar dos puntos simétricos a lo largo de los orillos.

AUMENTO CENTRAL ABIERTO

1 En la vuelta del revés anterior al aumento, echa el hilo en el lugar del aumento. Teje del derecho hasta este lugar en la siguiente vuelta. Teje un punto del derecho por la parte posterior del hilo y deja caer este de la aguja izquierda.

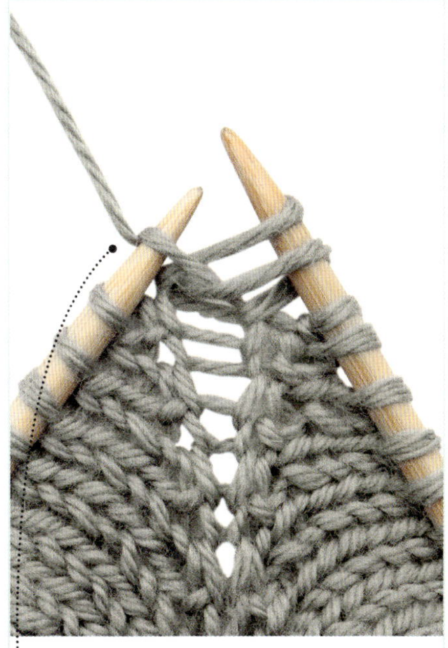

2 Inserta de nuevo la aguja izquierda en el hilo caído desde atrás a la izquierda, de modo que quede retorcido, como muestra la imagen, y teje un punto del derecho por delante de la lazada.

3 Repite los pasos 1 y 2 a medida que trabajes la pieza. Así aumentas dos puntos cada dos vueltas.

AUMENTO CENTRAL CERRADO

1 Teje una vuelta, deteniéndote antes de tejer el punto central. Teje del derecho por detrás y por delante del punto central y retira la aguja izquierda. Tira suavemente del hilo para tensar el último punto.

2 Busca la hebra vertical que se extiende hacia abajo inmediatamente a la derecha de este punto. Inserta la punta de la aguja izquierda desde la izquierda en esta hebra y teje un punto por la parte posterior de la lazada.

3 Teje la vuelta del derecho hasta el final. Teje del revés la vuelta siguiente. Repite los pasos 1 a 3, recordando que en cada vuelta habrá un punto más que tejer antes de hacer el aumento.

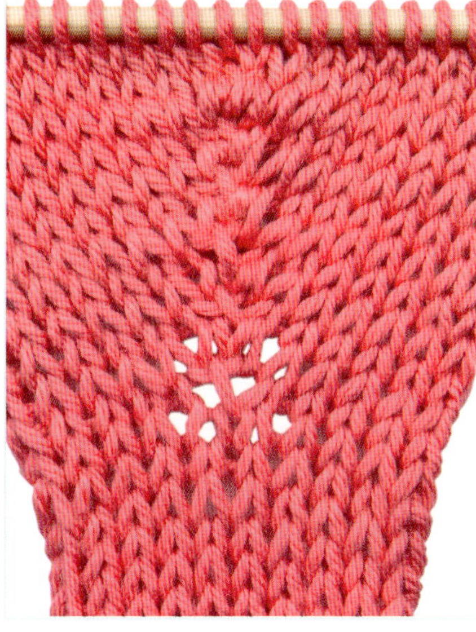

MENGUADO CENTRAL ELEVADO

1 Este ejemplo está hecho en punto de jersey sobre un número impar de puntos. Marca temporalmente el punto central con un marcador o con una hebra de hilo que contraste.

2 Desliza del derecho los dos puntos siguientes juntos (p.123); este será el punto anterior y el punto central.

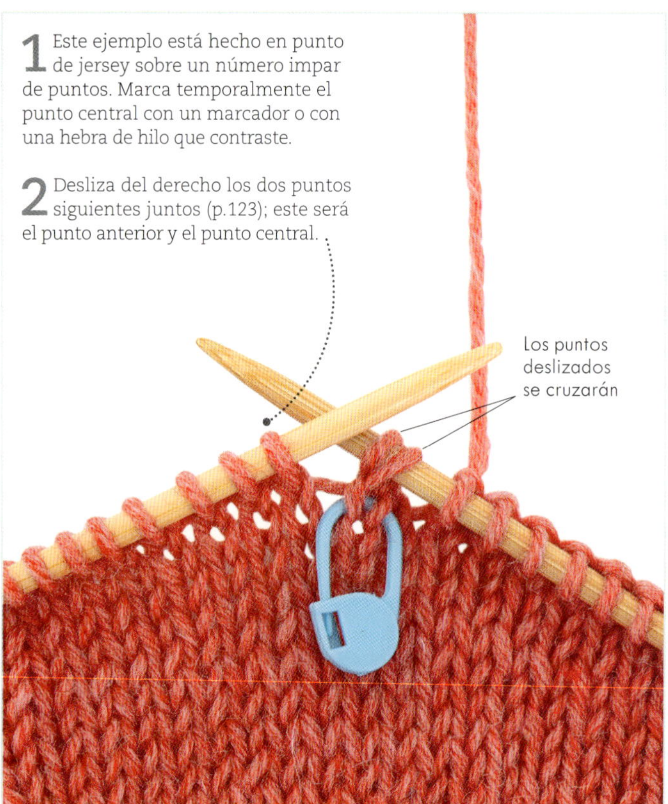

3 Teje el punto siguiente.

4 Inserta la punta de la aguja izquierda en los dos puntos deslizados y pasa estos por encima del primer punto , sacándolos de la aguja derecha. Esto mengua dos puntos. Teje del derecho hasta el final de la vuelta o hasta el siguiente menguado. Teje la vuelta siguiente del revés.

5 Repite los pasos 2 a 4 según sea necesario. Para asegurarte de que el menguado está en el lugar correcto, teje cada vuelta de menguado hasta un punto antes del punto central elevado marcado. Mueve el marcador de puntos hacia arriba mientras tejes si te resulta difícil verlo.

MENGUADO CENTRAL PLANO

1 Este ejemplo está hecho en punto de jersey. Solo en las vueltas a punto del derecho, teje hasta un punto antes del punto central. Marca temporalmente el punto central con un marcador o con una hebra de hilo que contraste. Desliza del derecho el siguiente punto (p.123).

2 Inserta la aguja derecha del derecho a través de los dos puntos siguientes a la vez, y teje estos juntos del derecho.

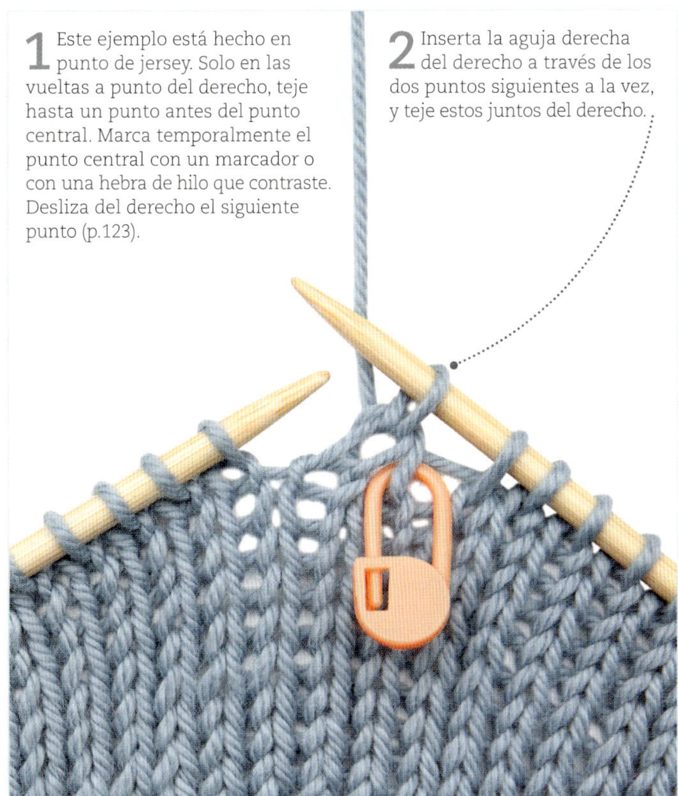

3 Inserta la aguja izquierda en el segundo punto de la aguja derecha y pasa este por encima del último punto, sacándolo de la aguja. Teje del derecho hasta el final de la vuelta.

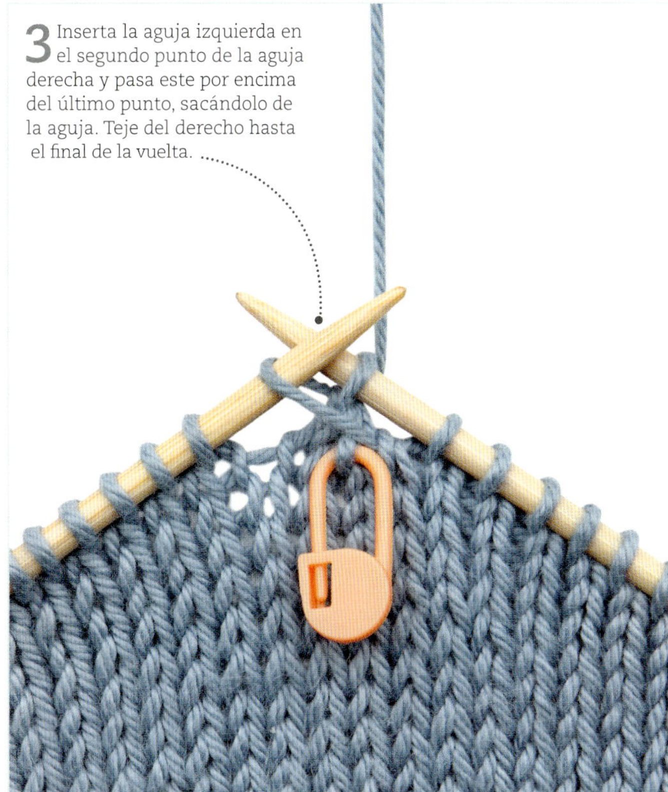

4 Para mantener el menguado central, teje hasta un punto antes del punto central del menguado de abajo antes de repetir los pasos 1 a 3. Con esta técnica se mengua un punto a cada lado del punto central.

PUNTOS CRUZADOS Y OCHOS

Combinando puntos del derecho y del revés (pp. 61–64) en distintas secuencias se crean muchas texturas interesantes, pero si deseas obtener texturas con más relieve y cualidades escultóricas, debes dominar las técnicas de los puntos cruzados y los ochos, o trenzas. En ambos casos se trata de cruzar unos puntos sobre otros de diferentes maneras para crear diversos motivos entrelazados.

PUNTOS CRUZADOS SIMPLES

Los puntos cruzados simples se hacen con solo dos puntos, sin aguja para ochos. Aunque no crean tanto relieve como los ochos, su facilidad y sutileza los hacen muy populares. Aquí se muestran puntos del derecho cruzados sobre un fondo de punto de jersey, pero también pueden hacerse con un punto del derecho y otro del revés: el principio es el mismo.

CRUZAR PUNTOS A LA DERECHA (Abreviatura = c2d)

1 Con el hilo por detrás de la aguja derecha y delante de la izquierda, teje del derecho el segundo punto de la aguja izquierda sin sacar ni este ni el primero de la aguja.

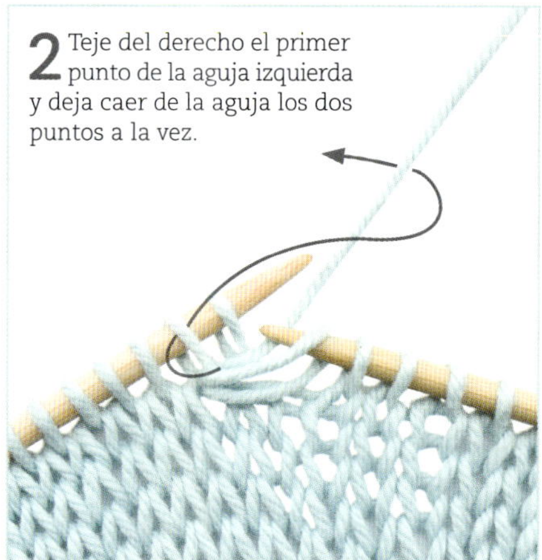

2 Teje del derecho el primer punto de la aguja izquierda y deja caer de la aguja los dos puntos a la vez.

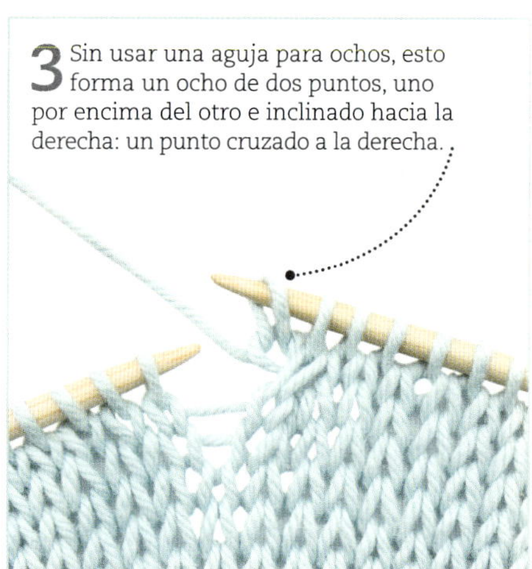

3 Sin usar una aguja para ochos, esto forma un ocho de dos puntos, uno por encima del otro e inclinado hacia la derecha: un punto cruzado a la derecha.

CRUZAR PUNTOS A LA IZQUIERDA (Abreviatura = c2i)

1 Inserta del derecho la punta de la aguja derecha en el segundo punto de la aguja izquierda por detrás del primero. Echa el hilo alrededor de la aguja derecha.

2 Saca la lazada a través del segundo punto por detrás del primero, sin dejar caer todavía ni el primer punto ni el segundo de la aguja izquierda.

3 Teje del derecho el primer punto de la aguja izquierda y luego deja caer ambos puntos. Así se forma un ocho de dos puntos inclinado hacia la izquierda: un punto cruzado a la izquierda.

OCHOS

Los ochos suelen tejerse a punto de jersey sobre un fondo de punto de jersey al revés (o de punto bobo). Se hacen cruzando dos, tres, cuatro o más puntos sobre otros puntos de la vuelta. Esta técnica se ilustra aquí con ochos de 4 puntos por delante y de 4 puntos por detrás, que se cruzan cada seis vueltas.

OCHO DE 4 PUNTOS POR DELANTE (Abreviatura = *o4del*)

1 Teje hasta la posición de los 4 puntos que formarán el ocho y pasa sin tejer los 2 primeros a una aguja para ochos. Con esta por delante de la labor, teje del derecho los dos puntos siguientes de la aguja izquierda.

2 Después, teje del derecho los dos puntos de la aguja para ochos.

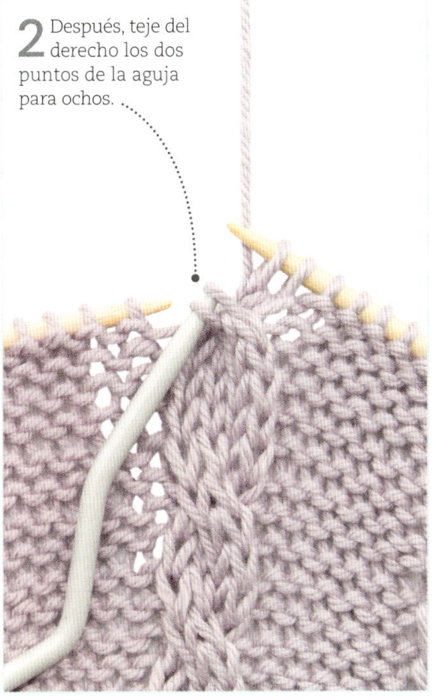

3 Esto crea un cruce inclinado hacia la izquierda; por ello, un ocho «por delante» se llama también ocho «a la izquierda».

OCHO DE 4 PUNTOS POR DETRÁS (Abreviatura = *o4det*)

1 Trabaja como en el paso 1 del ocho de 4 puntos por delante (arriba), pero con la aguja para ochos por detrás de la labor.

2 Teje del derecho los dos puntos de la aguja para ochos.

3 Esto crea un cruce inclinado hacia la derecha; por ello, un ocho «por detrás» se llama también ocho «a la derecha».

CORDONCILLO

Un cordoncillo es un tubo muy estrecho que puede tejerse a modo de ribete para crear un remate pulido, o usarse para tirantes, lazos y aplicaciones en un color que destaque. Los cordoncillos pueden tejerse con agujas de doble punta o circulares. Utiliza agujas más pequeñas para conseguir un borde más ajustado y trabaja con una tensión firme.

CORDONCILLO

Los cordoncillos pueden aplicarse posteriormente a una prenda u otro artículo, por lo que es posible añadirles detalles a medida que se tejen, como rayas, textura, efectos estructurales e incluso cuentas o abalorios. Sencillo de tejer y con múltiples usos, el cordoncillo es muy versátil.

CORDONCILLO SIMPLE: PARA APLICACIONES, LAZOS Y TIRANTES

1 Monta cinco puntos con el método de montaje simple de la página 91. Teje una vuelta del derecho.

2 Pasa la aguja a la mano izquierda sin girarla y desliza todos los puntos hacia el extremo derecho de la aguja, de modo que el hilo parezca estar en el extremo equivocado para tejer otra vuelta.

3 Inserta la aguja derecha en el primer punto de la aguja izquierda, tira con fuerza del hilo desde el lado izquierdo de la labor por el revés para tejer el primer punto. Vuelve a tirar del hilo para formar un tubo.

4 Repite los pasos 2 y 3 hasta que el cordoncillo tenga la longitud deseada.

CORDONCILLO EN ESPIRAL

Esta versión es más estrecha que el cordoncillo a punto de jersey (arriba), pero más elástica.

1 Monta tres puntos con los métodos de montaje simple o en ochos (pp. 91 y 93). Teje una vuelta del derecho. Continúa como para el cordoncillo simple (arriba), pero teje la siguiente vuelta del revés. Repite la operación alternando vueltas del derecho y del revés hasta tener la longitud deseada.

CORDONCILLO BICOLOR

1 Monta cinco puntos con el método de montaje simple (p. 91). Teje el primer punto con el color principal.

2 Inserta la aguja derecha en el segundo punto y coloca el hilo de otro color entre las agujas. Teje el segundo punto.

3 Deja caer el hilo del segundo color, y teje el tercer punto con el color principal. Repite la operación alternando los colores, y termina con el color principal.

4 Desliza los puntos hacia el otro extremo de la aguja como en el cordoncillo simple (arriba) y teje la siguiente vuelta manteniendo la secuencia de colores. Repite los pasos 2 a 4 hasta tener la longitud deseada.

CORDONCILLO INCORPORADO

Incorporar un cordoncillo a una pieza mientras tejes te ahorra tiempo de costura posterior. Los cordoncillos pueden añadirse a una pieza ya acabada para ribetearla, o formar parte de la labor principal para cerrar los puntos. Las presillas y alamares de cordoncillo dan un acabado atractivo y único a las prendas.

RIBETE DE CORDONCILLO

1 Monta entre dos y cinco puntos. Teje una vuelta. Pasa la aguja a la mano izquierda. Desliza los puntos como para el cordoncillo simple (p. anterior).

2 Tira del hilo por detrás de los puntos y teje todos los puntos de la siguiente vuelta menos el último. Desliza del derecho el punto restante de la aguja izquierda a la derecha.

3 Con la aguja izquierda vacía, remonta de izquierda a derecha la lazada del extremo derecho del punto más bajo del borde del tejido. (Esto garantiza que el punto esté correctamente colocado para el paso 4).

4 Sujeta la aguja con el cordoncillo a la derecha del borde del tejido. Teje del derecho el punto de la aguja izquierda. Ahora habrá un punto de más en la aguja derecha. Inserta la aguja izquierda en el segundo punto de la aguja derecha (un punto deslizado) y pasa este por encima del primer punto.

5 Repite los pasos 2 a 4. Si el cordoncillo está unido, injerta los puntos abiertos para cerrar la vuelta con suavidad. Al ribetear curvas, usa una aguja más gruesa en la mano derecha y vuelve a tejer con la del tamaño original en los tramos rectos.

PRESILLA DE CORDONCILLO

1 Deja un cabo suelto que mida cuatro veces la longitud del orillo. Con agujas circulares y el cabo suelto, remonta los puntos en el orillo (con el R de frente). Vuelve al extremo inicial de la aguja y monta tres puntos con el método de montaje en ochos.

2 Con una aguja de doble punta, teje dos puntos. Pasa del derecho el último punto del cordoncillo y el primero del borde a la aguja derecha, de uno en uno. Inserta una aguja de doble punta de izquierda a derecha en la parte anterior de ambos puntos y téjelos juntos (2 pd desj). Repite este paso hasta la posición de la presilla.

3 Continúa con el cordoncillo sin unir hasta que la presilla tenga el tamaño adecuado para el botón. Une el cordoncillo al tejido como en el paso 2.

CIERRE CON CORDONCILLO

1 Si el cordoncillo va a ser de distinto color, teje la última vuelta de la pieza principal con el hilo de ese color. Sujeta la labor que vas a cerrar con la mano izquierda y añade tres puntos a la aguja izquierda utilizando el método de montaje en ochos (p. 93).

2 Teje dos puntos. Desliza del derecho los dos puntos siguientes (el último del cordoncillo y el primero del borde) a la aguja derecha, de uno en uno. Inserta una aguja de doble punta de izquierda a derecha en la parte anterior de ambos puntos y téjelos juntos (2 pd desj).

3 Desliza los tres puntos de la aguja de doble punta hasta el extremo opuesto. Repite los pasos 2 y 3 hasta el final para cerrar los puntos. Esta técnica se realiza del mismo modo en el lado a punto del revés de la labor. Trabaja sin apretar; de lo contrario, el cordoncillo puede fruncir el borde de cierre.

GARBANZO DE CORDONCILLO

1 En la posición del garbanzo, suelta la aguja derecha recta (usa un protector de puntas para sujetar los puntos si es necesario). Con una aguja de doble punta, teje un punto por delante, otro por detrás, y de nuevo otro por delante y otro por detrás, del siguiente punto.

2 Desliza los puntos hacia el extremo opuesto de la aguja. Tira del hilo por detrás y vuelve a tejer los cuatro puntos; repite el número de vueltas necesario.

3 Empezando por el segundo punto, pasa los puntos de uno en uno sobre el primer punto. Vuelve a pasar el punto restante a la aguja derecha y sigue tejiendo con las agujas principales hasta el siguiente garbanzo.

BOTÓN DE ALAMAR DE CORDONCILLO

Para hacer un botón más grande, teje un cordoncillo de cuatro o cinco puntos: aquí utilizamos uno de tres puntos.

1 Teje 40 cm de cordoncillo de tres puntos, montando y cerrando los puntos provisionalmente. Sujeta con alfileres el extremo izquierdo a un lugar seguro y estira el cordoncillo hacia la derecha. Haz una lazada en sentido antihorario que se cruce sobre sí misma a la derecha del alfiler: esta es la lazada A y apunta en dirección contraria a ti.

2 Haz otra lazada en sentido antihorario que quede de lado, mirando hacia la derecha, y que se cruce por encima de la A excepto al final, donde pasa por debajo del cordoncillo que viene del alfiler: esta es la lazada B.

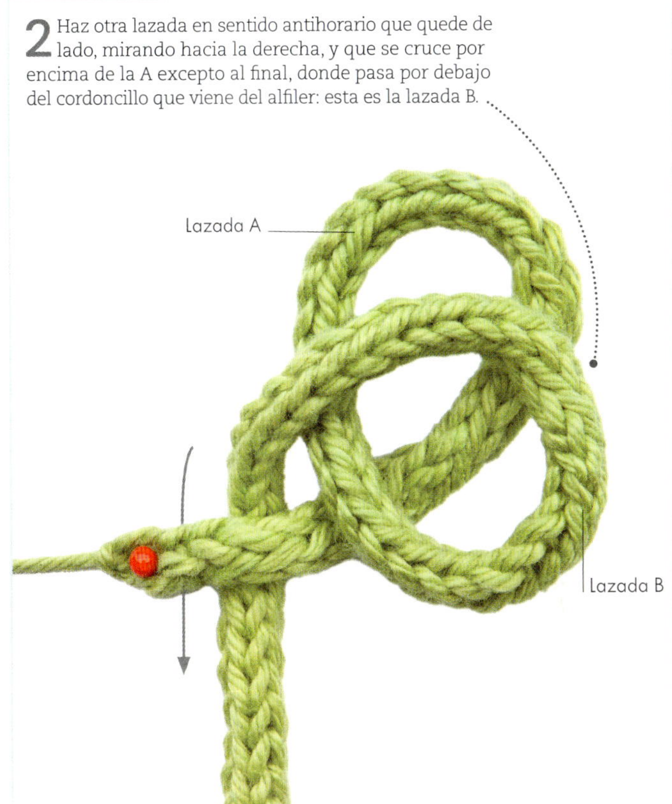

3 Haz otra lazada en sentido antihorario que mire hacia ti: esta es la lazada C. El extremo de esta tiene que pasar por encima y por debajo de las lazadas A y B. Entra por encima del primer cordoncillo de la B, luego pasa por debajo del primer cordoncillo de la A, luego por encima del segundo cordoncillo de la B y sale por debajo del segundo cordoncillo de la A. Por último, lleva este extremo hacia ti por encima de todos los cordoncillos y pásalo por el de la lazada C.

4 Tira suavemente de ambos extremos para dar forma de bola al botón. Desenreda los extremos del cordoncillo y cose los cabos sueltos para completar el botón, o cierra los puntos y cose los extremos a la prenda formando una figura típica del alamar.

ENCAJE DE PUNTO

La ligera textura calada del encaje de punto se consigue combinando aumentos de hilo y menguados para formar agujeros (ojetes) en el tejido. Aunque parezcan complicados, en los puntos de encaje se emplean técnicas relativamente sencillas. Si eliges un tipo de punto con repeticiones horizontales cortas, la labor avanzará muy rápido y obtendrás texturas de increíble delicadeza.

CONSEJOS PARA EL PUNTO DE ENCAJE

Los calados distribuidos de diferentes maneras son la base del punto de encaje. Los ojetes se forman mediante aumentos de hilo (pp. 132–134), que crean agujeros en el tejido, y menguados, que enmarcan los ojetes y compensan los aumentos realizados en la vuelta para mantener la anchura de la labor. Aquí se muestran las técnicas para hacer dos ojetes sencillos, pero existen otros métodos que se explican en las instrucciones de cada punto.

- **Monta los puntos flojos.** La mejor manera de hacerlo no es tratar de hacer las lazadas flojas, sino espaciar los puntos en la aguja al menos 3 mm. Si esto te resulta difícil, usa una aguja más gruesa, de un número o dos más que el recomendado, y cámbiala por la del tamaño correcto en la primera vuelta. Según el hilo, puede ser más cómodo trabajar con agujas de metal de punta larga que con agujas de madera.
- **Empieza sencillamente.** A veces, las instrucciones indican que hay que hacer aumentos echando el hilo y menguados ya en la primera vuelta. Como estos no son fáciles de hacer sobre los puntos montados, puedes tejer una vuelta a punto del derecho o del revés y comenzar el motivo calado en la vuelta siguiente.
- **Utiliza un contador de vueltas** para saber qué vuelta del motivo estás tejiendo. Inserta una línea «cortafuegos», pasando con una aguja de coser un hilo fino de un color que destaque por cada punto a lo largo de la misma vuelta en cada repetición: de este modo evitarás destejer la labor. Esto es muy importante en el caso de motivos complicados que requieren largas repeticiones de vueltas. Si te pierdes, deshaz el tejido hasta la línea y comienza de nuevo. Usa marcadores para separar cada repetición del motivo hasta que te lo sepas de memoria.
- **Cuenta con frecuencia los puntos** para comprobar que tienes el número correcto. Si falta un punto, puede que te hayas olvidado un aumento de hilo. No es preciso destejer los puntos hasta el lugar en que deberías haber echado el hilo: al llegar a ese lugar en la vuelta siguiente, inserta la aguja izquierda, de delante atrás, bajo la hebra que separa el punto recién hecho y el siguiente de la aguja izquierda (abajo), y teje este punto por la parte anterior de la lazada de la manera habitual.

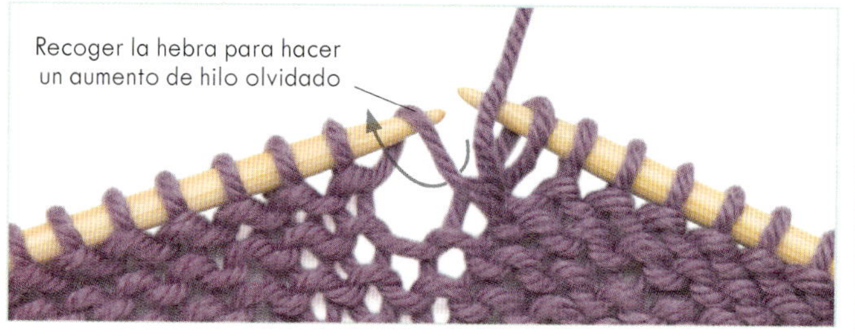

OJETE VERTICAL

1 Para crear un ojete vertical en punto de jersey, haz primero un aumento de hilo (p. 132) en la aguja derecha. Teje del derecho los dos puntos siguientes juntos (p. 135).

2 El aumento de hilo crea un agujero en el tejido, y el menguado tejiendo 2 puntos del derecho juntos compensa el punto añadido para que la labor continúe teniendo la misma anchura.

3 En la vuelta siguiente, teje un punto del revés en el aumento de la manera habitual. Aquí se muestra solo un ojete para que se vea su estructura, pero se pueden crear tantos como se desee, separados por varias vueltas o varios puntos, o unos junto a otros.

OJETE SENCILLO

1 Para crear un ojete en punto de jersey, comienza con un aumento de hilo (p. 132) en la aguja derecha. Luego, haz un menguado del tipo des1-1pd-mon (p. 136).

2 El aumento crea un agujero en el tejido y el menguado compensa el punto añadido para que la labor tenga la misma anchura.

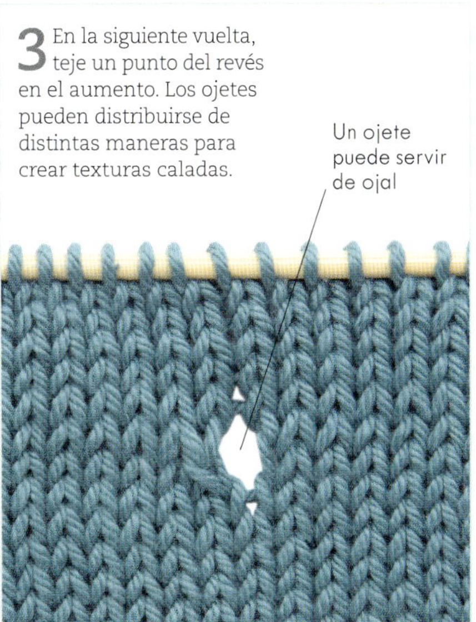

3 En la siguiente vuelta, teje un punto del revés en el aumento. Los ojetes pueden distribuirse de distintas maneras para crear texturas caladas.

HILOS PARA ENCAJE

El encaje de punto se creó para imitar el encaje de aguja tradicional, por lo que se tejía con agujas de tricotar finas e hilo de algodón blanco. La finura del hilo realza la delicadeza del punto calado, pero también se consiguen resultados interesantes con otros hilos. Aquí tienes varios ejemplos.

FALSO ENCAJE

La manera más rápida de crear un efecto delicado es tejer a punto bobo con un hilo fino y agujas muy gruesas. De esta forma puedes tejer en un abrir y cerrar de ojos una bonita bufanda con cualquier hilo, incluso metálico, como el de la imagen.

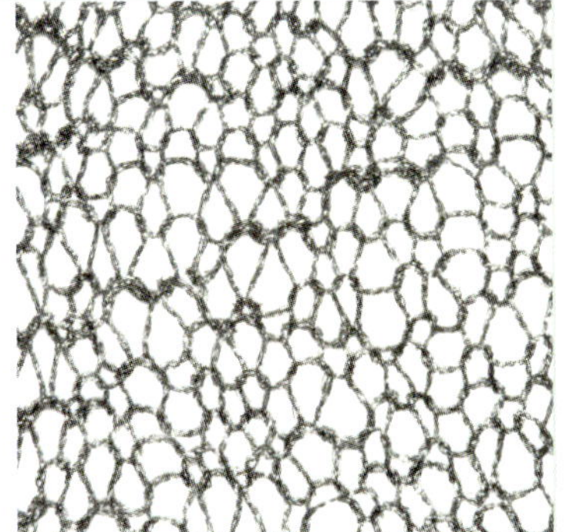

PUNTO CALADO MULTICOLOR

Para añadirle interés se puede usar un hilo de grosor medio matizado. El punto de esta muestra es el de red ancha (p. 65), que es exactamente igual por las dos caras y muy fácil de tejer.

ENCAJE DE MOHAIR

El fino hilo de mohair realza la delicadeza de los puntos de encaje. Para tejer con mohair elige motivos calados fáciles, como este de minihojas (p. 66), pues es más difícil tejer con él que con una lana lisa, y un motivo complicado no se aprecia bien en hilos con mucha textura.

ENCAJE DE PUNTO TRADICIONAL

Para el encaje de punto tradicional se usa un hilo de algodón fino y agujas muy finas. Observa que el motivo calado de esta muestra, tejida con un hilo superfino, resulta mucho más delicado que el de la muestra de la página 67, tejida con un hilo de algodón ligero.

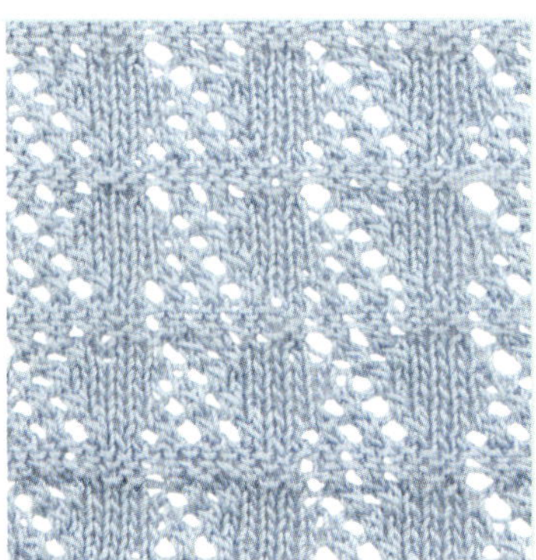

PUNTO MULTICOLOR

Existen muchas técnicas entre las que elegir si te gusta añadir color a tus labores de punto. El método más sencillo es tejer a punto de jersey utilizando un hilo multicolor o matizado, que cambia de color a lo largo. Para introducir colores en el propio tejido puedes tejer rayas sencillas y puntos fáciles combinando hilos de distintos colores o motivos en jacquard o intarsia a partir de esquemas.

RAYAS SENCILLAS

Las rayas horizontales son ideales para quienes quieran jugar con el color sin tener que aprender otras técnicas más avanzadas. Aquí se muestran algunos ejemplos de la gran variedad de anchos, colores y texturas de rayas posible. Basta con seguir cualquier muestra de punto de un solo color e introducir rayas en un color distinto, sin interferir en la tensión o la forma del tejido.

RAYAS EN PUNTO BOBO BICOLOR

Esta muestra está tejida a punto bobo en dos colores (A y B). Para las rayas, alterna 2 vueltas de cada color a punto del derecho, dejando caer al lado de la labor el hilo del color que no se usa y recogiéndolo cuando se vuelve a necesitar.

RAYAS FINAS DEL REVÉS EN PUNTO DE JERSEY BICOLOR

Para estas rayas se usan los colores A y B. Tras 6 vueltas a punto de jersey con A, deja este hilo al lado y teje 2 vueltas del derecho con B: la segunda de estas vueltas crea una línea a punto del revés por el derecho de la labor. Repite esta secuencia para crear el efecto de rayas finas. Para no dejar hebras flojas de B en el borde, envuelve A en torno a B al inicio de cada vuelta por el derecho.

RAYAS DE CINCO COLORES EN PUNTO DE JERSEY

Para tejer rayas múltiples y subir los colores por el lado, utiliza agujas circulares y teje de un lado a otro, en círculos. Si el hilo que has de recoger está en el extremo opuesto de las agujas, pasa todos los puntos al otro extremo y teje la siguiente vuelta con la misma cara de la labor de frente.

RAYAS EN PUNTO DE JERSEY CON TEXTURA

En este tejido a rayas se ha usado mohair de dos colores (A y B) y un hilo suave de algodón (C). Este último crea un bonito contraste de brillo y textura, y realza la pelusilla del mohair.

CUADRADOS DE PUNTO DOMINÓ DE COLOR LISO

Antes de pasar a las versiones de colores y rayas de los cuadrados de dominó, aprende a tejerlos en un solo color.

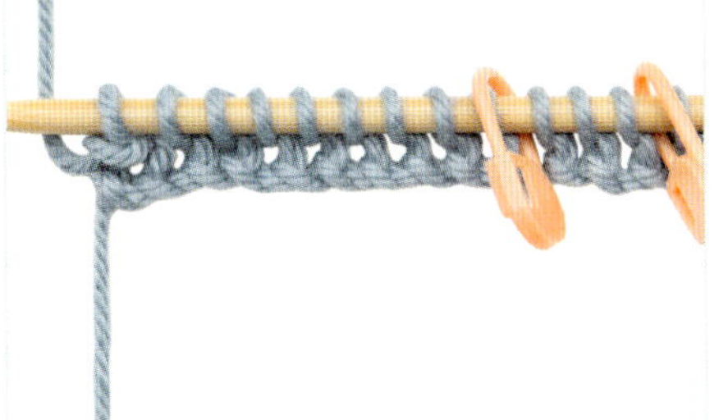

1 Esta técnica requiere hacer menguados centrales en punto bobo. Monta 21 puntos tejiendo del derecho (p. 92). La primera vuelta es una vuelta del revés de la labor (R). Desliza del derecho el primer punto y teje ocho puntos del derecho. Coloca un marcador, teje tres puntos del derecho y coloca otro marcador. Teje los ocho puntos siguientes del derecho y el último del revés.

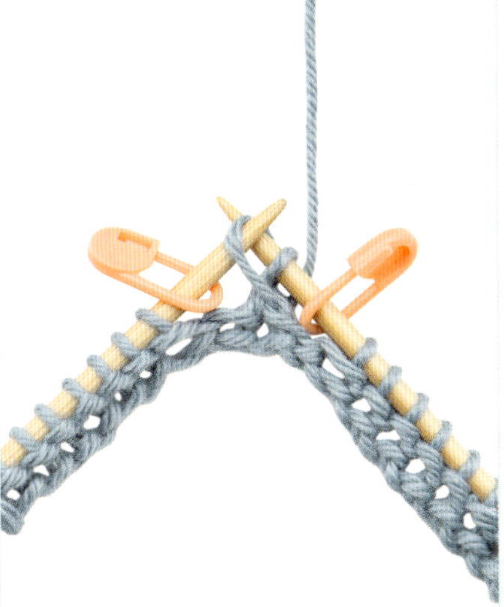

2 Da la vuelta a la labor. Desliza del derecho el primer punto y teje del derecho hasta el primer marcador. Desliza un punto, teje dos del derecho juntos y monta el punto deslizado sobre el resultante (des1-2pdj-mon; p.137). Teje del derecho hasta el final, y el último punto del revés.

3 Desliza del derecho el primer punto, teje del derecho hasta el penúltimo y luego el último del revés. Las vueltas del derecho de la labor, en las que se hace un menguado (des1-2pdj-mon) en los tres puntos centrales, se identifican porque el cabo suelto está a la derecha.

4 Repite los pasos 2 y 3 hasta que te quede un punto. Corta el hilo y tira del extremo como de costumbre, pero sin apretar, para que se pueda volver a enhebrar cuando se teja otro cuadrado.

UNIR CUADRADOS DE PUNTO DOMINÓ

1 Con el derecho del cuadrado original de frente y la aguja con el punto final del último cuadrado en la mano derecha, recoge (por el centro de las lazadas) y teje del derecho 10 puntos a lo largo del borde del cuadrado original utilizando el hilo del nuevo cuadrado (p.121).

2 Monta otros 10 puntos en la aguja izquierda con el método de montaje tejido del derecho (p. 92). Teje este cuadrado como el de color liso (arriba).

3 Continúa añadiendo cuadrados, utilizando hilos de distintos colores según sea necesario. Si se combinan con la técnica siguiente, no es necesario coser nada.

REMATAR CABOS SUELTOS AL TEJER PUNTO DE DOMINÓ

1 En las vueltas por el derecho de la labor es posible rematar los cabos sueltos mientras se teje. Empieza por el extremo más bajo, con el color nuevo en la mano derecha y el hilo anterior sobre el índice izquierdo.

2 Inserta la aguja derecha en el primer punto izquierdo, pasa el color anterior (en tu dedo izquierdo) en torno a la parte delantera de la aguja derecha, de derecha a izquierda.

3 Coloca el nuevo color entre las agujas como de costumbre y teje el punto del derecho; al sacar la lazada del nuevo color de la aguja, deja que el color anterior se deslice hacia la derecha y sobre la punta de la aguja derecha para que no se enganche en el nuevo punto. Haz un punto del derecho sin entretejer el color anterior.

4 Repite los pasos 2 y 3 hasta que el cabo suelto del color anterior esté entretejido, déjalo caer para cortarlo más tarde y completa el cuadrado. Córtalo dejando aproximadamente 1 cm de hilo para evitar que se deshaga por el derecho.

CUADRADO A RAYAS

1 Monta 21 puntos como para hacer un cuadrado liso (p. 155). Teje la primera vuelta del derecho con el color principal.

2 Continúa como el cuadrado liso, alternando dos vueltas del color principal y del segundo color. Para empalmar el hilo del segundo color, consulta la página 119. Sube los hilos por el lado mientras trabajas.

PULIR LOS BORDES

Cuando tejas a rayas de dos colores y de vueltas iguales, retuerce los hilos entre ellos cada 1–2 cm en el lado de la pieza. Alterna la dirección de la torsión tras cada cambio de color para evitar que los hilos se enreden. Ten cuidado de no tensarlos, o el borde se fruncirá. Esta técnica puede hacer que la costura quede abultada si se utilizan más de dos colores.

PUNTO MULTICOLOR DESLIZANDO PUNTOS

Los motivos creados mediante puntos deslizados están diseñados especialmente para utilizar más de un color en el tejido general, pero solo un color por vuelta. Con esta técnica se crean motivos geométricos tejiendo algunos puntos y deslizando otros en una vuelta. El que se muestra en esta página en dos combinaciones de colores es uno de los puntos multicolores más fáciles.

PUNTO DE CUADROS DESLIZANDO PUNTOS

Sigue esta muestra utilizando como guía los pasos que se explican abajo.
Utiliza tres colores de tonos contrastados: A (tono medio), B (tono claro) y C (tono oscuro).
Nota: Todos los puntos se deslizan del revés, con el hilo hacia la cara del revés (R) de la labor.
Con el hilo A, monta un número de puntos múltiplo de 4, y 2 más.
Vuelta 1 (R): Con el hilo A, pr hasta el final.
Vuelta 2 (D): Con el hilo B, 1 pd, des 1, *2 pd, des 2, rep desde * hasta los últimos 3 p, 2 pd, des 1, 1 pd.
Vuelta 3: Con el hilo B, 1 pr, des 1, *2 pr, des 2, rep desde * hasta los últimos 3 p, 2 pr, des 1, 1 pr.
Vuelta 4: Con el hilo A, pd hasta el final.
Vuelta 5: Con el hilo C, 2 pr, * des 2, 2 pr, rep desde *.
Vuelta 6: Con el hilo C, 2 pd, * des 2, 2 pd, rep desde *.
Rep las vueltas 1 a 6 para elaborar la muestra.

CÓMO TEJER UN MOTIVO DE CUADROS DESLIZANDO PUNTOS

1 Aquí se muestra el centro de una vuelta 2 (por el derecho [D] de la labor) del punto de cuadros de arriba. Se han deslizado dos puntos. En las vueltas por el D, desliza los puntos con el hilo por detrás. Al tejer los puntos siguientes a los deslizados, no tenses demasiado el hilo.

2 Toda la vuelta 4 se teje con el hilo A y sin deslizar puntos. Los puntos deslizados en la vuelta anterior y en la siguiente estiran los puntos tejidos con el hilo A hacia arriba y hacia abajo, originando así el motivo de cuadros.

3 En las vueltas por el revés, desliza los puntos con el hilo por delante. Todos los motivos creados deslizando puntos siguen el mismo principio: solo se usa un color por vuelta.

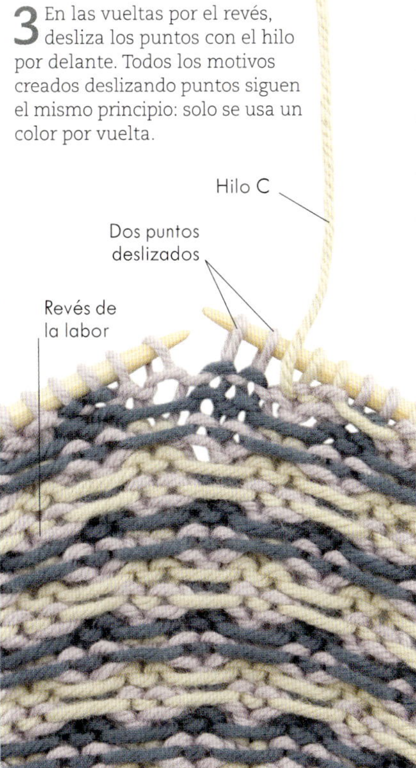

ESQUEMAS DE PUNTO JACQUARD

Las técnicas para tejer motivos multicolores a punto de jersey a partir de esquemas –jacquard (o Fair Isle) e intarsia– abren las puertas a todo un mundo de diseños. En la técnica jacquard, el hilo de cada color se transporta a lo largo del revés de la labor hasta el lugar en que se vuelve a necesitar. En la de intarsia se usa una hebra de hilo para cada área de color, y los hilos se retuercen en las zonas de cambio de color.

CÓMO SEGUIR UN ESQUEMA DE PUNTO MULTICOLOR

El primer paso para aprender a tejer punto multicolor en jacquard o intarsia es comprender los esquemas. En vez de indicar por escrito cuántos puntos de cada color hay que tejer en cada vuelta, el esquema muestra los colores con símbolos o partes coloreadas.

Si un motivo cubre toda la espalda, el delantero y las mangas de una prenda, y no se puede repetir, el patrón proporcionará un gran esquema para cada parte de la prenda, con todos los puntos necesarios. Si el motivo consta de una repetición simple, el esquema solo representará esta. En un esquema de punto de jersey multicolor, cada cuadrado representa un punto y cada línea de cuadrados horizontal equivale a una vuelta. El esquema se lee de abajo arriba, del mismo modo en que se forma el tejido en las agujas.

La clave que acompaña al esquema indica qué color usar para cada punto. Por lo general, las vueltas impares representan las vueltas del derecho de la labor (a punto del derecho) y se leen de derecha a izquierda. Las impares suelen corresponder al revés de la labor (a punto del revés) y se leen de izquierda a derecha. Lee siempre las instrucciones del patrón para asegurarte de que el esquema sigue estas normas generales.

ESQUEMA DE JACQUARD

Este ejemplo ilustra claramente cuán fácil es tejer motivos sencillos con esta técnica. Al no utilizarse más de dos colores por vuelta, es ideal para principiantes. El color que no se usa se transporta por el revés de la labor hasta que se necesite de nuevo.

Para identificar si un esquema requiere aplicar la técnica jacquard, es preciso comprobar que los dos colores de una vuelta aparecen a lo largo de toda ella. Si, como en este esquema, se cambia de color cada 3 o 4 puntos, utiliza la técnica de transporte de los hilos por detrás. Si los colores no se usan en un tramo de cinco o más puntos, utiliza la técnica del entretejido (pp. 160–163), de manera que no queden hebras transportadas demasiado largas.

CLAVE
☐ = color de fondo
◙ = color del motivo

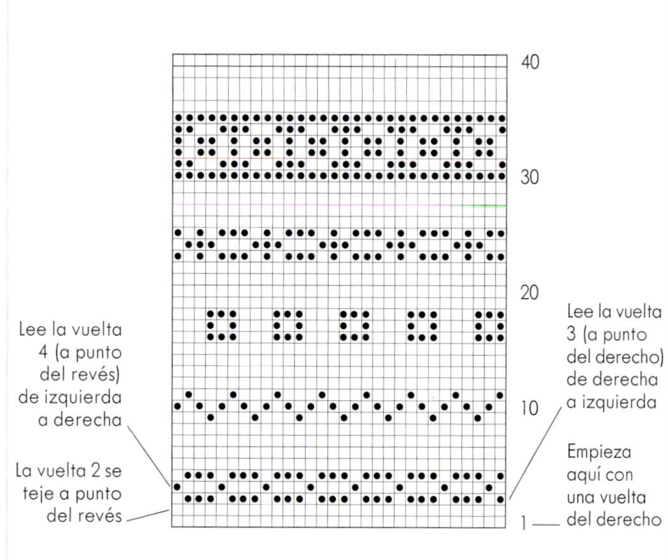

ESQUEMA DE INTARSIA

Este corazón es un ejemplo de motivo de intarsia sencillo. Cada color está representado con un símbolo diferente. Los cuadrados en blanco (el fondo) también representan un color.

Puedes saber que un motivo se ha de tejer con la técnica de intarsia si un color aparece solamente en parte de una vuelta y no se vuelve a necesitar en esa misma vuelta. Para cada área de color de un motivo en intarsia, incluido el fondo, usa una hebra larga, o una bobina, separada. Retuerce los hilos de distinto color en la zona de unión (p. 164).

CLAVE
☐ = color de fondo
◙ = color 1 del motivo
 = color 2 del motivo
☒ = color 3 del motivo

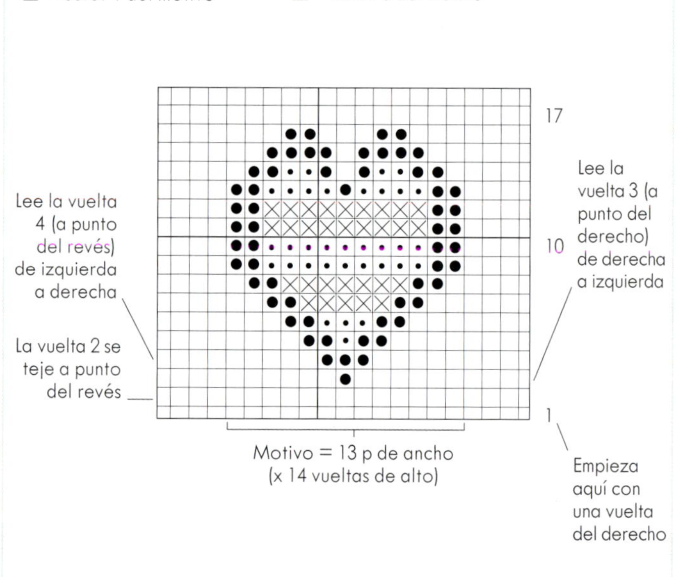

MÉTODO JACQUARD

El tejido de punto jacquard, también conocido como Fair Isle, noruego o nórdico, es aquel en el que se utilizan dos o más colores en una vuelta; tradicionalmente, los colores formaban pequeños dibujos repetidos a punto de jersey. El hilo que no se utiliza se transporta (o se pasa) a lo largo del revés de la labor o se entreteje en el revés para evitar que se enganche.

JACQUARD TRANSPORTANDO LOS HILOS POR DETRÁS

1 En las vueltas a punto del derecho, teje los puntos del primer color, deja caer este hilo por detrás y teje los puntos del segundo color. Pasa el hilo que usas por detrás, dejándolo flojo, hasta que se vuelva a necesitar.

2 Teje las vueltas a punto del revés de la misma manera, pero pasando el color que no se utilice hacia delante (el revés de la labor). Mantén un color arriba y el otro debajo, de modo que no se enreden.

3 El truco para tejer con la técnica jacquard es mantener igualada la tensión de los hilos, como se ve en la imagen. El hilo transportado por detrás no debería quedar ni muy flojo ni muy tirante. Con la práctica, el control de la tensión de los hilos resultará automático.

SUJETAR LOS HILOS

Estas técnicas para sujetar los hilos acelerarán tu trabajo y producirán resultados más uniformes. Para mantener un tejido de peso uniforme, transporta siempre ambos hilos hasta el borde, aunque no sea necesario hacer ningún punto allí, y retuércelos antes de empezar la siguiente vuelta.

UN HILO EN CADA MANO

1 Este método funciona bien cuando solo hay dos colores en una vuelta. Sujeta el primer hilo sobre el índice derecho como de costumbre y el segundo sobre el índice izquierdo, como para tejer al estilo continental (p. 89).

2 Teje los puntos del primer color como de costumbre. Cuando llegues a los puntos del segundo color, mantén el primer color sobre el índice derecho. Inserta la aguja derecha en el punto siguiente como para tejer del derecho. Con el índice izquierdo, pasa el segundo color hacia delante entre las agujas de izquierda a derecha.

3 Saca la nueva lazada como de costumbre, manteniendo ambos hilos sobre el índice correcto. En una vuelta del revés, sigue las instrucciones para tejer del revés al estilo continental alternativo (p. 90) para trabajar con el color sobre el índice izquierdo.

AMBOS HILOS EN LA MANO DERECHA

Pasa un color sobre el índice derecho y otro sobre el dedo medio. Teje del derecho como de costumbre, echando el hilo del segundo color con el dedo medio. Este método te da la posibilidad de añadir un tercer color sobre el dedo anular.

AMBOS HILOS EN LA MANO IZQUIERDA

Esto es ideal para quienes tejen al estilo continental. Sujeta el primer hilo sobre el índice y el segundo sobre el dedo medio de la mano izquierda. Echa los hilos con su respectivo dedo para tejer del derecho y del revés como se muestra en la página 90.

TÉCNICAS PARA ENTRETEJER

Si las hebras transportadas son más largas que tres o cuatro puntos, pueden engancharse en los dedos o en los anillos. Para evitarlo, entreteje el hilo con el que no trabajas por el revés de la labor pasándolo por encima y por debajo del hilo con el que trabajas. Esto puede hacerse cada dos puntos, con lo que se consigue un tejido más tupido, o siempre que el hilo que haya que transportar sea más largo que tres puntos, en cuyo caso se entreteje en puntos ocasionales.

ENTRETEJER EL HILO IZQUIERDO, DEL DERECHO O DEL REVÉS

1 Sujeta un hilo en cada mano. Mantén el hilo izquierdo por debajo y a la izquierda de las agujas cuando no lo estés entretejiendo. Levanta el hilo por entretejer y pasa la aguja derecha por el punto que vas a tejer del derecho o del revés, por debajo del hilo por entretejer. Haz el punto con el hilo principal, deslizando el hilo por entretejer sobre la aguja sin engancharlo.

2 Teje el punto del derecho o del revés, atrapando la hebra pasada por el revés del tejido. Teje el punto siguiente sin entretejer el hilo izquierdo, dejando caer hacia atrás el dedo izquierdo, de modo que el hilo quede por debajo de las agujas antes de hacer el punto. Entreteje lo necesario para evitar que queden hebras largas colgantes.

ENTRETEJER EL HILO DERECHO A PUNTO DEL DERECHO

1 Este método requiere sujetar un hilo en cada mano. Mantén el hilo derecho por encima y a la derecha de las agujas cuando no lo estés entretejiendo. Para tejer, inserta la aguja derecha en el punto. Enrolla el hilo derecho en la aguja como para tejer del derecho y echa el hilo izquierdo como de costumbre para tejer del derecho.

2 Devuelve el hilo derecho por el mismo recorrido a su posición original y teje el punto. Haz el punto siguiente sin enrollar el hilo derecho. Teje lo necesario para evitar que queden hebras pasadas largas.

ENTRETEJER EL HILO DERECHO DEL REVÉS

1 En este método se utiliza un hilo en cada mano. En un punto del revés, manteniendo el índice y el hilo izquierdos por debajo de las agujas, pasa el hilo derecho por debajo de la aguja derecha. Echa el hilo izquierdo como de costumbre para tejer del revés, devuelve el hilo derecho por el mismo recorrido a su posición original y teje el punto del revés. Haz el punto siguiente sin entretejer el hilo derecho. Teje lo necesario para evitar que queden hebras largas colgantes.

ENTRETEJER EL HILO DEL ÍNDICE

1 Sujetando ambos hilos en la mano derecha, inserta la aguja derecha en el punto y enrolla ambos hilos alrededor de la aguja como para tejer del derecho.

2 Devuelve el hilo del índice a su posición original. Teje el punto con el hilo restante. Mantén el hilo por entretejer por encima de las agujas cuando no estés tejiendo. Haz el punto siguiente sin entretejer el hilo del índice. Entreteje lo necesario para evitar que queden hebras largas colgantes.

[MANO DERECHA] ENTRETEJER EL HILO DEL DEDO MEDIO TEJIENDO UN PUNTO DEL DERECHO O DEL REVÉS

1 Sujeta ambos hilos en la mano derecha. Mantén el hilo del dedo medio por encima de la labor cuando no trabajes con él. Para tejer del derecho o del revés, inserta la aguja derecha en el punto. Lleva el hilo del dedo medio hacia la izquierda por encima del hilo del dedo índice, por la parte delantera de ambas agujas.

2 Sujetando el hilo a la izquierda de las agujas, pásalo hacia la derecha por detrás de estas.

3 Echa el hilo del índice como tejer del derecho o del revés y luego devuelve el del dedo medio por el mismo recorrido a su posición original, a la derecha del revés de la labor. Haz el siguiente punto sin entretejer, bajando temporalmente el dedo medio para que el del índice se enrolle alrededor del hilo del dedo medio. Entreteje lo necesario para evitar que queden hebras largas colgantes.

[MANO IZQUIERDA] ENTRETEJER EL HILO DEL ÍNDICE TEJIENDO UN PUNTO DEL DERECHO O DEL REVÉS

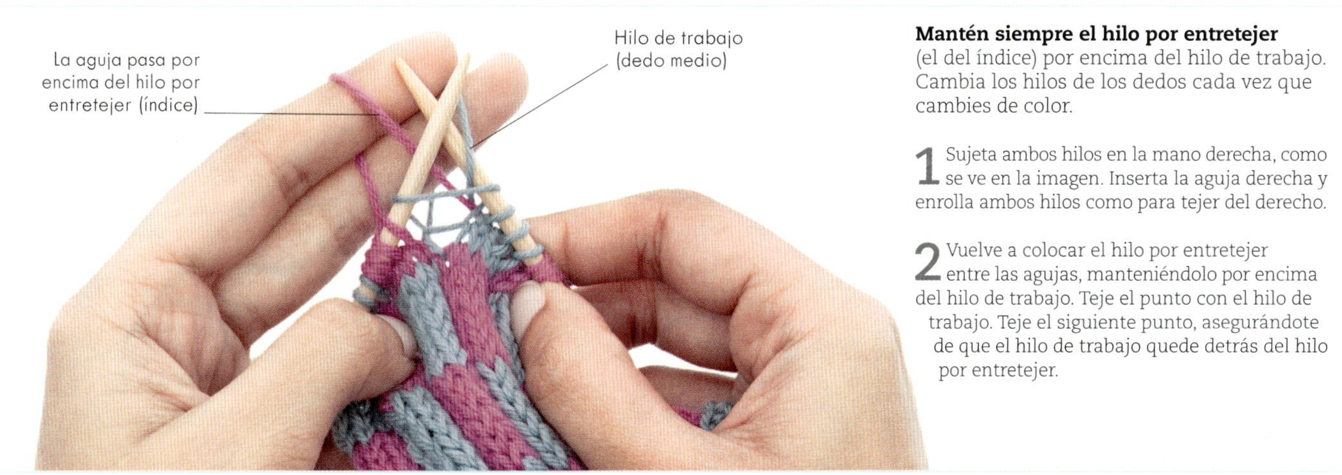

Mantén siempre el hilo por entretejer (el del índice) por encima del hilo de trabajo. Cambia los hilos de los dedos cada vez que cambies de color.

1 Sujeta ambos hilos en la mano derecha, como se ve en la imagen. Inserta la aguja derecha y enrolla ambos hilos como para tejer del derecho.

2 Vuelve a colocar el hilo por entretejer entre las agujas, manteniéndolo por encima del hilo de trabajo. Teje el punto con el hilo de trabajo. Teje el siguiente punto, asegurándote de que el hilo de trabajo quede detrás del hilo por entretejer.

SUJETANDO AMBOS HILOS EN LA MANO IZQUIERDA: ENTRETEJER EL HILO DEL DEDO MEDIO

1 Aquí, el hilo del dedo medio es más incómodo de entretejer que el del índice. Mantén el dedo medio por debajo de la labor cuando no lo estés entretejiendo. Inserta la aguja derecha en el punto, asegurándote de que pasa por debajo de ambos hilos.

2 Vuelve a pasar la punta por encima del hilo del dedo medio (el que vas a entretejer) y coge el hilo del índice. Pásala por debajo del hilo del dedo medio para tejer un nuevo punto. Haz el punto siguiente sin entretejer. Sigue entretejiendo para que no queden hebras largas colgantes.

JACQUARD A PUNTO DEL DERECHO Y DEL REVÉS

1 En la posición en la que se va a introducir un punto del revés, lleva el hilo de trabajo hacia delante y teje del revés el número de puntos necesario. Pasa el hilo hacia atrás y sigue tejiendo el motivo a punto de jersey. Transporta los hilos por el revés de la labor.

2 Si deseas mantener claras las transiciones de color, teje del derecho la primera vuelta de un color nuevo, del revés las vueltas intermedias y del derecho la vuelta inmediatamente anterior a un cambio de color.

JACQUARD A PUNTO BOBO

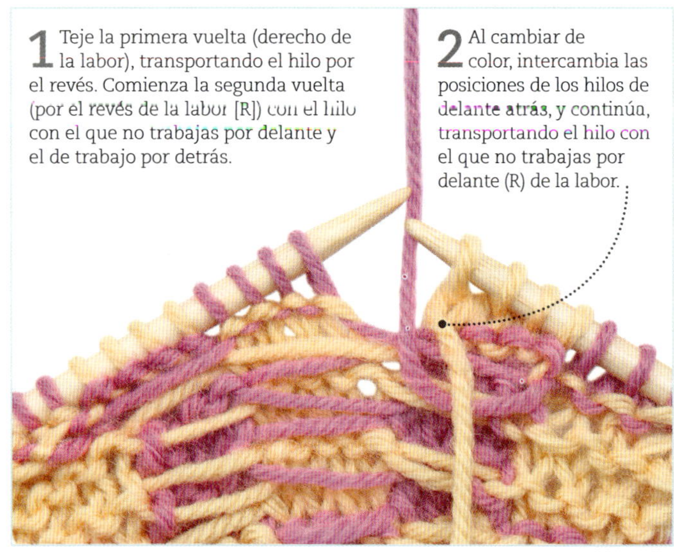

1 Teje la primera vuelta (derecho de la labor), transportando el hilo por el revés. Comienza la segunda vuelta (por el revés de la labor [R]) con el hilo con el que no trabajas por delante y el de trabajo por detrás.

2 Al cambiar de color, intercambia las posiciones de los hilos de delante atrás, y continúa, transportando el hilo con el que no trabajas por delante (R) de la labor.

3 Teje cada vuelta del motivo dos veces, tejiendo del derecho todas las vueltas. Al final de cada vuelta, enrolla los hilos entre ellos para asegurarlos.

4 Para facilitar la transición al cambiar o terminar un color, hazlo en la primera de las dos vueltas del motivo (D).

PUNTO DE CUBRETETERA (O DE GORRO)

1 Retuerce los hilos al principio de cada vuelta. Tira suavemente de la hebra transportada para fruncir ligeramente el tejido. Teje ocho puntos del derecho del primer color, transportando el segundo por detrás. Intercambia los hilos, teje ocho puntos con el segundo color y transporta el primer hilo por detrás. Repite a lo largo de la vuelta.

2 Siguiente vuelta. Con el primer color por detrás y el segundo delante, teje del derecho los ocho primeros puntos. Con el primer color delante y el segundo detrás, teje ocho puntos del derecho del segundo color. Repite a lo largo de la vuelta, intercambiando los hilos de delante atrás, de modo que ambos hilos queden transportados por delante. Repite los pasos 1 y 2.

PUNTO ENTRELAZADO CON HEBRAS DOBLES

1 Teje a punto de jersey con el hilo principal, con todos los hilos en el revés de la labor. Cuando se necesiten los hilos decorativos en la cara de punto del derecho, pásalos al frente entre las agujas. Teje el número de puntos necesarios con el hilo principal. Pasa los hilos decorativos hacia atrás y teje con el hilo principal.

2 No retuerzas el hilo principal y los decorativos al llevarlos de delante atrás.

3 En una vuelta del revés, todos los hilos están hacia delante. Cuando se requiera que los hilos decorativos queden en la cara del punto del derecho, llévalos hacia atrás entre las agujas y teje el número de puntos necesarios con el hilo principal. Lleva los hilos decorativos hacia delante entre las agujas y teje con el hilo principal.

TEJIDO DE PUNTO

Aspecto del punto de jersey por el revés. Teje siempre un punto liso entre las hebras. Retuerce los hilos al principio de cada vuelta. La hebra que se entreteje pasa alternativamente por encima y por debajo del hilo principal.

1 En una vuelta a punto del derecho, con ambos hilos hacia atrás, inserta la aguja para tejer del derecho. Pasa el hilo por entretejer de derecha a izquierda entre las agujas. Teje con el hilo principal, con cuidado de no enganchar el otro hilo.

2 En una vuelta a punto del revés, con ambos hilos hacia delante, y el hilo por entretejer por debajo del principal entre las hebras, inserta la aguja para tejer del revés. Pasa el hilo por entretejer de derecha a izquierda entre las agujas y teje con el hilo principal.

INTARSIA

Aquí cada hilo se teje por separado y no se transporta a lo largo del revés de la labor. Cada área de color de una vuelta debe tener su propio ovillito. Corta hebras cortas de los ovillos principales y enróllalas en carretes para evitar que se enreden.

TÉCNICA DE INTARSIA

Línea de cambio de color inclinada a la derecha: Para evitar agujeros, retuerce los colores solo en las vueltas a punto del derecho.

Línea de cambio de color inclinada a la izquierda: Para evitar agujeros, retuerce los colores solo en las vueltas a puntos del revés.

Línea de cambio de color vertical: Para evitar agujeros, retuerce los colores en las vueltas a punto del derecho y del revés.

OCHOS BICOLORES

1 Devana suficientes ovillitos para intarsia. Teje dos rayas verticales con A y rayas verticales de tres puntos con B y C en medio (estas formarán un ocho de seis puntos). Detente tras la vuelta a punto del revés anterior al primer cruce.

2 Teje del derecho con A hasta la posición del ocho. Pasa los 3 puntos de C a una aguja para ochos y mantén esta por detrás.

3 Pasa el hilo B por debajo del A (esto es el cruce) y por detrás de la aguja para ochos. Teje los tres puntos de B y pásalos a la aguja derecha.

4 Con C, y sin retorcer el hilo, teje los tres puntos de C de la aguja para ochos y pásalos a la aguja derecha.

5 Retuerce A por debajo de C y teje los puntos entre ochos. En la vuelta siguiente (a punto del revés), al retorcer B y A, los hilos se estirarán en diagonal en la parte posterior del cruce. No tires demasiado.

6 Teje siete vueltas de rayas hasta la siguiente vuelta de cruce. Repite los pasos 2 a 5, pero invirtiendo C y B.

EFECTOS DE TEXTURA Y COLOR

Con una sencilla base de punto de jersey y punto bobo se pueden conseguir bonitos efectos de anudado, sombreado, estirado y fruncido. Las variantes del punto bucle ofrecen versátiles posibilidades decorativas para los bordes. La cuidadosa elección del color y el tipo de hilo también realzará estas técnicas.

TEJER EN PUNTOS INFERIORES

Las siguientes técnicas aportan textura a la superficie del punto. Dejando caer y deshaciendo puntos se obtienen combinaciones de texturas y calados similares al encaje, mientras que el punto de gota añade una nota de color. Los puntos estirados crean efectos tridimensionales.

PUNTO DOBLE (PUNTO INGLÉS, TAMBIÉN LLAMADO PUNTO BRIOCHE)

1 Trabajando sobre un canalé simple, inserta la punta derecha de delante atrás en el centro del punto inmediatamente inferior al siguiente punto del derecho que se va a sacar de la aguja izquierda.

2 Pasa el hilo alrededor de la punta de la aguja por detrás.

3 Saca la nueva lazada hacia delante y desliza esta y el punto de encima de ella fuera de la punta.

4 Teje el siguiente punto del revés. Repite los pasos 1 a 3 para cada punto doble. Siempre se teje un punto simple entre cada doble.

DEJAR CAER Y DESHACER PUNTOS Y VUELTAS

1 Al llegar a la posición deseada, deja caer un punto y tira de él para que se deshaga hasta el lugar previsto.

2 Asegurándote de colocarla bajo las hebras destejidas, inserta la aguja derecha en el último punto de abajo que no se haya deshecho.

3 Teje las hebras sueltas y el punto juntos. Teje el punto siguiente antes de dejar caer otro punto.

PUNTO ESTIRADO POR EL REVÉS

1 Teje a punto de jersey hasta la posición del punto estirado en una vuelta del revés. Baja la aguja derecha por la cara del revés e inserta la punta en la lazada superior del punto que vas a estirar.

2 Desliza el punto del derecho a la aguja izquierda y téjelo del revés junto con el siguiente punto de la aguja. Deja el espacio necesario a lo largo de la vuelta.

3 Una vez terminada la pieza, el punto estirado crea un efecto de jareta, o tejido remetido hacia arriba.

PUNTO ENTRESACADO

El punto entresacado puede hacerse vertical o en ángulo a través del derecho o el revés de la labor y con el color principal para conseguir textura o con uno distinto para crear un efecto multicolor.

1 Teje hasta donde deba producirse el efecto. Lleva la punta de la aguja derecha varias vueltas más abajo e insértala a través de un punto (o del espacio entre dos puntos).

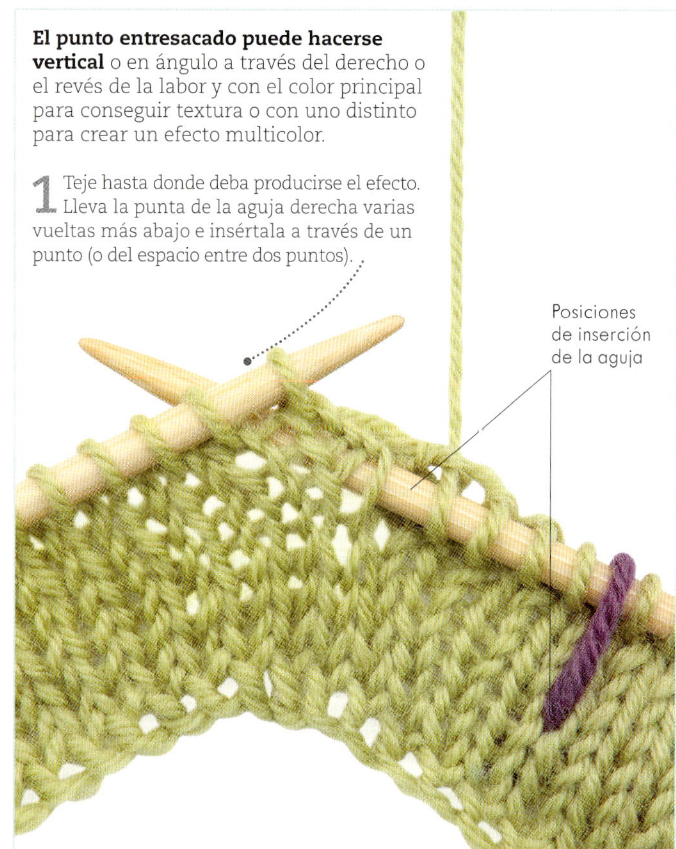

2 Sujetando el segundo hilo por detrás, engancha este hilo con la aguja y tira de él para sacarlo hacia delante. Saca lo suficiente y haz que las hebras traseras queden lo suficientemente flojas como para que el tejido principal no se deforme. En la siguiente vuelta, teje del derecho o del revés el punto «entresacado» junto con el punto siguiente. Repite los pasos 1 y 2 cada vez que necesites entresacar un punto.

PUNTO BUCLE, O DE PELO

Las lazadas, o bucles, pueden añadirse por delante o por detrás, normalmente tejiendo una vuelta lisa intermedia. El punto bobo o el punto de jersey son buenos tejidos de base. Puedes ajustar la densidad modificando la frecuencia de las lazadas. Prueba a adornar las lazadas con cuentas o a variar su longitud para conseguir un efecto superficial distinto.

LAZADAS POR DELANTE

1 En la posición de la lazada, con el D de frente, teje el siguiente punto, pero no lo saques de la aguja izquierda. Pasa el hilo hacia delante entre las agujas. Enrolla una lazada en el pulgar izquierdo de atrás hacia delante una vez.

2 Pasa el hilo hacia atrás. Vuelve a tejer del derecho el punto original, sacándolo de la aguja izquierda mientras retiras el pulgar de la lazada.

3 Inserta la aguja izquierda en los dos últimos puntos de la aguja derecha por delante como para menguar tejiendo 2 pd desj (p. 136) y teje 2 pdj con el hilo principal.

4 Repite los pasos 1 a 3 a intervalos regulares, manteniendo constante la longitud de las lazadas. Tira suavemente de ellas para apretar los puntos.

LAZADAS POR DETRÁS

1 En la posición de la lazada, con el D de frente, enrolla el hilo en dos dedos de la mano izquierda y en la aguja por detrás de la labor y teje el punto. No dejes caer el punto de la aguja izquierda.

2 Desliza la nueva lazada a la aguja izquierda y teje 2 pdj por la parte posterior de las lazadas. Suelta la lazada de tu dedo. Tira suavemente de las lazadas al final de la vuelta para apretar los puntos.

LAZADAS LARGAS HECHAS CON REGLA

1 Trabaja en una vuelta por el R. Sujeta una regla por detrás a la derecha de las agujas. Inserta del derecho la aguja derecha en el siguiente punto. Enrolla el hilo en sentido horario alrededor de la aguja derecha, pásalo alrededor de la regla y vuelve a pasarlo por debajo de la aguja derecha.

2 Saca las dos lazadas de la aguja derecha por el punto de la aguja izquierda y deja caer este de la aguja. Saca la regla de las lazadas al final de la vuelta. En la siguiente vuelta, teje 2 pdj por detrás de las dos vueltas de hilo hechas en la última vuelta.

PUNTOS DECORATIVOS

Con unos pocos y sencillos pasos se consiguen efectos de aspecto elaborado. Los puntos alargados aligeran el tejido y resultan especialmente efectistas con hilos resbaladizos. En su versión más simple pueden tejerse a rayas caladas, imitando el punto de bordado llamado vainica, pero también pueden crear efectos más complejos, sobre todo en motivos florales y de rombos. Las cadenetas con piquitos pueden utilizarse para tejidos de red o delicados ribetes.

PUNTO ANUDADO DE TRES EN TRES

1 En una vuelta a punto del derecho, trabaja hasta la posición del punto decorativo. Lleva el hilo hacia delante y teje tres puntos del revés juntos, pero no saques los puntos de la aguja izquierda.

2 Con el hilo hacia atrás, teje del derecho en los tres puntos que aún quedan en la aguja izquierda, pero no saques los puntos de la aguja izquierda.

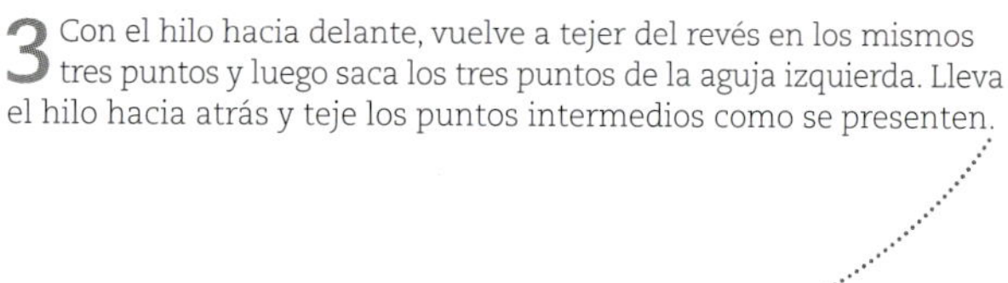

3 Con el hilo hacia delante, vuelve a tejer del revés en los mismos tres puntos y luego saca los tres puntos de la aguja izquierda. Lleva el hilo hacia atrás y teje los puntos intermedios como se presenten.

4 La siguiente vuelta suele ser una vuelta lisa, a punto del derecho o del revés, según las instrucciones de tu patrón.

5 El punto de tres en tres forma una bolita que sobresale en la superficie de la labor, creando un motivo cuando se trabaja con regularidad.

PUNTOS ALARGADOS (O PUNTO DE VAINICA)

1 Tanto en punto del derecho como del revés, estos puntos se indican en las instrucciones con la abreviatura «eh» seguida del número de repeticiones. Inserta la aguja en el punto de la manera habitual y enrolla el hilo en la aguja tantas veces como se indique.

2 Pasa todas las vueltas del hilo a través del punto de modo que las tengas todas en la aguja derecha.

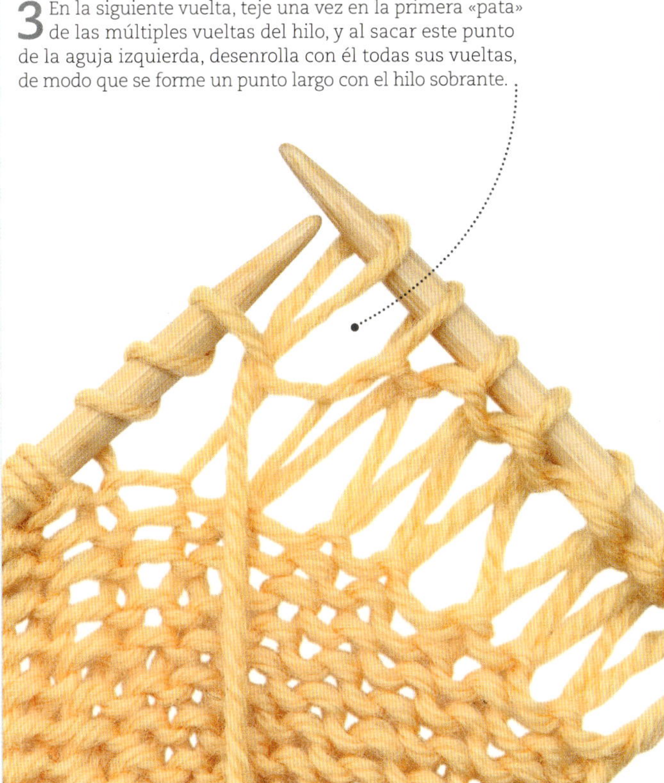
3 En la siguiente vuelta, teje una vez en la primera «pata» de las múltiples vueltas del hilo, y al sacar este punto de la aguja izquierda, desenrolla con él todas sus vueltas, de modo que se forme un punto largo con el hilo sobrante.

4 Los puntos alargados pueden hacerse a lo largo de una vuelta para conseguir un efecto de encaje que recuerda la vainica, o aislados, como parte de un motivo calado.

PUNTOS ENLAZADOS

1 En la posición del grupo enlazado, pasa los últimos cinco puntos de la aguja derecha todos juntos del revés a una aguja para ochos.

2 Enrolla el hilo en sentido antihorario en torno a los puntos, por debajo de la aguja para ochos, seis veces, tirando de él con fuerza si deseas fruncir el tejido.

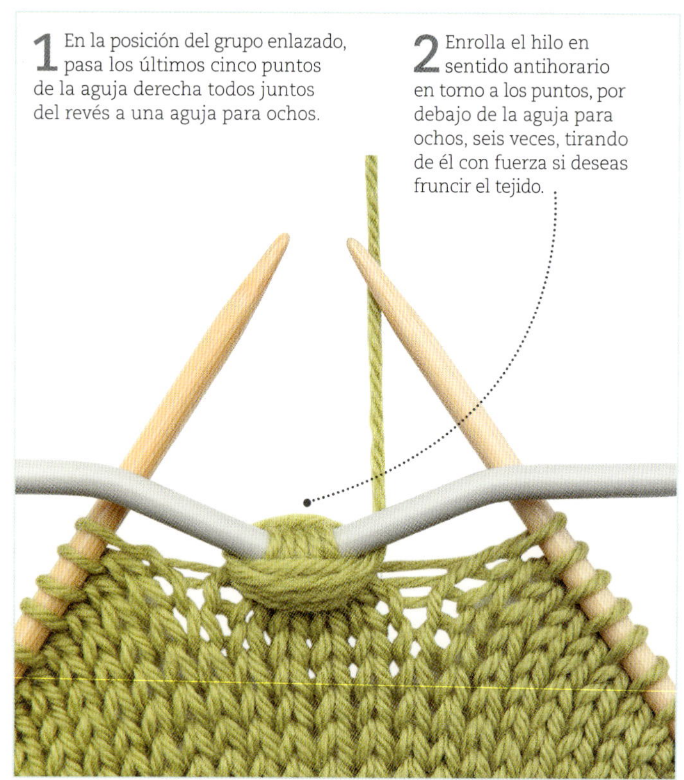

3 Vuelve a pasar los puntos de la aguja para ochos a la aguja derecha. Teje la vuelta de la manera habitual hasta el siguiente grupo.

CADENETA CON PIQUITOS

1 Haz un nudo corredizo en la aguja izquierda.

2 Monta dos puntos más utilizando el método de montaje tejido del derecho (p. 92). Cierra dos puntos para que quede un punto en la aguja derecha.

3 Pasa el punto del revés a la aguja izquierda. Repite el paso 2 para hacer una cadeneta de la longitud deseada.

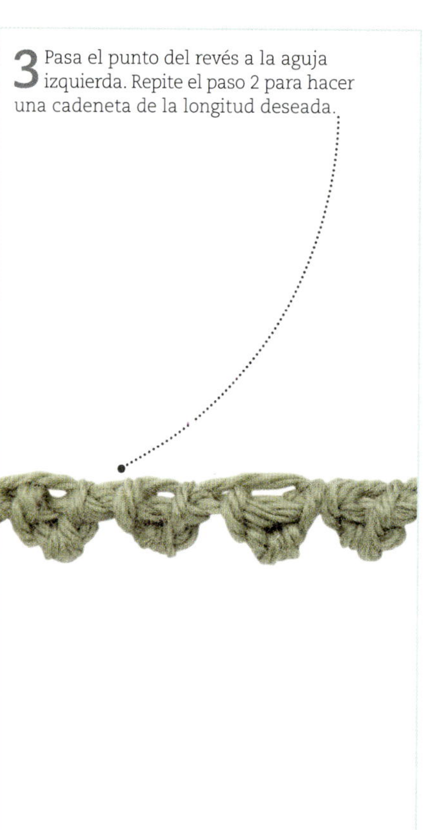

4 Para hacer círculos florales, teje una cadeneta de cinco piquitos e inserta la aguja en la base del primero, saca la lazada y cierra los puntos.

NIDO DE ABEJA

1 Monta un número de puntos múltiplo de ocho, más tres, y teje un canalé de tres puntos del revés y uno del derecho. Esta es una vuelta del derecho de la labor. Teje un número par de vueltas de canalé hasta llegar a la posición del primer frunce del nido de abeja.

2 Teje ocho puntos del canalé. Pasa los últimos cinco puntos de la aguja derecha juntos a una aguja para ochos. Pasa el hilo para fruncir de atrás hacia delante entre la aguja derecha y la aguja para ochos, dejando un cabo suelto de 10 cm por detrás. Enrolla el hilo dos veces en sentido horario alrededor de los puntos de la aguja para ochos, dejándolo en la parte posterior de la labor.

3 Desliza los puntos juntos de la aguja para ochos a la aguja derecha. Repite los pasos 2 y 3 a lo largo de la vuelta, transportando el hilo del frunce por el revés de la labor y cortándolo dejando un cabo suelto de 10 cm al final.

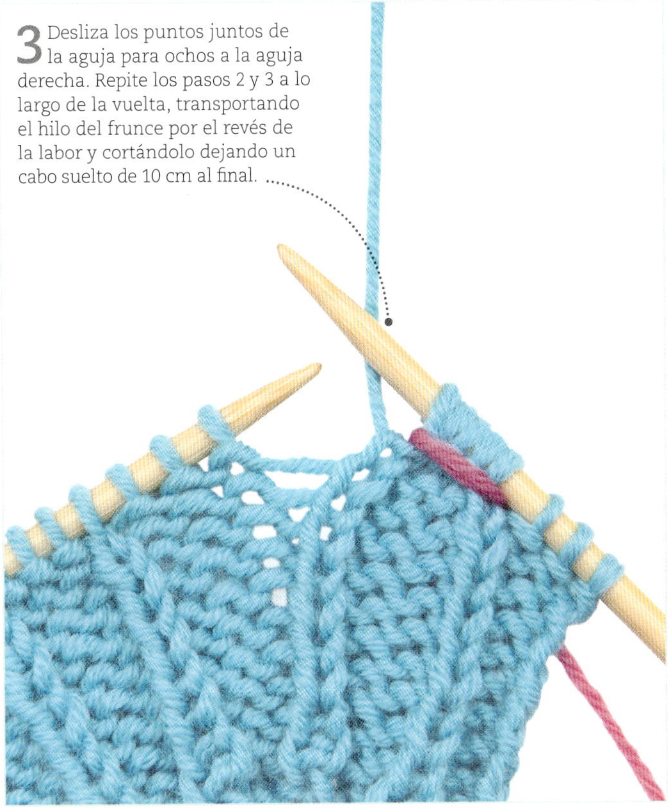

4 Teje tres vueltas de canalé y luego repite los pasos 2 y 3, pero haz los 12 primeros puntos antes de introducir el hilo de frunce.

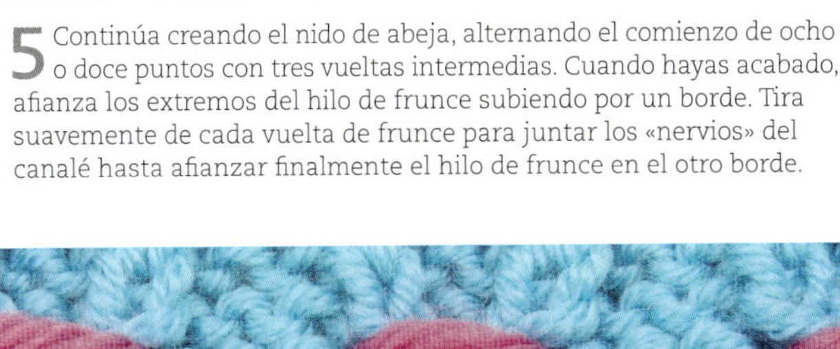

5 Continúa creando el nido de abeja, alternando el comienzo de ocho o doce puntos con tres vueltas intermedias. Cuando hayas acabado, afianza los extremos del hilo de frunce subiendo por un borde. Tira suavemente de cada vuelta de frunce para juntar los «nervios» del canalé hasta afianzar finalmente el hilo de frunce en el otro borde.

PUNTO DE SOMBRA

1 El esquema de diseño muestra el efecto final.

2 Este esquema tiene que ser «desglosado», y dibujado en un esquema de punto cuatro veces más largo que el original.

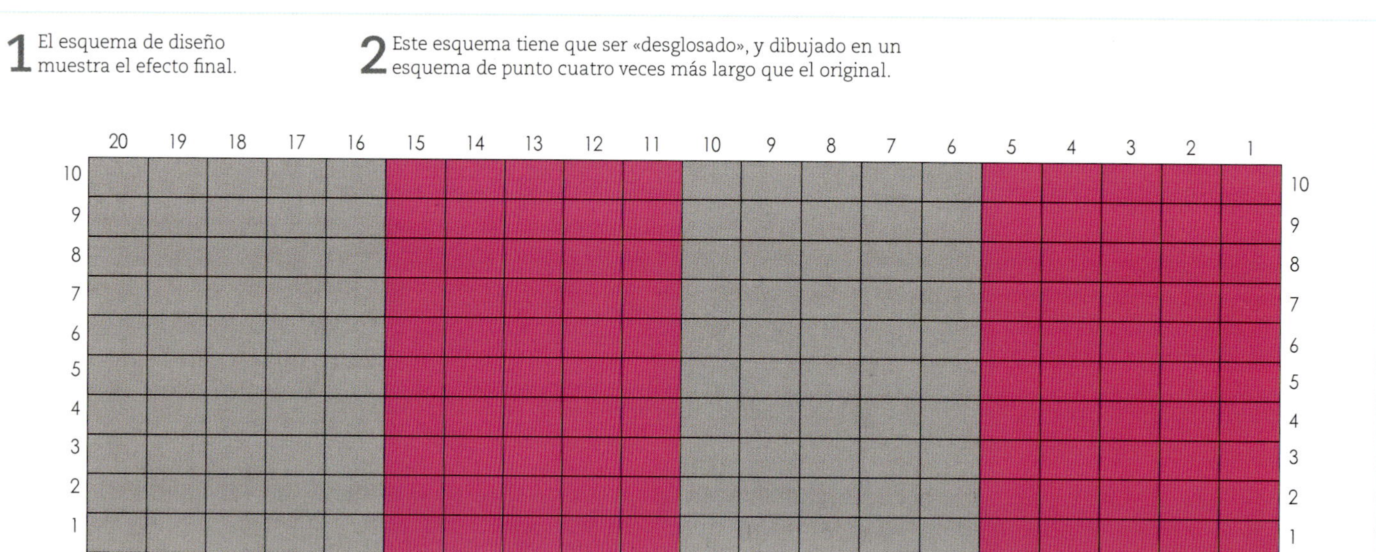

3 La primera vuelta del esquema desglosado siempre se deja en blanco. En la segunda vuelta, dibuja los puntos principales (rosas) de la vuelta 1 del esquema original.

4 Deja tres vueltas en blanco y, a continuación, dibuja los puntos principales (rosas) de la vuelta 2 del esquema original. Continúa así hasta la vuelta final (vuelta 10).

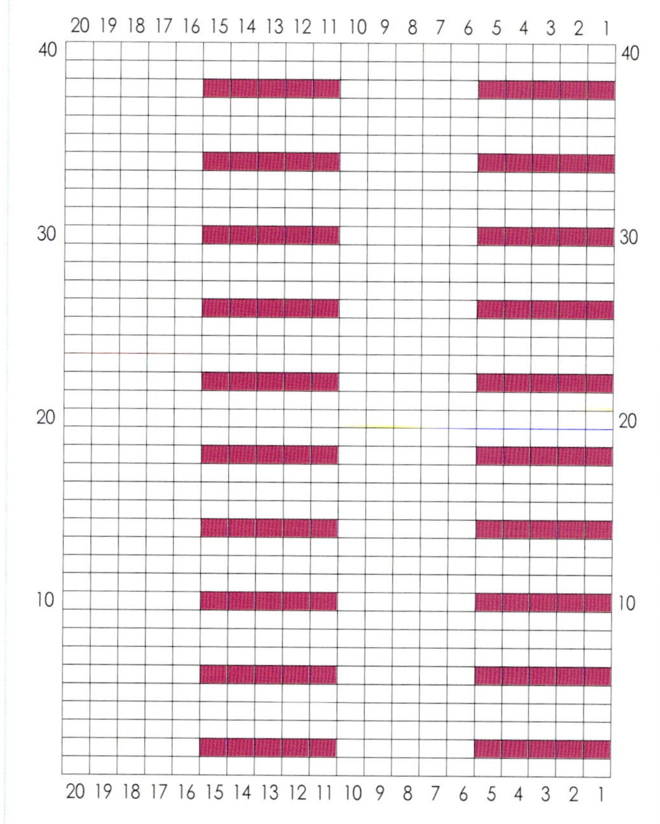

5 Vuelve al principio del esquema desglosado y, en la vuelta central de las tres vueltas en blanco, dibuja los puntos de contraste (grises) de la vuelta 1 del esquema original. Continúa subiendo por el esquema desglosado haciendo coincidir los puntos del esquema original hasta la mitad de las vueltas en blanco.

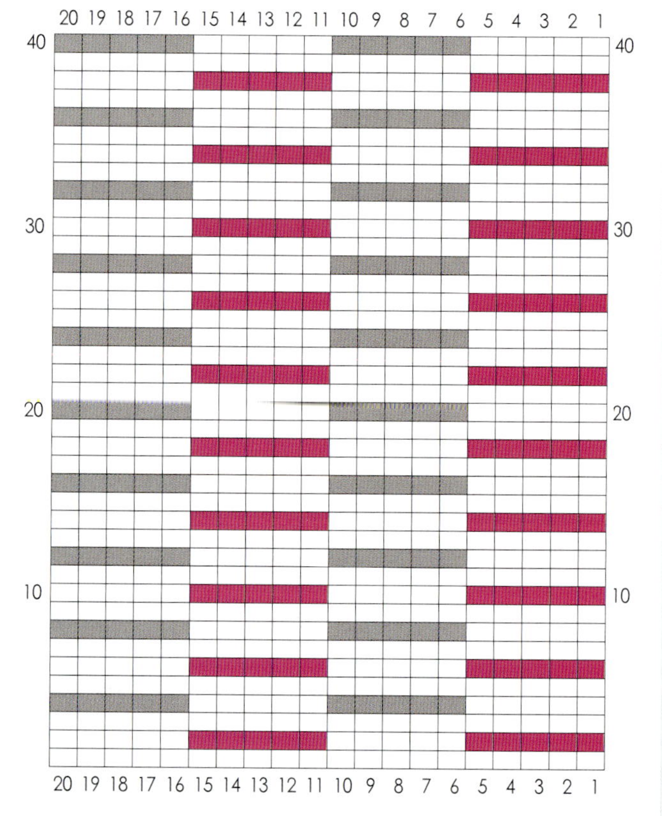

6 Anota el esquema a tu manera para mostrar los puntos del revés y del derecho. Colorea cada dos vueltas alternando los colores, empezando con dos vueltas del color principal. Este ejemplo muestra los puntos del revés en blanco para facilitar la lectura del esquema, pero trabájalos en la franja de color que les corresponda.

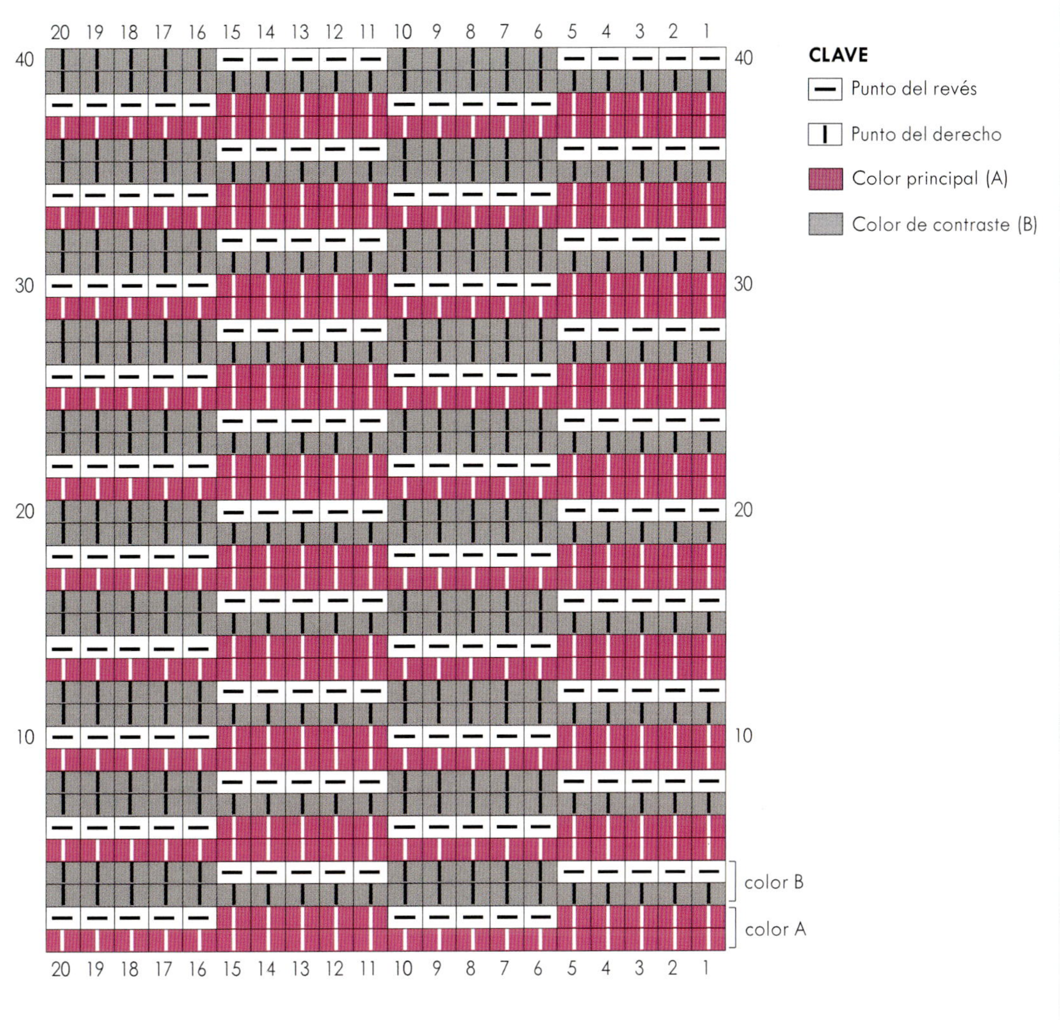

7 Monta 20 puntos y, siguiendo el esquema, teje del derecho la primera vuelta con el color A. Teje la segunda vuelta con el color A, a punto del revés los cuadrados blancos y del derecho los coloreados.

8 Cambia al color B, teje una vuelta lisa y, a continuación, trabaja como en la vuelta 4 del esquema, tejiendo los cuadros en blanco del revés y los de color del derecho. Repite la secuencia de dos vueltas de cada color siguiendo el esquema hacia arriba.

EFECTOS ESTRUCTURALES

Las técnicas de punto estructurales suponen un reto y una satisfacción a la vez y pueden usarse en combinación con hilos de diversos colores y texturizados. Los cuadrados entrelazados ofrecen la posibilidad de elegir colores, y los pliegues, frunces y bullones pueden añadir detalles de estilo a las prendas. El punto tubular es una técnica interesante que, junto con el punto al bies, puede inspirar nuevas ideas.

ENTRELAZADO

En esta muestra, los cuadrados crean un efecto de punto de cesta en diagonal. Estos cuadrados pueden tejerse a punto de jersey, punto bobo, en ochos, punto de encaje o puntos con relieve. Cada uno tiene el doble de vueltas que de puntos, y las series alternas se tejen en direcciones opuestas. Todos los puntos de una serie están en la aguja al mismo tiempo, aunque los cuadrados se tejen individualmente. Una línea de triángulos de vueltas cortas al principio, al final y a cada lado, crea unos bordes rectos.

1 En este ejemplo se hacen tres cuadrados de ocho puntos. Con el color A, monta 24 puntos con el método de montaje tejido del derecho (p. 92), sin apretar. Teje dos puntos del derecho y gira la labor. Teje un punto del revés, desliza otro punto del revés y gira: este deslizamiento facilita remontar puntos en el paso 7.

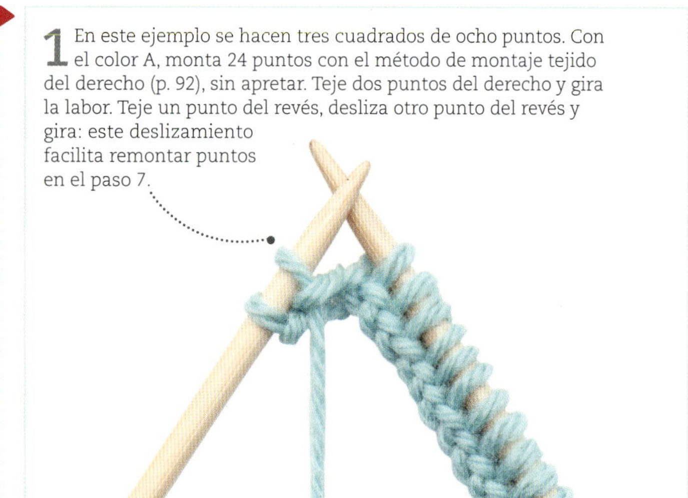

2 Repite estas dos vueltas, tejiendo en un punto montado más en la aguja izquierda al final de cada vuelta del derecho, tejiendo y deslizando el último punto del revés. Termina después de tejer ocho puntos del derecho, no gires (quedan 16 puntos).

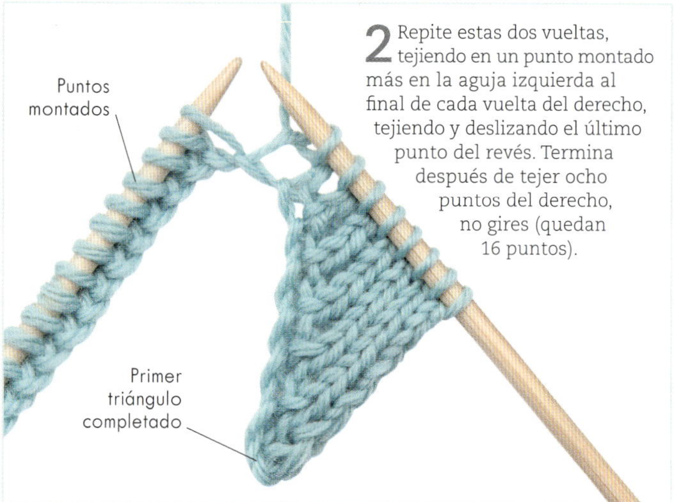

3 Teje el siguiente triángulo como en los pasos 1 y 2 sobre los ocho puntos siguientes, y el tercer triángulo sobre los ocho puntos finales. Habrá tres triángulos en la aguja.

4 Triángulo del lado izquierdo: con el revés de la labor (R) de frente delante, empalma el color B y teje dos puntos del revés, gira, teje dos puntos del derecho y gira. Teje del revés un punto por delante y otro por detrás del punto del borde (p. 128): esto da forma al borde. Teje del revés el último punto del color B junto con el primer punto del color A (2 prj; p. 135) en la aguja derecha.

5 Repite el paso 4, haciendo un punto más del revés en cada repetición y tejiendo hacia el borde cada vez. Detente después de tejer dos puntos del revés en uno, por delante y por detrás, haciendo 5 puntos del revés y tejiendo juntos del revés el color B y el color A. No gires la labor. Deja este triángulo de borde completado en la aguja derecha.

6 Con el R y el hilo hacia delante, inserta la aguja derecha desde atrás en los puntos del borde y remonta y teje ocho puntos del revés uniformemente a lo largo del borde libre del primer triángulo.

7 Gira la labor y teje siete puntos del derecho, desliza uno del revés y gira la labor. Teje siete puntos del revés y luego teje del revés el último punto del color B junto con el primero del color A (2 prj; p. 135) en la aguja derecha. Esto une el nuevo cuadrado al triángulo anterior. Gira la labor.

8 Repite el paso 7 siete veces más, pero no gires la labor tras la última vuelta. Todos los puntos del primer cuadrado están ahora en la aguja izquierda. Teje el siguiente cuadrado como en los pasos 6 a 8.

9 Para tejer el triángulo del borde derecho, con el R de frente, recoge el borde como en el paso 6. Teje cada vuelta a punto del derecho, deslizando del revés el punto final. Teje 2 prj al final de todas las vueltas, excepto la primera. Quedará un punto.

10 Para tejer el cuadrado del borde derecho, empalma el color A. Con el derecho (D) de frente, pasa el primer punto a la aguja derecha. Remonta y teje siete puntos del derecho a lo largo del borde del cuadrado derecho (ocho puntos en la aguja). Teje siete del revés, desliza uno del revés y gira.

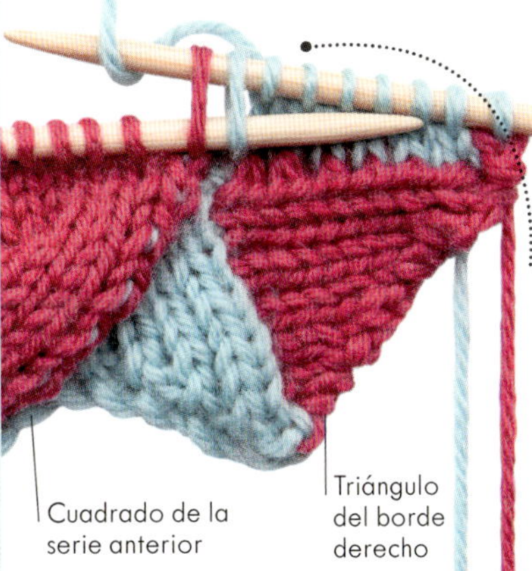

11 Teje siete puntos del derecho. Teje los dos siguientes juntos (uno de cada color). Repite las dos últimas vueltas hasta la unión. Repite el paso 10 (omite el punto deslizado y remonta ocho puntos en su lugar) y el 11 para todos los cuadrados. Los pasos 4 a 11 forman una repetición completa del motivo.

12 Completa los triángulos terminados (estos siguen una serie de triángulos de borde: pasos 4 a 9). En el color correspondiente, trabaja como en el paso 10, tejiendo ocho puntos del revés al final. Gira. Teje siete del derecho y 2 pd desj como en el paso 11. Gira, teje seis del revés y 2 prj al final para crear el borde superior plano. Gira, teje seis del derecho y 2 pd desj como antes.

13 Continúa tejiendo 2 pd desj y 2 prj cada vez hasta completar el triángulo. Repite la operación para todos los triángulos. Pasa el último punto a través de él mismo para terminar.

PLIEGUES

Para hacer un patrón para pliegues, dobla una hoja de papel cuadriculado hacia delante y hacia atrás alternativamente a lo largo de líneas a intervalos de 10 y 5 cuadrados. Cada cuadrado representa un punto. Usa el patrón para contar los puntos necesarios para hacer la cara visible, la inferior y el revés de cada pliegue. Añade un punto a cada pliegue: deslizado en las vueltas por el derecho de la labor, del revés en las vueltas por el revés, o del revés en cada vuelta. Utiliza el mismo método para todos los pliegues.

TEJER PLIEGUES

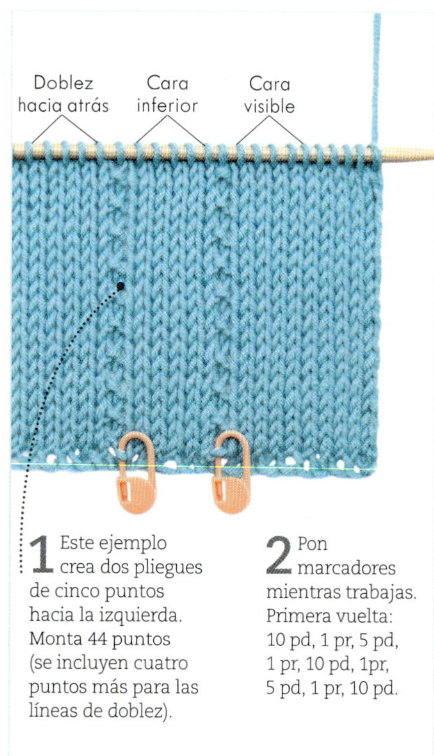

1 Este ejemplo crea dos pliegues de cinco puntos hacia la izquierda. Monta 44 puntos (se incluyen cuatro puntos más para las líneas de doblez).

2 Pon marcadores mientras trabajas. Primera vuelta: 10 pd, 1 pr, 5 pd, 1 pr, 10 pd, 1pr, 5 pd, 1 pr, 10 pd.

3 Teje una vuelta completa del revés. Repite hasta alcanzar la longitud deseada, terminando con una vuelta del revés.

4 Una vez completados los pliegues, cierra cuatro puntos del derecho (p. 106). Pasa los cinco puntos siguientes del revés (incluido el punto del doblez) a una aguja de doble punta. Pasa los seis puntos del revés (incluido el punto del doblez) a otra aguja de doble punta. Gira las agujas para doblar el pliegue.

5 Desliza un punto de la aguja de doble punta trasera a la aguja derecha. Teje el primer punto de la aguja izquierda y pasa los dos puntos de la aguja derecha sobre el primero y la punta de la aguja, de uno en uno.

6 Desliza un punto de la aguja de doble punta trasera a la aguja derecha. Teje el primer punto de la aguja izquierda y pasa los dos puntos de la aguja derecha sobre el primero y la punta de la aguja, de uno en uno.

7 Cierra los puntos restantes como de costumbre.

FRUNCIDO Y ABULLONADO

El fruncido elimina varios puntos uniformemente a lo largo de una vuelta, y el abullonado añade puntos de la misma manera. Otra manera de fruncir es tejer varias vueltas de punto elástico o canalé con agujas más finas, precedidas y seguidas de punto no elástico. El abullonado puede hacerse después de un puño de canalé para dar volumen a la manga.

FRUNCIDO

1 Para calcular un fruncido uniforme, decide cuántos puntos hay que quitar y divide los puntos que tienes en la aguja por ese número. Por ejemplo, si montas 30 puntos y quieres quitar 10 uniformemente, el resultado es 30 ÷ 10 = 3. Por lo tanto, hay que menguar un punto cada tres puntos. Para ello, teje un punto del derecho y luego dos puntos juntos (2 pdj). Repite la operación a lo largo de la vuelta.

2 Para que el fruncido cree más vuelo, prueba a tejer 2 pdj en toda la vuelta, o teje tres puntos juntos o incluso dos vueltas consecutivas de 2 pdj, 2 prj. Para fruncir un borde, teje dos o más puntos juntos al cerrar los puntos.

ABULLONADO

1 Para calcular la amplitud, haz la misma operación que para el fruncido (arriba), pero recuerda que en este caso se trata de añadir puntos. Si el resultado es tres, hay que hacer tres puntos de cada punto. Para ello, teje un punto por delante, otro por detrás y de nuevo otro por delante de cada punto.

2 Para utilizar el abullonado y el fruncido para crear un volante horizontal, haz una vuelta tejiendo un punto del derecho por delante y por detrás de cada punto, y la siguiente vuelta tejiendo un punto del revés por delante y por detrás de cada punto. Teje entre 16 y 20 vueltas a punto jersey. Haz una vuelta tejiendo 2 pdj a lo largo de toda ella y luego teje 2 prj a lo largo de la siguiente. Continúa a punto de jersey.

PUNTO AL BIES

Con este método se crean piezas en diagonal, inclinadas hacia la izquierda o hacia la derecha. El punto de zigzag (p. 57) se crea oponiendo partes tejidas al bies en una sola pieza. Aumentando en las vueltas inferiores o haciendo los aumentos tirantes se consigue que el tejido al bies se curve de una manera atractiva.

PUNTO AL BIES, RECTO Y CURVO

Monta 20 puntos. Al principio de la primera vuelta del derecho, desliza los puntos primero y segundo de uno en uno a la aguja derecha, inserta la aguja izquierda en el delantero y téjelos juntos (2 pd desj; p.136). Teje la vuelta hasta un punto antes del punto final y teje un punto por delante y otro por detrás del punto del borde. Haz una vuelta del revés. Repite la vuelta del derecho. Esta pieza se inclinará hacia la izquierda.

Para que se incline hacia la derecha, teje un punto del derecho por delante y otro por detrás del primer punto, teje del derecho hasta los dos puntos finales y luego estos dos puntos juntos.

Teje hasta tres puntos del final. Inserta la punta de la aguja izquierda de delante atrás en el lado izquierdo del punto que se encuentra dos vueltas por debajo del que acabas de terminar en la aguja derecha. Teje este punto. Así aumentas tejiendo un punto falso a la izquierda (1 pfi; p.129). Teje del derecho hasta el final. Teje del revés la siguiente vuelta y repite el menguado tejiendo 2 pd desj y el aumento con 1 pfi en cada vuelta del derecho.

Para añadir bordes pulidos y decorativos inclinados hacia la izquierda, teje dos puntos y, a continuación, mengua tejiendo 2 pd desj.

PUNTO TUBULAR

Aunque suele asociarse con el punto circular, el punto tubular –a veces llamado punto doble– puede tejerse con agujas rectas deslizando un punto sí y otro no. Para practicar trabaja con dos colores, de modo que puedas ver qué punto pertenece a cada lado del tejido mientras tejes ambos lados al mismo tiempo. El tejido tubular es grueso, firme y plano. Puede que necesites trabajar con una aguja más fina de lo normal.

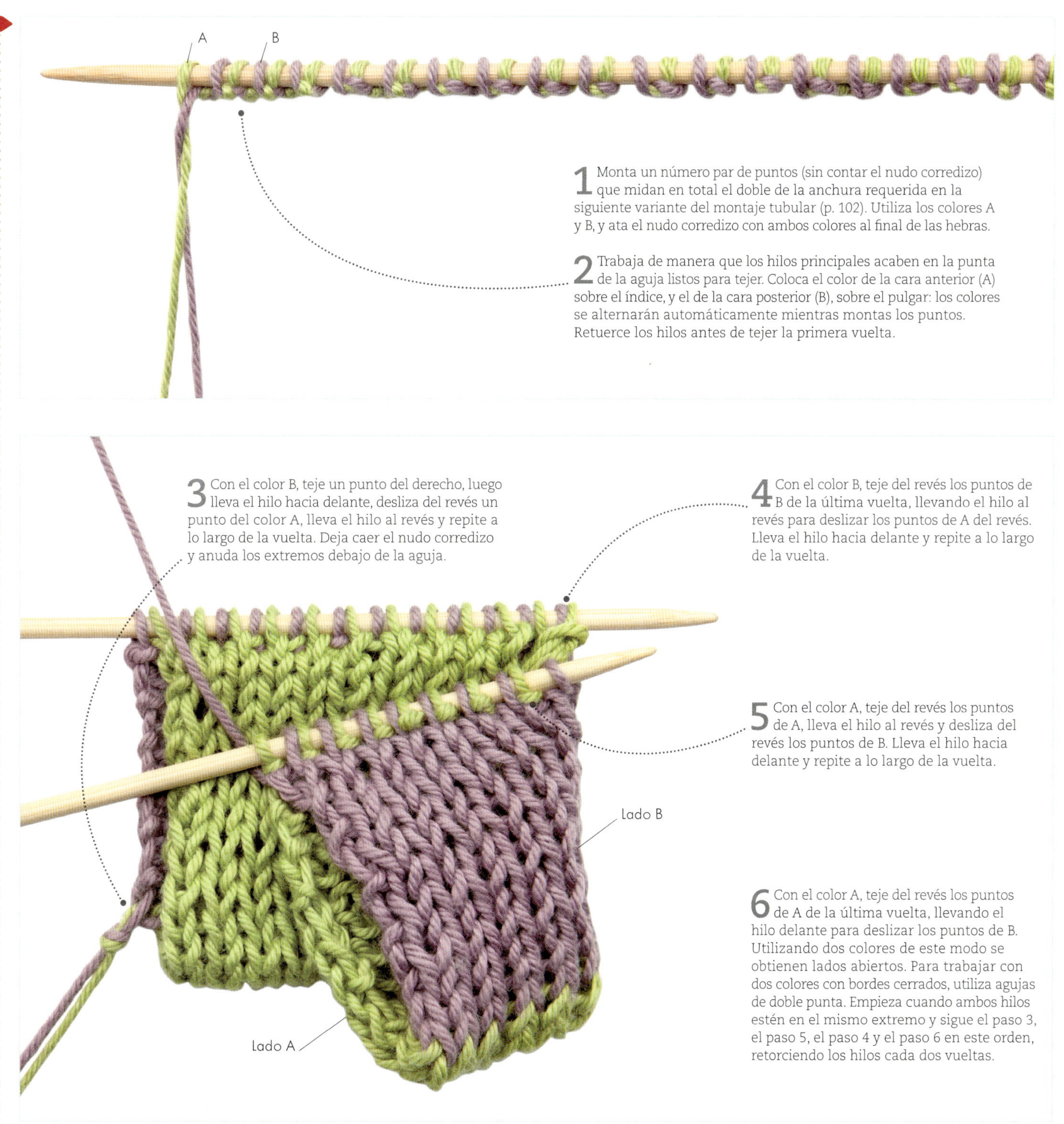

1 Monta un número par de puntos (sin contar el nudo corredizo) que midan en total el doble de la anchura requerida en la siguiente variante del montaje tubular (p. 102). Utiliza los colores A y B, y ata el nudo corredizo con ambos colores al final de las hebras.

2 Trabaja de manera que los hilos principales acaben en la punta de la aguja listos para tejer. Coloca el color de la cara anterior (A) sobre el índice, y el de la cara posterior (B), sobre el pulgar: los colores se alternarán automáticamente mientras montas los puntos. Retuerce los hilos antes de tejer la primera vuelta.

3 Con el color B, teje un punto del derecho, luego lleva el hilo hacia delante, desliza del revés un punto del color A, lleva el hilo al revés y repite a lo largo de la vuelta. Deja caer el nudo corredizo y anuda los extremos debajo de la aguja.

4 Con el color B, teje del revés los puntos de B de la última vuelta, llevando el hilo al revés para deslizar los puntos de A del revés. Lleva el hilo hacia delante y repite a lo largo de la vuelta.

5 Con el color A, teje del revés los puntos de A, lleva el hilo al revés y desliza del revés los puntos de B. Lleva el hilo hacia delante y repite a lo largo de la vuelta.

6 Con el color A, teje del revés los puntos de A de la última vuelta, llevando el hilo delante para deslizar los puntos de B. Utilizando dos colores de este modo se obtienen lados abiertos. Para trabajar con dos colores con bordes cerrados, utiliza agujas de doble punta. Empieza cuando ambos hilos estén en el mismo extremo y sigue el paso 3, el paso 5, el paso 4 y el paso 6 en este orden, retorciendo los hilos cada dos vueltas.

VUELTAS ACORTADAS

Las vueltas del tejido de punto no tienen que tejerse necesariamente de extremo a extremo. Tejer en vueltas cortas, o acortadas, implica tejer dos vueltas sobre algunos puntos, de modo que solo se añaden vueltas en una parte del tejido. Esta técnica es muy útil para crear bordes lisos al dar forma a los hombros, curvar un bajo, hacer pinzas y conformar el talón de los calcetines, y se utiliza sobre todo en punto de jersey.

EVITAR AGUJEROS

En la mayoría de las técnicas para dar forma a una pieza de punto se requiere girar la labor sin que quede un espacio. Hay cinco maneras de hacerlo, tres de las cuales se muestran aquí: enlazando o envolviendo un punto (la más fácil y pulida), echando el hilo por encima (la más floja), y subiendo un punto (la más pulida). En punto bobo, como se muestra en la pelota (p. 184), el enlace no se recoge.

ENLAZAR PARA CERRAR AGUJEROS

1 En vueltas del derecho: en la posición del giro, desliza del revés el siguiente punto a la aguja derecha (p.122) y pasa el hilo hacia delante. Devuelve el punto deslizado a la aguja izquierda y pasa el hilo hacia atrás. Gira la labor y teje la vuelta acortada. Repite el enlace en cada giro a la mitad de vuelta.

2 En vueltas del revés: en el giro, desliza el siguiente punto del revés y pasa el hilo hacia atrás. Desliza el punto de nuevo y pasa el hilo hacia delante. Gira y teje del derecho la vuelta acortada. Repite el enlace en cada giro a la mitad de vuelta.

3 Cuando trabajes a través de todos los puntos para completar la vuelta acortada, inserta la aguja derecha hacia arriba por la parte anterior (del derecho) o posterior (del revés) en el enlace. Teje el enlace junto con el punto siguiente.

ECHAR EL HILO POR ENCIMA PARA CERRAR AGUJEROS

1 Teje a punto del derecho o del revés hasta la posición del giro. Pasa el hilo al otro lado de la labor y gira. Pasa el hilo por encima (no alrededor) de la aguja para tejer el siguiente punto a lo largo de la vuelta acortada.

2 Cuando tejas del derecho a través de todos los puntos para completar la vuelta acortada, teje cada hilo echado junto con el punto siguiente. Cuando tejas del revés todos los puntos para completar la vuelta acortada, pasa el hilo echado y el punto siguiente, de uno en uno, a la aguja derecha. Devuelve ambos a la aguja izquierda y téjelos juntos del revés por la parte posterior de las lazadas (2 pr desj).

SUBIR UN PUNTO PARA CERRAR AGUJEROS

1 En vueltas del derecho y del revés, teje una vuelta acortada. Gira, desliza el primer punto del revés (p. 122) y vuelve a tejer a lo largo de la vuelta acortada.

2 Al tejer para completar una vuelta acortada (el tejido está temporalmente al revés, ya que facilita ver este paso), inserta la aguja derecha hacia abajo en la hebra que une el primer y el segundo puntos de la aguja izquierda, como se muestra aquí.

3 Gira de nuevo y teje del derecho la hebra levantada junto con el siguiente punto de la aguja izquierda.

4 Si la vuelta final es a punto del revés, inserta la aguja izquierda hacia arriba en la hebra que une el primer y el segundo puntos, dos vueltas por debajo de la aguja derecha. Estira esta lazada y luego déjala caer. Pasa el siguiente punto de la aguja izquierda a la derecha. Recoge la lazada caída con la aguja izquierda y devuelve el punto deslizado a la aguja izquierda. Teje del revés estos dos juntos.

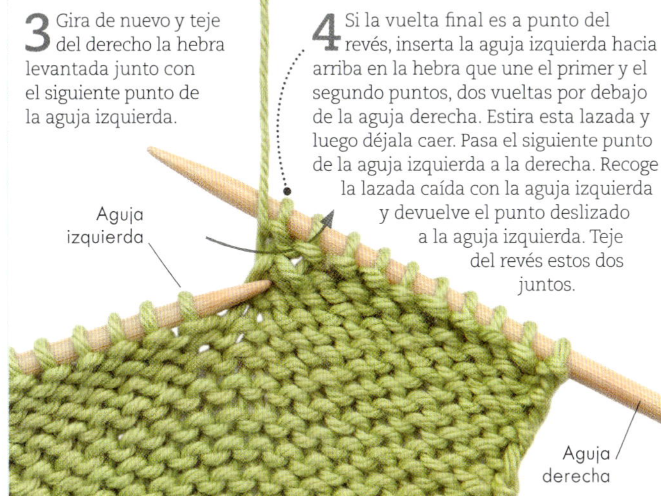

DAR FORMA: ADAPTAR UN HOMBRO CON VUELTAS ACORTADAS

1 En este ejemplo se adapta un hombro izquierdo tejido a punto de jersey. El hombro tiene 24 puntos de ancho, y la instrucción original es cerrar ocho puntos cada vuelta alterna. Esto puede sustituirse por tejer vueltas acortadas, con ocho puntos menos en cada vuelta alterna.

2 Monta 24 puntos y teje hasta el inicio de la forma del hombro. Ignora la instrucción de cerrar los puntos y teje una vuelta del derecho.

3 Gira la labor. Teje del revés hasta ocho puntos desde el extremo y haz un enlace (desliza el siguiente punto del revés, pasa el hilo hacia atrás, devuelve el punto deslizado y pasa el hilo hacia delante; p. anterior), Gira y teje del derecho hasta el final.

4 Teje del revés hasta 16 puntos desde el extremo, haz un enlace y gira. Teje del derecho hasta el final (quedan 8 puntos en la aguja).

5 Teje del revés todos los enlaces deslizándolos a la aguja izquierda y tejiéndolos del revés junto con el punto siguiente (p. anterior, arriba). Cierra los puntos o pásalos a una aguja auxiliar para hacer una costura remallada más tarde.

MEDALLÓN CIRCULAR CON VUELTAS ACORTADAS

Este ejemplo está tejido a punto bobo, pero los medallones pueden tejerse con otros puntos. En el punto bobo no es necesario recoger los enlaces.

1 Monta 16 puntos del color A con un método de montaje provisional (p. 101).

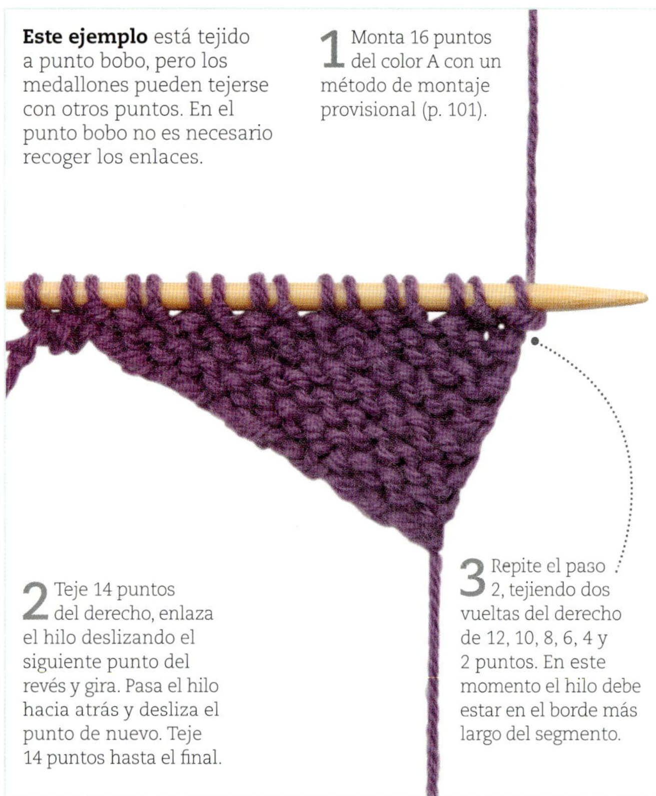

2 Teje 14 puntos del derecho, enlaza el hilo deslizando el siguiente punto del revés y gira. Pasa el hilo hacia atrás y desliza el punto de nuevo. Teje 14 puntos hasta el final.

3 Repite el paso 2, tejiendo dos vueltas del derecho de 12, 10, 8, 6, 4 y 2 puntos. En este momento el hilo debe estar en el borde más largo del segmento.

4 Gira la labor y teje 14 puntos del derecho. Pasa el hilo hacia delante. Pasa del revés los dos últimos puntos de la aguja izquierda a la derecha. Corta el hilo del color A dejando un cabo suelto de 10 cm (el hilo se encuentra a la mitad de una vuelta). Así se completa un segmento del círculo.

5 Sujeta la aguja con los puntos en la mano izquierda, cambia al color B y teje 16 puntos del derecho. A continuación, repite los pasos 2 a 5 con el hilo B, cambiando al del color A en el paso 5.

6 Teje ocho segmentos, alternando los colores A y B. Termina pasando los puntos a una aguja auxiliar (p. 107) después del paso 5 del último segmento. Únelos con una costura remallada (p. 215) y remata los cabos sueltos.

VOLANTES

Tejiendo una banda recta verticalmente acortando vueltas al mismo tiempo se puede crear un volante. La amplitud, o vuelo, del volante depende del número de veces que se tejan vueltas acortadas respecto a las de la banda vertical. Variando el tipo de punto se puede crear un efecto adicional, como en el volante con borde de abajo.

VOLANTE CON BORDE DE VUELTAS ACORTADAS

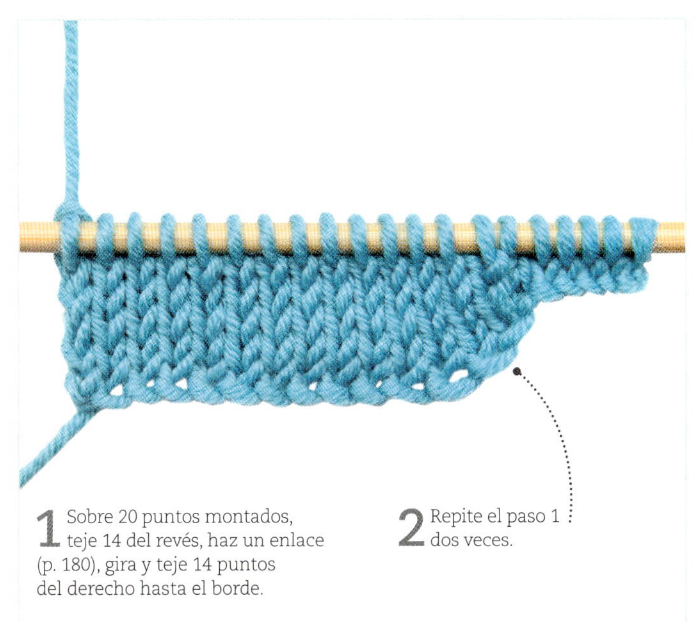

1 Sobre 20 puntos montados, teje 14 del revés, haz un enlace (p. 180), gira y teje 14 puntos del derecho hasta el borde.

2 Repite el paso 1 dos veces.

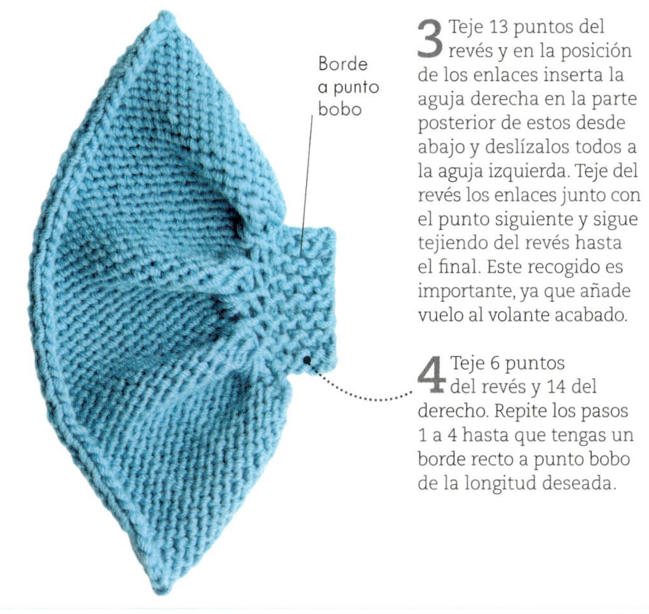

3 Teje 13 puntos del revés y en la posición de los enlaces inserta la aguja derecha en la parte posterior de estos desde abajo y deslízalos todos a la aguja izquierda. Teje del revés los enlaces junto con el punto siguiente y sigue tejiendo del revés hasta el final. Este recogido es importante, ya que añade vuelo al volante acabado.

4 Teje 6 puntos del revés y 14 del derecho. Repite los pasos 1 a 4 hasta que tengas un borde recto a punto bobo de la longitud deseada.

VOLANTES VERTICALES INSERTOS EN EL TEJIDO

1 En este ejemplo se utilizan 24 puntos. El volante se teje sobre los 8 puntos del medio. Teje 16 puntos del derecho, haz un enlace (p.180) y gira.

2 Haz 8 puntos del revés, enlaza uno y gira.

3 Teje 8 puntos, haz un enlace y gira. Repite el paso 2.

4 Teje 16 puntos, recogiendo los enlaces (p. 180).

5 Teje 24 puntos del revés, recogiendo los enlaces en el otro lado del volante, como en el paso 4. Esto completa dos vueltas del tejido principal y cuatro vueltas del volante inserto.

6 Repite desde la instrucción del punto del derecho del paso 1 hasta el final del paso 5 para tener el número necesario de vueltas de los lados. Agrupa los volantes en vertical para conseguir un efecto más vistoso.

PUNTO TRIDIMENSIONAL

El uso planificado de vueltas acortadas puede hacer que tu tejido adopte una forma tridimensional. Los picos creados de este modo pueden dejarse abiertos o coserse en la base. Antes de unirlos, se pueden rellenar para crear un «bolsillo» decorativo cerrado. Las solapas de vueltas acortadas también pueden coserse, rellenarse y añadirse. También puedes tejer formas tridimensionales completas.

PELOTA DE VUELTAS ACORTADAS

Este ejemplo está hecho a punto bobo y no incluye ningún enlace. Si es necesario hacer enlaces, sigue el método del medallón circular de vueltas acortadas (p. 182).

1 Monta 20 puntos del color A.

2 Teje 19 puntos del derecho, gira la labor y pasa el hilo hacia atrás. Repite este paso tejiendo un punto menos en cada vuelta hasta tejer 15 puntos. Gira la labor y pasa el hilo hacia atrás.

3 Teje 13 puntos del derecho, gira la labor y pasa el hilo hacia atrás. Repite este paso, tejiendo 11 puntos.

4 Teje siete puntos del derecho, gira la labor y lleva el hilo hacia atrás. Repite este paso, tejiendo cinco punto.

5 Teje cuatro puntos del derecho y lleva el hilo hacia delante. Pasa del revés todos los puntos restantes (nueve) de la aguja izquierda a la derecha. Corta el hilo dejando un cabo suelto de 10 cm.

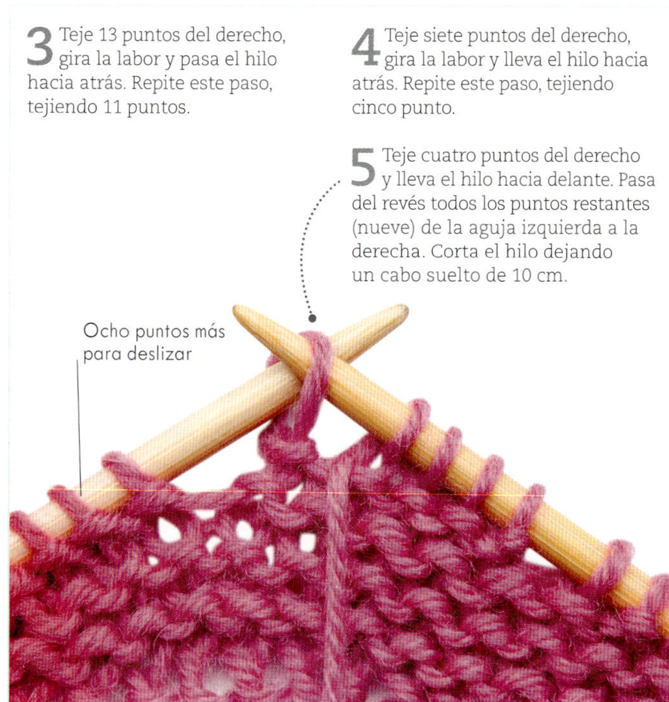

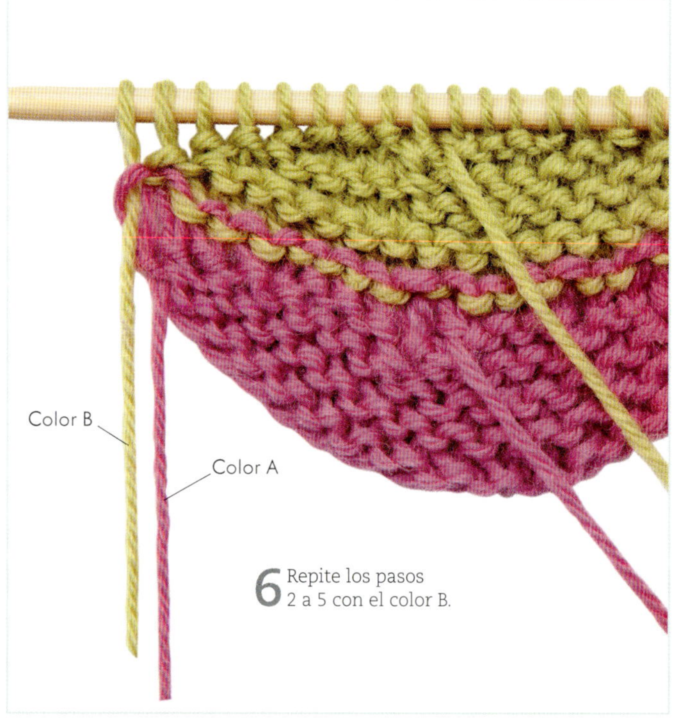

6 Repite los pasos 2 a 5 con el color B.

7 Teje ocho segmentos de colores alternos para completar la pelota. Cierra los puntos o haz un montaje provisional (p. 102). Remata los cabos de mitad de vuelta y tira suavemente de los cabos superior e inferior para fruncir los extremos. Rellena la pelota y cose los puntos abiertos provisionales al borde de montaje, a punto colchonero (p. 214) o con una costura remallada (p. 216).

PICOS DE VUELTAS ACORTADAS

1 Decide la anchura del pico: la de este ejemplo es de nueve puntos, y hay ocho puntos a ambos lados (25 puntos en la aguja). En la posición del pico, teje 17 puntos del derecho y gira.

2 Teje 9 puntos del revés y gira.

3 Teje ocho puntos del derecho y gira. Girando después de cada vuelta, teje siete puntos del revés, seis del derecho, cinco del revés, cuatro del derecho, tres del revés, dos del derecho y uno del revés.

4 Teje dos puntos del derecho y gira. Aumentando en orden inverso al del paso 3 y girando al final de cada vuelta, teje hasta que la última vuelta completada sea de 9 puntos del revés. Gira.

5 Teje 17 puntos del derecho, gira y teje 25 puntos del revés. Puede que se vean pequeños «escalones» a lo largo del borde del pico: esto forma parte del efecto de tejer en vueltas acortadas.

PUNTO CIRCULAR

El punto circular, o en redondo, se teje con agujas circulares o con un juego de cuatro o cinco agujas de doble punta. Trabajando con el derecho siempre de frente vuelta tras vuelta se tejen piezas tubulares o planas (medallones). Las agujas circulares son fáciles de dominar, mientras que las de doble punta son más adecuadas para tejedores con una experiencia media.

PIEZAS TUBULARES

Para quienes prefieren evitar las costuras, tejer piezas tubulares es lo ideal. Con unas agujas circulares largas se pueden tejer grandes tubos, como el cuerpo de un jersey o una bolsa. Las agujas circulares cortas se utilizan para tiras de cuellos y sisas no cosidas, así como para gorros. Para prendas más pequeñas, como mitones y calcetines, se usan agujas de doble punta.

TEJER CON AGUJAS CIRCULARES

1 Monta el número de puntos requerido. Asegúrate de que no se hayan girado y de que todos apunten hacia dentro, y pasa un marcador de puntos por el extremo de la aguja derecha para señalar el inicio de la vuelta.

2 Sujeta los extremos de las agujas con las manos y pasa la aguja derecha por encima de la izquierda para tejer el primer punto. Continúa tejiendo en círculos, o vueltas circulares. Al llegar al marcador, pásalo de la aguja izquierda a la derecha.

Teje firmemente el primer punto de la primera vuelta

3 Si tejes un tubo a punto de jersey con agujas circulares, el derecho de la labor estará siempre frente a ti y todas las vueltas serán de punto del derecho.

CERRAR EL CÍRCULO DE PUNTOS

Esta es una manera pulcra de cerrar el círculo para tejer en redondo.

1 Monta los puntos necesarios más un punto.

2 Pasa el primer punto montado a la aguja derecha, junto al último punto montado. Pon el marcador de vueltas después de este punto.

3 Teje la vuelta y, al llegar al final, teje juntos los dos últimos puntos antes del marcador (estos serán el primer punto montado y el punto añadido).

TEJER UNA CINTA INFINITA

1 Con un método de montaje doble (p. 95), monta los puntos suficientes para tejer un círculo en unas agujas circulares cortas. Teje la primera vuelta, pero detente antes de cerrarla.

2 Retuerce los puntos alrededor del alambre de modo que quede visible una torsión clara, pero los puntos finales queden encarados con las lazadas hacia dentro.

3 Cierra la vuelta manteniendo la torsión y teje la vuelta del derecho. Las primeras vueltas pueden ser complicadas, pero una vez que tengas unas cuantas y se haya establecido la torsión, resulta más fácil.

4 Continúa hasta que la cinta tenga la altura deseada. Cierra los puntos. Una cinta infinita ancha es una magnífica banda para el pelo.

5 Si usas la técnica del «aro mágico» (p. 188), desplazar la torsión a los puntos del extremo derecho de la aguja durante las primeras vueltas facilita el trabajo.

ARO MÁGICO: TEJER UN PEQUEÑO TUBO CON AGUJAS CIRCULARES

1 Monta un pequeño número de puntos en unas agujas circulares de alambre largo con cualquier método, pero no cierres el círculo. Desliza los puntos hacia abajo por el alambre.

2 Busca el centro de la fila de puntos y pasa el alambre a través del hueco entre ellos.

3 Desliza un grupo de puntos hacia cada punta y coloca las agujas y el hilo como de costumbre. Asegúrate de que los puntos no estén girados; la lazada de montaje debe quedar debajo de las agujas.

4 Sujeta ambas agujas con la mano izquierda y tira de la aguja derecha hacia arriba a través de los puntos para que estos se deslicen sobre el cable. La punta de la aguja derecha debe quedar lo bastante libre como para poder tejer los puntos de la izquierda, pero los puntos no deben llegar al extremo del otro grupo de puntos.

5 Da la vuelta al alambre y teje el primer punto apretado para cerrar el círculo o utiliza uno de los otros métodos que se muestran en este capítulo. Continúa tejiendo la primera mitad de puntos de la aguja izquierda.

6 Cuando la aguja izquierda esté vacía, tira del alambre hacia atrás a través de los puntos del alambre para que estos se deslicen hasta la punta de la aguja izquierda. Repite los pasos 4 a 6.

TEJER DOS TUBOS A LA VEZ CON DOS AGUJAS CIRCULARES

Esta técnica hace que tejer piezas pares de punto tubular, como calcetines y guantes, parezca más rápido. Antes de empezar, denomina a tus agujas A y B, y anota cuál es cuál.

1 Monta los puntos para el tubo 1 en una de las agujas A con el método de montaje doble (p. 95). Deslízalos hacia el extremo opuesto. Divide los puntos en partes iguales deslizándolos del revés a una aguja B.

2 Empuja todos los puntos a la vez hacia el otro extremo de ambas agujas.

3 Cierra la vuelta utilizando una aguja lanera de punta roma para pasar la hebra corta a través del punto junto al cabo suelto, y anuda ambos extremos con un nudo prieto.

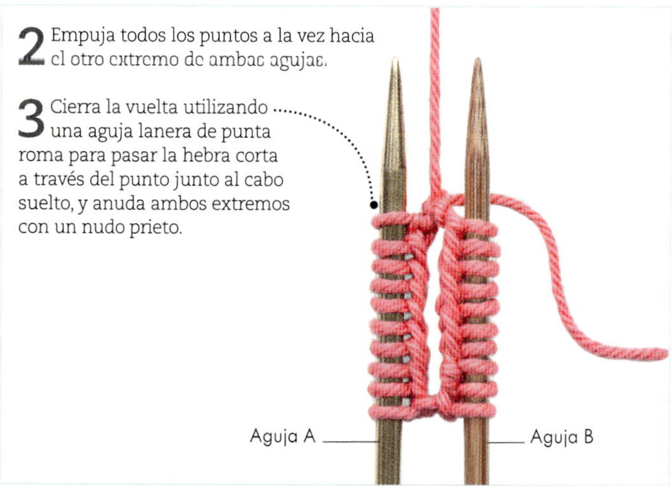

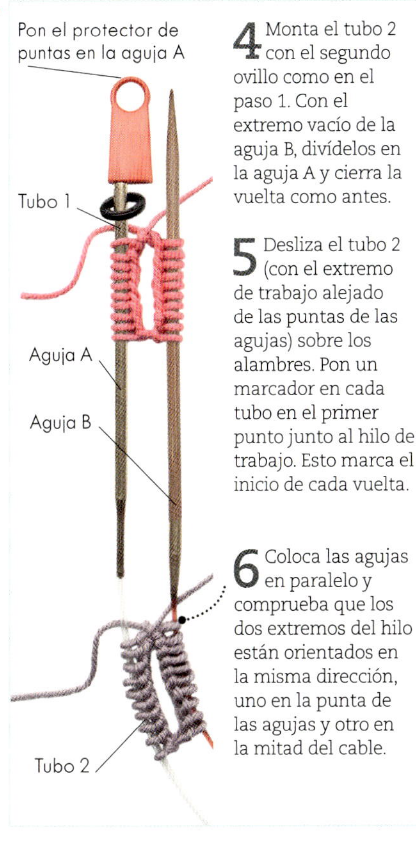

4 Monta el tubo 2 con el segundo ovillo como en el paso 1. Con el extremo vacío de la aguja B, divídelos en la aguja A y cierra la vuelta como antes.

5 Desliza el tubo 2 (con el extremo de trabajo alejado de las puntas de las agujas) sobre los alambres. Pon un marcador en cada tubo en el primer punto junto al hilo de trabajo. Esto marca el inicio de cada vuelta.

6 Coloca las agujas en paralelo y comprueba que los dos extremos del hilo están orientados en la misma dirección, uno en la punta de las agujas y otro en la mitad del cable.

7 Sujeta ambas agujas con la mano izquierda: la aguja A (con el protector) debe estar ligeramente por detrás de la B. El hilo de trabajo debe colgar entre ambas agujas para que esté en la posición correcta y no haga un punto de más. El segundo hilo debe quedar por encima y por detrás de las agujas para que no se enrede.

8 Tira de la aguja A hacia arriba para que los puntos se deslicen al alambre; mantén el alambre de A y la punta de B en la mano izquierda.

9 Recoge la aguja B libre con la mano derecha y teje del derecho los puntos de la aguja B de la mano izquierda. Pinza la punta de la aguja B al alambre de la aguja A para evitar que se forme un agujero en la unión.

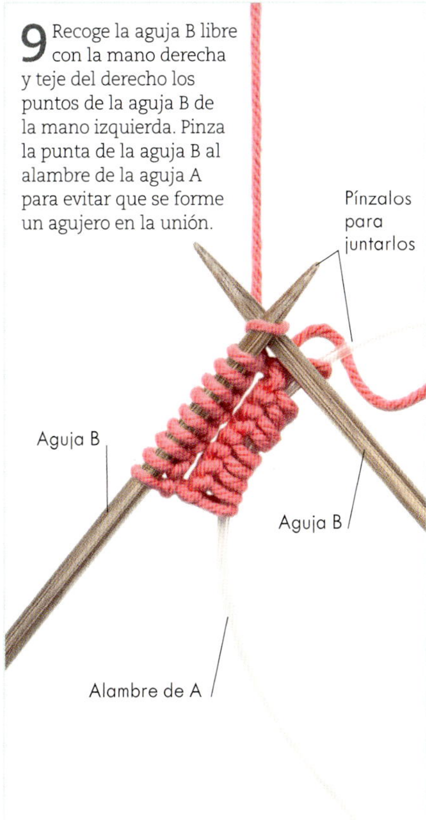

10 Completa el primer lado del tubo 1. Ahora las agujas están enfrentadas, como se ve en la imagen. Desliza el tubo 1 hacia abajo sobre el alambre, manteniendo el extremo de la aguja B en la mano derecha.

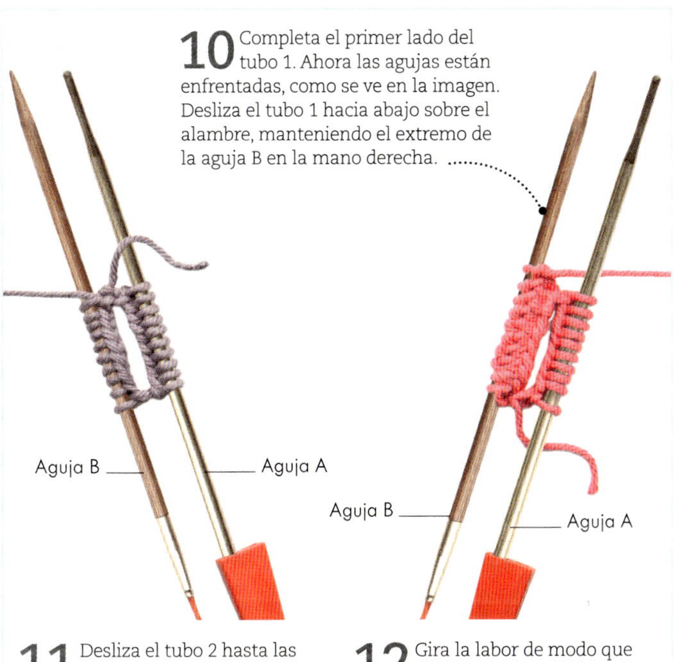

11 Desliza el tubo 2 hasta las puntas del otro extremo de las agujas B, y, sujetando este con la mano izquierda, teje el primer lado del tubo 2 con la aguja B.

12 Gira la labor de modo que el extremo de trabajo del hilo quede en la punta de la mano izquierda y desliza un tubo hacia cada extremo. Verás que estás a la mitad de ambos tubos.

13 Cambia los protectores de puntas a la aguja B. Coloca las agujas como en el paso 7, pero invierte la posición de las agujas para que la B quede a la izquierda.

14 Trabaja como en el paso 8 pero tira de la aguja B hacia arriba.

15 Sujeta el extremo libre de la aguja A con la mano derecha y teje los puntos de la punta de la aguja A con la mano izquierda. Completa el segundo lado del tubo 2 y deslízalo sobre el alambre. Las agujas están enfrentadas como en el paso 10.

16 Desliza el tubo 1 hasta las puntas del otro extremo de la aguja A y teje el segundo lado del tubo 1 con la aguja A. Repite los pasos 7 a 16, intercambiando los protectores de puntas como se muestra.

PUNTO EN ESPIRAL

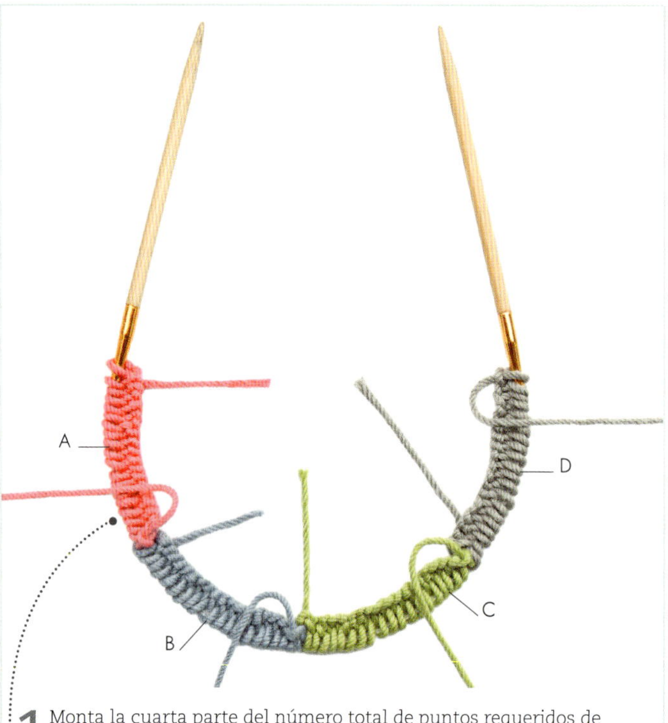

1 Monta la cuarta parte del número total de puntos requeridos de cada color (por ejemplo, si necesitas 80 puntos, monta 20 de A, 20 de B, 20 de C y 20 de D).

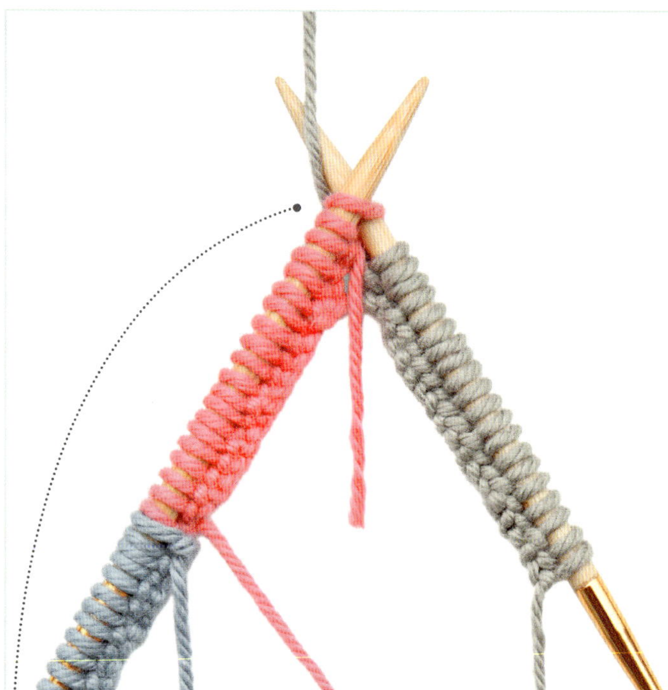

2 Sin girar las agujas, empieza a tejer los puntos del color A de la aguja izquierda usando el hilo del color D. En las uniones de los colores no tires del nuevo hilo con fuerza: mantén los puntos uniformes, o de lo contrario las rayas se deformarán. Teje hasta que todos los puntos de A estén trabajados.

3 Recoge el hilo A y teje el siguiente color. Continúa hasta el final de cada color, recogiendo el hilo por encima del color siguiente.

4 Después de una vuelta no habrá hilo esperando al final del último color, así que trabaja hasta el punto en que se une el siguiente hilo, recoge este y continúa como en el paso 3.

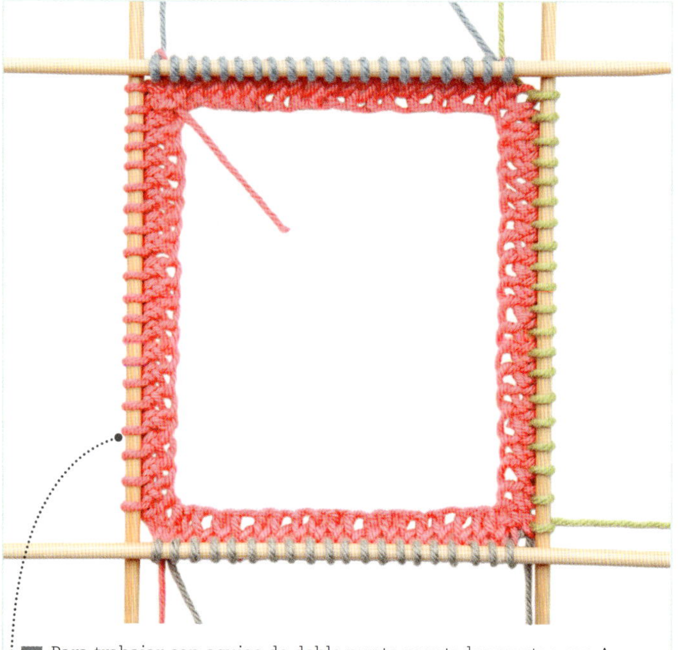

5 Para trabajar con agujas de doble punta monta los puntos con A, teje una vuelta y cierra el círculo. En la siguiente vuelta, teje la cuarta parte de los puntos con A, seguida de una cuarta parte con cada uno de los otros tres colores, uno tras otro. Continúa como en los pasos 2 a 4.

TEJER CON CUATRO AGUJAS DE DOBLE PUNTA

1 Las instrucciones de tu labor especificarán cuántas agujas de doble punta se necesitarán, ya sea un juego de cuatro o un juego de cinco. Cuando se trabaja con cuatro agujas de doble punta, los puntos requeridos se montan en una sola aguja.

2 Desliza algunos puntos a otras dos agujas: las instrucciones indicarán exactamente cuántos hay que pasar a cada una. Asegúrate de que la parte inferior de todos los puntos montados esté orientada hacia dentro.

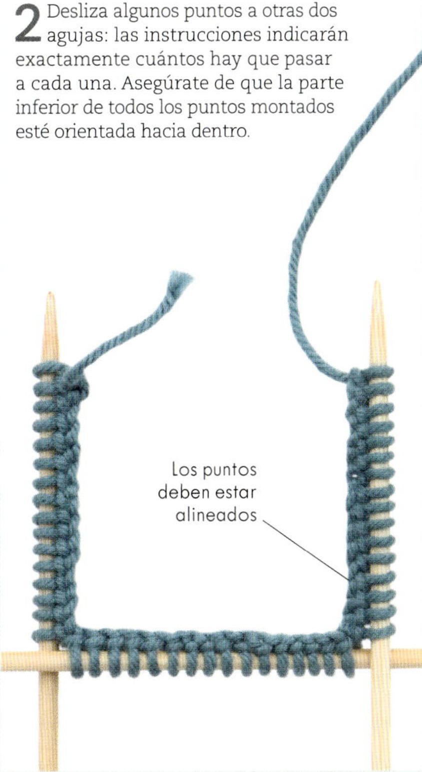

3 Pon un marcador de puntos entre el primer y el segundo puntos de la primera aguja para señalar el inicio de la vuelta. Después, junta la primera aguja y la tercera, y comienza a tejer con la cuarta en redondo, del mismo modo que con unas agujas circulares.

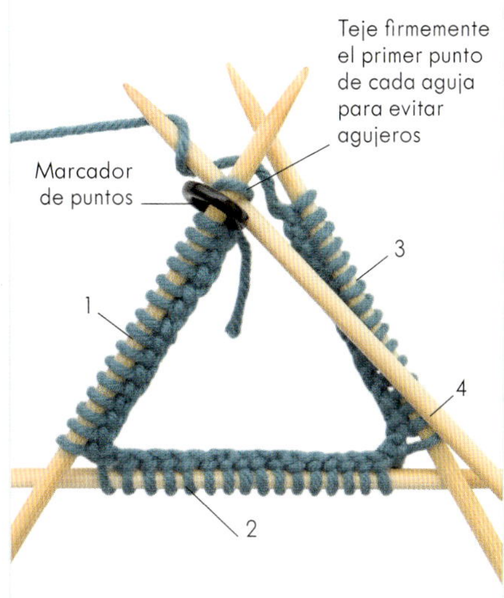

TEJER CON CINCO AGUJAS DE DOBLE PUNTA

1 Monta y distribuye los puntos, y coloca un marcador como para trabajar con cuatro agujas, pero repartiendo los puntos en cuatro agujas.

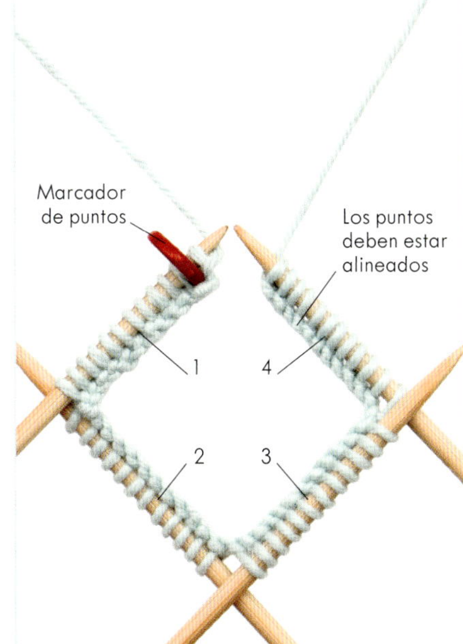

2 Utiliza la quinta aguja para tejer. Teje firmemente el primer punto para cerrar el espacio entre el primero y el último de los puntos montados.

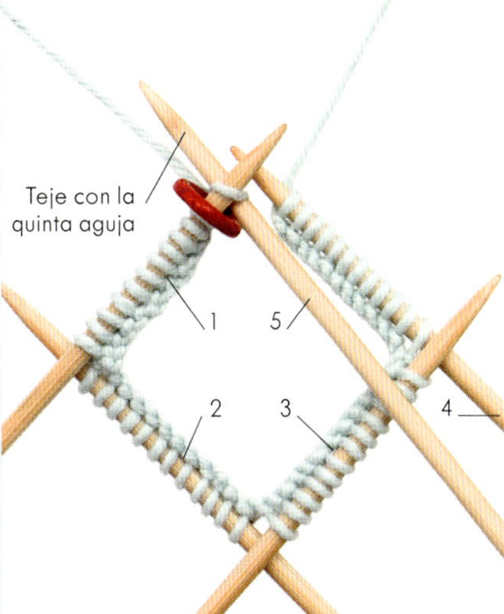

3 Cuando todos los puntos de la primera aguja hayan pasado a la quinta, utiliza la aguja vacía para tejer los puntos de la segunda. Sigue tejiendo en redondo de esta manera, pasando el marcador de la aguja izquierda a la derecha al llegar a él.

CANALÉ EN ESPIRAL

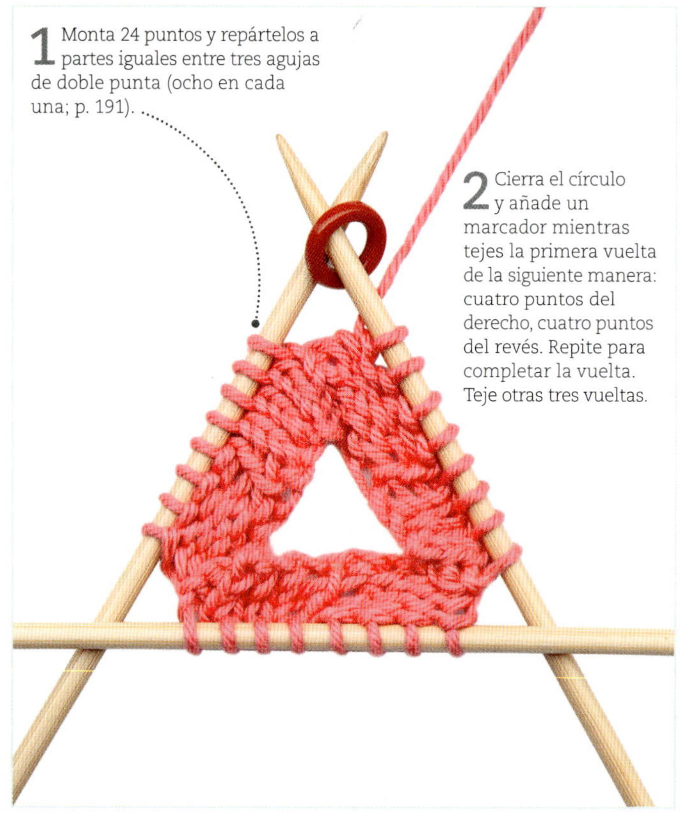

1 Monta 24 puntos y repártelos a partes iguales entre tres agujas de doble punta (ocho en cada una; p. 191).

2 Cierra el círculo y añade un marcador mientras tejes la primera vuelta de la siguiente manera: cuatro puntos del derecho, cuatro puntos del revés. Repite para completar la vuelta. Teje otras tres vueltas.

3 En la siguiente vuelta, teje el primer punto del revés y luego cuatro puntos del derecho y cuatro del revés alrededor de toda la vuelta, terminando con tres del revés para encontrar el primer punto del revés.

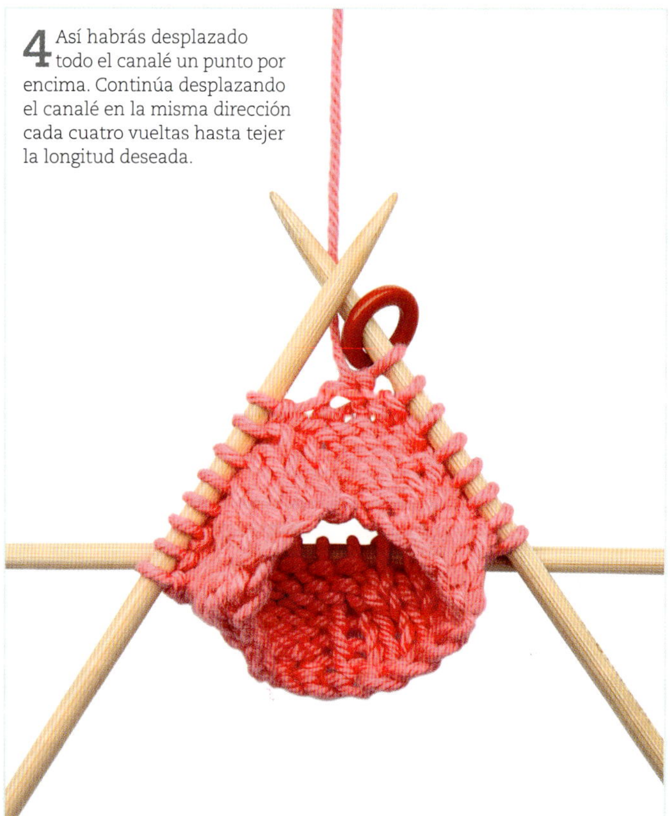

4 Así habrás desplazado todo el canalé un punto por encima. Continúa desplazando el canalé en la misma dirección cada cuatro vueltas hasta tejer la longitud deseada.

5 Esta técnica tiene especial éxito en joyería de punto cuando incorpora hilos de fantasía y brillantes, o cuentas.

TEJER MEDALLONES

Los medallones son figuras planas que se tejen desde el centro hacia fuera con un juego de cuatro o cinco agujas de doble punta. Aunque los pasos que se muestran abajo explican cómo tejer un cuadrado, la técnica es la misma para tejer círculos, hexágonos, octógonos, etc. (pp. 80 y 81).

TEJER UN CUADRADO SENCILLO

1 Monta ocho puntos en una aguja y distribuye dos en cada una de cuatro agujas. Con una quinta aguja, teje un punto retorcido del derecho en cada punto de las cuatro agujas.

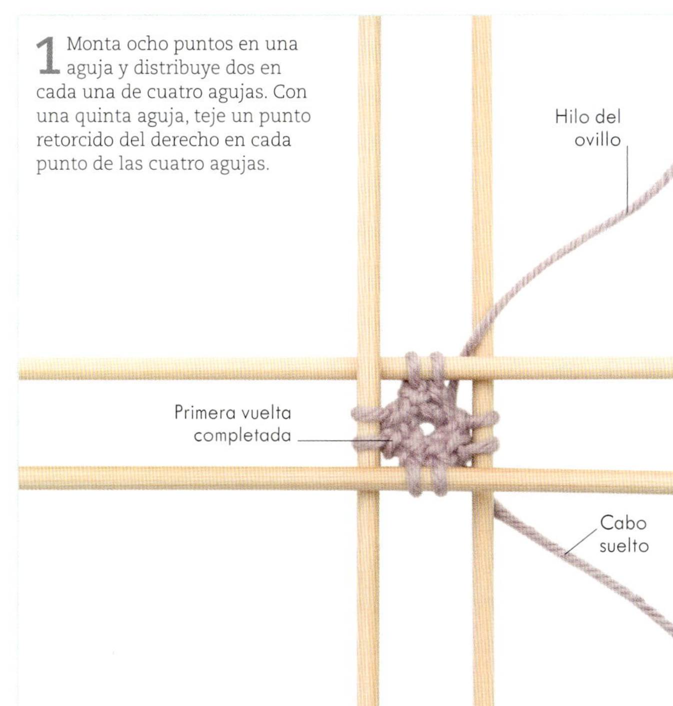

2 En la vuelta 2, teje un punto por delante y otro por detrás de cada punto (p. 128). Quedarán 16 puntos en total, cuatro en cada aguja.

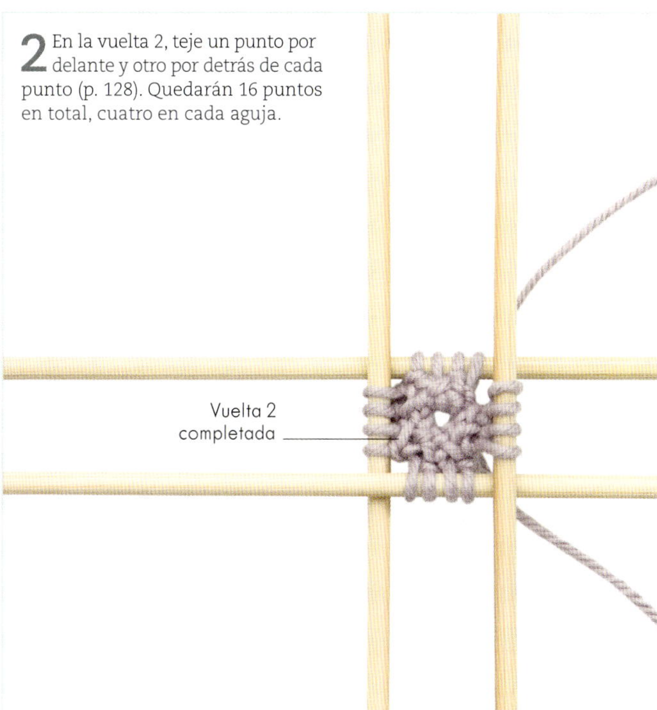

3 Teje cada punto del derecho en la vuelta 3. En la 4, teje un punto por delante y otro por detrás del primer y el último puntos de cada aguja. En las vueltas 5 a 8, repite dos veces la 3 y la 4.

4 Continúa de la misma manera, aumentando ocho puntos en cada vuelta alterna, hasta que el cuadrado tenga el tamaño deseado.

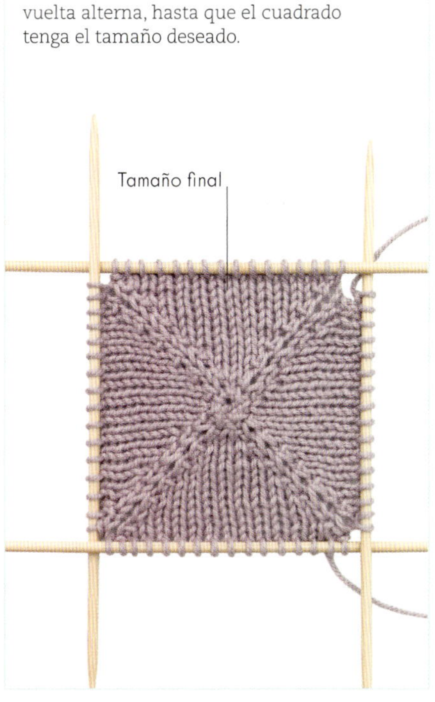

5 Cierra los puntos de la manera habitual, dejando un cabo suelto largo. Con una aguja lanera de punta roma, pasa el cabo por debajo del primer punto cerrado y de nuevo a través del centro del punto rematado. Remata los cabos por el revés de la labor, utilizando el cabo del centro para estirar y cerrar el agujero si fuera necesario.

PUNTO A LA INVERSA, DOBLE Y TUNECINO

Tejer a la inversa, o al revés, es una manera rápida de trabajar. Todas estas técnicas producen un tejido diferente, más firme y menos elástico que el punto tradicional. A veces, puede parecerse más al tejido de ganchillo que al de punto y puede utilizarse para conseguir un efecto similar.

PUNTO AL REVÉS

El punto a la inversa, o al revés, es útil para partes estrechas en las que, de otro modo, sería necesario girar con frecuencia. Al tejer a punto del derecho al revés en punto de jersey, cada vuelta se trabaja por la cara del derecho. Tejer al revés a punto del revés es menos frecuente.

PUNTO DEL DERECHO AL REVÉS

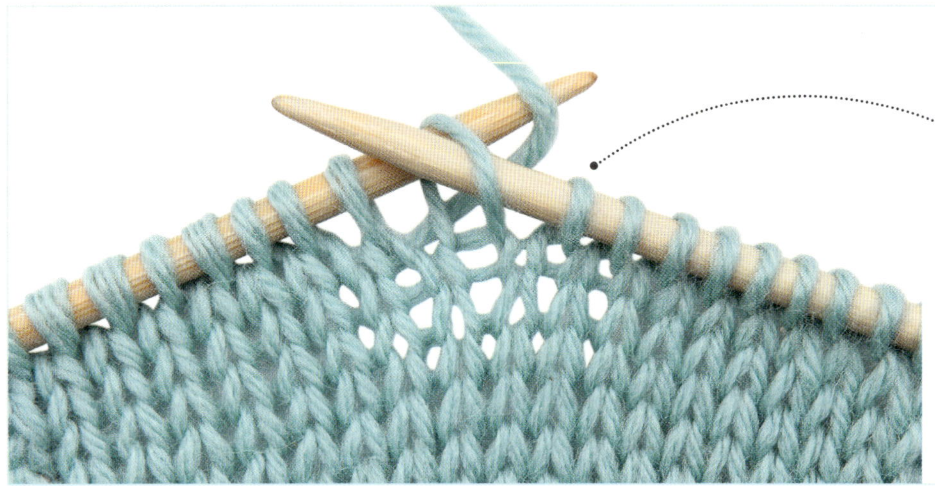

1 Al final de una vuelta a punto del derecho, no des la vuelta a la labor.

2 Inserta la aguja izquierda por detrás del primer punto de la aguja derecha. Pasa el hilo hacia delante entre las agujas de izquierda a derecha.

3 Desliza la aguja derecha a lo largo de la aguja izquierda y pasa la lazada sobre la punta izquierda; luego desliza la aguja derecha hacia abajo fuera del punto anterior.

PUNTO DEL REVÉS AL REVÉS

1 Al final de una vuelta a punto del revés, no des la vuelta a la labor. Mantén el hilo hacia delante.

2 Inserta la aguja izquierda de atrás hacia delante a través de la pata izquierda del primer punto de la aguja derecha y por delante de esta aguja. Pasa el hilo en círculo en sentido antihorario y entre las agujas de derecha a izquierda.

3 Desliza la aguja izquierda a través del punto hacia atrás por debajo de la aguja derecha para coger la lazada. Desliza la aguja izquierda hacia la derecha para pasar el punto anterior sobre la punta derecha.

PUNTO DOBLE

El punto doble no es elástico, por lo que es muy tupido, y debe tejerse con agujas más gruesas de lo que sería normal para el hilo. Los puntos resultarán más anchos que las vueltas a menos que se utilicen agujas gruesas, y la labor crecerá muy despacio.

1 Monta los puntos con el método de montaje tejido del derecho doble (p. 103).

2 Teje dos puntos del derecho juntos. Deja caer solo el primer punto, dejando el segundo en la aguja izquierda.

3 Inserta la aguja derecha en el punto restante y en el siguiente de la aguja izquierda y téjelos juntos. Repite este paso hasta el final de la vuelta.

4 Cada vuelta se teje de la misma manera. El tejido resultante es firme, tarda en deshacerse o engancharse, y se puede cortar como una tela tejida.

PUNTO TUNECINO

El punto tunecino da como resultado un tejido plano, tupido y grueso que se parece un poco al tejido de ganchillo. Se puede tejer con agujas estándar, aunque normalmente se trabaja sin apretar o con agujas ligeramente más gruesas de lo que sería normal para el hilo. La primera vuelta siempre es por la cara del revés.

1 Desliza del revés un punto en sentido horario y luego echa el hilo de delante hacia atrás, pasándolo alrededor de la aguja y hacia delante. Desliza del derecho el siguiente punto y echa el hilo. Repite estas dos acciones a lo largo de la vuelta.

2 El último hilo echado estará suelto, así que sujétalo por delante con el pulgar izquierdo. Gira la labor, manteniendo el pulgar y el hilo en su sitio (ahora estará por detrás).

3 En la siguiente vuelta teje cada aumento de hilo y cada punto juntos por la parte posterior de la lazada (2 pdj det). Para empezar la vuelta, inserta la aguja derecha en la parte posterior del primer punto, echa el hilo en la aguja izquierda y pásalo alrededor de la aguja derecha (p. 132), y teje el aumento de hilo y el primer punto juntos. Repite los pasos 1 a 3.

4 Es más fácil tejer estos 2 pdj det insertando la punta de la aguja derecha por delante del punto y el aumento de hilo y deslizándola luego hacia atrás sobre la aguja izquierda antes de tejer ambos por detrás.

5 Cierra los puntos con una aguja más gruesa de lo habitual, tejiendo tres puntos y pasando el primero sobre los otros dos. Teje otro punto y repite la operación a lo largo del borde.

DETALLES DE ACABADO

El acabado, como su nombre indica, es la etapa final de una labor. Con un poco de planificación, los detalles que harán que tu prenda sea más fácil de montar y tenga un aspecto más profesional, como ribetes, dobladillos, bolsillos y sistemas de abrochado, pueden incorporarse en el propio tejido.

REMONTAR PUNTOS

Remontar puntos a lo largo de los bordes puede resultar difícil incluso para tejedores experimentados. Una preparación cuidadosa y mucha práctica te ayudarán. Prueba esta técnica en pequeñas piezas para perfeccionarla antes de pasar a aplicarla en labores más importantes.

EN BORDES DE MONTAJE O DE CIERRE

Con el derecho de la labor de frente, inserta la aguja en el primer punto. Dejando un cabo suelto largo, echa el hilo en torno a la aguja y sácalo por el punto como si tejieras un punto del derecho. Continúa remontando y tejiendo un punto a través de cada punto montado o cerrado.

A LO LARGO DE FINALES DE VUELTA

1 Con hilos de peso ligero o medio, remonta unos tres puntos cada cuatro finales de vuelta. Para empezar, marca los finales de vuelta por el derecho de la labor prendiendo un alfiler en el primero de cada cuatro, como muestra la imagen.

2 Remonta y teje los puntos como en un borde de cierre (izquierda) o de montaje, insertando la aguja por el centro de los puntos. Salta cada cuarto final de vuelta.

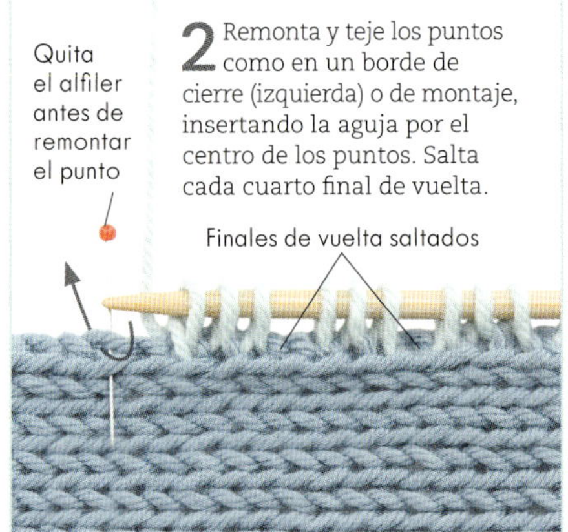

CON GANCHILLO

1 Elige un ganchillo que pase con facilidad a través de los puntos. Con el derecho de la labor de frente, inserta el ganchillo en el primer punto, pásalo por detrás y alrededor del hilo de izquierda a derecha y sácalo como muestra la imagen.

Hilo del ovillo

Cabo suelto

2 Pasa la lazada del ganchillo a la aguja de punto y tira del hilo para que quede firme. Repite, transfiriendo lazadas a la aguja.

CONSEJOS PARA REMONTAR PUNTOS

- **En las instrucciones paso a paso para remontar puntos** se ha utilizado un hilo de distinto color a fin de ilustrar claramente el proceso. Sin embargo, un hilo del mismo color te permitirá ocultar las imperfecciones. Para tejer un borde contrastado, cambia al nuevo color en la primera vuelta del borde.
- **Remonta y teje los puntos** siempre con el derecho de la labor hacia ti, ya que al hacerlo se forma un surco en el revés.
- **El patrón especificará** el tamaño de agujas necesario para remontar puntos: suele ser un número o un tamaño menor que el de las agujas para tejer la pieza principal.
- **Tras haber remontado** el número de puntos requerido, teje el borde siguiendo las instrucciones del patrón, ya sea en canalé, a punto de arroz o punto bobo, o con dobladillo.
- **Si te resulta difícil remontar puntos** de manera regular a lo largo de un borde, prueba a cerrar este de nuevo, un poco más flojo o más prieto. Si esto no funcionara, deshaz el borde y vuelve a empezar ajustando el número de puntos o espaciándolos de otro modo. También puedes probar con agujas más finas en el caso de que el borde haya quedado demasiado estirado, o con agujas más gruesas si se ve demasiado prieto.

A LO LARGO DE UN BORDE CURVO

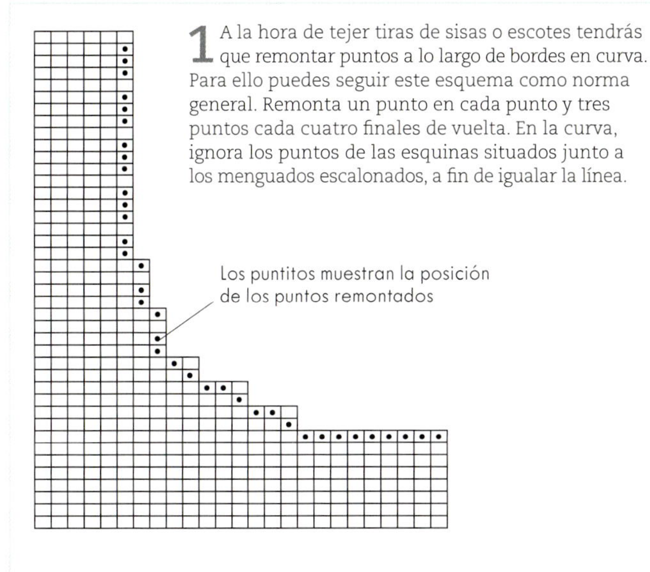

1 A la hora de tejer tiras de sisas o escotes tendrás que remontar puntos a lo largo de bordes en curva. Para ello puedes seguir este esquema como norma general. Remonta un punto en cada punto y tres puntos cada cuatro finales de vuelta. En la curva, ignora los puntos de las esquinas situados junto a los menguados escalonados, a fin de igualar la línea.

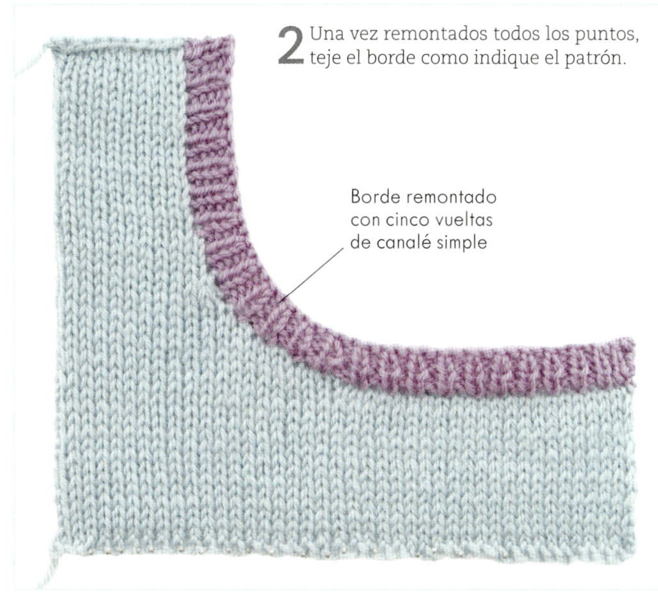

2 Una vez remontados todos los puntos, teje el borde como indique el patrón.

ORILLOS

El orillo puede ser muy importante para un borde no cosido, y hay muchos métodos para lograr que sea decorativo además de funcional. Los bordes flojos pueden apretarse con una cadeneta o a punto bobo deslizado, y los que tienen tendencia a enrollarse pueden aplanarse con un orillo a punto bobo. Los orillos de ambos lados de una pieza no tienen por qué trabajarse de la misma manera.

ORILLO A PUNTO BOBO

1 Es mejor para bordes que no se van a coser, ya que la costura podría quedar desigual. Facilita que el borde del punto de jersey quede liso. Cada «bultito» equivale a dos vueltas.

2 En punto de jersey, teje del derecho los puntos primero y último de cada vuelta.

ORILLO A PUNTO BOBO DESLIZADO

Es más firme que el orillo a punto bobo (p. 197).

1 Desliza del derecho el primer punto y teje del derecho el último punto de todas las vueltas.

2 El borde resultante es más firme que el orillo a punto bobo, y más liso. Los puntos deslizados pueden hacer que sea más fácil remontar puntos en algunas labores.

ORILLO A PUNTO BOBO DESLIZADO DOBLE

Sirve para bordes ligeramente decorativos.

1 Teje todos los puntos del borde de la misma manera en cada vuelta. Inserta la aguja derecha en la parte posterior del primer punto, de derecha a izquierda, y desliza ese punto.

2 Teje el segundo punto. Trabaja según el patrón hasta dos puntos antes del final de la vuelta y teje los dos últimos puntos juntos del derecho.

ORILLO DE CADENETA

Es el mejor para remontar puntos (pp. 196–197) en bordes a ganchillo y para costuras a pespunte (pero no a punto colchonero) [p. 215].

1 En punto de jersey, en todas las vueltas por el derecho, desliza del derecho el primer punto y teje el último punto del derecho. En todas las vueltas por el revés, desliza del revés el primer punto y teje el último punto del revés.

2 En punto bobo, con el hilo por delante, desliza del revés el primer punto, pasa el hilo hacia atrás y teje a punto del derecho hasta el final.

ORILLO CON PIQUILLO DE PRESILLAS

1 En las vueltas por el derecho, inserta la aguja derecha en los dos primeros puntos, pasa el hilo por delante en torno a la aguja derecha, de izquierda a derecha, y haz un aumento de hilo (p. 132), uniendo los dos primeros puntos. Teje del derecho hasta los dos últimos puntos, desliza estos del derecho, de uno en uno, e inserta la aguja izquierda por delante para menguar tejiendo 2 pd desj (p. 136).

2 En las vueltas por el revés, haz un aumento de hilo (p. 132) flojo (mantenlo abierto con el pulgar si es necesario) y teje a punto del revés el resto de la vuelta. En punto bobo, teje del revés el primer punto y los dos últimos puntos.

ORILLO A PUNTO DE PIQUILLO

1 En punto de jersey, en una vuelta a punto del derecho, monta dos puntos tejiendo del derecho y luego ciérralos también del derecho.

2 Pasa el punto restante de la aguja izquierda a la derecha sin retorcerlo. Teje del derecho hasta el final de la vuelta.

3 En una vuelta a punto del revés, monta dos puntos como en el paso 1, pasa el hilo hacia delante y cierra los dos puntos del revés (p. 106).

4 Con el hilo hacia delante, pasa el punto restante de la aguja izquierda, sin retorcerlo, a la aguja derecha. Teje del revés hasta el final de la vuelta.

ORILLO CON FLECO

1 Para un orillo con un fleco de cuatro puntos, monta los puntos del ancho de la labor más ocho, con el método de montaje simple (p. 91). Teje tantas vueltas como necesites a punto de jersey o una variante de puntos del derecho y del revés. En la última vuelta deja caer cuatro puntos en cada extremo. Cierra los puntos restantes.

2 Deshaz los puntos del borde hasta el final del tejido. Para que el fleco quede recto, pasa una aguja larga por todas las lazadas y estíralas, extendiéndolas sobre una superficie plana (p. 213).

OJALES

El ojal más sencillo es un ojete, pero existen técnicas para hacer ojales tejidos más grandes y resistentes, que admiten botones de distintos tamaños. Aunque los ojales más comunes son los horizontales, en esta sección también se explican variantes verticales y diagonales.

DETERMINAR LA POSICIÓN DE BOTONES Y OJALES

Decide el número de botones antes de hacer los ojales. Estos deben coincidir con el tamaño de los botones. Los botones superior e inferior suelen colocarse a una distancia de entre 1 y 3 cm del cuello y del borde del bajo. Empieza los ojales al menos a tres puntos del borde. Cuenta las vueltas y los puntos, ya que la medición puede ser imprecisa. En las tiras tejidas verticalmente, teje y coloca primero la tira de los botones. Marca con hilo la posición del botón superior y del inferior.

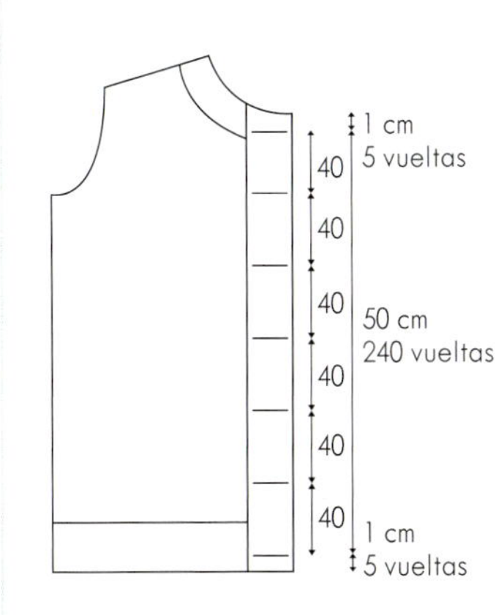

1 Teje la tira de los ojales con el número de vueltas calculado entre ojales, dejando dos vueltas para un ojal de dos vueltas. Teje las vueltas de los ojales verticales de modo que se centren en el marcador.

2 Para una tira de botones remontada horizontalmente, cuenta los puntos en lugar de las vueltas para calcular la separación, como se describe en el paso 1.

CÓMO HACER PRESILLAS

1 Pasa la aguja de atrás hacia delante de la labor en uno de los extremos de la posición de la presilla, dejando un cabo suelto corto, y luego de delante hacia atrás en el otro extremo.

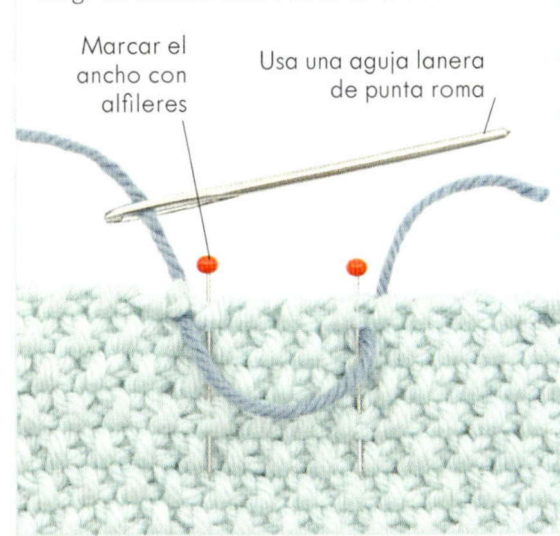

2 Pasa de nuevo la aguja de atrás hacia delante junto al primer alfiler. Así se forma una hebra doble que será la base de la presilla.

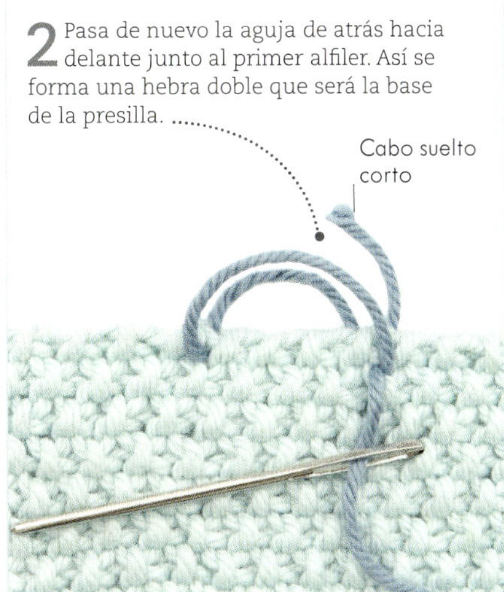

3 Haz un festón con las puntadas muy juntas sobre la hebra doble y el cabo suelto. Afianza el hilo en el tejido, pásalo a través de algunas puntadas de la presilla y córtalo.

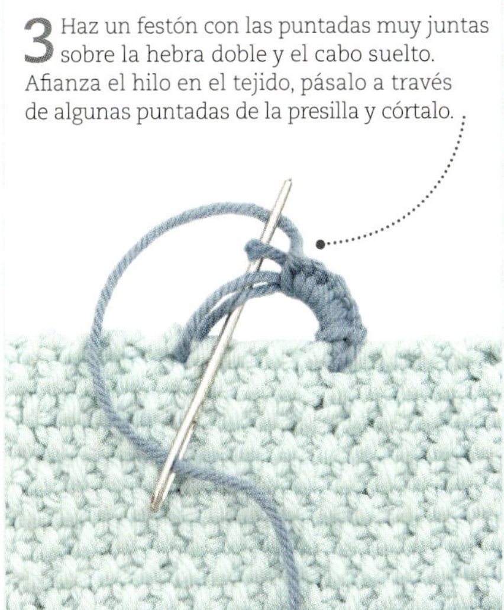

PRESILLA TEJIDA

1 Monta los puntos necesarios para la longitud de la presilla con el método de montaje en ochos (p. 93). En la siguiente vuelta, cierra todos los puntos.

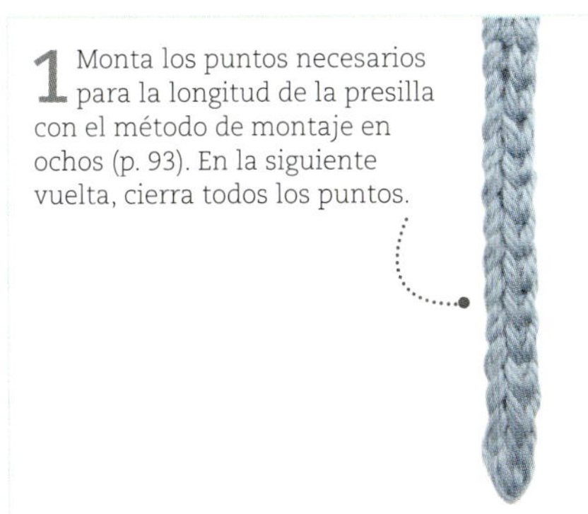

2 Dobla la presilla por la mitad. Usa los extremos para coserla de una manera firme y pulida al borde interior de la prenda.

OJAL (OJETE) REFORZADO

1 En una vuelta a punto del derecho, teje hasta la posición del ojal. Haz un aumento de hilo (p. 132). Teje hasta el final de la vuelta.

2 En la vuelta siguiente desliza del revés el aumento de hilo y haz otro aumento echando el hilo de delante atrás. Teje hasta el final de la vuelta.

3 En la vuelta siguiente desliza del derecho el punto anterior a los aumentos de hilo y teje estos dos juntos, pero no los saques de la aguja izquierda.

4 Pasa el punto deslizado por encima del punto recién hecho. Teje del derecho tres puntos juntos (los aumentos de hilo y el punto siguiente). Teje hasta el final de la vuelta.

5 Este ojal es más resistente y pulido que un simple ojete (p. 153).

OJAL HORIZONTAL DE UNA VUELTA

Es un ojal fuerte, hecho en punto de jersey en este ejemplo, pero queda especialmente bien en punto bobo o punto de jersey al revés.

1 Teje hasta la posición del ojal (esta sería una vuelta a punto del derecho en punto de jersey al revés). Pasa el hilo hacia delante. Desliza un punto del revés. Pasa el hilo hacia atrás.

2 Desliza un punto del revés y pasa el punto anterior por encima. Repite este paso a lo largo del número de puntos requeridos para el ojal.

3 Pasa el último punto de la aguja derecha de nuevo a la izquierda. Gira la labor. Pasa el hilo hacia atrás.

4 Monta el número de puntos para el ojal con el método de montaje en ochos (p. 93). Monta un punto más, pasa el hilo hacia delante después de hacer el punto, pero antes de colocarlo en la aguja izquierda, y gira.

5 Desliza un punto del derecho y pasa el último punto montado por encima. Teje el resto de la vuelta.

6 Este ojal se hace igual en punto de jersey al revés.

OJAL HORIZONTAL CERRANDO PUNTOS

1 En una vuelta a punto del derecho, teje hasta la posición del ojal. Teje dos puntos más antes de pasar uno sobre otro para cerrar del derecho (p. 106) los puntos del ojal. Cuando la última lazada de cierre esté en la aguja derecha, desliza el primer punto de la aguja izquierda a la derecha y pasa la última lazada sobre ese punto. Tensa el hilo. Teje la vuelta siguiente hasta el ojal.

2 Para completar el ojal de una manera avanzada omite este paso y sigue los pasos 3 a 5. Para completarlo de una manera sencilla, gira la labor y monta los puntos en ochos (p. 93). Cuando la última lazada del montaje esté aún en la aguja derecha, pasa el hilo hacia delante entre las agujas y desliza el punto a la aguja izquierda. Pasa el hilo hacia atrás, gira y teje del derecho el resto de la vuelta. El ojal estará terminado.

3 Suelta la aguja izquierda (utiliza un protector de puntas para retener los puntos si es preciso) y trabaja solo con la derecha. Sujeta el hilo y la aguja en la mano derecha. Con el pulgar izquierdo apuntando hacia abajo, recoge el hilo por detrás y enróllalo en el pulgar hacia la derecha en círculo en sentido antihorario, de modo que se cruce cerca de la aguja. Inserta la aguja derecha en la lazada del pulgar por delante.

4 Levanta el índice izquierdo, recogiendo el hilo. Pasa el hilo a la izquierda por detrás de la aguja y enróllalo hacia la derecha, por encima de la aguja.

5 Desliza la lazada del pulgar sobre la punta de la aguja derecha. Sujeta la nueva lazada con el índice derecho y tensa el hilo con la mano izquierda, asegurándote de que la lazada rodea toda la aguja. Repite en cada punto montado. Teje hasta el final de la vuelta.

OJAL HORIZONTAL CON AUMENTOS

1 Teje hasta la posición del ojal. Teje dos puntos más antes de pasar uno por encima del otro para cerrar del derecho (p. 106) los puntos del ojal (cinco en este ejemplo).

2 Cuando la última lazada de cierre esté en la aguja derecha, deslízala a la aguja izquierda y pasa el segundo punto por encima de dicha lazada. Tira del hilo para tensarlo.

3 Echa el hilo dos veces (o una vez si se trata de un ojal de dos o tres puntos, dependiendo de la tensión y del hilo). Teje hasta el final de la vuelta.

4 En la vuelta siguiente, teje hasta los aumentos de hilo. Deja caer los aumentos y tira hacia arriba del último punto de la aguja izquierda para sacar el hilo de los aumentos y alargarlo.

5 Teje un punto del revés por delante y por detrás (p. 128) tantas veces como puntos hayas cerrado más uno. Teje hasta el final de la vuelta.

OJAL VERTICAL

1 Este ejemplo se hace en punto de jersey. Teje hasta la posición del ojal. Pasa los puntos que quedarán a la izquierda del ojal a un guardapuntos. Gira la labor.

2 Teje el lado derecho del ojal comenzando con una vuelta a punto del revés y haciendo un orillo de cadeneta (p. 199) deslizando del revés el primer punto del borde en todas las vueltas por el revés de la labor (R) y del derecho el último punto del borde en todas las vueltas por el derecho (D).

3 Cuando el lado derecho sea lo suficientemente largo, termina con una vuelta a punto del revés, corta el hilo dejando un cabo suelto largo y pasa los puntos a otro guardapuntos. Desliza de nuevo los puntos en espera a la aguja izquierda con la cara del derecho hacia delante. Empalma el nuevo extremo del hilo (dejando un cabo suelto largo) y aumenta tejiendo 1 pfd (p. 130) entre el primer y el segundo puntos.

4 Desliza del derecho el último punto de la siguiente vuelta y de todas las vueltas del D y teje un punto por la parte posterior del primer punto en todas las vueltas del D. Esto crea una variante de orillo de cadeneta en el lado izquierdo del ojal.

5 Cuando ambos lados tengan las mismas vueltas, y asegurándote de terminar con una vuelta a punto del revés, corta el hilo dejando un cabo suelto largo y vuelve a colocar todos los puntos en las agujas en el orden correcto. Empalma el hilo y haz una vuelta completa tejiendo juntos los dos puntos del orillo del ojal. Remata bien los cabos.

OJAL DIAGONAL

1 Teje a punto de jersey hasta la posición del ojal. Pasa los puntos que quedarán a la izquierda del ojal a un guardapuntos. Gira la labor. Desliza del revés el primer punto, echa el hilo y teje a punto del revés hasta el final.

2 Teje la vuelta siguiente a punto del derecho hasta el aumento de hilo y teje un punto del derecho por la parte posterior de este, retorciéndolo para cerrar el agujero. Teje del derecho el último punto. Repite a lo largo del ojal, terminando con una vuelta a punto del revés. Repite las instrucciones del punto del derecho del paso 1.

3 Corta el hilo dejando un cabo suelto largo y pasa los puntos del lado derecho a otro guardapuntos. Pasa de nuevo los puntos en espera a la aguja izquierda con la cara de punto del derecho hacia delante. Empalma el nuevo extremo de hilo y aumenta tejiendo 1 pfd (p. 130) entre el primer y el segundo puntos.

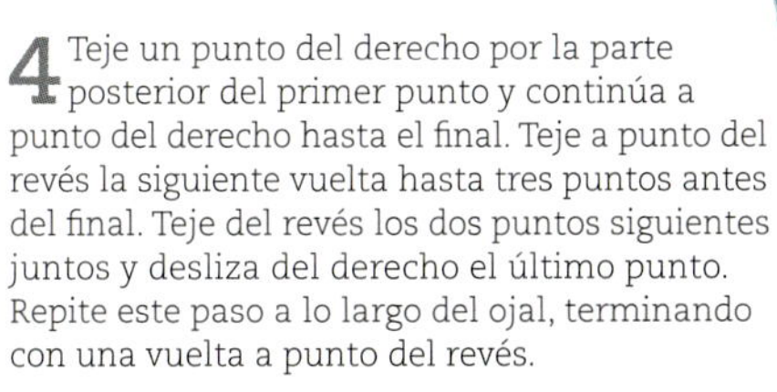

4 Teje un punto del derecho por la parte posterior del primer punto y continúa a punto del derecho hasta el final. Teje a punto del revés la siguiente vuelta hasta tres puntos antes del final. Teje del revés los dos puntos siguientes juntos y desliza del derecho el último punto. Repite este paso a lo largo del ojal, terminando con una vuelta a punto del revés.

5 Corta el hilo dejando un cabo suelto largo y vuelve a colocar todos los puntos en las agujas en el orden correcto. Empalma el hilo y teje una vuelta completa, tejiendo juntos los dos puntos del orillo del ojal. Remata bien los cabos. Para inclinar el ojal en sentido contrario, invierte el aumento y el menguado.

BOLSILLOS

Los bolsillos de plastrón, o sobrepuestos, pueden tejerse por separado y coserse o añadirse remontando puntos desde el tejido principal. Los bolsillos interiores quedan especialmente bien en las prendas y pueden ribetearse con detalles de textura y color, e incluso tejerse con hilos más ligeros para evitar que abulten.

BOLSILLO SOBREPUESTO REMONTANDO PUNTOS

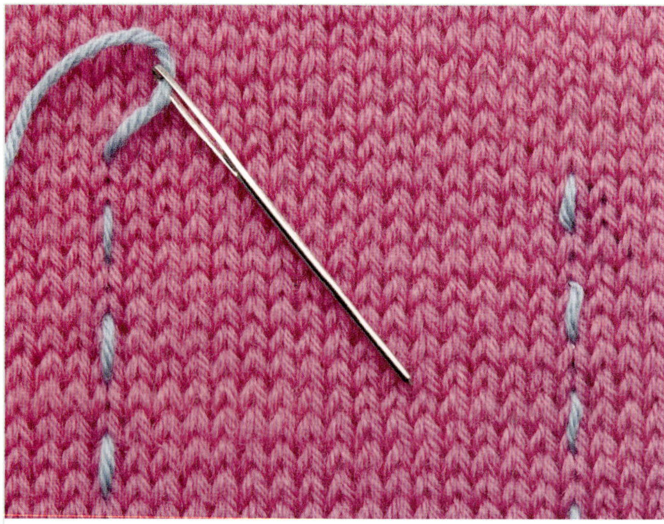

1 Teje primero la pieza de la prenda. Hilvana la posición de los lados y la base del bolsillo en la prenda con un hilo fino de un color que destaque. Para que el fondo del bolsillo quede recto, remonta los puntos en la vuelta siguiente al ribete o hilvánalo por el lado izquierdo de los puntos de la vuelta de base.

2 Enhebra el hilo del bolsillo en una aguja de ojo grande, pasa el extremo hacia el revés de la labor y afiánzalo dejando un cabo suelto largo. Ten preparada una aguja de punto para recibir los puntos a medida que los vas haciendo. Empezando por la esquina inferior derecha de los puntos marcados, inserta un ganchillo por el centro de la «V» del primer punto, pásalo por debajo de la lazada superior y sácalo de nuevo hacia delante. Coloca el hilo de derecha a izquierda en el ganchillo y saca una lazada.

3 Pasa la lazada a la aguja derecha. Repite los pasos 2 y 3 hacia la izquierda a lo largo de la vuelta para remontar cada punto de la base del bolsillo.

4 Empezando con una vuelta por el revés de la labor, teje tantas vueltas como sea necesario según la profundidad del bolsillo, añadiendo un ribete de canalé o algún otro motivo si lo deseas. Cierra los puntos.

5 Cose los lados a punto colchonero (p. 214), utilizando los extremos del hilo si fuera posible. Retira el hilván.

BOLSILLO INTERIOR HORIZONTAL

1 Teje el bolsillo antes que la pieza de la prenda: deberá tener de ancho dos puntos más que los puntos cerrados para la abertura. Déjalo en espera en una aguja auxiliar o un guardapuntos tras tejer la última vuelta a punto del derecho.

2 Con el derecho de la labor de frente, teje hasta la posición del bolsillo. Cierra del derecho los puntos (p. 106) de la abertura y teje del derecho hasta el final de la vuelta.

3 Gira y teje del revés hasta un punto antes de la posición del bolsillo. Sujeta la aguja con los puntos del bolsillo en la mano izquierda y teje del revés el último punto del tejido principal y el primer punto del bolsillo juntos.

4 Teje del revés los puntos del bolsillo. Teje del revés el último punto junto con el primero de la aguja izquierda. Continúa. Completa la pieza de la prenda.

5 Una alternativa al paso 2 es dejar en espera los puntos de la abertura en un guardapuntos. Esto te permitirá tejer después un ribete para el bolsillo.

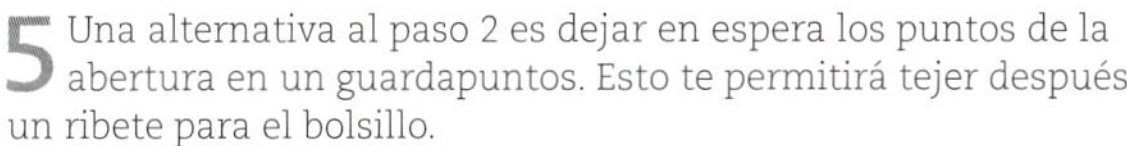

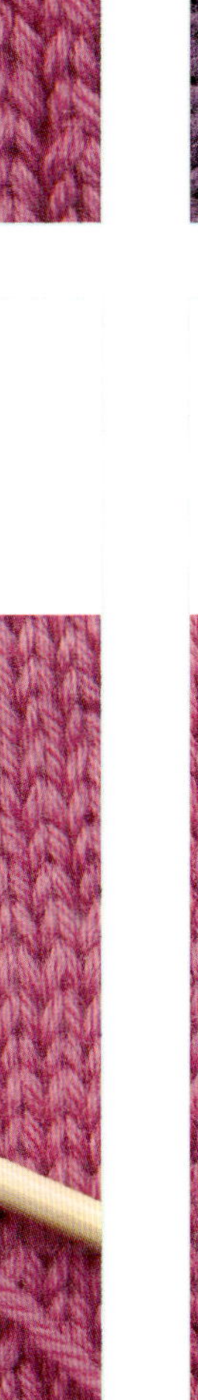

6 Cose el bolsillo a la prenda a repulgo, sin apretar demasiado las puntadas. Este bolsillo se ha tejido con un hilo de distinto color, pero normalmente se haría con el hilo principal.

BOLSILLO INTERIOR VERTICAL

1 En este ejemplo la abertura está a la izquierda del bolsillo, y este se teje al mismo tiempo que la parte delantera. En una vuelta por el derecho de la labor (D), teje hasta la posición del bolsillo y pasa los puntos restantes en la aguja izquierda a un portapuntos.

2 Teje la parte delantera del bolsillo: gira la labor y haz un borde a punto bobo tejiendo del derecho los dos primeros puntos y el resto de la vuelta del revés. En la siguiente vuelta teje del derecho los dos puntos del borde. Continúa tejiendo vueltas, con los puntos del borde incluidos, hasta alcanzar la altura prevista para el bolsillo. Termina la parte delantera con una vuelta a punto del revés y pasa los puntos a un guardapuntos. Corta el hilo dejando un cabo suelto largo.

3 El derecho de la labor y el bolsillo se tejen en uno: con el D de frente, pasa los puntos del primer guardapuntos a una aguja; a menos que uses una aguja de doble punta, puede que tengas que pasarlos de esta aguja a otra que tenga la punta encarada hacia el derecho. Empalma el hilo.

4 Monta en ochos (p. 93) los puntos necesarios para la anchura del bolsillo. Gira la labor y teje el mismo número de vueltas para el bolsillo y el lado izquierdo que para la parte delantera del bolsillo. Acaba con una vuelta a punto del revés.

5 Cierra la parte superior del bolsillo: con el derecho de la labor (D) de frente, pasa los puntos del segundo guardapuntos a una aguja que apunte hacia la derecha (el guardapuntos debería apuntar hacia la izquierda). Teje del derecho la siguiente vuelta. En la posición del bolsillo, coloca la aguja del bolsillo detrás de la aguja izquierda y teje con las dos juntas. Completa la vuelta.

6 Completa la pieza y cose el bolsillo a la parte delantera de la prenda.

DOBLADILLOS

El tradicional bajo de canalé suele tejerse al principio de una prenda, mientras que otros bajos pueden coserse después. Los dobladillos son estupendos para los puños y pueden añadirse verticalmente a lo largo de las aberturas del delantero. Aquí se muestran dos métodos para acabar un bajo con un dobladillo. También puedes utilizar un montaje provisional (p. 101) y unir los puntos abiertos al tejido principal con un remallado.

DOBLADILLO REMONTADO

1 Monta los puntos del dobladillo con el método de montaje simple (p. 91) y con agujas más finas. En este ejemplo se utilizan dos colores para distinguir el interior del exterior, pero esto también podría ser una opción del diseño. Con el color de contraste, teje a punto bobo el interior hasta la altura necesaria, terminando con una vuelta a punto del derecho.

2 Cambia al color principal y teje otra vuelta del derecho, que será la vuelta de doblez. Con unas agujas más gruesas y el color principal, vuelve a empezar el punto de jersey con una vuelta del derecho y teje hasta que el interior y el exterior tengan la misma longitud, terminando con una vuelta del revés.

3 Con una aguja más fina y el hilo principal, y con el derecho de la labor (D) de frente, remonta y teje un punto a través del centro de cada punto montado.

4 Puede que haya que pasar estos puntos a otra aguja, ya que la aguja debe apuntar en la misma dirección que la de los puntos del dobladillo. Dobla el bajo hacia arriba a lo largo de la línea de doblez con el D hacia fuera. Sujeta las dos agujas juntas con la mano izquierda.

5 Con una aguja más gruesa y volviendo a empalmar el hilo principal si fuera necesario, teje del derecho los puntos correspondientes de ambas agujas juntos.

6 Estira el dobladillo con la prenda para conseguir el efecto final.

DOBLADILLO CON PIQUITOS

1 Utilizando unas agujas más finas, monta un número par de puntos igual a la longitud del bajo, con el método de montaje simple (p. 91).

2 Teje hasta la altura requerida del dobladillo a punto de jersey, terminando con una vuelta del revés.

3 En la vuelta siguiente, teje del derecho los dos primeros puntos juntos (p. 135) y haz un aumento echando el hilo hacia delante y hacia atrás sobre la aguja (p. 132). Repite hasta el final de la vuelta.

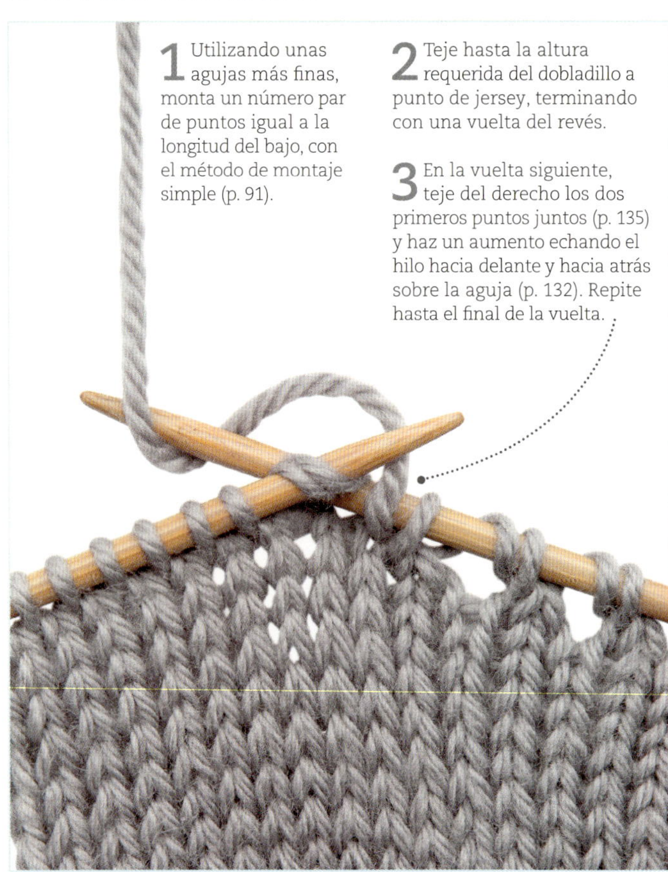

4 Cambia las agujas por otras más gruesas. Teje sobre los puntos y los aumentos en la primera vuelta, y continúa a punto de jersey hasta una altura igual a la anterior, terminando con una vuelta del revés.

5 Cuando la pieza esté terminada, dobla el bajo hacia arriba por los calados, encarando los reveses. Préndelo con alfileres para que los puntos queden alineados. Cose el dobladillo por el revés de la pieza a lo largo de una vuelta con una aguja de punta roma de la siguiente manera: inserta la aguja en una lazada del revés y luego en su correspondiente en vertical del borde de montaje, saca el hilo y repite. No dejes que la costura frunza el punto.

6 Estira el dobladillo con la prenda para conseguir el efecto final.

ESTIRADO

Consulta previamente las instrucciones del fabricante del hilo. Los puntos con relieve, como el punto bobo, el canalé y los de ochos, se estiran mejor en húmedo o al vapor con mucha suavidad, de manera que no se altere su textura, pero no se deberían planchar.

ESTIRADO EN HÚMEDO

Si el hilo lo permite, el estirado en húmedo es el mejor método para alisar una pieza de punto. Lava o moja simplemente la pieza con agua tibia, escúrrela y colócala plana sobre una toalla. Luego enrolla la toalla para eliminar más humedad. Préndela con alfileres sobre unas toallas secas cubiertas con una sábana y déjala secar.

ESTIRADO AL VAPOR

Estira una pieza al vapor solo si el hilo lo permite. Prende la pieza con alfileres dándole la forma correcta y ponle un trapo limpio húmedo encima. Aplica vapor con una plancha, rozando apenas el trapo, sin presionar y evitando las zonas de punto bobo o canalé. Retira los alfileres cuando la pieza esté totalmente seca.

COSTURAS

Las técnicas más utilizadas para coser piezas de punto son la costura de borde a borde, el punto colchonero (p. 214), el pespunte y el sobrehilado (p. 215). A veces es necesario remallar tras cerrar los puntos, pero es muy útil aprender la técnica del remallado con los puntos abiertos para unir piezas sin costura aparente.

CONSEJOS

- **Estira las piezas** de punto antes de coserlas. Una vez acabadas las costuras, ábrelas y estíralas suavemente al vapor si el hilo lo permite.
- **Utiliza siempre** una aguja lanera de punta roma para todas las costuras. Una aguja puntiaguda perforaría las hebras y te impediría pasar correctamente el hilo a través de la labor.
- **Aunque en las costuras** que se muestran aquí se utiliza un hilo de otro color para que se vean mejor, usa un hilo del mismo color que el del tejido para todas las costuras.
- **Si la labor** es de un hilo de fantasía busca un hilo fuerte y liso de un color similar para coserla. En general, y en particular para costuras a punto colchonero, es mejor trabajar con hebras cortas, ya que las largas acaban debilitándose y pueden romperse.
- **Antes de empezar a coserlas,** prende las piezas de punto con alfileres. Afianza el hilo al principio de la costura, en el borde de una de las piezas, con dos o tres puntadas a punto por encima.
- **Haz las costuras firmes,** pero no demasiado prietas. Deberían tener cierta elasticidad, para igualar la de la labor.

COSTURA DE BORDE A BORDE

Esta costura es adecuada para casi todos los tipos de punto. Para comenzar, alinea las piezas con el revés hacia ti. Haz cada puntada a través de los agujeritos formados a lo largo de los bordes del tejido, como se ve en la imagen.

INICIO DE LAS COSTURAS EN FORMA DE OCHO

Hacer una puntada en forma de ocho es una manera fuerte y segura de iniciar una costura y resulta especialmente útil antes del punto colchonero.

1 Alinea los bordes de las piezas que vas a coser con los derechos hacia ti. Después de hacer el ocho, gira la labor según el método de costura que hayas elegido.

2 Enhebra la aguja con el hilo de la labor o un sustituto.

3 Pasa la aguja de atrás hacia delante a través del punto inferior de la pieza derecha, lo más cerca posible de ambos bordes.

4 Lleva la aguja por detrás de la pieza izquierda y pásala hacia delante a través del punto inferior del borde.

5 Lleva la aguja a la pieza derecha y repite el paso 2. Esto forma un ocho, que es un comienzo a la vez fuerte y limpio de una costura.

PUNTO COLCHONERO

Este punto de costura casi invisible es ideal para punto de jersey y canalé. Se hace siempre por el derecho.

1 Tras comenzar con un ocho (arriba), vuelve a llevar la aguja por debajo de la pieza izquierda y pásala por el mismo lugar que antes. Esto coloca la primera puntada en el lugar correcto.

2 Inserta la aguja desde delante por el centro del primer punto de una pieza y sácala por el centro del punto situado dos vueltas más arriba. Repite la operación en el otro borde, subiendo a lo largo de la costura y manteniendo las puntadas flojas. Después de unas seis puntadas, tira suavemente del hilo para juntar los bordes sin fruncir la costura.

PESPUNTE

El pespunte se puede utilizar para coser casi cualquier tejido de punto, pero no queda bien en los de hilos muy gruesos.

1 Alinea las piezas encaradas por el derecho. Da una puntada hacia delante y otra hacia atrás en el lugar inicial de la anterior, como muestra la imagen, lo más cerca posible del borde.

Piezas encaradas por el derecho

SOBREHILADO

Esta costura también se llama punto por encima.

1 Con las piezas unidas derecho con derecho, pasa la aguja desde atrás hacia delante por el centro de los puntos de los bordes (no por los agujeros), atravesando ambas piezas. Haz del mismo modo todas las puntadas.

Piezas encaradas por el derecho

REMALLADO CON LOS PUNTOS CERRADOS

Esta costura se puede hacer a lo largo de dos piezas antes de cerrar los puntos, o a lo largo de dos bordes cerrados, como se muestra aquí: en ambos casos el principio es el mismo.

1 Con el derecho de ambas piezas de frente, sigue la línea de una vuelta del tejido a lo largo de la costura como muestra la imagen.

2 Si se cose con un hilo del mismo color que el tejido, como en el ejemplo de la imagen, la costura se integra a la perfección y hace que la labor parezca una pieza continua.

REMALLADO CON LOS PUNTOS ABIERTOS

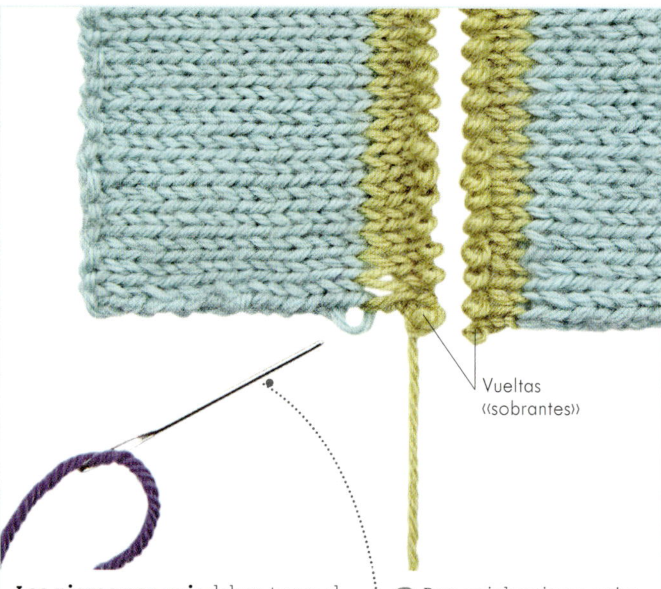

Las piezas por unir deben tener el mismo número de puntos. Los puntos de vueltas del derecho se reconocen por su forma de «V».

1 Al final del tejido principal, no cierres los puntos y teje cuatro vueltas a punto bobo con un hilo más fino y de un color que contraste. Deja los puntos en las agujas o en un guardapuntos.

2 Para unir las piezas, retira las agujas o guardapuntos. Coloca las piezas con el derecho hacia arriba y los bordes abiertos encarados como se muestra en la imagen. Enhebra una aguja de punta roma, idealmente con un cabo suelto largo de una de las vueltas que se van a remallar.

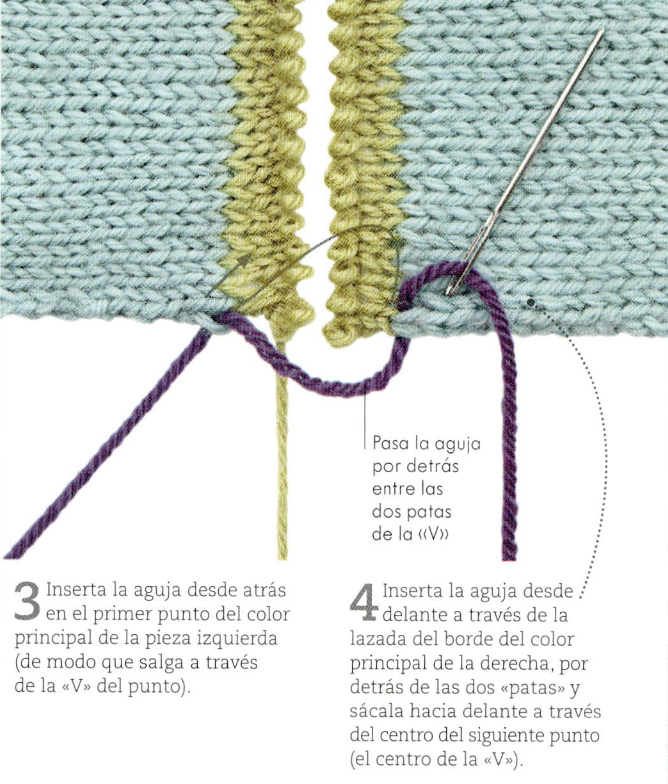

3 Inserta la aguja desde atrás en el primer punto del color principal de la pieza izquierda (de modo que salga a través de la «V» del punto).

4 Inserta la aguja desde delante a través de la lazada del borde del color principal de la derecha, por detrás de las dos «patas» y sácala hacia delante a través del centro del siguiente punto (el centro de la «V»).

5 Continúa, pasando la aguja de nuevo por la «V» del punto a la izquierda del que sale, por detrás de las dos «patas», y sacándola por la siguiente «V». Tira con suavidad del hilo hasta que la puntada tenga el mismo tamaño que los puntos. Mientras lo tensas, dobla el tejido que sobra por debajo para cerrar el hueco.

6 Repite, llevando la aguja hacia el lado derecho.

7 Repite los pasos 5 y 6 a lo largo de la vuelta. Afianza los extremos y desteje las vueltas sobrantes. Con más experiencia es posible remallar las piezas directamente desde las agujas sin tejer vueltas de más.

COSER UN RIBETE

1 Prende con alfileres el ribete a la pieza, derecho con derecho.

Revés del ribete

Derecho de la pieza

2 Cose los bordes con un sobrehilado con puntadas uniformes muy juntas (p. 215).

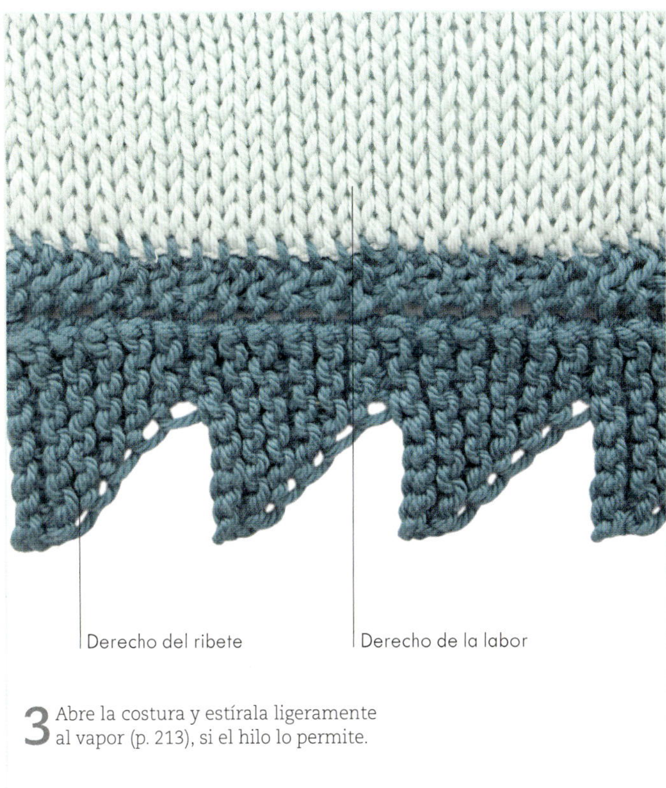

3 Abre la costura y estírala ligeramente al vapor (p. 213), si el hilo lo permite.

CORTAR UN TEJIDO DE PUNTO

Cortar el tejido puede ser una manera de ahorrar tiempo a la hora de completar labores, sobre todo prendas tejidas en redondo. La lana peluda que se adhiere a sí misma y se fieltra ligeramente al lavarla es ideal para ello. La técnica consiste en añadir una serie de puntos, o *steek*, donde después se cortarán las aberturas. Los bordes se pueden coser a máquina antes de remontar los puntos.

CORTAR EL PUNTO

1 Para cortar, por ejemplo, la abertura de un cárdigan, monta nueve puntos adicionales en el centro del delantero. Teje estos puntos en rayas verticales de un punto si trabajas en jacquard y a punto de jersey si trabajas con un solo color. Utiliza marcadores para identificar la serie.

2 Teje el delantero completo. Estira la pieza y corta en línea recta por el punto central de la serie. Si es probable que el tejido se deshaga, haz una fila de pequeñas puntadas a máquina a lo largo de la serie antes de cortar para evitarlo.

3 Remonta puntos (p. 196) y téjelos del derecho a lo largo del borde, entre el último punto de la serie y el primero del tejido principal, o donde se va a colocar el nuevo borde. Teje el ribete y cierra los puntos.

4 Gira la labor, recorta los extremos sueltos con unas tijeras afiladas y sobrehíla el borde cortado por el revés del tejido principal utilizando hilo del color principal. Cose el revés cruzando los primeros puntos.

5 El borde cortado se dobla limpiamente por debajo y es invisible por el derecho de la abertura del cárdigan completada.

SISTEMAS DE CIERRE

Elige un tamaño y un material adecuados para tu labor. Aunque los cierres y cremalleras de nailon y plástico son más ligeros y menos molestos, los metálicos o de colores contrastados pueden resultar vistosos. Pueden usarse automáticos remachados: inserta la espiga entre los puntos y, al unir la parte superior con la inferior, asegúrate de que no haya bordes afilados que puedan cortar los puntos.

PONER AUTOMÁTICOS

El lado macho va por detrás de la parte exterior de la prenda. Decide la posición de los automáticos. La medición puede ser imprecisa; cuenta exactamente los puntos y las vueltas de cada pieza y marca las posiciones con un hilo que destaque.

1 Haz un nudo en el extremo del hilo y cose en un marcador, cogiendo solo la mitad de cada hebra de hilo para que las puntadas no pasen al derecho. Coloca el automático centrado sobre el marcador e inserta la aguja a través de la superficie cerca del agujero del automático, pásala justo por debajo del borde de este y luego sácala por el agujero.

2 Repite tres o cuatro veces en cada agujero, sin pasar nunca la aguja hacia el derecho. Lleva la aguja hasta el siguiente agujero y repite la operación. Para afianzar el hilo, haz dos pequeños pespuntes, luego haz una lazada, vuelve a pasar la aguja por ella y tira con fuerza para afianzar el hilo.

COSER UNA CREMALLERA

1 Elige el color y el peso de la cremallera de acuerdo con el hilo y teje la longitud de la prenda adecuada para las longitudes de cremallera disponibles. Teje un orillo a punto bobo (p. 197) en el borde de la cremallera.

2 Cierra la cremallera. Con los derechos encarados, prende primero con alfileres la parte superior y la inferior de la labor a la cremallera, asegurándote de que los dientes queden cubiertos por el borde de punto. Sujeta con alfileres el centro y luego los centros de las secciones restantes, haciendo que las vueltas queden distribuidas uniformemente. Pon los alfileres en sentido horizontal en lugar de vertical. Hazlo por un lado cada vez y usa muchos alfileres.

3 Hilvana la cremallera con un hilo de coser que contraste entre las mismas hileras verticales de puntos.

4 Con una aguja de punta afilada y ojo grande, y el hilo de tejer (o un hilo de coser a tono), haz un pespunte limpiamente hacia arriba desde el dobladillo, entre las mismas líneas verticales de puntos.

5 Da la vuelta a la prenda. Con el hilo del tejido, o un hilo de coser a tono, cose a repulgo los bordes exteriores de la cremallera al tejido por el revés de las mismas líneas verticales de puntos.

ADORNOS

El punto liso a veces pide algún adorno. Un bordado, unas cuentas bien colocadas o un ribete decorativo son buenos candidatos para el toque final perfecto. Los bolsillos, cuellos, bajos y puños son lugares ideales para ello.

PUNTO CON CUENTAS

Elige las cuentas con cuidado: las de cristal son muy bonitas, pero pueden lastrar el tejido. Asegúrate de que el agujero de las cuentas o los abalorios es lo suficientemente amplio para que pase el hilo, o considera la posibilidad de utilizar un segundo hilo o de embolsar las cuentas grandes. Montar o cerrar los puntos con cuentas es un modo de ribetear muy efectista.

CÓMO ENSARTAR CUENTAS

Antes de comenzar a ensartar las cuentas asegúrate de que sean las adecuadas por su tamaño y su peso. Si vas a cubrir todo el tejido con ellas, las grandes y pesadas no son las más idóneas, ya que colgarían demasiado. Sin embargo, añadir un poco de peso al tejido puede hacer que una bufanda, un chal o un vestido de noche caigan con un gracioso drapeado.

Ensarta las cuentas en el hilo antes de empezar a tejer. La última cuenta en usarse será la primera que se ensarte, y la primera que se use será la última ensartada. Dobla por la mitad una hebra corta de hilo de coser, pasa los extremos de esta juntos por el ojo de una aguja y luego pasa el extremo del hilo de tejer a través de la lazada formada por el hilo de coser. Ensarta las cuentas deslizándolas por la aguja al hilo de coser y de este al hilo de tejer.

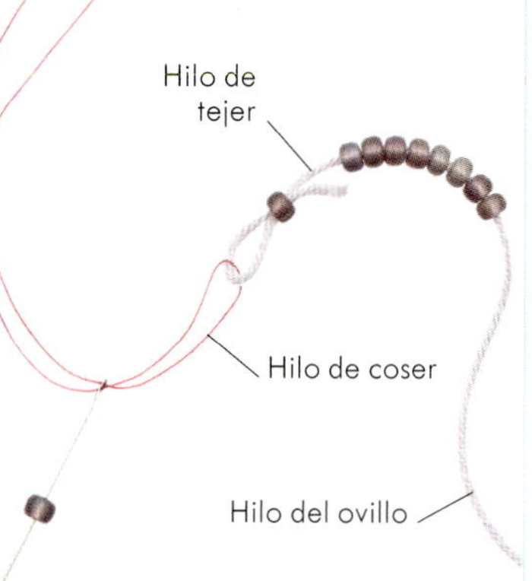

INSERTAR CUENTAS CON PUNTOS DESLIZADOS

1 Para colocar las cuentas con esta técnica se suele proporcionar un esquema, a menos que solo se añadan unas pocas, en cuyo caso su posición vendrá indicada en las instrucciones escritas. Este sencillo esquema ilustra cómo se van escalonando las cuentas. Se hace así porque los puntos deslizados allí donde se insertan las cuentas estiran el tejido, y al alternar las posiciones de las cuentas se nivela el tejido.

□ = pd en el D; pr en el R
◙ = colocar cuenta y deslizar punto

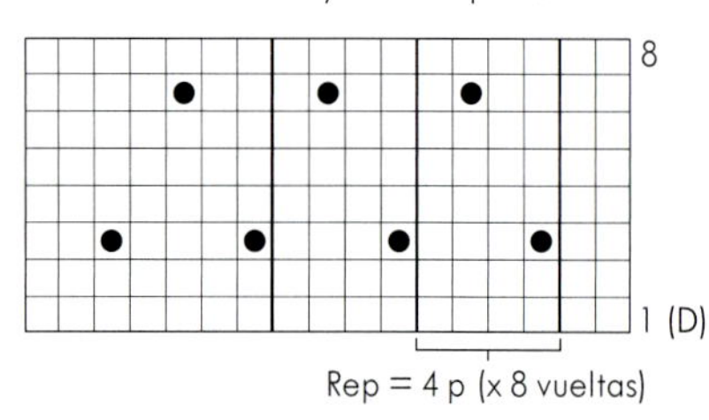

2 Las cuentas se colocan siempre en vueltas tejidas a punto del derecho (en el derecho de la labor). Teje hasta llegar a la posición de la cuenta y pasa el hilo hacia delante, entre las dos agujas. Desliza la cuenta hasta dejarla junto al tejido y luego desliza del revés el siguiente punto de la aguja izquierda a la derecha.

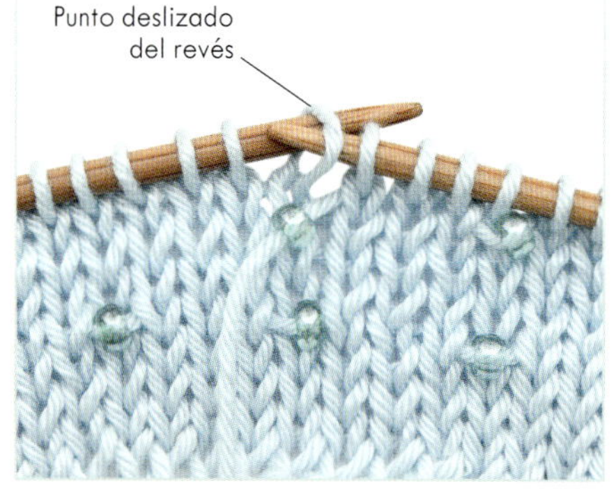

3 Pasa el hilo hacia el revés de la labor entre las dos agujas, dejando la cuenta en el derecho frente al punto recién deslizado. Teje el siguiente punto prieto para tensar el hilo cargado con la cuenta por delante.

Punto deslizado

PUNTO BOBO CON CUENTAS

1 Este método se puede usar para crear franjas con cuentas a lo largo de bordes o espaciadas en la pieza formando rayas. Comienza con una vuelta por el derecho de la labor y teje al menos tres vueltas de punto bobo antes de añadir las cuentas. En la siguiente vuelta (por el revés de la labor), teje dos puntos de borde antes de añadir una cuenta. Luego pasa una cuenta hasta la labor antes de tejer cada punto. Al final de la vuelta, añade la última cuenta cuando solo queden dos puntos en la aguja izquierda y teje estos dos últimos puntos.

2 Teje la siguiente vuelta sin cuentas. Alterna una vuelta con cuentas y una sin ellas hasta formar una franja de la altura deseada. Esta técnica se puede usar para crear una pieza totalmente cubierta de cuentas (para un bolsito, por ejemplo), pero el tejido resultaría demasiado pesado para una prenda grande.

Derecho de la labor

INSERTAR CUENTAS EN PUNTOS DEL REVÉS

1 Ensarta las cuentas en el hilo de tejer. Teje a punto de jersey hasta un punto antes de la posición de la cuenta. Pasa el hilo hacia delante.

2 Haz un punto del revés. La cuenta debe asentarse firmemente contra la aguja derecha, así que deslízala a lo largo del hilo hasta esta posición y mantenla ahí. Teje el siguiente punto del revés. Pasa el hilo hacia atrás y teje del derecho hasta la posición de la cuenta siguiente.

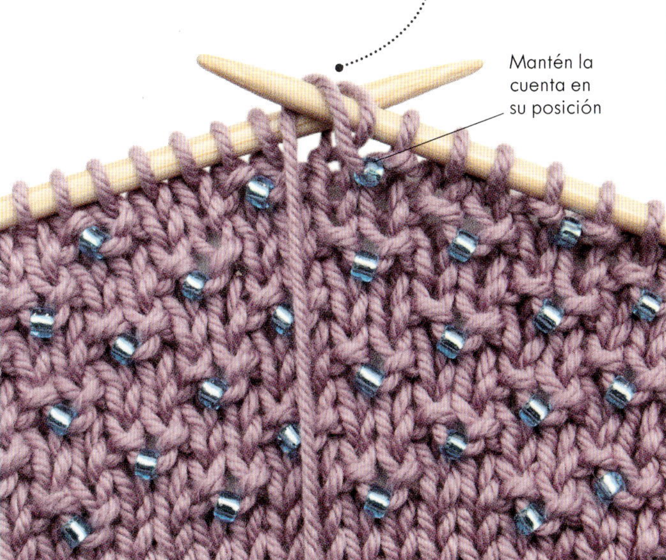

INSERTAR CUENTAS CON GANCHILLO

1 La cuenta se ve por ambos lados y está inserta en el tejido. Teje del derecho hasta la posición de la cuenta.

2 Coloca la cuenta en un ganchillo fino. Recoge el siguiente punto de la aguja izquierda con el ganchillo. Desliza la cuenta sobre el punto y devuelve este a la aguja izquierda. Teje el punto del revés o del derecho, según se requiera. En vez de un ganchillo puedes utilizar aguja e hilo; en este caso, haz una lazada de hilo a través del punto y desliza la cuenta por el hilo.

INSERTAR CUENTAS JUNTAS

1 Teje con tensión para que las cuentas queden por delante. Ensarta las cuentas en el hilo. Desliza una cuenta hasta cerca de la aguja.

2 En vueltas del derecho: teje el punto por la parte posterior, y saca la lazada y una cuenta por él, con una cuenta detrás de la aguja derecha. Tensa el punto con una cuenta por delante.

3 En vueltas del revés: desliza una cuenta hasta cerca de la aguja y teje el punto por la parte posterior, colocando la aguja derecha por encima de la cuenta de la vuelta anterior.

4 Pasa tanto la lazada como la cuenta por el punto, con la cuenta detrás de la aguja derecha. Tensa el hilo para que la cuenta quede en el derecho de la labor.

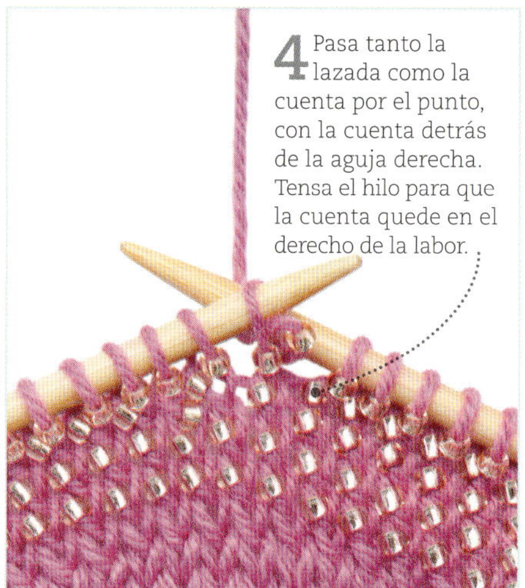

CON UN SEGUNDO HILO

1 Ensarta las cuentas en un hilo fino a tono con el color del hilo principal. Las cuentas más grandes y pesadas pueden colgar en lugar de quedar sobre el tejido, así que elige las cuentas con cuidado. Los abalorios y las cuentas de vidrio diminutas van bien.

2 Teje todos los puntos con ambos hilos.

3 Cuando llegues a la posición de la cuenta, deja el hilo principal por detrás. Pasa el hilo con la cuenta hacia delante y desliza la cuenta hasta cerca de la parte delantera del la labor.

4 Deja la cuenta y el hilo por delante y teje un punto con el hilo principal. Pasa el hilo fino hacia atrás y teje el siguiente punto con ambos hilos. Teje hasta la posición de la cuenta siguiente.

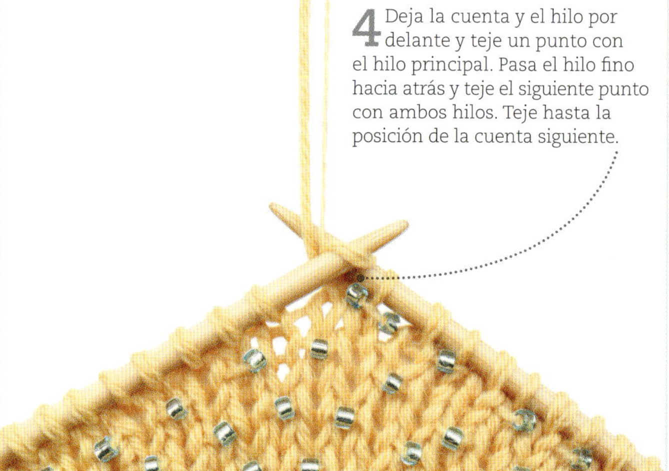

RACIMOS Y LÁGRIMAS DE CUENTAS

1 Ensarta las cuentas en el hilo siguiendo la secuencia de color y forma deseada (aquí, cuatro abalorios por racimo, y tres abalorios, una cuenta grande y tres abalorios por lágrima).

2 Racimo: teje a punto de jersey hasta la posición del racimo. Pasa el hilo hacia delante, desliza cuatro abalorios y pásalo hacia atrás, ténsalo y teje el punto siguiente por detrás. Teje del derecho hasta la posición del siguiente racimo.

3 Lágrima: teje a punto de jersey hasta la posición de la lágrima. Pasa el hilo hacia delante y desliza tres abalorios, una cuenta más grande y otros tres abalorios a lo largo del hilo hasta las agujas. Pasa el hilo hacia atrás. Teje el siguiente punto del derecho por la parte posterior de la lazada y continúa tejiendo del derecho hasta la siguiente lágrima. Si las cuentas pesan y se forma un agujero, prueba la siguiente variante después de pasar el hilo hacia atrás: teje el punto siguiente, pero no lo retires de la aguja izquierda, teje un punto del derecho de nuevo en ese punto, deslizándolo después fuera de la aguja izquierda. Desliza ambos puntos a la aguja derecha, inserta la aguja izquierda en ambos por delante y téjelos juntos (2 pd desj).

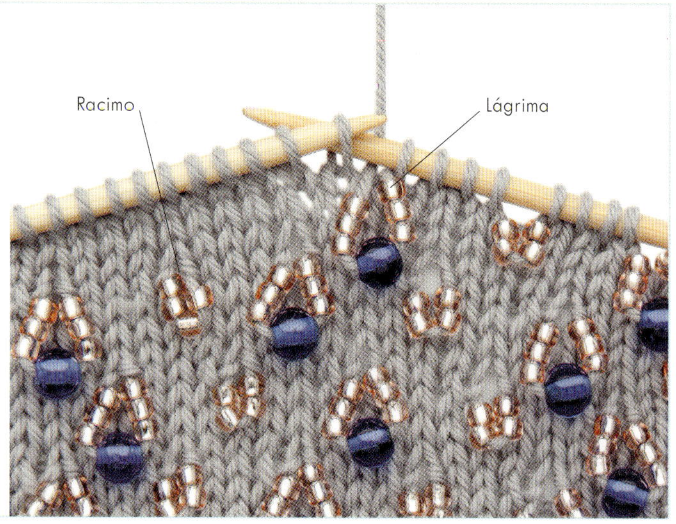

BOLSAS TUBULARES PARA CUENTAS GRANDES

1 Teje del derecho hasta la posición de la cuenta. Inserta la aguja en el punto y teje uno por delante y otro por detrás (p. 128); repite en el siguiente punto (o en más puntos, según el tamaño de la cuenta). Teje del derecho hasta la siguiente cuenta.

2 En la siguiente vuelta, teje del revés hasta la posición de la cuenta. Teje del revés el primer punto aumentado enrollando el hilo dos veces en la aguja, desliza del revés el segundo punto, teje el tercero del derecho enrollando el hilo dos veces en la aguja y desliza del revés el cuarto. Teje del revés hasta la siguiente cuenta.

3 En la siguiente vuelta, en la posición de la cuenta, teje del derecho el primer punto enrollando el hilo dos veces en la aguja, pasa el hilo hacia delante y desliza del revés el segundo punto, soltando las vueltas de hilo. Pasa el hilo hacia atrás y teje el tercer punto enrollando el hilo dos veces en la aguja. Pasa el hilo hacia delante y desliza del revés el cuarto punto, soltando las vueltas de hilo como se muestra. Pasa el hilo hacia atrás y teje del derecho hasta la siguiente cuenta.

4 Repite los pasos 2 y 3 una o dos veces más (según el tamaño de la cuenta).

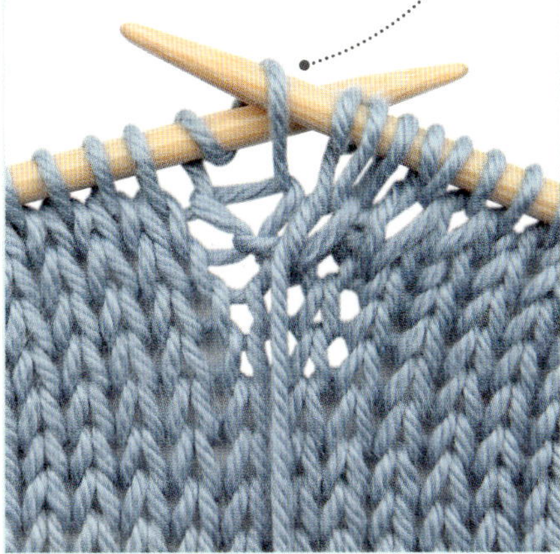

5 Teje del revés hasta la posición de la cuenta. Desliza el primer punto a la aguja derecha, el segundo a una aguja para ochos, el tercero a la aguja derecha y el cuarto a la aguja para ochos. Esto abre la bolsa. Introduce la cuenta. Devuelve los cuatro puntos a la aguja izquierda en el orden correcto, sin retorcerlos. Teje dos puntos del revés juntos dos veces para cerrar la bolsa. Teje del revés hasta la siguiente cuenta.

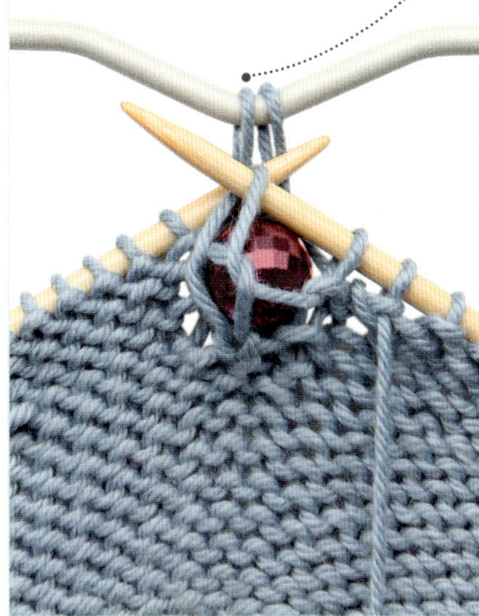

6 La bolsa completada mantiene la cuenta en su posición. También puedes insertar de esta manera objetos planos grandes.

MONTAJE CON CUENTAS

1 Ensarta las cuentas en el hilo. Haz un nudo corredizo en el extremo del hilo, dejando un cabo suelto de 10 cm, y colócalo en la aguja. Sujeta la aguja en la mano derecha y el hilo en la izquierda. Pasa una cuenta a lo largo del hilo entre la mano izquierda y la aguja. Sujeta el hilo y enróllalo en el pulgar, como se ve en la imagen, e inserta la aguja derecha para montar los puntos con el método simple (p. 91). Asegúrate de que la cuenta permanezca debajo de la aguja.

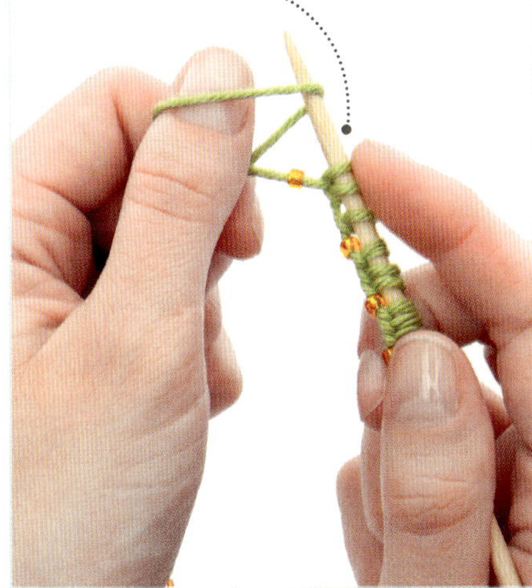

2 Repite la operación con cada punto montado, o espacia las cuentas según sea necesario a lo largo del borde: en este ejemplo hay tres puntos entre una y la siguiente.

CIERRE CON CUENTAS

1 Corta una hebra del color principal cinco veces más larga que la anchura de la pieza. Ensarta una cuenta por cada punto en que vayas a trabajar, menos una. Ata la última cuenta (que no se insertará) al extremo del hilo para evitar que las cuentas se salgan.

2 Con el hilo de las cuentas, teje del derecho los dos primeros puntos del cierre. Pasa el segundo sobre el primero de la forma habitual. Esto deja un punto de orillo.

3 Acerca una cuenta al revés del tejido. Para obtener un borde firme (como se muestra aquí), teje un punto haciendo pasar por él tanto la cuenta como el hilo. Para modificar la posición de la cuenta, cambia el lado de la cuenta por el que se pasa el punto en el paso 4. Para obtener una cuenta colgante, teje el punto siguiente dejando la cuenta por detrás mientras se forma la nueva lazada.

4 Para cualquiera de los dos métodos, pasa el segundo punto de la aguja derecha por encima del primero y de la punta de la aguja.

5 Repite los pasos 3 y 4 a lo largo de la vuelta de cierre, insertando una cuenta por punto o con algunos puntos cerrados entre una y otra, según el tamaño de las cuentas y el efecto deseado.

6 El último punto no debe tener una cuenta si se va a coser, así que retira la cuenta final. Teje el último punto y tira del hilo como de costumbre.

MADROÑOS Y ADORNOS EN RELIEVE

Los garbanzos y los madroños tienen un aspecto similar, pero se hacen de distinta manera. Las campanillas son variantes más grandes de las tulipas, pero se separan parcialmente del tejido. Las aletas se tejen por separado y se integran a medida que avanza la labor, mientras que los rulos combinan vueltas acortadas con punto tubular. Prueba a utilizar el punto al revés (p. 194) para no tener que girar la labor.

GARBANZOS

1 En este ejemplo se trabaja en una vuelta del derecho en punto de jersey. Teje hasta la posición de un garbanzo.

2 Inserta la aguja derecha para tejer del derecho el siguiente punto; luego teje uno por delante, otro por detrás, otro por delante y otro por detrás del punto (cuatro puntos a partir de uno). Teje del derecho hasta el siguiente.

3 En la vuelta siguiente, teje a punto del revés hasta la posición del garbanzo. Inserta la punta de la aguja izquierda en el segundo punto de la aguja derecha y pasa este por encima del primer punto. Repite la operación en el tercer y cuarto puntos.

4 Teje del revés hasta el siguiente garbanzo. En la vuelta siguiente, teje del derecho hasta el siguiente garbanzo, y repite los pasos 2 a 4 según sea necesario.

MADROÑOS

1 Teje un madroño a punto de jersey al revés en una vuelta del derecho de un tejido a punto de jersey al revés. Al llegar a la posición del madroño, inserta la aguja derecha del revés en el siguiente punto. Teje un punto del derecho sin retirarlo de la aguja izquierda. Pasa el hilo hacia delante entre las agujas y teje un punto del revés en el mismo punto. Pasa el hilo hacia atrás y teje un punto del derecho de nuevo; pasa el hilo hacia delante y teje uno del revés; pasa el hilo hacia atrás y teje uno del derecho.

2 Desliza el punto fuera de la aguja izquierda. De un punto habrás hecho cinco puntos.

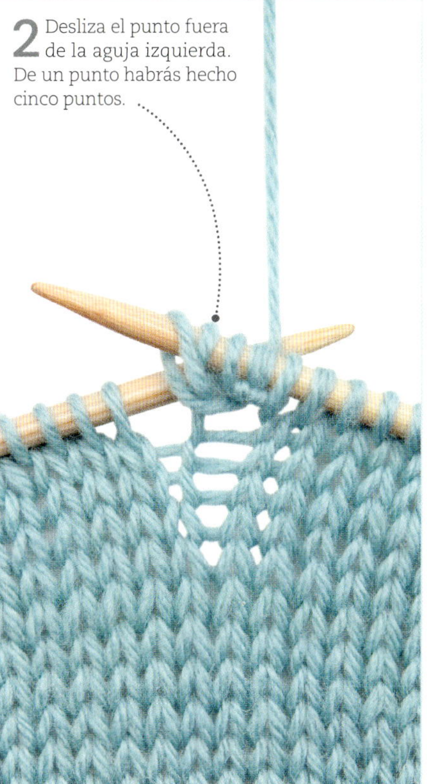

3 Gira la labor. Teje del derecho sobre los cinco puntos y lazadas que acabas de hacer.

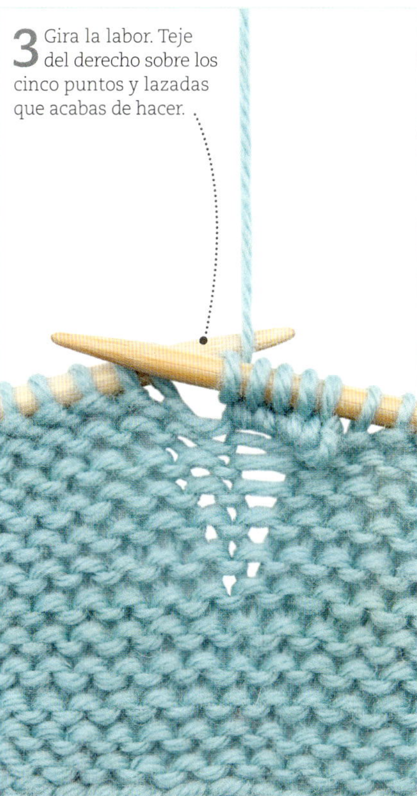

4 Gira la labor y teje del revés sobre los cinco puntos que acabas de hacer. Pasa el hilo hacia atrás.

5 Inserta la punta de la aguja izquierda en el segundo punto de la aguja derecha y pasa este por encima del primer punto y de la punta de la aguja. Repite la operación en el tercer y cuarto puntos. Queda un punto con madroño. Teje del derecho hasta la posición del siguiente madroño.

6 Repite los pasos 1 a 5 para hacer el siguiente madroño. Los madroños pueden ser meramente decorativos o usarse para abrochar prendas o complementos.

TULIPAS

1 Son grupos de punto de jersey sobre un tejido de punto de jersey al revés. En una vuelta por el derecho de la labor teje del revés hasta la posición de la tulipa. Haz cinco puntos de uno como se describe en el paso 1 de los madroños (p. 225). Teje del revés hasta la siguiente tulipa o hasta el final de la vuelta.

2 Haz tres vueltas, tejiendo el fondo a punto de jersey y las tulipas a punto de jersey al revés. (Cuando el fondo es a punto del derecho, las tulipas se tejen del revés, y viceversa).

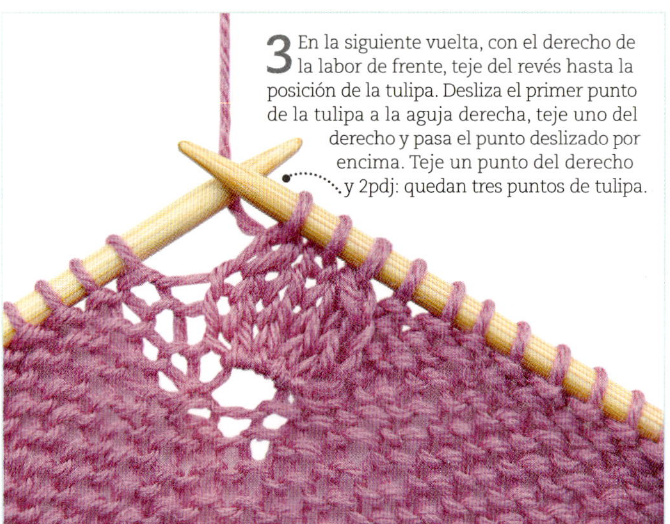

3 En la siguiente vuelta, con el derecho de la labor de frente, teje del revés hasta la posición de la tulipa. Desliza el primer punto de la tulipa a la aguja derecha, teje uno del derecho y pasa el punto deslizado por encima. Teje un punto del derecho y 2pdj: quedan tres puntos de tulipa.

4 En la siguiente vuelta teje del derecho hasta la posición de la tulipa y teje del revés los tres puntos de tulipa.

5 En la siguiente vuelta teje del revés hasta la posición de la tulipa, desliza el primer punto, teje 2 pdj y pasa el primer punto por encima y fuera de la aguja derecha. Teje del revés hasta la siguiente tulipa.

6 Las tulipas pueden hacerse más grandes tejiendo más vueltas. Para una versión más prominente, prueba a tejer campanillas (p. siguiente).

CAMPANILLAS

1 En este ejemplo se hace una campanilla de punto jersey sobre un fondo de punto de jersey al revés. Con el derecho (D) de frente, teje del revés hasta la posición de la campanilla. Gira la labor y monta ocho puntos con el montaje en ochos en la que temporalmente es la aguja izquierda. Gira y teje hasta la siguiente campanilla o hasta acabar la vuelta.

2 Haz cinco vueltas completas más tejiendo el fondo a punto de jersey al revés y la campanilla a punto de jersey.

3 Con el D de frente continúa como en el paso 2, pero desliza del derecho los dos primeros puntos de la campanilla, de uno en uno, y téjelos juntos con la aguja izquierda por delante (2 pd desj; p. 136). Teje los dos últimos puntos de la campanilla juntos (2 pdj; p. 135).

4 Repite el paso 3 en cada vuelta por el D hasta que solo queden dos puntos de la campanilla. Teje estos juntos en la siguiente vuelta de punto del derecho y luego el último punto restante de la campanilla junto con el siguiente para completar la campanilla.

ALETAS

1 Trabajando con agujas separadas, teje un triángulo a punto bobo montando un punto. Teje un punto por delante, por detrás y por delante de este punto, y 2 p en 1 en cada punto final en vueltas alternas, hasta tener nueve puntos de ancho. Pasa los puntos a una aguja auxiliar. Trabaja hasta la posición de la aleta. Coloca la aguja con los puntos de la solapa delante de la aguja principal. Inserta la aguja derecha en el primer punto de ambas agujas izquierdas y teje los dos puntos juntos del derecho.

2 Para la versión a punto del revés, consulta el paso 3 del bolsillo interior horizontal (p. 209). Las aletas o solapas pueden hacerse de cualquier forma en un punto que quede plano: prueba a tejer rectángulos o rombos a punto de arroz.

RULOS

1 Trabaja a punto de jersey y con el color A. Con el revés de la labor de frente, teje revés hasta la posición del rulo.

2 Haz un aumento con el color B remontando y tejiendo un punto del revés a la derecha del punto situado debajo del punto siguiente (igual que un punto falso cruzado a la derecha en una vuelta del derecho; p. 130).

3 Teje un punto del revés con el color A. Repite este aumento, tejiendo del revés a lo ancho del rulo (seis en este ejemplo, por lo que el rulo tendrá 12 puntos de ancho). Teje del revés hasta el final de la vuelta.

4 Teje hasta el rulo con el color A. Con los colores A y B por detrás, teje del derecho todos los puntos del color B con el color B, pasando el hilo hacia delante y hacia atrás para deslizar del revés cada punto del color A intermedio. Gira al final del rulo.

5 Mantén el color A por delante. Con el color B, teje del revés todos los puntos del color B, pasando el hilo hacia delante y hacia atrás para deslizar cada punto del color A intermedio. Gira al final del rulo.

6 Repite los pasos 4 y 5 dos o más veces, trabajando solo sobre los puntos del rulo.

7 Con los colores A y B detrás, teje con el color A hasta el final de la vuelta y luego una vuelta completa, tejiendo del derecho cada punto del color B junto con el siguiente del color A. Corta los cabos del color B y cóselos por el revés.

BORDADO SOBRE PUNTO

El falso jacquard, o jacquard bordado, los puntos de carril y de margarita, y la cadeneta son los puntos de bordado más usados en punto, aunque la bastilla y el punto de satén también pueden resultar muy atractivos. Para bordar sobre punto usa siempre un hilo del mismo peso que el utilizado para tejer la labor, o ligeramente más grueso, junto con una aguja lanera de punta roma, para no separar las fibras del hilo.

ESQUEMA DE JACQUARD BORDADO

El jacquard bordado imita y cubre los puntos del punto de jersey por el derecho; por lo tanto, cualquier esquema de un motivo multicolor es válido para esta técnica. (Las revistas y libros de punto de cruz también son buenas fuentes de motivos). Una vez acabado, el motivo bordado se verá igual que si hubiera sido tejido.

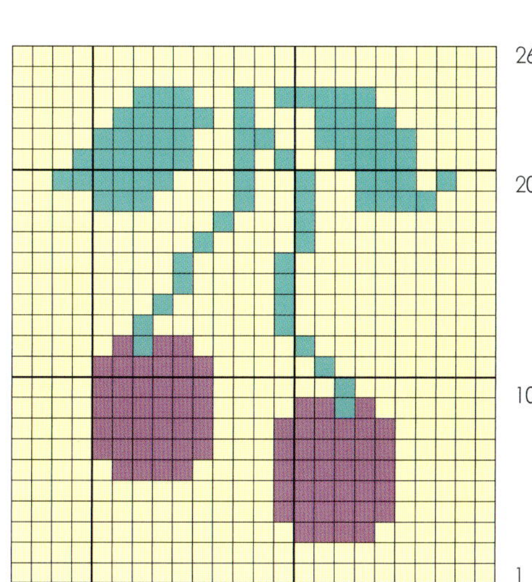

JACQUARD BORDADO EN HORIZONTAL

1 Afianza el hilo del bordado por el revés del punto de jersey y pasa la aguja desde atrás hacia delante por el centro de un punto del derecho, arrastrando el hilo. A continuación inserta la aguja de derecha a izquierda por detrás del punto de encima, como en la imagen, y saca el hilo suavemente de manera que «imite» el tamaño del punto del derecho.

2 Inserta la aguja de derecha a izquierda en el punto de debajo y sácala por el centro del siguiente punto a la izquierda para completar la puntada, tal como se muestra en la imagen. Continúa de esta manera, siguiendo la hilera de puntos horizontalmente.

JACQUARD BORDADO EN VERTICAL

1 Afianza el hilo del bordado por el revés del punto de jersey y pasa la aguja desde atrás hacia delante a través del centro de un punto del derecho, arrastrando el hilo. A continuación inserta la aguja de derecha a izquierda por detrás del punto del derecho situado inmediatamente encima, como en la imagen, y pasa el hilo.

2 Inserta la aguja desde delante hacia atrás y de nuevo hacia delante por debajo del punto de abajo, de modo que salga por el centro del punto que se acaba de cubrir, como se ve en la imagen. Continúa de esta manera, siguiendo la hilera de puntos verticalmente.

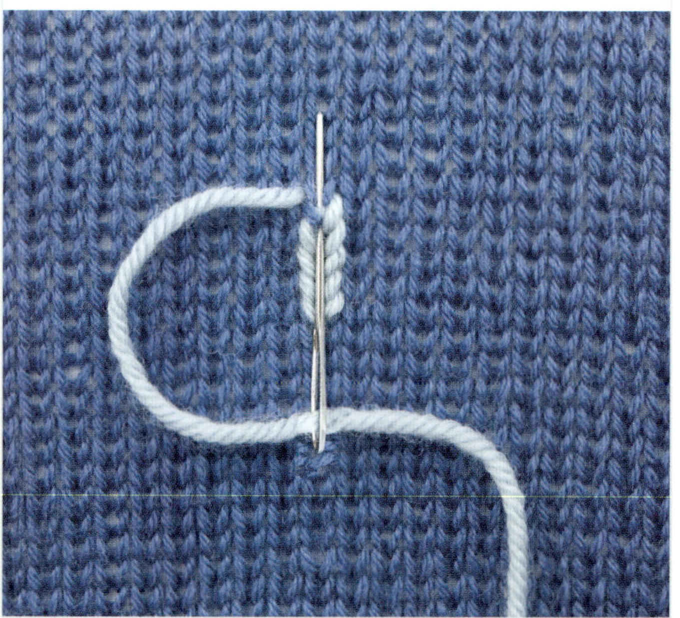

PUNTO DE SATÉN

1 Afianza el hilo por el revés de la labor. Pasa la aguja hacia delante entre dos puntos, a un lado del bordado que vas a hacer.

2 Pasa la aguja hacia atrás entre dos puntos del lado opuesto del bordado.

3 Pasa de nuevo la aguja hacia delante por el lado original, pero a una distancia igual al ancho del hilo, inclinando la aguja ligeramente mientras está detrás de la labor. Las puntadas deben quedar planas y paralelas entre sí.

4 Continúa trabajando con puntadas largas y lisas que no frunzan el tejido.

BASTILLA

1 Afianza el hilo en el revés de la labor. Pasa la aguja hacia delante entre dos puntos, en el extremo de la línea que vas a bordar.

2 Pasa la aguja hacia atrás entre dos puntos separados por un número determinado de puntos o vueltas a la derecha (o a la izquierda).

3 Repite, espaciando las puntadas de forma uniforme, según sea necesario, teniendo cuidado de no fruncir el tejido.

PUNTO DE CARRIL

Para comenzar, afianza el hilo en el revés de la labor y saca la aguja hacia el derecho por un extremo de la posición del punto. Luego pasa la aguja hacia el revés a corta distancia del lugar de inicio y sácala nuevamente hacia el derecho, esta vez exactamente en el lugar inicial. Enrolla el hilo en la aguja, junto al tejido, dándole al menos seis vueltas y, sujetando el hilo enrollado con los dedos, empuja la aguja con cuidado para hacerla pasar por el interior del tubito así formado. Para completar la puntada, vuelve a pasar aguja a través de la labor por el mismo sitio, como indica la flecha. Dispón las puntadas en espirales para formar rosas o, como en la imagen, brazos de estrellas o pétalos de flores.

PUNTO DE MARGARITA

Las puntadas que forman la margarita son puntadas de cadeneta sujetas en el extremo con una pequeña puntada. Se suelen utilizar para crear formas florales. Para empezar, afianza el hilo en el revés de la labor y pasa la aguja hacia el derecho por el lugar que será el centro de la flor. Vuelve a pasar la aguja hacia el revés en el lugar de inicio y sácala hacia el derecho a cierta distancia, como se ve en la imagen. Asegura la lazada de hilo con una puntada corta. Haz todos los «pétalos» de la misma manera, comenzando cada uno de ellos en el centro de la flor.

CADENETA SOBRE PUNTO A RAYAS

Las rayas de un tejido de punto se pueden convertir en un motivo de cuadros mediante unas líneas verticales a cadeneta. Saca una aguja lanera de punta roma en la posición donde ha de empezar la primera puntada. Vuelve a insertarla por donde la sacaste y sácala un poco más abajo, con el hilo formando un círculo por debajo. Luego tira del hilo. Para continuar, inserta la aguja a través del agujero del que acaba de salir y sácala un poco más abajo, como en la imagen.

NIDO DE ABEJA BORDADO

El nido de abeja estrecha el tejido, así que teje una vez y media la anchura necesaria.

1 Monta un número de puntos múltiplo de ocho y tres puntos más (35 en este ejemplo). Teje un canalé empezando con tres puntos del revés y un punto del derecho, repitiendo a lo largo de la vuelta y terminando con tres puntos del revés. Este es el lado derecho de la labor.

2 Marca un punto de la segunda columna del canalé desde la derecha, cuatro vueltas más arriba del borde de montaje. Enhebra una aguja con un hilo que contraste, afianza el hilo en el borde derecho por detrás y saca la aguja hacia delante justo entre el último punto del revés y el punto del derecho marcado.

3 Trabajando hacia la izquierda, inserta la aguja hacia atrás después del punto del derecho de la tercera columna del canalé. Pasa de nuevo el hilo en la misma dirección una vez más, asegurándote de no engancharlo con la aguja y terminando con la aguja por detrás. Tira del hilo para juntar las dos columnas. Continúa a lo largo de la vuelta, trabajando en cada par de puntos del derecho como se muestra. Frunce el tejido a medida que completas cada puntada. Remata y corta el hilo en el otro extremo.

4 Sube cuatro vueltas y haz los siguientes frunces. Vuelve a afianzar el hilo en el borde derecho, pasa la aguja de atrás hacia delante justo antes de la primera columna del canalé, vuelve a insertarla justo después de la segunda columna, pasa el hilo alrededor y frunce como en el paso 3. Repite a lo largo de la vuelta, empezando por pasar el hilo hacia delante después de los tres puntos del revés siguientes, como en el paso 3. Continúa como en los pasos 3 y 4, espaciando cada serie de puntadas cuatro vueltas hacia arriba.

ADORNOS TRIDIMENSIONALES

Los adornos superficiales y de los bordes pueden añadirse a la labor una vez terminada. Son fáciles, divertidos de hacer y muy eficaces, pero recuerda comprar hilo de sobra. Para hacer pompones y borlas se necesitan herramientas sencillas, mientras que un borde de montaje o de cierre de puntos, o un orillo, especialmente trabajados harán que añadir un fleco sea más fácil.

TIRABUZONES

1 Monta ocho puntos con el método de montaje simple (p. 91) u otro método suave.

2 Gira la labor. Teje dos puntos del derecho juntos a lo largo de la vuelta. Monta ocho puntos siguiendo el mismo método anterior.

3 Gira la labor. Teje ocho puntos del derecho y luego dos puntos del derecho juntos dos veces.

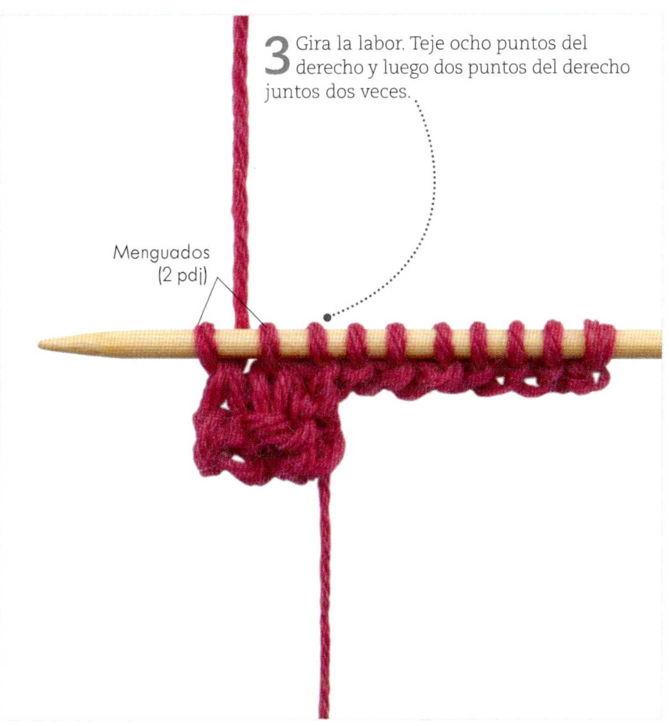

4 Gira la labor. Teje dos puntos del derecho juntos cinco veces. Monta ocho puntos.

5 Gira la labor. Teje ocho puntos del derecho, luego dos puntos del derecho juntos y los tres últimos puntos también juntos. Repite los pasos 4 y 5 hasta alcanzar la longitud deseada.

6 Para terminar, gira la labor y teje dos puntos del derecho juntos cinco veces. Gira, teje dos juntos y tres juntos. Gira, teje dos puntos juntos y tira del hilo.

POMPONES

1 Dibuja en un cartón dos círculos de 8 cm de diámetro y un círculo de 2,5 cm de diámetro en el centro de cada uno. El diámetro del círculo exterior menos el del interior será aproximadamente el tamaño del pompón. Cuanto menor sea el círculo central, más denso quedará el pompón. Recorta los círculos y los centros: obtendrás dos «rosquillas» de cartón.

2 Corta algunas hebras de hilo de 1 m y enróllalas juntas formando un pequeño ovillo. Superpón los cartones. Sujeta los extremos del hilo en el borde y pasa el ovillo por el centro para enrollar el hilo en los cartones.

3 Cuando se acabe el primer ovillo, haz otro. Si el centro está demasiado lleno, enhebra tantas hebras como sea posible en una aguja de ojo grande y completa con esta el enrollado. Luego inserte la punta de unas tijeras en el borde y corta a través de las hebras enrolladas.

4 Pasa una hebra doble larga entre los cartones y anúdala con fuerza alrededor del centro.

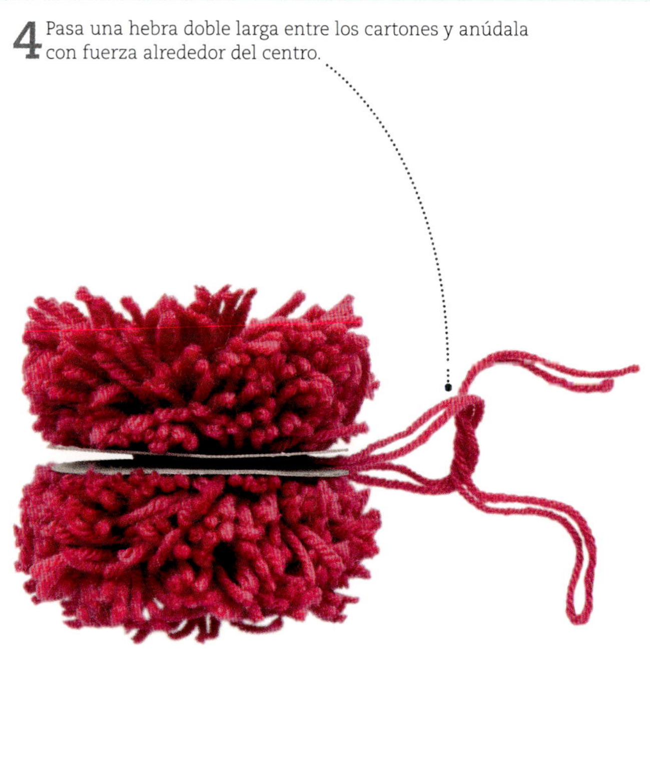

5 Enhebra el hilo en una aguja y da unas puntadas a través del nudo. Retira con cuidado los cartones. Sacude el pompón e iguálalo con unas tijeras, sin cortar los cabos del nudo. Para que el pompón quede más mullido, sostenlo sobre vapor (colgado de la punta de una aguja larga, por seguridad).

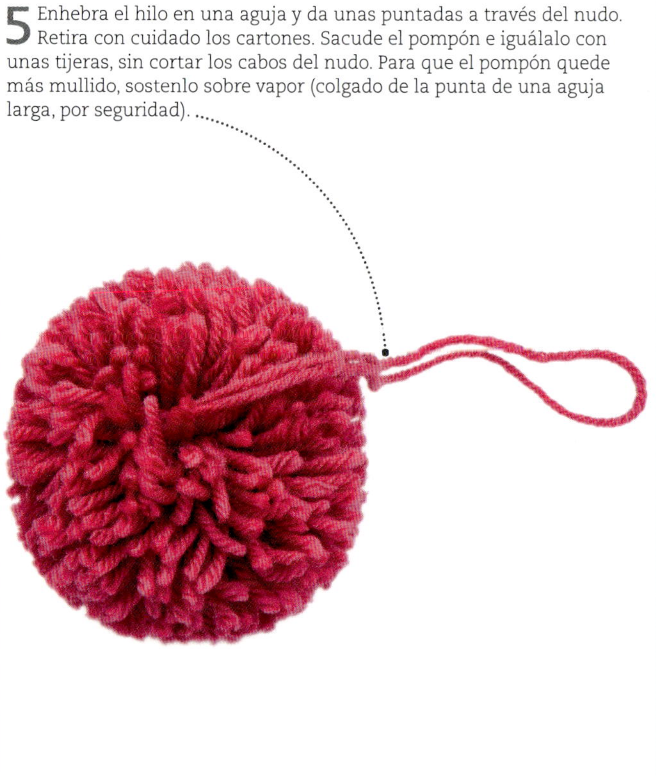

BORLAS

1 Escoge una plantilla de una altura más o menos similar a la longitud de la borla terminada: puede ser un cartón recortado, pero lo ideal suele ser un libro. Sujetando el extremo con el pulgar, enrolla el hilo repetidamente en la plantilla utilizando un solo color o varios. Cincuenta vueltas es la media: cuantas más vueltas, más gruesa será la borla. Con una aguja enhebrada, pasa una hebra doble larga entre el hilo y la plantilla, y deslízala hacia arriba hasta el final. Ata bien las hebras, dejando unos cabos sueltos largos.

2 Introduce unas tijeras en la base de las vueltas y corta a lo largo de todas las hebras. Retira la plantilla.

3 Enrolla otra hebra firmemente en la parte superior, a corta distancia por debajo de la «cabeza», anúdala con fuerza y cose los extremos a través de las vueltas y de la cabeza de la borla con unas cuantas puntadas.

4 Recorta los extremos de la borla y cose esta a la labor con el cabo suelto restante en la cabeza. Un ligero planchado o vaporizado al final del paso 2 hará que la borla quede más lisa.

FLECO

1 Recorta una plantilla de cartón un poco más ancha que la longitud del fleco. Enrolla el hilo varias veces en ella. Córtalo a lo largo de un lado de la plantilla para obtener hebras el doble de largas que la anchura de la plantilla.

2 Dobla por la mitad varias hebras (cuantas más uses, más denso será el fleco) y sujeta el extremo doblado por delante del borde del tejido. Inserta un ganchillo por el revés del tejido, cerca del borde, o por agujeros del orillo hechos a propósito. Engancha el extremo doblado y saca una lazada hacia el revés.

3 Vuelve a coger las hebras con el ganchillo y pásalas a través de la primera lazada. Repite a lo largo del borde, espaciándolas según sea necesario. Recorta los extremos uniformemente. Los flecos pueden llevar cuentas, anudarse o hacerse con hilos sedosos o de colores contrastados.

MADROÑO FRUNCIDO SOBREPUESTO

1 Utilizando unas agujas más finas de lo normal para el hilo, monta cinco puntos con el método de montaje simple (p. 91). Teje varias vueltas a punto bobo o punto de jersey. Termina con el revés de la labor hacia delante y pasa todos los puntos, de uno en uno, sobre el primero.

2 Corta el hilo dejando un cabo suelto de 20 cm y sácalo a través del punto restante. Haz una bastilla con el cabo suelto alrededor del borde, y tira con fuerza. (Aquí se ha utilizado un hilo de otro color para mayor claridad).

3 Cóselo para asegurarlo y utiliza el mismo hilo para unirlo a la labor.

BOTONES FORRADOS

1 En este ejemplo se usa el punto de arroz (p. 320). Con unas agujas más finas de lo normal para el hilo, teje un cuadrado cuyo lado mida al menos una vez y media la anchura de la parte delantera del botón. Si utilizas un kit, ve al paso 4.

2 Corta el hilo dejando un cabo suelto de 20 cm, enhebra con este una aguja de ojo grande y pásalo a través de los puntos a medida que los retiras de la aguja. Haz una bastilla con pequeñas puntadas en los tres bordes de la pieza, dejando suelto el extremo del hilo. (Aquí se ha utilizado un hilo de distinto color para mayor claridad).

3 Frunce suavemente el tejido para crear una bolsa poco profunda. Introduce el botón en la bolsa y tensa los hilos. Cósela para cerrarla con el extremo del hilo. Cose el botón a la prenda con el hilo de tejer o un hilo a tono. Para sujetar un botón grande, prueba a coser al mismo tiempo un pequeño botón de plástico en la parte posterior de la prenda.

4 Si usas un kit, cierra los puntos del cuadrado y sigue las instrucciones del fabricante para completar el botón con cualquiera de los dos métodos. Se puede introducir una capa de tela bajo el tejido de punto para evitar que se vea el botón a través de los puntos estirados.

JUGUETES DE PUNTO

Si nunca has hecho un juguete de punto puedes probar tejiendo este monito a rayas, muy fácil. Esta guía paso a paso comprende consejos para tejer, rellenar y montar las piezas, y para coser los rasgos faciales. (Las instrucciones para tejer las piezas se encuentran en la página 354).

ELABORACIÓN DE UN JUGUETE

Este monito, que se teje con dos agujas y no en redondo, resulta sencillo incluso para principiantes. El patrón se ha diseñado para facilitar su comprensión. Sigue estos pasos para aprender trucos válidos en general para hacer otros juguetes.

ESCOGER LOS MATERIALES

Comienza por escoger los hilos, las agujas y los restantes materiales. Para el monito necesitas hilos de seis colores. Un ovillo de cada color suele bastar para un juguete entero, pero tal vez el patrón especifique la cantidad de hilo. Para juguetes a rayas como este se pueden aprovechar hilos sobrantes de otras labores, siempre que sean todos del mismo grosor.

Como para la mayoría de juguetes, los materiales necesarios para este monito incluyen hilo de bordar para los rasgos faciales, botones para los ojos y relleno para juguetes. Si el juguete es para un niño pequeño, deberías bordar los ojos o elegir ojos de seguridad que cumplan todas las normas. Los ojos de seguridad tienen un eje que se pasa a través del tejido y se sujetan mediante una pieza metálica trasera que encaja en dicho eje.

HILO

Restos de lana de peso ligero o medio (p. 32) en seis colores (A, B, C, D, E y F).

AGUJAS DE PUNTO

Un par de agujas de uno o dos números o tamaños inferiores al recomendado en la etiqueta de la lana.

OTROS MATERIALES

Hilo negro de bordar de algodón de seis cabos, para cejas, nariz y boca. Dos pequeños botones negros (de 10 mm de diámetro) e hilo de coser resistente para los ojos (o un par de ojos de seguridad). Relleno para juguetes.

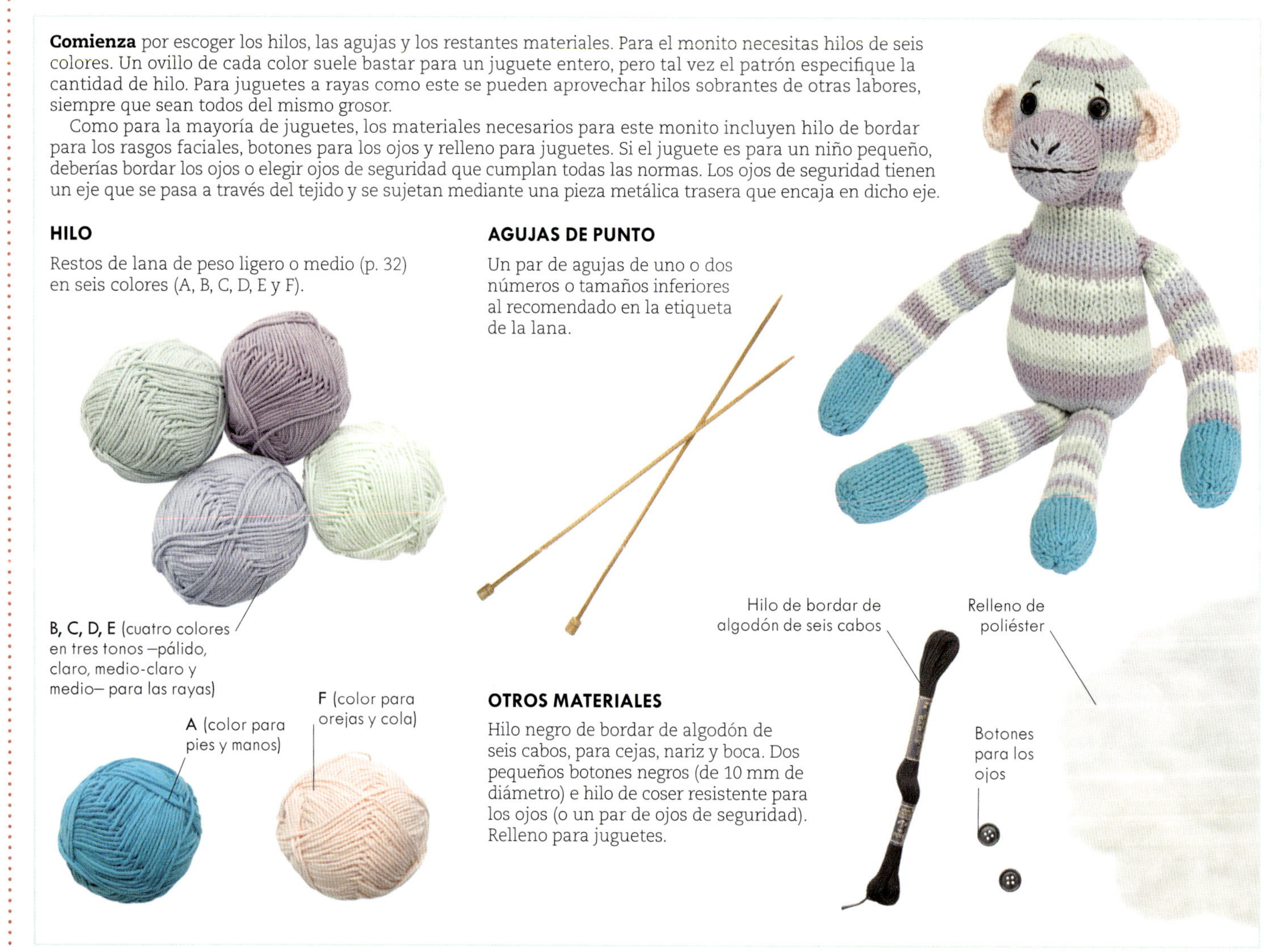

TEJER EL CUERPO Y LA CABEZA

1 Teje las piezas en el orden indicado: la cabeza y el cuerpo suelen ser las primeras. Sigue cuidadosamente las instrucciones, contando las vueltas a medida que trabajas. Haz el punto prieto y cuenta los puntos para verificar que tienes el número correcto.

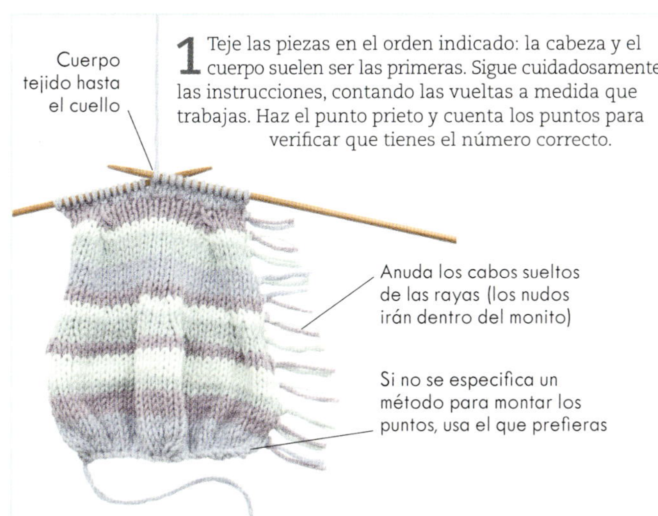

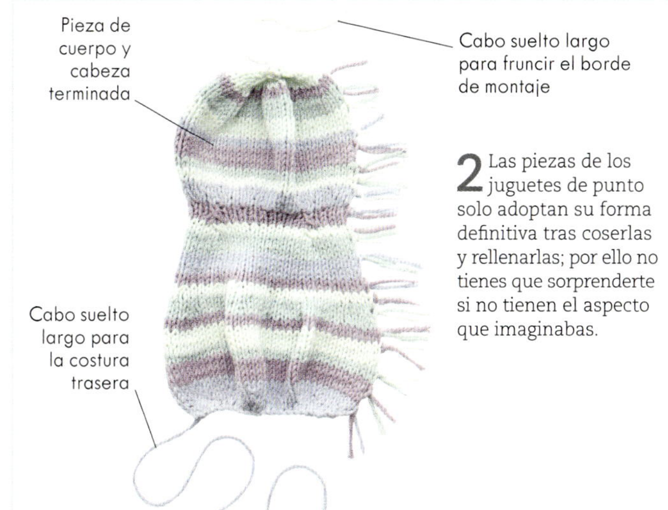

2 Las piezas de los juguetes de punto solo adoptan su forma definitiva tras coserlas y rellenarlas; por ello no tienes que sorprenderte si no tienen el aspecto que imaginabas.

TEJER BRAZOS Y PIERNAS

1 Tras el cuerpo y la cabeza se suele tejer los brazos y las piernas, a menudo desde el pie o la mano hacia arriba.

2 Si las instrucciones requieren dejar cabos sueltos largos en los bordes de montaje o de cierre, es para utilizarlos al montar el juguete. Si te queda un cabo demasiado corto, puedes empalmar un nuevo hilo, pero es mejor utilizar el hilo proveniente de la labor.

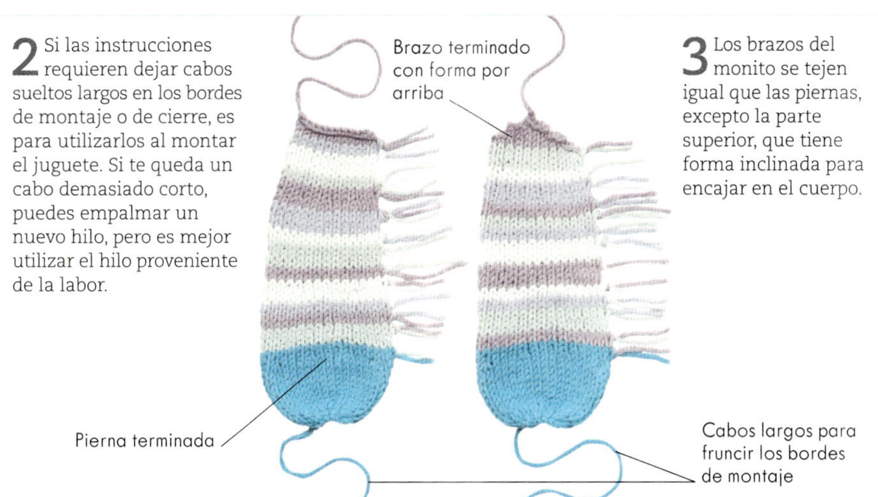

3 Los brazos del monito se tejen igual que las piernas, excepto la parte superior, que tiene forma inclinada para encajar en el cuerpo.

TEJER LAS OTRAS PARTES DEL CUERPO

1 Una vez finalizadas las partes principales de un muñeco, suelen quedar otras piezas por tejer, como orejas, pelo y, algunas veces, ropa. Teje estas piezas en el orden que indiquen las instrucciones. En el caso del monito, teje primero el hocico.

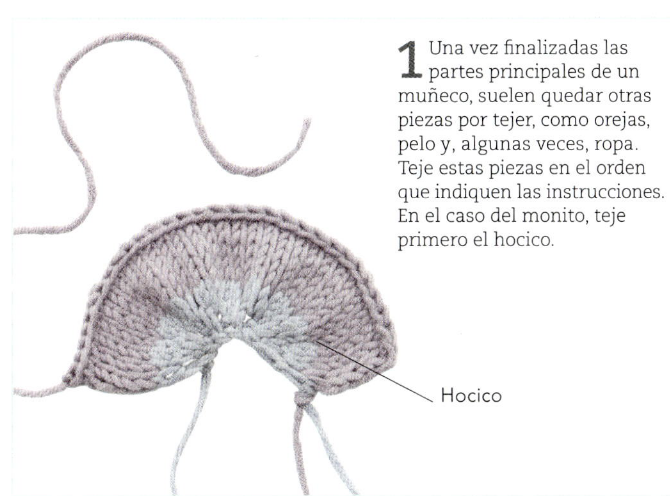

2 Si las instrucciones no indican que hay que dejar cabos sueltos largos, asegúrate de dejar hilo suficiente para poder rematar (p. 120).

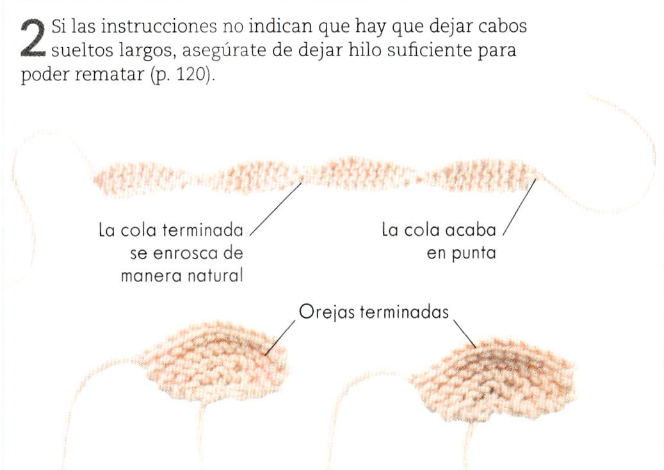

ACABADO DEL JUGUETE

Acabar a la perfección un juguete es lo más difícil del proceso. No te precipites: cose lentamente y no dudes en deshacer y repetir cualquier costura que no haya quedado a tu gusto. Los siguientes consejos valen para todos los juguetes de punto.

RELLENAR Y MONTAR LAS PARTES PRINCIPALES

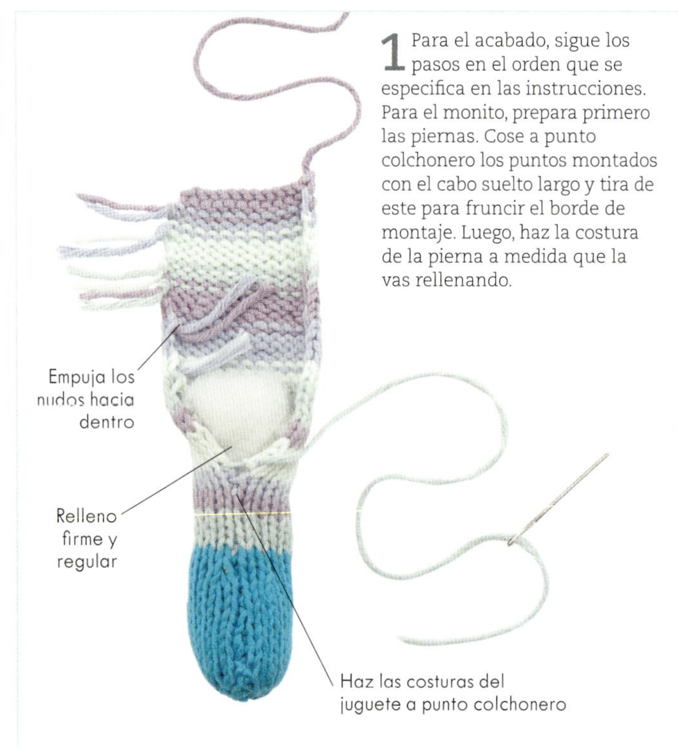

1 Para el acabado, sigue los pasos en el orden que se especifica en las instrucciones. Para el monito, prepara primero las piernas. Cose a punto colchonero los puntos montados con el cabo suelto largo y tira de este para fruncir el borde de montaje. Luego, haz la costura de la pierna a medida que la vas rellenando.

2 Ajusta el final de cada pierna, con la costura en el centro de la parte posterior, y cose el extremo cerrado a punto por encima. Prepara la otra pierna de la misma manera.

3 Antes de comenzar las costuras del cuerpo, cose los botones de los ojos (o pon los ojos de seguridad), colocándolos a tres o cuatro puntos de distancia en el centro de la cabeza. Usa un hilo resistente para botones y una aguja de coser normal.

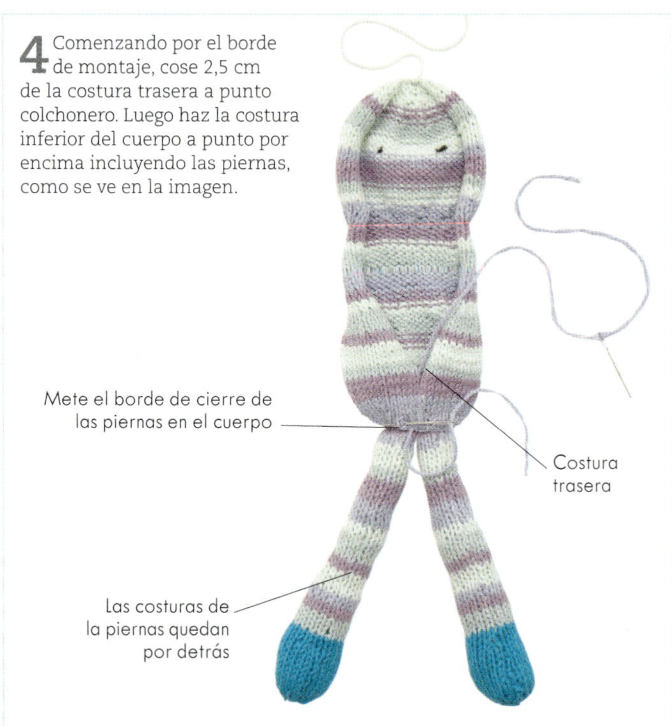

4 Comenzando por el borde de montaje, cose 2,5 cm de la costura trasera a punto colchonero. Luego haz la costura inferior del cuerpo a punto por encima incluyendo las piernas, como se ve en la imagen.

5 Continúa la costura trasera del cuerpo, rellenando este con firmeza al mismo tiempo.

6 Sigue cosiendo hacia arriba la parte posterior de la cabeza. Asegúrate de que la cabeza quede bien rellena antes de terminar la costura. Afianza el hilo al final con dos o tres puntaditas.

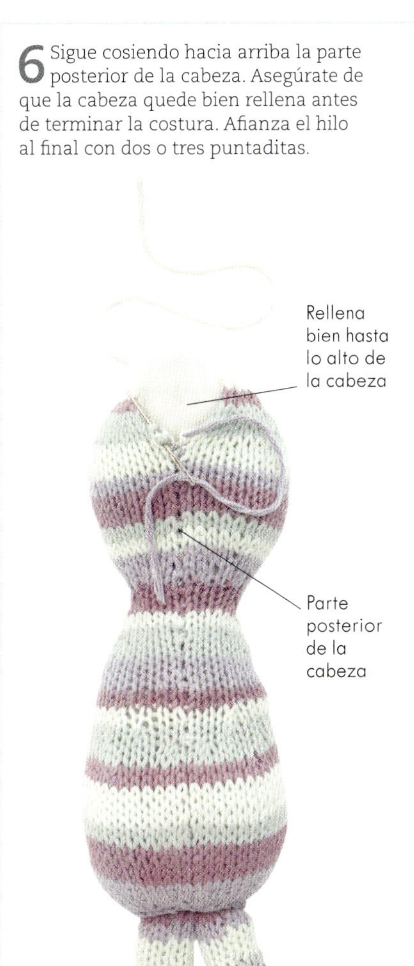

7 Prepara los brazos igual que las piernas, pero sin cerrar la parte superior.

8 Mira la fotografía del juguete que aparece en el patrón para colocar bien los brazos. En los del monito, deja abierto el extremo superior para coserlos al cuerpo en círculo (como unas mangas) y ligeramente inclinados hacia abajo.

Nota de seguridad: En los juguetes, usa alfileres solo si es imprescindible y comprueba que no quede ninguno dentro.

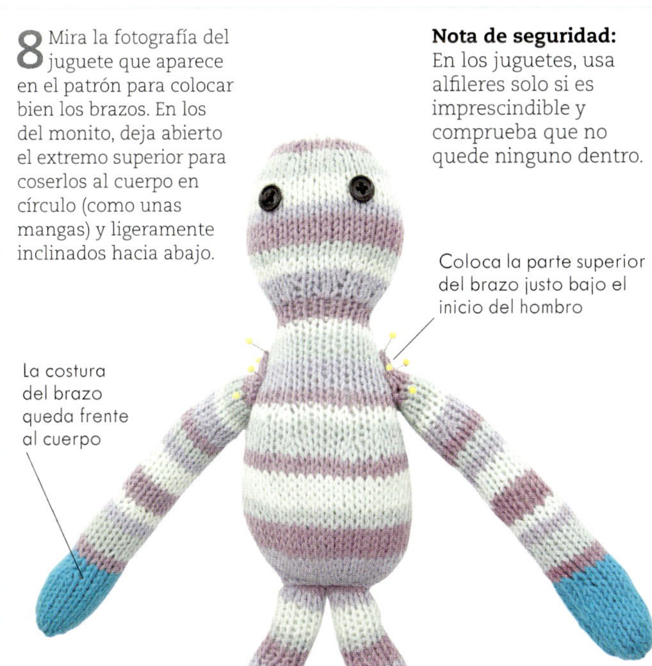

9 Cose los brazos volviendo el borde hacia dentro. Retira con cuidado los alfileres a medida que coses.

AÑADIR PIEZAS PEQUEÑAS Y RASGOS FACIALES

1 Pasa el cabo suelto largo por los puntos montados y tira del hilo para fruncir. Cose el hocico empezando por el final de la costura del borde de montaje.

2 Corta el hilo de la costura dejando unos 5 cm de longitud y mételo dentro del hocico. Rellena el hocico.

3 Prende el hocico a la cabeza con alfileres justo por debajo de los ojos, formando un óvalo que cubra unos 10 puntos a lo ancho y unas 12 vueltas, y cóselo a punto por encima con puntadas cortas.

Costura en el centro de la parte inferior del hocico

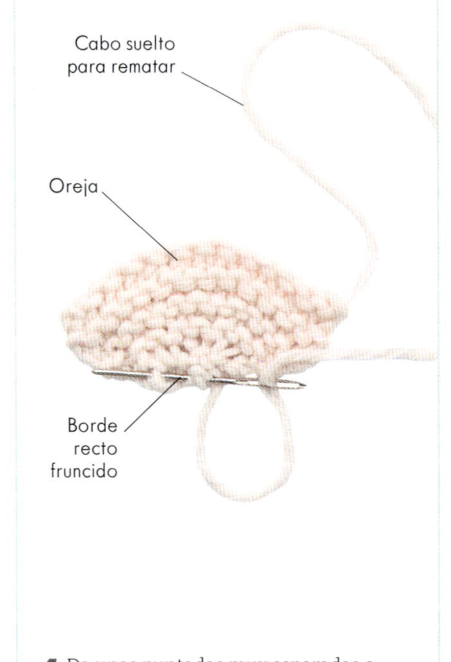

4 Da unas puntadas muy separadas a lo largo del borde recto de cada oreja y tira del hilo para fruncirlo y dar a la oreja forma cóncava.

5 Con el mismo hilo del frunce, cose las orejas a ambos lados de la cabeza, colocándolas según la foto incluida en el patrón.

6 Cose la cola en la base de la espalda del monito. Remata el otro cabo en el borde de cierre de la cola.

7 Usa una aguja lanera de punta roma y las 6 hebras del hilo de bordar para los rasgos faciales del monito. Borda la boca a pespunte en el centro del hocico. Haz los rasgos faciales con cuidado y rehazlos si es necesario.

Utiliza un hilo bastante grueso para que los rasgos se vean con claridad

8 Para cada agujero de la nariz, da dos puntadas en el mismo lugar, una sobre otra.

9 Para cada ceja, da dos puntadas en el mismo lugar, una sobre otra. Será la inclinación de las cejas la que dé al monito su expresión. Para personalizar tu monito, cambia la posición y el tamaño de los ojos, así como la forma de la boca y las cejas.

La inclinación las cejas hacia arriba y hacia el centro dará una expresión inocente y desenfadada al monito

Incluso cambiando la posición de las orejas puedes darle un aspecto único

PUNTO FIELTRADO

Al convertirse en fieltro, el punto encoge, y es imposible controlar exactamente cuánto. Por suerte, con punto fieltrado es posible hacer muchas cosas que no requieren medidas exactas, desde fundas de cojín hasta bolsas. Los motivos de fieltro recortado pueden ser estupendos adornos para otras labores.

NOCIONES BÁSICAS

Los principiantes no deberían lanzarse a hacer una prenda de punto fieltrado hasta haber adquirido experiencia con labores más pequeñas. Antes de embarcarse en una labor específica, conviene leer la información de esta página sobre el fieltrado y conocer algunos trucos útiles.

ESCOGER LA LANA

Una lana 100% pura, superfina y ligera dará un punto fieltrado de grosor medio.

Una lana con mezcla de mohair de peso medio se fieltra con gran facilidad gracias al contenido de mohair.

Una lana *tweed* 100% pura y de peso medio dará un punto fieltrado grueso.

Las mejores fibras para el punto fieltrado son la lana 100% pura y otras de origen animal con un hilado de torsión ligera. En general, cuanto más largas sean las fibras, mejor se fieltran. Evita las lanas etiquetadas como «lavables a máquina».

HACER UNA MUESTRA DE PRUEBA

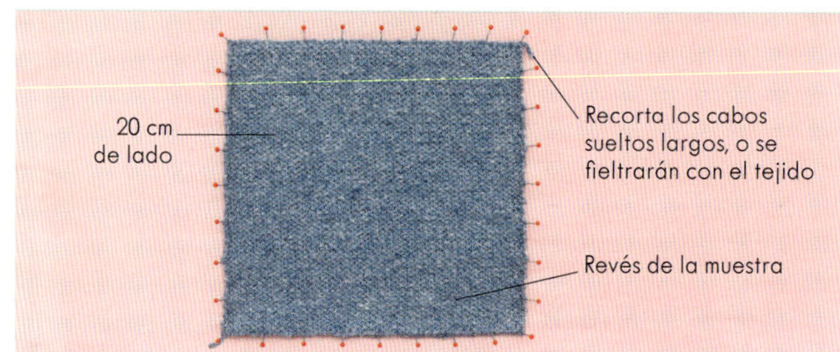

Puedes calcular cuánto encogerá una lana tejiendo una muestra de prueba. Sin embargo, el fieltrado no es una ciencia exacta: depende de la agitación de la lavadora, la temperatura del agua, el tipo de detergente y el contenido de fibra, el hilado y el color de la lana.

Teje una muestra a punto de jersey de 20 cm de lado como mínimo. Muestras menores no permiten medir bien el encogido. Estira con cuidado la muestra; si no, los bordes quedarán demasiado gruesos por su tendencia a enrollarse.

FIELTRADO A MANO

Haz esta prueba para ver si el hilo sirve para fieltrar. Devana una hebra de 90 cm en un ovillo, vierte sobre este una gota de detergente y frótalo durante 2 minutos bajo el chorro del agua caliente. El hilo será un buen candidato para fieltrar si se apelmaza. Luego teje y estira una muestra de 10 cm. Tras sumergirla en agua jabonosa caliente, escúrrela y estrújala suavemente, y sigue agitándola, añadiendo más agua caliente, durante 30 minutos. Aclárala y escúrrela (sin retorcer) y enróllala dentro de una toalla. Colócala plana con el derecho hacia arriba, dale forma rectangular con unas palmaditas y déjala secar toda la noche. Si se ha convertido en fieltro, puedes hacer una nueva prueba con una muestra más grande en la lavadora.

FIELTRADO A MÁQUINA

Mete una muestra en la lavadora junto con una toalla grande (esta aumenta la agitación del agua y debe usarse siempre para fieltrar). Pon la mitad de la cantidad de detergente que utilizarías para una carga completa. Lávala a 40 ºC si es una lana con mohair, y a 60 ºC si es una lana 100% pura, con un ciclo largo completo. Estira en ambas direcciones la muestra lavada, ponla con el derecho hacia arriba, dale forma rectangular con unas suaves palmaditas y déjala secar.
Si es preciso, haz más pruebas con otras muestras, variando la temperatura del agua o la duración del ciclo de lavado. Anota los detalles: tensión del punto, tamaño de las agujas, tamaño de las muestras antes y después del fieltrado, ciclo y temperatura de la lavadora, y tipo y cantidad de detergente.

CONSEJOS PARA FIELTRAR

- **Si es la primera vez** que pruebas el fieltrado, teje varias muestras con lanas de diferentes pesos y fiéltralas juntas, en la misma carga de la lavadora. De esta manera podrás observar los diferentes grosores del fieltro de punto.
- **Cuando utilices** colores con mucho contraste, mete una toallita atrapacolor en la lavadora para que absorba los tintes y evitar así que destiñan.
- **La lana perderá** un poco de color al fieltrarla debido a las altas temperaturas y al detergente, pero esto añade atractivo al fieltro.
- **Tras cada fieltrado,** limpia la lavadora con un trapo húmedo para retirar las fibras que puedan haberse desprendido.

ANTES Y DESPUÉS DE FIELTRAR

El tejido de punto cambia tras convertirse en fieltro, haciéndose más denso y encogiendo generalmente más a lo largo que a lo ancho. Tejiendo a rayas o bordando el tejido antes de convertirlo en fieltro se pueden conseguir efectos decorativos.

Lana pura 100 %: para esta muestra se utilizó una lana jaspeada ligera, hilada con una torsión ligera. Para fieltrar se utilizó un programa de lavado a 60 °C.

Anchura = 20 cm

Longitud = 20 cm

Muestra antes de fieltrar

Anchura = 20 cm

Longitud = 15 cm

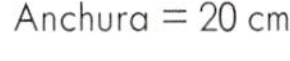

Muestra fieltrada

Lana con mezcla de mohair a rayas: la lana de esta muestra es una mezcla con mohair de peso medio. Para fieltrar se utilizó un programa de lavado a 40 °C. Durante el proceso de fieltrado, las rayas se funden ligeramente. Al tejer a rayas para fieltrar, corta el hilo cada vez que cambies de color y anuda los cabos sueltos en el borde de la labor. Luego recorta los cabos al ras de los nudos para que no se integren en el punto al fieltrarse.

Anchura = 20 cm

Longitud = 20 cm

Muestra antes de fieltrar

Anchura = 16,5 cm

Longitud = 15 cm

Muestra fieltrada

Punto fieltrado con rayas bordadas: para esta muestra se usó la misma mezcla de mohair de peso medio y el mismo programa de lavado que para la de arriba. Antes de fieltrar se bordaron rayas horizontales a pespunte con una lana similar de distinto color. El bordado se integra de una manera muy atractiva en el fieltro. (Observa que el pespunte encoge y estrecha la muestra más de lo habitual). Esta técnica se puede utilizar para incorporar una gran variedad de motivos bordados en el fieltro.

Anchura = 20 cm

Longitud = 20 cm

Muestra antes de fieltrar

Anchura = 14,5 cm

Longitud = 15 cm

Muestra tras el doble fieltrado

ADORNOS EN FIELTRO

El punto fieltrado es una excelente base para bordar a mano por su firmeza y estabilidad. Una primera labor ideal para este material es una funda de cojín fieltrada y luego bordada con hilo de algodón, o adornada con aplicaciones recortadas en punto fieltrado a contraste. Los motivos recortados también pueden servir para adornar gorros de punto o para hacer broches.

BORDAR EN PUNTO FIELTRADO

Unas estrellas bordadas con unas simples puntadas dan un encanto especial a una pieza de fieltro de punto. Prueba este u otro punto de bordado en un cuadrado de 20 cm de lado tejido a punto de jersey con una lana ligera 100% pura y fieltrado como se explica en la p. 244.

1 Para bordar las estrellas, marca antes con alfileres su posición. Luego enhebra una aguja de bordar de punta afilada con una hebra doble de hilo de bordar de algodón de seis cabos de un color que destaque.

2 Los dos brazos de las cruces de base de cada estrella deben tener 2 cm de largo, y los de las cruces pequeñas, por encima, 1,5 cm.

3 Esta muestra es un buen punto de partida para el diseño de cualquier funda de cojín.

ADORNOS DE PUNTO FIELTRADO RECORTADO

Para hacer una flor sencilla, teje a punto de jersey dos cuadrados de unos 20 cm de lado (uno a rayas y el otro liso) y fiéltralos como se explica en la p. 244. Usa una lana de peso medio con algo de mohair.

Pétalo de 4,5 cm de alto

Círculo de 3,5 cm

1 Haz una plantilla de papel para los pétalos y otra para el círculo central. Pega las plantillas con cinta adhesiva en el revés de las piezas fieltradas.

2 Con unas tijeras pequeñas bien afiladas, recorta (incluida la cinta) cinco pétalos y dos círculos en total.

3 Pon uno de los círculos con el revés hacia arriba y prende por encima con alfileres los pétalos, también con el revés hacia arriba. Con un hilo del mismo color que el círculo y una aguja de coser de punta afilada, cose los pétalos al círculo con una bastilla, pero sin atravesarlo del todo con cada puntada.

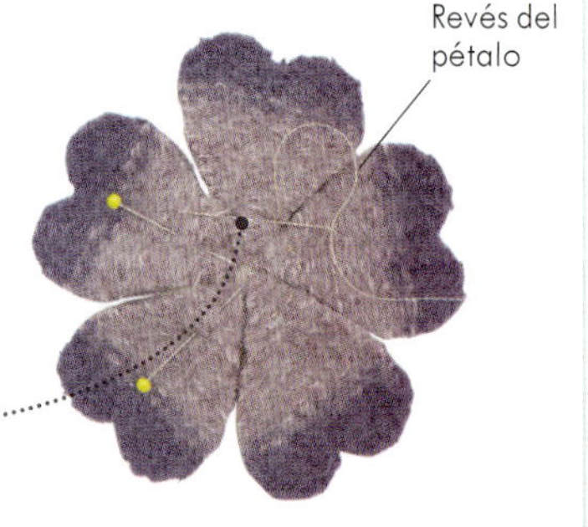

Revés del pétalo

4 Con el revés de los pétalos aún hacia arriba, coloca sobre ellos el segundo círculo de fieltro, con el derecho hacia arriba y alineado con el círculo de debajo. Cóselo con un sobrehilado fino.

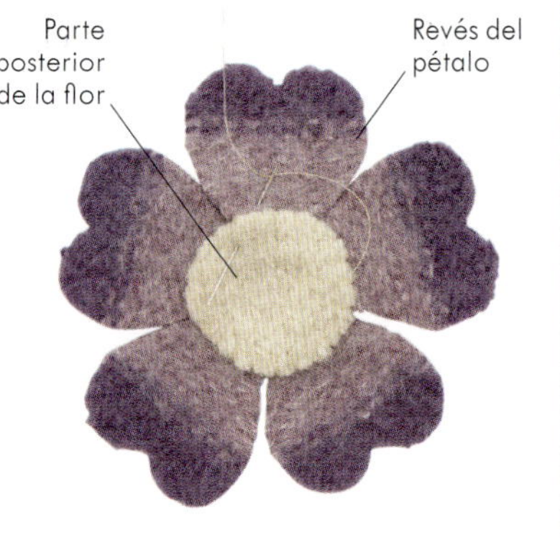

Parte posterior de la flor

Revés del pétalo

5 Da la vuelta a la flor de modo que quede con el derecho hacia arriba y adórnala con cuentas, como en la imagen, o con un bordado en distinto color.

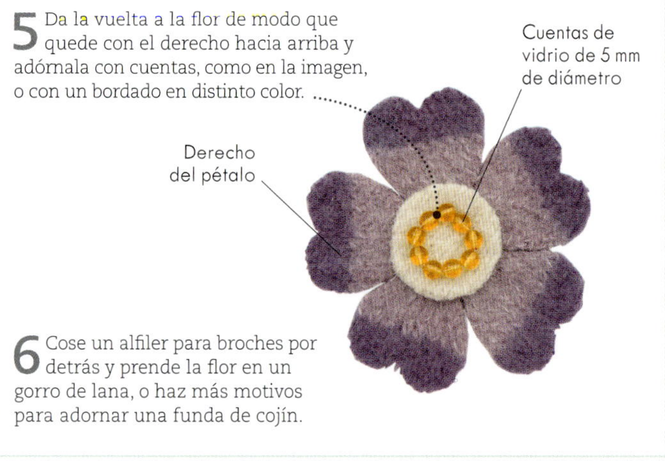

Cuentas de vidrio de 5 mm de diámetro

Derecho del pétalo

6 Cose un alfiler para broches por detrás y prende la flor en un gorro de lana, o haz más motivos para adornar una funda de cojín.

PUNTO CON HILOS ESPECIALES

Hacer punto puede ser incluso más divertido si al mismo tiempo se contribuye a la conservación del medio ambiente. Deshacer jerséis viejos y reutilizar su lana es una manera de reciclar obvia, pero también es posible tejer con «hilos» menos habituales: tiras de tela o de plástico, y cuerda.

RECICLAR LANA

Los jerséis viejos son los candidatos ideales para reciclar lana, tanto si han sido tejidos a mano como a máquina. El grosor de la lana es irrelevante: la lana fina se puede usar en hebra doble o triple para que resulte lo suficientemente gruesa como para tejer a mano con ella.

PREPARAR LANA RECICLADA

1 Deshaz con cuidado las costuras. En ciertos jerséis hechos a máquina basta con tirar de la costura para que se descosa. Otras costuras requieren cortar cada puntada con unas tijeras afiladas.

2 Deshaz el tejido, comenzando por la parte superior, y devana la lana mientras destejes. Si la lana se rompe, anuda los extremos para tener un hilo continuo. Para alisarlo, devánalo formando una madeja y aplícale vapor o lávalo. Pon la madeja a secar colgada.

TEJER CON LANA RECICLADA MULTICOLOR

1 Para dar más vida a las lanas recicladas, córtalas en cabos de 30 a 60 cm y anuda estos para formar un solo hilo de muchos colores. Utiliza lanas de grosor similar: si es preciso, dobla alguna.

2 Haz un ovillo con el nuevo hilo formado anudando cabos.

3 Usa este hilo para la labor que prefieras. Una bufanda a punto bobo es ideal para lucir una lana multicolor exclusiva. Los nudos serán un adorno más, así que asegúrate de que los haya en ambas caras de la prenda.

TEJER CON TRAPILLO

Camisetas viejas, blusas de algodón y retales de patchwork suelen proporcionar algunas de las mejores tiras de tela reciclada para hacer punto, o trapillo. Tejer con trapillo de telas más gruesas cansa mucho, y las telas muy finas tienden a romperse mientras se teje.

PREPARAR LAS TIRAS DE TELA

1 Para hacer tu «hilo» de retales comienza recortando la tela en piezas de bordes rectos. Plancha los retales y recorta los bordes desgastados. Si se trata de prendas de vestir, recorta todas las costuras y luego plancha la tela.

2 Corta o rasga la tela de manera que forme una sola tira continua. Los cortes deben hacerse a 2, 5 cm de distancia unos de otros y llegando hasta 1,5 cm de cada borde de la tela.

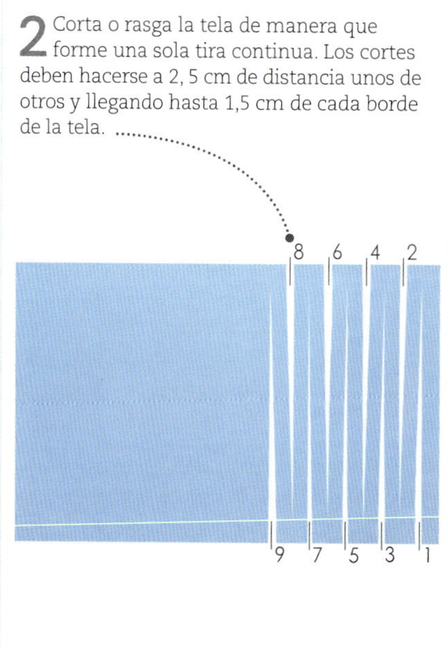

3 Devana la tira en un ovillo a medida que la vas cortando. Las tiras de tela de camiseta se enroscarán formando un tubito. Al final de una tira, anuda la siguiente del mismo color. Mantén las tiras de distintos colores en ovillos separados para poder crear motivos en tu labor.

TEJER CON TIRAS DE TELA

1 El punto más fácil de tejer con tiras de tela es el punto bobo. Para unas tiras de algodón de peso similar a las telas de patchwork y de 2,5 cm de ancho, utiliza agujas de 10 mm.

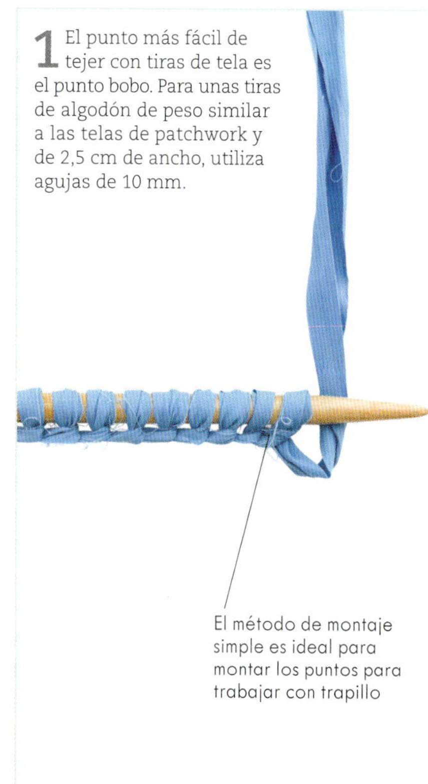

El método de montaje simple es ideal para montar los puntos para trabajar con trapillo

2 Se puede añadir interés al punto tejiendo a rayas. Para cambiar de colores, anuda la tira del nuevo color (p. 247), situando el nudo lo más cerca posible del borde de la labor.

Recorta los cabos a unos 3 cm del nudo

3 Al acabar la pieza, cierra los puntos del derecho (p. 106).

4 Una pieza tejida con trapillo se puede utilizar como alfombra o para hacer una bolsa. Para esta última, teje un rectángulo grande, dóblalo por la mitad (con los nudos hacia dentro), cóselo por tres lados con hilo de coser y añade un asa trenzada.

PUNTO CON TIRAS DE PLÁSTICO

Una buena manera de reutilizar las bolsas de plástico que se van acumulando en casa es cortarlas en tiras para hacer punto. Gracias a su flexibilidad, es más fácil tejer con tiras de plástico que con las de tela.

PREPARAR LAS TIRAS DE PLÁSTICO

1 Elige bolsas de plástico fino, ya que este es más fácil de tejer y proporciona un tejido más elástico. Para cortar las tiras, empieza por aplanar la bolsa y luego dóblala por la mitad a lo largo.

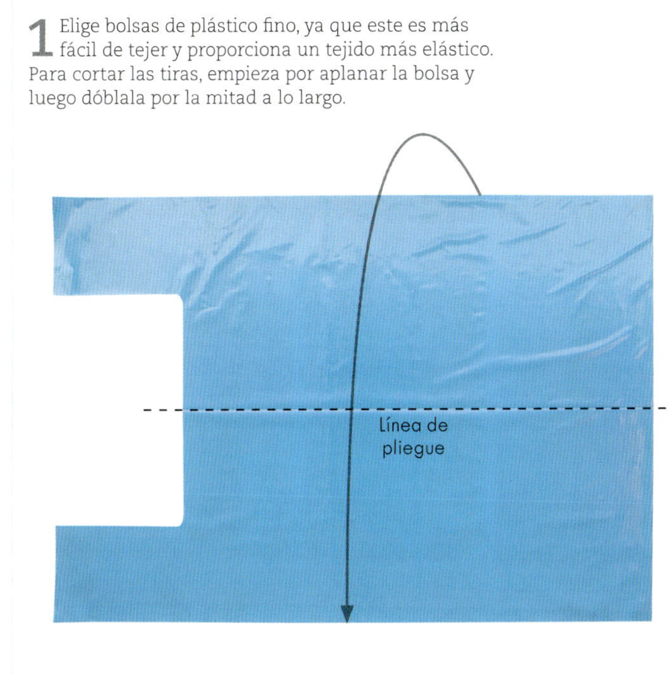

2 Vuelve a aplanar la bolsa y dóblala de nuevo por la segunda, la tercera y la cuarta líneas de pliegue, como se ve en la imagen, alisándola tras cada pliegue.

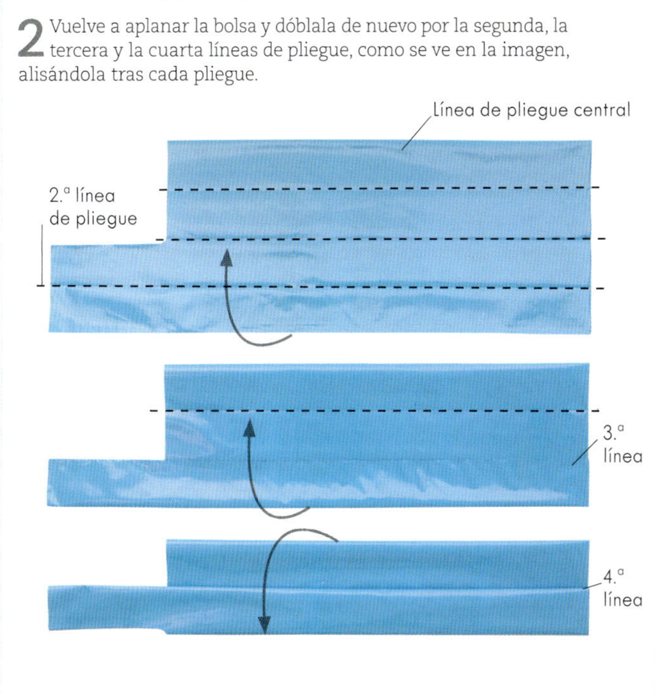

3 Recorta las asas y el fondo sellado de la bolsa plegada. Después corta trozos de unos 3 cm de ancho: cada uno de estos formará un anillo. Mantenlos plegados hasta que los necesites.

Corta las asas por aquí

Corta el fondo por aquí

4 Para unir los anillos, pon uno en horizontal sobre la mesa y otro junto a él, en vertical. Pasa el primer anillo a través del segundo por la parte superior, y la parte inferior de este por el centro del primero. Tira de la parte inferior del segundo para anudarlo fuertemente a un extremo del primero.

5 Sigue uniendo anillos de la misma forma y devanando el hilo continuo en un ovillo. Cuando el ovillo sea demasiado grande para manejarlo, comienza otro.

TEJER CON TIRAS DE PLÁSTICO

1 Es muy fácil tejer una pieza tubular con tiras de plástico para hacer una bolsa. Prepara las tiras como se explica en la página anterior y monta los puntos en agujas circulares de 9 mm. Teje en redondo a punto de jersey (p. 114).

2 En la parte superior del tubo, teje varias vueltas alternas a punto del derecho y del revés para crear un borde de punto bobo. (Para hacer las asas, cierra y monta puntos en las dos primeras vueltas a fin de formar una ranura a cada lado). Cose el fondo a punto por encima con tira de plástico y una aguja lanera de punta roma.

PUNTO CON CUERDA

Si tienes unos ovillos de cuerda medio olvidados en algún cajón, ¿por qué no usarlos para tejer algún objeto útil para el hogar? Por su relativa rigidez, el bramante es ideal para hacer cajitas de punto. Optar por el cáñamo es una excelente decisión desde el punto de vista medioambiental.

DISEÑAR UNA CAJA DE CUERDA

Escoge un bramante de grosor medio. Las cuerdas de colores vivos servirán para resaltar las costuras o los bordes. Con unas agujas de un tamaño que permita un tejido rígido, teje una muestra de tensión y calcula cuántos puntos hay que montar para los lados de la caja.

TEJER UNA CAJA DE CUERDA

1 Para que el borde superior no se enrolle, empieza cada uno de los cuatro lados de la caja con dos vueltas a punto bobo. Completa cada lado a punto de jersey y cierra todos los puntos del derecho, por el derecho de la labor.

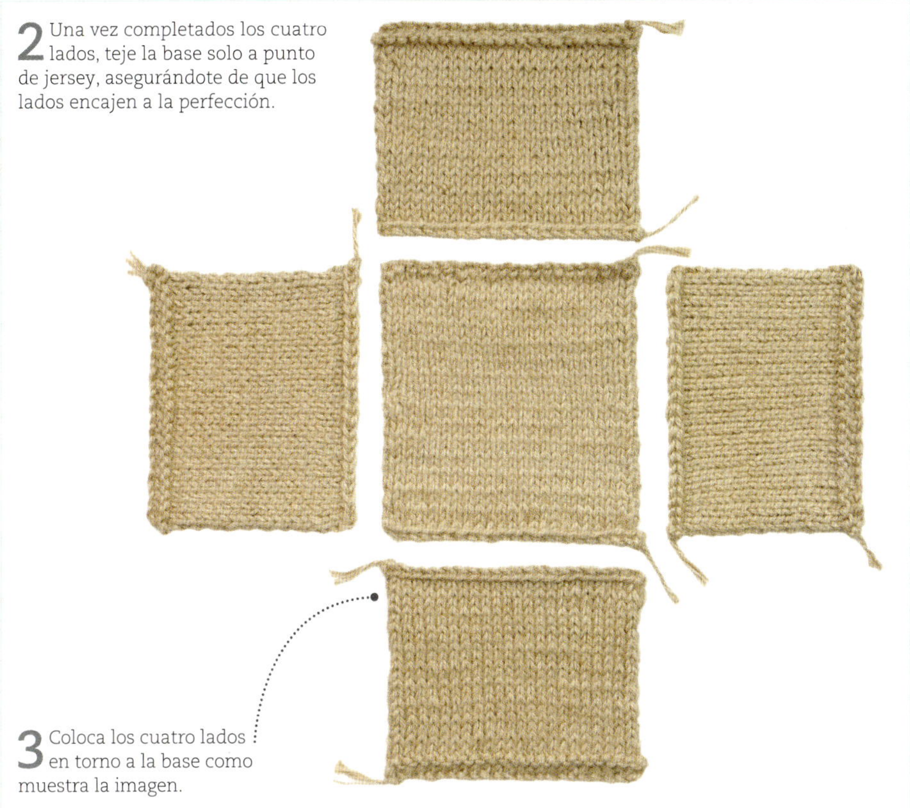

2 Una vez completados los cuatro lados, teje la base solo a punto de jersey, asegurándote de que los lados encajen a la perfección.

3 Coloca los cuatro lados en torno a la base como muestra la imagen.

4 Con un hilo de un color diferente y una aguja lanera de punta roma, cose un lado a la base con un sobrehilado (p. 215), con ambas piezas encaradas por el revés.

5 Cose los tres lados restantes a la base de la misma manera.

6 Haz del mismo modo las costuras que unen los lados.

PUNTO CON LOS BRAZOS

Hacer punto con los brazos es una manera estupenda de aprender a tejer porque se hacen puntos grandes, tu labor crece muy deprisa y puedes hacer una pequeña manta en menos de una hora. Como no hay agujas, es más fácil comprender cómo se hacen los puntos, lo que significa que podrás experimentar con más confianza y tal vez incluso diseñar tus propias labores.

EMPEZAR A TEJER

Todas las labores tejidas con los brazos comienzan haciendo un nudo corredizo y montando los puntos. Si vas a coser la pieza, deja un cabo suelto largo al principio, al final y en las uniones para facilitar la costura. Antes de empezar, reúne todos los materiales necesarios y lee atentamente las instrucciones.

HACER UN NUDO CORREDIZO

1 Dejando un cabo suelto largo para montar los puntos (1,2 m por cada 10 puntos), forma un círculo cruzando el cabo por encima del hilo de trabajo. Pasa el cabo por debajo del círculo, a través del centro.

El cabo suelto va por debajo del círculo

2 Sujeta el cabo con una mano y tira de él con fuerza para crear una lazada en el centro del círculo.

3 Coloca la lazada en la muñeca derecha: el cabo suelto está delante, mirando hacia ti, y el hilo de trabajo sale por detrás. Aprieta el nudo corredizo, pero deja una lazada floja en la muñeca.

MONTAJE SIMPLE (MÉTODO DEL PULGAR)

Este método requiere menos hilo que el montaje doble (p. siguiente), pero no es tan firme.

1 Haz un nudo corredizo (arriba) y deslízalo sobre la muñeca derecha. Con el hilo que va al ovillo hacia la izquierda, mantén la mano izquierda con la palma hacia abajo sobre el hilo, y utiliza el pulgar izquierdo para sujetar suavemente el hilo en la palma.

2 Deja caer la mano hacia delante, entre los hilos. Continúa girándola de modo que quede con la palma hacia arriba y el hilo se enrolle alrededor de la mano.

3 Desliza la mano derecha hacia arriba por debajo del hilo que atraviesa la palma izquierda. Continúa deslizando la mano derecha hasta que la lazada se deslice completamente sobre ella. Ahora tienes dos puntos.

4 Desliza la lazada hacia abajo en el brazo derecho. Repite los pasos 1 a 3 hasta montar el número de puntos necesario.

MONTAJE DOBLE (MÉTODO DEL PULGAR Y EL ÍNDICE)

1 Deja un cabo suelto el triple de largo que el montaje previsto y haz un nudo corredizo en la muñeca derecha. Pasa el cabo por detrás del pulgar izquierdo, y el hilo de trabajo por detrás del índice izquierdo. Separa los dedos para crear una «honda» de hilo.

2 Desliza la mano derecha por debajo de la honda, entrando hacia arriba por la lazada del lado del pulgar izquierdo.

3 Con la mano derecha, coge el hilo de trabajo que está enrollado alrededor de la parte delantera de tu dedo índice.

4 Tira de la lazada y pásala a la mano derecha.

5 Tira del hilo de trabajo y del cabo suelto para apretar la lazada, dejando suficiente espacio para sacarla de la mano cuando empieces a tejer.

6 Repite estos pasos hasta montar el número de puntos requerido por las instrucciones, teniendo en cuenta que el nudo corredizo cuenta como primer punto montado.

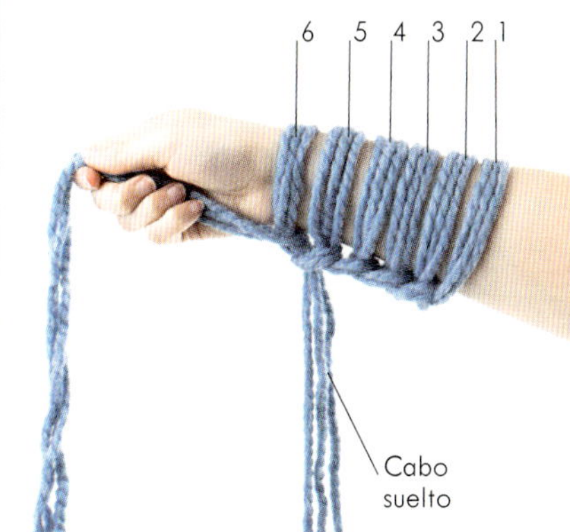

PUNTOS

Los dos puntos básicos son el punto del derecho y el punto del revés. Cuando se teje con los brazos estos no se hacen girando la labor, sino trabajando hacia delante y hacia atrás. Cuando los puntos estén en el brazo izquierdo, el lado derecho de la lazada será la pata delantera; cuando estén en el brazo derecho, el lado izquierdo de la lazada será la pata delantera.

PUNTO DEL DERECHO

1 El punto más básico es el del derecho; tejiendo todas las vueltas a punto del derecho se crea el punto de jersey. Como no puedes girar la labor al final de una vuelta, el derecho de la labor siempre queda frente a ti.

Hilo de trabajo

Cabo suelto

2 Coloca el hilo de trabajo sobre el pulgar derecho de delante hacia atrás, con el cabo suelto alejado de ti, y cierra los dedos sobre el hilo.

3 Desliza el punto del montaje más cercano al pulgar fuera del brazo y sobre la mano.

4 Deja caer el punto del montaje sin soltar el hilo de trabajo.

5 Desliza la mano izquierda hacia arriba por debajo de la lazada más cercana de la mano derecha.

6 Desliza la lazada a tu muñeca izquierda; de este modo, la lazada se retuerce para que el lado derecho sea la pata delantera.

7 Tira suavemente del hilo de trabajo para apretar el punto alrededor del brazo izquierdo.

8 Repite los pasos 2 a 7 hasta que todos los puntos hayan pasado de un brazo al otro. En la siguiente vuelta invierte las instrucciones, pasando todos los puntos de nuevo al brazo derecho. Así se crea el punto de jersey.

PUNTO DEL REVÉS

1 Sujetando el hilo por delante de la labor, pásalo de delante hacia atrás a través del brazo por el espacio entre los dos primeros puntos más cercanos a la mano. Suelta el hilo de trabajo.

2 Atraviesa el primer punto, cogiendo el hilo de trabajo con la mano izquierda y tirando de él para crear un nuevo punto.

3 Deja caer el punto anterior del brazo derecho.

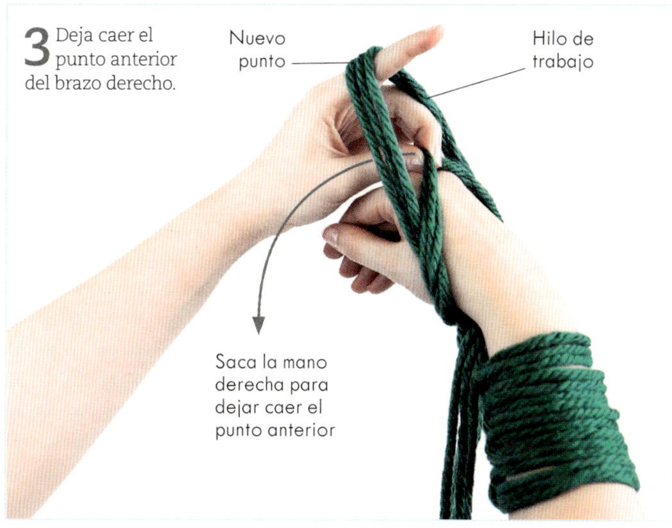

4 Coloca el nuevo punto en el brazo opuesto.

5 Tira del hilo de trabajo para apretar la lazada. Cuando tejas un punto del revés, asegúrate de que el hilo de trabajo se extiende desde la pata delantera del punto, de lo contrario el punto se retorcerá.

6 Repite los pasos 1 a 5 hasta que hayas pasado todos los puntos de un brazo al otro. Alternando vueltas de punto del derecho y del revés se crea el punto bobo.

AUMENTOS

Algunos patrones para tejer con los brazos pueden requerir dar forma a la labor, lo que significa que tendrás que aumentar (y disminuir, o menguar, como se explica en la página siguiente) el número de puntos. Las técnicas que se utilizan para aumentar cuando se teje con los brazos se aplican en los bordes de la labor (echar el hilo) o cerca de ellos (tejer un punto falso).

AUMENTO DE HILO AL PRINCIPIO DE UNA VUELTA (Abreviatura = eh)

1 Pasa el hilo de trabajo de delante hacia atrás sobre la muñeca izquierda. (Aquí mostramos el paso de los puntos de la mano derecha a la izquierda).

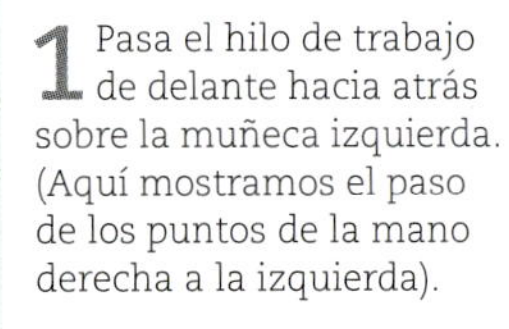

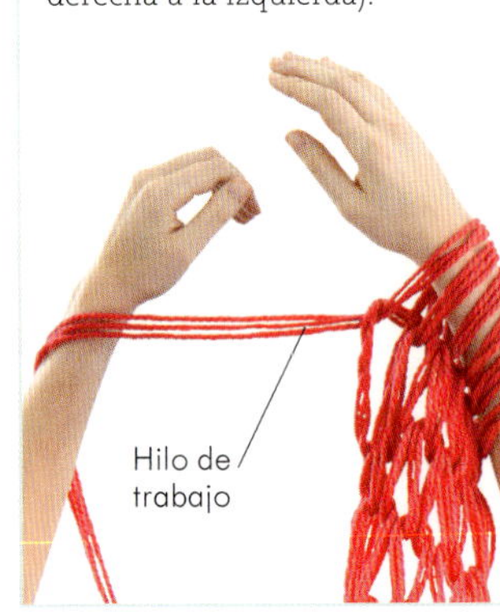

2 Manteniendo el hilo de trabajo alrededor de la muñeca izquierda, pasa el hilo hacia delante, entre las manos, con el pulgar derecho.

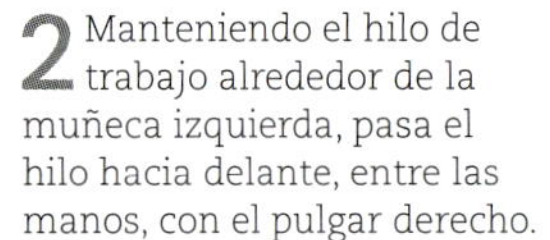

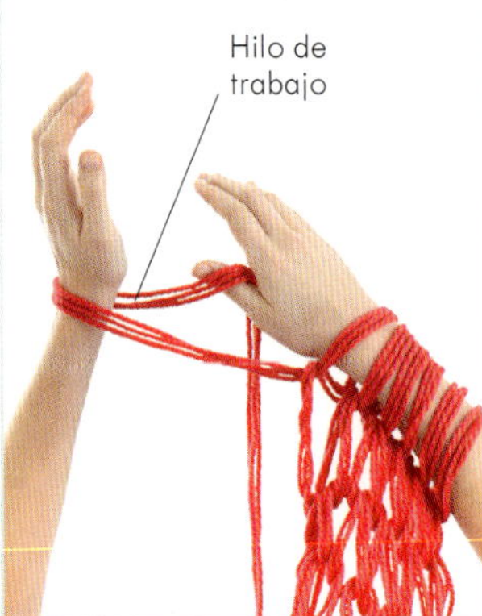

3 Asegúrate de que el hilo va de delante hacia atrás sobre tu pulgar derecho. Sin sacar la lazada de la mano izquierda, tira pasa el primer punto por encima como de costumbre.

4 Pasa el nuevo punto a la mano izquierda. Continúa tejiendo a lo largo de la vuelta.

TEJER UN PUNTO FALSO EN UNA VUELTA DEL DERECHO (Abreviatura = 1 pf)

1 Teje el primer punto como de costumbre. Separa ligeramente las manos para que se vea la hebra que se extiende entre los puntos de las manos.

2 Pasa la mano izquierda de delante hacia atrás (con la palma hacia abajo) por debajo de la hebra entre los puntos, sin pasarte. Detente cuando la hebra esté sobre de los nudillos.

3 Gira la mano izquierda hacia la izquierda, doblando los dedos para evitar que la hebra resbale. Este movimiento retorcerá la hebra hasta formar una lazada en tu mano.

4 Desliza la mano derecha por el dorso de la mano izquierda, desde los dedos hasta la muñeca, pasándola a través de la lazada retorcida.

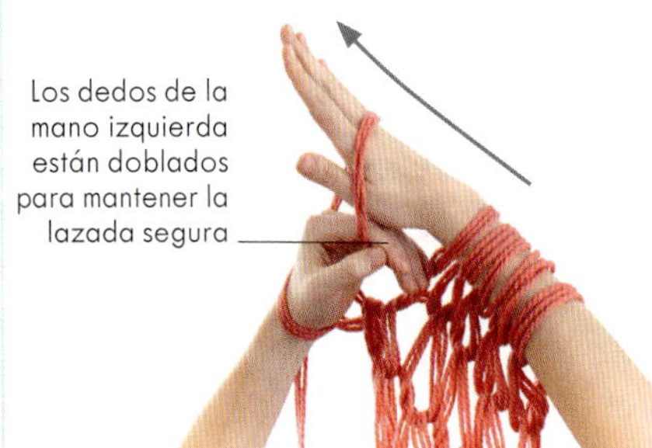

5 Tira del hilo a través de la lazada retorcida, deslizando esta de la mano izquierda mientras lo haces.

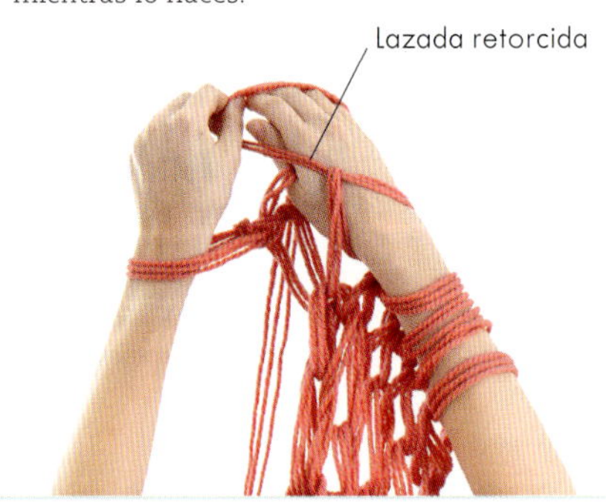

6 Pasa el nuevo punto de la mano derecha a la izquierda. Continúa tejiendo la vuelta.

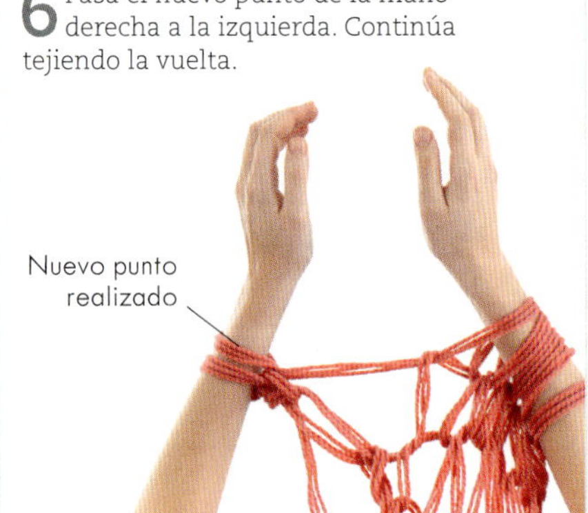

MENGUADOS

Combinando dos puntos en uno se da forma a la labor. Los dos métodos para menguar o disminuir el número de puntos que se muestran aquí (tejer dos puntos del derecho juntos y tejer juntos dos puntos deslizados) dan como resultado un punto que se inclina en distinta dirección según el brazo en que se encuentre

TEJER DOS PUNTOS DEL DERECHO JUNTOS (Abreviatura = 2 *pdj*)

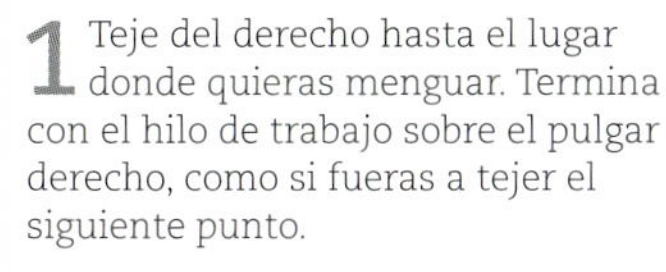

1 Teje del derecho hasta el lugar donde quieras menguar. Termina con el hilo de trabajo sobre el pulgar derecho, como si fueras a tejer el siguiente punto.

2 Tira de dos puntos sobre la mano (en lugar de un punto, que es lo que harías para tejer un punto del derecho).

3 Colócate la nueva lazada en el brazo. Habrás menguado un punto. Continúa tejiendo como de costumbre.

TEJER JUNTOS DEL DERECHO DOS PUNTOS DESLIZADOS (Abreviatura = 2 *pd desj*)

1 Teje del derecho hasta el lugar donde quieras menguar y luego desliza los dos puntos siguientes, de uno en uno, de un brazo al otro con las puntas de los dedos juntas, de modo que los puntos se deslicen rectos de una mano a la otra.

2 Coloca el hilo de trabajo de delante hacia atrás sobre el pulgar izquierdo.

3 Tira de los dos puntos deslizados sobre la mano y suéltalos. Habrás menguado un punto.

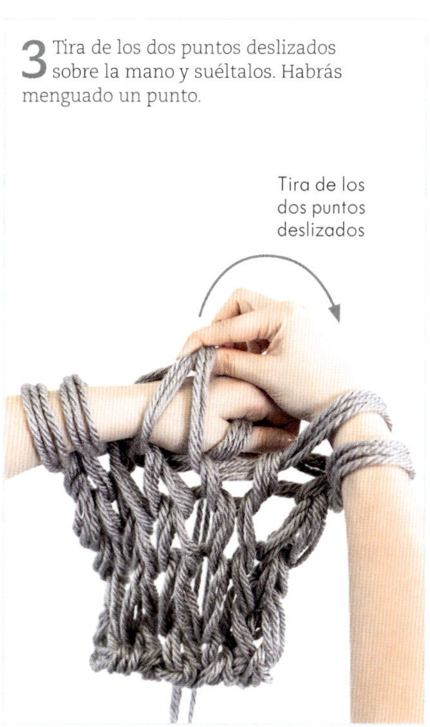

ACABAR UNA PIEZA

Cuando hayas acabado de tejer una pieza, tendrás que retirar los puntos de los brazos. Al cerrar los puntos evitarás que se deshagan. Puedes empezar a cerrarlos desde cualquier brazo: aquí se muestra cómo hacerlo desde el brazo derecho.

CERRAR LOS PUNTOS

Este método es similar a tejer a punto del derecho, excepto que te sacarás los puntos del brazo a medida que trabajes la vuelta.

1 Teje los dos primeros puntos de la vuelta en el mismo punto que has utilizado en la labor.

2 Coge el punto más cercano a tu codo izquierdo.

3 Tira de ese punto para pasarlo por encima del punto más cercano a tu mano izquierda y luego retíralo de tu brazo izquierdo.

4 Suelta el punto. Ahora deberías tener solo un punto en el brazo izquierdo.

5 Teje otro punto en el brazo derecho. Tendrás dos puntos en el brazo.

6 Tira del punto más cercano a tu codo izquierdo para pasarlo por encima del punto más cercano a la mano izquierda y, a continuación, retíralo del brazo izquierdo. Sigue repitiendo el paso 5 y este hasta que solo te quede un punto en el brazo izquierdo. Corta el hilo de trabajo, dejando un cabo suelto largo para rematar.

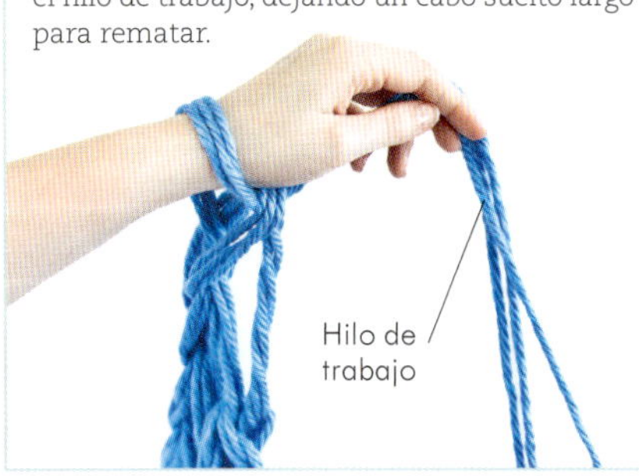

7 Retira el punto de la muñeca izquierda y, a continuación, pasa el cabo suelto por la lazada del último punto. Tira del cabo para asegurarlo.

Al cerrar los puntos se crea una cadeneta de lazadas que parece una trenza a lo largo del borde.

COSTURA

Si tu labor debe coserse, los mejores puntos de costura son el sobrehilado (visible) o el punto colchonero (invisible); evita el pespunte en las labores tejidas con los brazos, ya que son demasiado voluminosas. Después de cerrar los puntos, tendrás que rematar los cabos sueltos entretejiéndolos (abajo) o fieltrándolos en seco con aguja.

SOBREHILADO (O PUNTO POR ENCIMA)

1 Inserta el hilo de costura (en naranja) de abajo arriba a través del punto de la esquina inferior derecha de ambas piezas. (Si utilizas un hilo aparte en vez de un cabo suelto de la labor, deja un cabo largo para rematar).

2 Inserta el hilo de costura desde la parte inferior hasta la superior de la siguiente serie de puntos. El hilo envolverá el exterior de la labor.

3 Repite el paso 3 a lo largo de la costura, alineando las puntadas lo más uniformemente posible, hasta que hayas cosido todo el borde.

PUNTO COLCHONERO

1 Alinea las piezas una al lado de la otra. Estira los bordes laterales de ambas piezas para descubrir las pequeñas «barras». Inserta el hilo de costura (en naranja) bajo la primera barra de la pieza izquierda.

2 Inserta el hilo por debajo de la primera barra de la pieza derecha.

3 Inserta el hilo por debajo de la segunda barra de la pieza izquierda.

4 Continúa hacia arriba, pasando de lado a lado, por debajo de cada barra. Después de cinco barras, tira (con firmeza pero sin apretar demasiado) de ambos extremos del hilo para unir las piezas y ocultar los puntos.

REMATAR CABOS SUELTOS

1 Trabajando por el revés de la labor, pasa el cabo suelto (en naranja) a través del punto más cercano.

2 Siguiendo la forma de los puntos siguientes, pasa el cabo suelto a través de ellos.

3 Sigue hasta haber entretejido todo el cabo suelto y luego mete el extremo en uno de los puntos más cercanos para afianzarlo.

AÑADIR MÁS HILO

Si el ovillo se te acaba a mitad de una vuelta necesitarás añadir un nuevo hilo, pero generalmente es mejor hacerlo al principio de una vuelta. El empalme de hilos mediante fieltrado de los extremos da mejores resultados si trabajas con fibras naturales.

FIELTRADO

1 Para añadir un hilo del mismo color que el de tu labor, empieza con el extremo de este y uno de los del nuevo hilo.

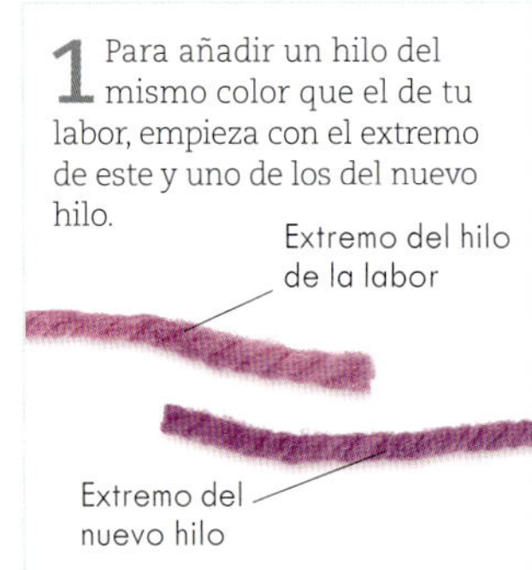

2 Deshaz unos 8 cm de cada extremo de hilo y superpón las hebras desenrolladas en direcciones opuestas.

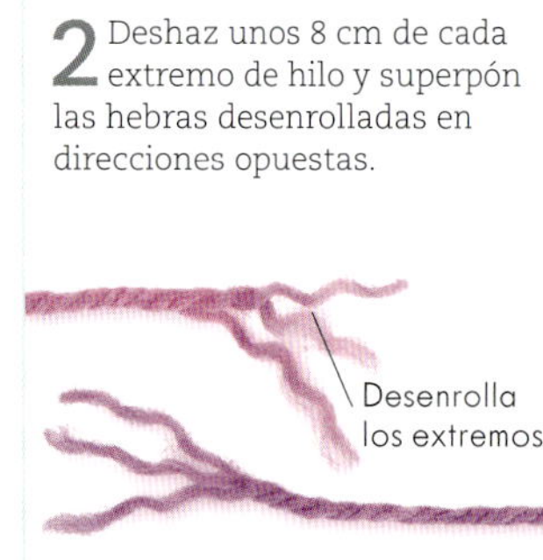

3 Moja los extremos con agua. Colócalos sobre una mano y frota ambas palmas enérgicamente para enredar las fibras.

Humedece los extremos de hilo

4 Puedes dejar de frotar cuando los dos extremos parezcan una sola hebra, lo que indica que se han fieltrado juntos.

AÑADIR HILOS O CAMBIAR COLORES

Es importante hacer un nudo seguro al añadir un nuevo hilo.

1 Al comienzo de una vuelta, sujeta el nuevo hilo con la mano izquierda, dejando un cabo suelto de unos 25 cm, y luego anúdalo sin apretar alrededor del hilo de trabajo.

2 Mientras sujetas el hilo nuevo en la mano derecha, coge el primer punto de la vuelta y empieza a tirar de él por encima de la mano.

3 Tira del primer punto de la vuelta completamente sobre tu mano y déjalo caer.

4 Coloca el nuevo punto en el brazo izquierdo. Continúa tejiendo como de costumbre, utilizando el nuevo hilo.

TÉCNICAS AUXILIARES

A pesar de que tejer con los brazos es fácil, manejar varias hebras puede ser una pesadilla en la que se pierden o se estiran hebras fuera de los puntos. El encadenado es una técnica de preparación del hilo que puede facilitar el trabajo y, al mismo tiempo, aportar un toque de diseño a los tejidos lisos.

ENCADENADO

Crea un hilo de tipo *chainette*, o encadenado, convirtiendo varias hebras finas en una hebra más gruesa y manejable.

1 Haz un nudo corredizo y tira de la lazada hasta que mida unos 30 cm de largo.

Nudo corredizo
Lazada

2 Sujeta el nudo corredizo y el cabo suelto en la mano izquierda y, con la mano derecha, tira del hilo de trabajo hacia arriba a través de la lazada para crear una segunda lazada de unos 30 cm de largo.

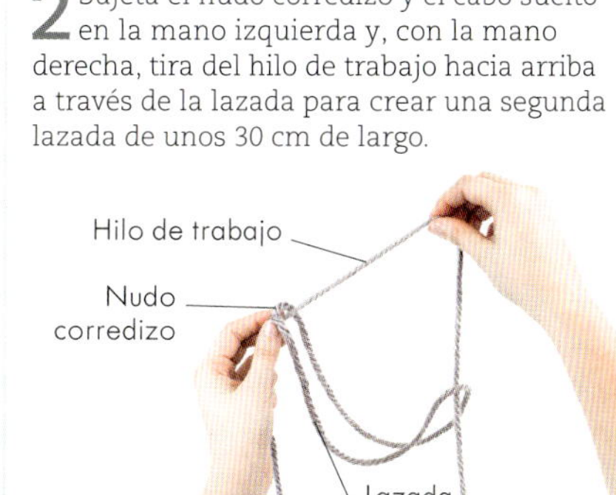

3 Suelta el nudo corredizo y, con la mano izquierda, sujeta las tres hebras por la mitad de la segunda lazada. Extiende la mano por el extremo derecho de la lazada para sacar el hilo de trabajo y crear una tercera lazada de 30 cm de largo. Repite este paso hasta encadenar todo el ovillo.

Sujeta por la mitad la segunda lazada así como el hilo de trabajo
Hilo de trabajo
Segunda lazada

REMONTAR PUNTOS

1 Sujeta la pieza con el derecho hacia arriba, con el borde en el que quieres remontar puntos en la parte superior.

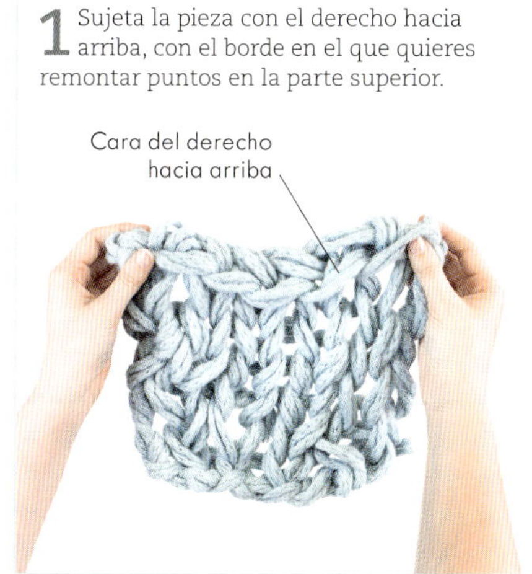

2 Pasa la mano por el centro del primer punto con forma de V y coge el hilo de trabajo. Dejando un cabo suelto largo para rematar más tarde, saca la hebra de trabajo a través del punto, creando una lazada.

Hilo de trabajo

3 Coloca la lazada en el brazo derecho, con el hilo de trabajo saliendo por la pata delantera del punto.

4 Pasa la mano derecha por el centro del siguiente punto con forma de V y saca otra lazada.

5 Vuelve a colocar la lazada en el brazo derecho, con el hilo de trabajo extendiéndose desde la pata delantera del punto.

6 Repite los pasos 4 y 5 a lo largo del borde, sacando una lazada desde cada punto con forma de V hasta remontar el número de puntos indicado en las instrucciones.

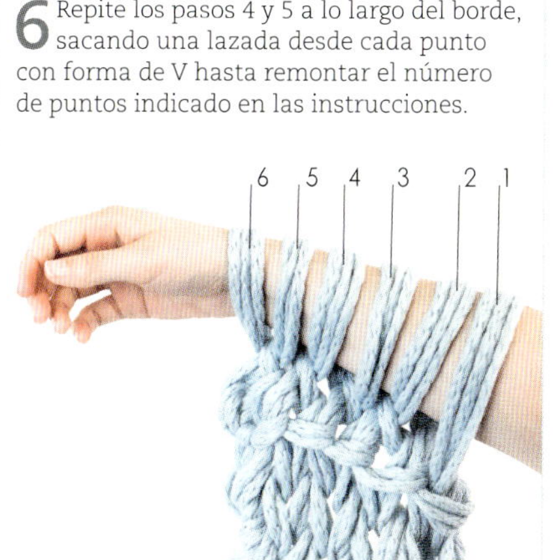

LABORES

BUFANDA ARLEQUÍN

Nivel de dificultad

Experimenta mezclando colores en esta bufanda calentita de suave mohair. Al trabajar con dos hilos juntos a la vez, la combinación de colores creará un efecto jaspeado. La bufanda se teje al bies (p. 178), aumentando y menguando en los bordes.

TÉCNICAS EMPLEADAS Montaje doble retorcido **p. 97,** Punto canalé **p. 115,** Cierre con efecto canalé **p. 107**

MEDIDAS

14 cm de ancho × 2 m de largo aprox.

HILO

Rowan Kidsilk Haze de 25 g (70% mohair y 30% seda)

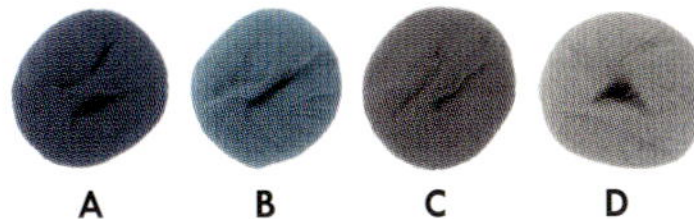

A: 632 Hurricane × 3
B: 582 Trance × 2
C: 605 Smoke × 2
D: 664 Steel × 2

AGUJAS

1 par de agujas de 4 mm

TENSIÓN

26 p y 31 vueltas en 10 cm de canalé con hilo doble

INSTRUCCIONES

Nota: Toda la bufanda se teje con dos hebras de distintos hilos. Por ejemplo, en la primera franja se usan dos hebras de hilo A, y por ello, el hilo se denomina AA. El hilo AB consta de una hebra de A y otra de B, y así sucesivamente.

Monta 50 puntos con hilo AA, con un método elástico apropiado para un canalé simple.

Vuelta 1 (R): [1 pd, 1 pr] hasta el final.
Vuelta 2: Des1-1pr-mon, [1 pd, 1 pr] hasta los últimos 2 p, 1 pd, [1 pr, 1 pd] en el p sig. (50 p)
Vuelta 3: [1 pr, 1 pd] hasta el final.
Vuelta 4: Des1-1pd-mon, [1 pr, 1 pd] hasta los últimos 2 p, 1 pr, [1 pd, 1 pr] en el p sig. (50 p)

Estas 4 vueltas crean la pauta diagonal. Teje 24 vueltas más siguiendo la pauta.

Corta uno de los hilos y empalma el hilo B. Comienza la secuencia de franjas del mismo modo y, trabajando siempre en diagonal, teje 28 vueltas de cada combinación de colores: AB, BB, BC, CC, CD, DD, DA, AA, AD, DD, DC, CC, CB, BB, BA, AA (17 franjas en total).

Cierra los puntos con un método elástico. Remata todos los cabos.

El fino mohair da lo mejor de sí a la hora de rematar (p. 120). Los cabos quedan bien ocultos bajo las velludas fibras de la superficie.

SECUENCIA DE COLORES

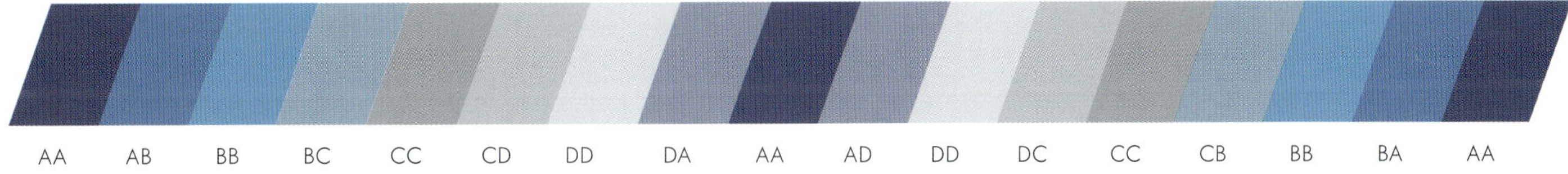

Observa la gradación de tonos que se crea tejiendo con dos de los cuatro colores de los hilos –A, B, C y D– al mismo tiempo.

CHAL DE ENCAJE

Nivel de dificultad ***

Tejer un fino chal de encaje puede ser laborioso, pero vale realmente la pena. Un chal vaporoso pondrá un toque elegante a cualquier conjunto, y el suave y cálido mohair acariciará tu piel. Los puntos del derecho y del revés aportan textura al delicado encaje de ramilletes.

TÉCNICAS EMPLEADAS Montaje tejido del derecho **p. 92**, Punto de jersey **p. 114**, Punto bobo **p. 114**, Cerrar los puntos del derecho **p. 106**

MEDIDAS
50 × 130 cm aprox.

HILO
Rowan Kidsilk Haze de 25 g
(70% mohair y 30% seda)

679 Mulberry × 4

AGUJAS
1 par de agujas de 3,75 mm (A)
1 par de agujas de 4,5 mm (B)
1 par de agujas de 6 mm (C)

TENSIÓN
19 p y 28 vueltas en un cuadrado de 10 cm de lado

INSTRUCCIONES
Monta 190 puntos tejiendo del derecho con agujas de 6 mm. Cambia a las agujas de 4,5 mm y continúa como se indica a continuación:

RIBETE INICIAL
Vuelta 1 (R): Pd.
Vuelta 2: [Pd, enrollando dos veces el hilo en la aguja y sacando las dos lazadas] hasta el final.
Vuelta 3: [Pr en una de las dos lazadas del p sig, dejando caer la otra] hasta el final. Cambia a las agujas de 3,75 mm.
Vuelta 4: [2 pdj] hasta el final. (95 p)

ENCAJE
Vuelta 1: 3 pd, *[2 pr, 1 pd] 2 veces, eh, 2 pdj, eh, 1 pd, eh, des1-1pd-mon, eh, [1 pd, 1 pr] 2 veces, 1 pd, rep desde * hasta los últimos 2 p, 2 pd. (105 p)
Vuelta 2: 2 pd, [1 pr, 2 pd] 2 veces, 9 pr, *2 pd, [1 pr, 2 pd] 3 veces, 9 pr, rep desde * hasta los últimos 8 p, 2 pd, [1 pr, 2 pd] 2 veces.
Vuelta 3: 3 pd, [2 pr, 1 pd] 2 veces, eh, 2 pdj, eh, 3 pd, eh, des1-1 pd-mon, eh, [1 pd, 2 pr] 2 veces, 1 pd, rep desde * hasta los últimos 2 p, 2 pd. (115 p).
Vuelta 4: 2 pd, [1 pr, 2 pd] 2 veces, 11 pr, *2 pd, [1 pr, 2 pf] 3 veces, 11 pr, rep desde * hasta los últimos 8 p, 2 pd, [1 pr, 2 pd] 2 veces.

El montaje de los puntos con agujas más gruesas crea un borde flojo, y la vuelta con puntos caídos seguida de una vuelta con menguados (tejiendo 2 puntos juntos) produce el fruncido que da al ribete aspecto de volante.

Vuelta 5: 3 pd, *[2 prj, 1 pd] 2 veces, eh, 2 pdj, eh, des1-1pd-mon, 1 pd, 2 pdj, eh, des1-1pd-mon, [1 pd, 2 prj,] 2 veces, 1 pd, rep desde * hasta los últimos 2 p, 2 pd. (95 p)
Vuelta 6: 2 pd, [1 pr, 1 pd] 2 veces, 11 pr, *1 pd [1 pr, 1 pd] 3 veces, 11 pr, rep desde * hasta los últimos 6 p, [1 pd, 1 pr] 2 veces, 2 pd.
Vuelta 7: : 3 pd, *[1 pr, 1 pd] 2 veces, eh, 2 pdj, eh, 1 pd ret, eh, des1-2 pdj-mon, eh, 1 pd ret, eh, des1-1pd-mon, eh, [1 pd, 1 pr] 2 veces, 1 pd, rep desde * hasta los últimos 2 p, 2 pd. (105 p)
Vuelta 8: 2 pd, [1 pr, 1 pd] 2 veces, 13 pr, *1 pd, [1 pr, 1 pd] 3 veces, 13 pr, rep desde * hasta los últimos 6 p, [1 pd, 1 pr] 2 veces, 1 pd.
Vuelta 9: 3 pd, *[2 pdj] 2 veces, eh, 2 pdj, eh, 3 pd, eh, 1 pd, eh, 3 pd, eh, des1-1pd-mon, eh [des1-1pd-mon] 2 veces, 1 pd, rep desde * hasta los últimos 2 p, 2 pd.
Vuelta 10: 2 pd, pr hasta los últimos 2 p, 2 pd.
Vuelta 11: 3 pd, *[2 pdj, eh] 2 veces, des1-1pd-mon, 1 pd, 2 pdj, eh, 1 pd, eh, des1-1pd-mon, 1 pd, 2 pdj, [eh, des1-1pd-mon] 2 veces, 1 pd, rep desde * hasta los últimos 2 p, 2 pd. (95 p)
Vuelta 12: Como la vuelta 10.
Vuelta 13: 2 pd, [2 pdj, eh] 2 veces, 1 pd ret, eh, des1-2pdj-mon, eh, 3 pd, eh, des1-2pdj-mon, eh, 1 pd ret, eh, des1-1pd-mon, * eh, des1-2pdj-mon, eh, 2 pdj, eh, 1 pd ret, eh, des1-2pdj-mon, eh, 3 pd, eh, des1-1pd-mon, eh, 1 pd ret, eh, des1-1pd-mon, rep desde * hasta los últimos 4 p, eh, des1-1pd-mon, 2 pd.
Vuelta 14: Como la vuelta 10.
Vuelta 15: 3 pd, *eh, des1-1pd-mon, eh, [1 pd, 1 pr] 4 veces, 1 pd, eh, 2 pdj, eh, 1 pd, rep desde * hasta los últimos 2 p, 2 pd. (105 p)
Vuelta 16: 2 pd, 5 pr, [2 pd, 1 pr] 3 veces, 2 pd, *9 pr, [2 pd, 1 pr] 3 veces, 2 pd, rep desde * hasta los últimos 7 p, 5 pr, 2 pd.
Vuelta 17: 4 pd, eh, des1-1pd-mon, eh, [1 pd, 2 pr] 4 veces, 1 pd, eh, 2 pdj, *eh, 3 pd, eh, des1-1pd-mon, eh, [1 pd, 2 pr] 4 veces, 1 pd, eh, 2 pdj, rep desde * hasta los últimos 4 p, eh, 4 pd. (115 p)
Vuelta 18: 2 pd, 6 pr, [2 pd, 1 pr] 3 veces, 2 pd, *11 pr, [2 pd, 1 pr] 3 veces, 2 pd, rep desde * hasta los últimos 8 p, 6 pr, 2 pd.
Vuelta 19: 3 pd, *2 pdj, eh, des1-1pd-mon, eh, [1 pd, 2 pdj] 4 veces, 1 pd, eh, 2 pdj, eh, des1-1pd-mon, 1 pd, rep desde * hasta los últimos 2 p, 2 pd. (95 p)
Vuelta 20: 2 pd, 6 pr, [1 pd, 1 pr] 3 veces, 1 pd, *11 pr, [1 pd, 1 pr] 3 veces, 1 pd, rep desde * hasta los últimos 8 p, 6 pr, 2 pd.
Vuelta 21: 2 pd, 2 pdj, eh, 1 pd ret, eh, des1-1pd-mon, eh, [1 pd, 1 pr] 4 veces, 1 pd, eh, 2 pdj, eh, 1 pd ret, *eh, des1-2pdj-mon, eh, 1 pd ret, eh, des1-1pd-mon, eh, [1 pd, 1 pr] 4 veces, 1 pd, eh, 2 pdj, eh, 1 pd ret, rep desde * hasta los últimos 4 p, eh, des1-1pd-mon, 2 pd. (105 p)
Vuelta 22: 2 pd, 7 pr, [1 pd, 1pr] 3 veces, 1 pd, *13 pr, [1 pd, 1 pr] 3 veces, 1 pd, rep desde * hasta los últimos 9 p, 7 pr, 2 pd.
Vuelta 23: 3 pd, *eh, 3 pd, eh, des1-1pd-mon, eh, [des1-1pd-mon] 2 veces, 1 pd, [2 pdj] 2 veces, eh, 2 pdj, eh, 3 pd, eh, 1 pd, rep desde * hasta los últimos 2 p, 2 pd.
Vuelta 24: Como la vuelta 10.
Vuelta 25: 3 pd, *eh, des1-1pd-mon, 1 pd, 2 pdj, [eh, des1-1pd-mon] 2 veces, 1 pd, [2 pdj, eh] 2 veces, des1-1pd-mon, 1 pd, 2 pdj, eh, 1 pd, rep desde * hasta los últimos 2 p, 2 pd. (95 p)
Vuelta 26: Como la vuelta 10.
Vuelta 27: 4 pd, eh, des1-2pdj-mon, eh, 1 pd ret, eh, des1-1pr-mon, eh, des1-2 pdj-mon, eh, 2 pdj, eh, 1 pd ret, eh, des1-2pdj-mon, *eh, 3 pd, eh, des1-2pdj-mon, eh, 1 pd ret, S2 pdj, eh, 1 pd ret, eh, des1-2pdj-mon, rep desde * hasta los últimos 4 p, 4 pd.
Vuelta 28: Como la vuelta 10.
Estas 28 vueltas crean la pauta del encaje. Rep las vueltas 1 a 28 doce veces más, terminando con una vuelta por el R.

RIBETE FINAL
Vuelta 1 (D): [1 pd, 1 pr] en el p sig hasta el final. (190 p)
Cambia a las agujas de 4,5 mm y teje como se indica a continuación:
Vuelta 2: [Pr, pero enrollando dos veces el hilo en la aguja y sacándolo a través de las dos lazadas] hasta el final.
Vuelta 3: [Pd en una de las dos lazadas del p sig, dejando caer la otra] hasta el final.
Cierra los puntos con una aguja de 6 mm.

Lava a mano la pieza y estírala en húmedo (p. 213), asegurándote de que los motivos del encaje se vean bien y los bordes queden rectos. Para este fin serían útiles los alambres de estirado (p. 44).

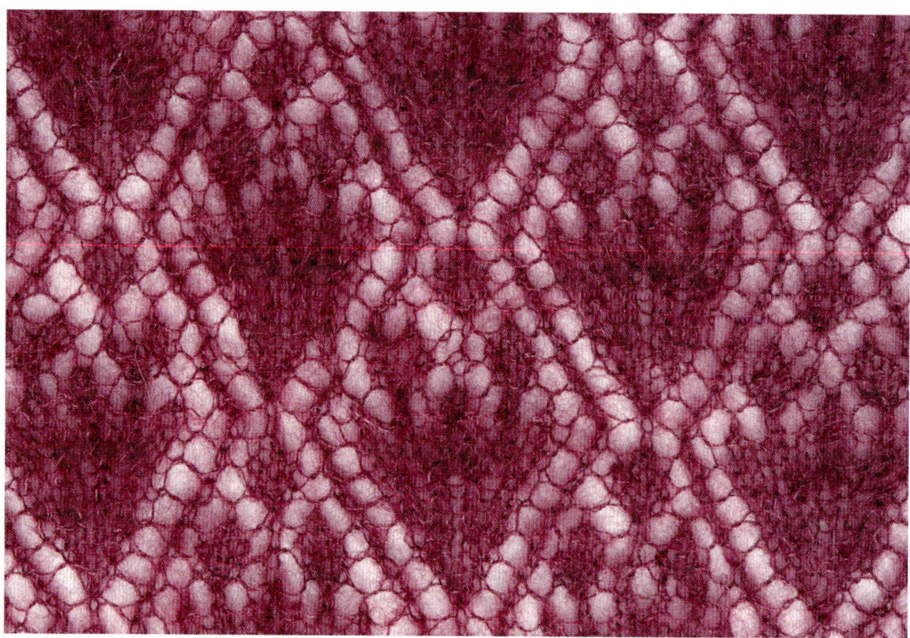

Los aumentos hechos echando el hilo y diferentes menguados crean los delicados ramilletes y los rombos finamente calados que los enmarcan.

MITONES CON OCHOS

Nivel de dificultad ***

Si quieres tener las manos calientes, pero los dedos libres, ponte estos prácticos mitones, fáciles de hacer, con una simple abertura de tipo ojal para el pulgar. También puedes tejerlos con agujas circulares, utilizando la técnica del lazo mágico (p.188).

TÉCNICAS EMPLEADAS Montaje en ochos **p. 93**, Tejer con cuatro agujas de doble punta **p. 191**, Ochos **p. 147**, Montaje simple **p. 91**, Cierre con efecto canalé **p. 107**

TALLA

Mujer adulta media.

HILO

New Lanark Mills DK Donegal Silk Tweed de 50 g (90% lana y 10% seda)

Aviemore × 2

AGUJAS

4 agujas de doble punta de 4,5 mm (A)
1 aguja para ochos (B)

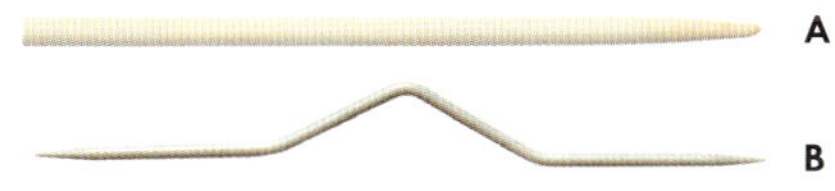

TENSIÓN

20 p y 28 vueltas en 10 cm de canalé 2 × 2 con agujas de 4,5 mm

ABREVIATURAS ESPECIALES

o6del (ocho de 6 p por delante)
En el D: Des 3 p a la aguja para ochos, mantenlos al frente, 3 pd, 3 pd de la aguja para ochos.
o6det (ocho de 6 p por detrás)
En el D: Des 3 p a la aguja para ochos, mantenlos por detrás, 3 pd, 3 pd de la aguja para ochos.
ins: instrucciones
csp: (tejer los puntos) como se presentan, es decir, como los de la vuelta anterior

INSTRUCCIONES

MITÓN IZQUIERDO

Monta 40 puntos con el método de montaje en ochos y pasa 13 a la aguja 1, 13 a la aguja 3 y 14 a la 2.
Teje 10 vueltas circulares en canalé simple: *1 pd, 1 pr, rep desde * hasta el final, uniendo los puntos tras la primera vuelta. (p. 186)
Vuelta de aum: 14 p can, 1 pfr, [4 p can, 2 pfr] 3 veces, p can hasta el final de la vuelta. (44 p). Deberías tener 13 p en las agujas 1 y 3, y 18 p en la 2.
Franja de los ochos
13 p can, los 18 p sig según el esquema y 13 p can. Rep la última vuelta hasta que la labor mida 22 cm. **
Forma del pulgar
Vuelta 1: 3 p can, cierra 3 p y teje los p csp hasta el final de la vuelta. (38 p)
Vuelta 2: 3 p can, monta 4 p con un método simple y sigue tejiendo los p csp hasta el final de la vuelta. (42 p)
Vuelta 3: 1 pd, 1 pr, 2 pd, 1pr, 2 pd, sigue tejiendo los p csp hasta el final de la vuelta.
Rep la vuelta 3 hasta 3 cm por encima de la abertura del pulgar, acabando al menos 2 vueltas tras la última vuelta de ochos.
Vuelta de men: 3 p csp, 3 pdj ret, 8 p csp, 2 pdj ret, 2 pd, 2 pdj, 2 pr, 2 pdj ret, 2 pd, 2 pdj, csp hasta los últimos 2 p, 2 prj. (36 p)
Pasa a tejer el canalé 2 x 2:
Vuelta sig: 1 pd, [2 pr, 2 pd] hasta los últimos 3 p, 2 pr, 1 pd.
Rep la última vuelta 4 veces más. Cierra los puntos en canalé. Remata los cabos sueltos.

MITÓN DERECHO

Téjelo como el izquierdo hasta **.
Forma del pulgar
Vuelta 1: Csp hasta los últimos 9 p. Cierra 6 p y teje en can hasta el final de la vuelta. (38 p)
Vuelta 2: Csp hasta los últimos 3 p, monta 4 p y sigue tejiendo p csp hasta el final. (42 p)
Vuelta 3: Csp hasta los últimos 7 p, 2 pd, 1 pr, 2 pd, 1 pr, 1 pd. Rep la vuelta 3 hasta que la labor mida 3 cm desde la abertura del pulgar, acabando al menos 2 vueltas después de la última vuelta de ochos.
Vuelta de men: 2 prj, 13 p csp, 2 pdj ret, 2 pd, 2 pdj, 2 pr, 2 pdj ret, 2 pd, 2 pdj, 2 pr, 1 pd, 1 pr, 1 pd, 1 pr, 2 pd, 2 pdj ret, 1 pd, 1 pr, 1 pd. (36 p)
Vuelta sig: 1 pr, [2 pr, 2 pd] hasta los últimos 3 p, 2 pr, 1 pd.
Rep la última vuelta 4 veces. Cierra los puntos en canalé. Remata los cabos sueltos.
Lava los mitones a mano, dales forma y déjalos secar planos.

ESQUEMA DE LOS OCHOS

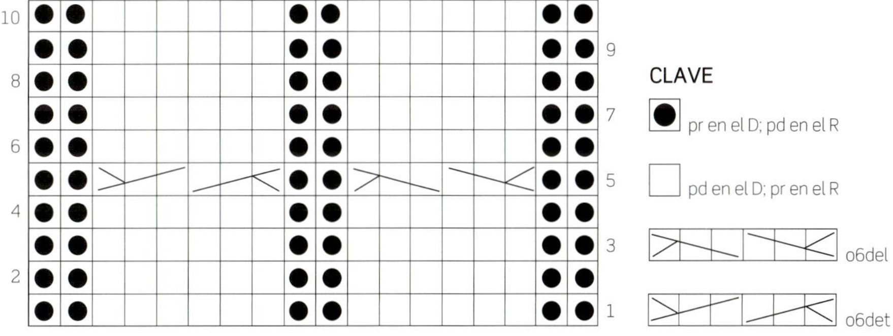

BOLERO CON OCHOS

Nivel de dificultad ***

Envuélvete en este confortable bolero y deja que los demás admiren los impresionantes ochos a punto de jersey y punto bobo que recorren la espalda. El tejido en relieve del resto de la prenda es una simple combinación de puntos del derecho y del revés.

TÉCNICAS EMPLEADAS Montaje provisional **p. 101**, Ochos **p. 147**, Punto circular **p. 191**, Remontar puntos **p. 196**

TALLAS

Pequeña: 94 cm de ancho y 59 cm de largo
Mediana: 101 cm de ancho y 61 cm de largo
Grande: 107 cm de ancho y 63 cm de largo

HILO

Rowan Cocoon Chunky de 100 g (80% lana merina y 20% mohair)

812 Bilberry × 5 (5:6)

AGUJAS

Agujas circulares de 6 mm y 80 cm de largo (A)
Agujas circulares de 6,5 mm y 80 cm de largo (B)
Agujas circulares de 8 mm y 80 cm de largo (C)
Ganchillo de 8 mm (D)
Aguja para ochos (E)
Agujas circulares extra de 8 mm (F)

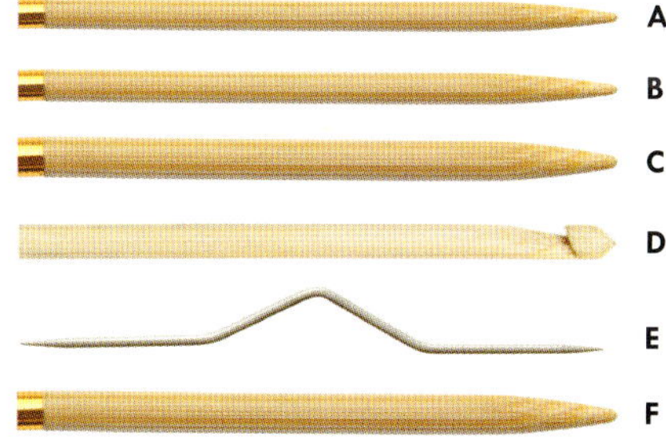

OTROS MATERIALES

Marcadores de puntos (al menos 2)
2 agujas auxiliares
Una hebra larga de hilo suave de color claro (o unas agujas circulares más) para sostener un gran número de puntos
Hilo suave de un color que destaque para el montaje provisional
1 aguja de coser de ojo grande

TENSIÓN

12,5 p y 20 vueltas en 10 cm de punto en relieve con agujas de 8 mm

ABREVIATURAS ESPECIALES

cm: coloca un marcador de puntos
pm: pasa el marcador de la aguja izquierda a la derecha

INSTRUCCIONES

Notas: El esquema de los ochos está en la página 274. Se lee de derecha a izquierda en las vueltas impares, y de izquierda a derecha en las pares. Tras completar una repetición, la siguiente comienza en la vuelta 3 y acaba en la vuelta 26.
Monta los puntos con el método de montaje provisional. Marca el inicio y el final de la franja central de los ochos con sendos marcadores. La pieza principal puede tejerse con agujas rectas convencionales, pero teniendo en cuenta el gran número de puntos que requiere, es más cómodo trabajar de un lado para otro con agujas circulares. Como el tejido es reversible, te será útil poner en la cara del derecho un marcador o anudar una hebra de hilo de un color que destaque.

PIEZA PRINCIPAL

Monta 114 (122; 130) puntos con el método de montaje provisional a ganchillo, con un hilo que destaque y un ganchillo de 8 mm. Con el hilo principal y agujas de 8 mm, teje como se indica a continuación:
Vuelta 1 (D): *2 pd, 2 pr, rep desde * hasta tener 40 (44; 48) p, 2 pd, cm, sigue el esquema (vuelta 1), cm, * 2 pd, 2 pr, rep desde * hasta los últimos 2 p, 2 pd.
Vuelta 2: *2 pr, 2 pd, rep desde * hasta los 2 p anteriores al marcador, 2 pr, pm, sigue el esquema (vuelta 2), pm, *2 pr, 2 pd, rep desde * hasta los últimos 2 p, 2 pr.
Vuelta 3: *2 pr, 2 pd, rep desde * hasta los 2 p anteriores al marcador, 2 pr, pm, sigue el esquema (vuelta 3), pm, *2 pr, 2 pd, rep desde * hasta los últimos 2 p, 2 pr.
Vuelta 4: *2pd, 2 pr, rep desde * hasta los 2 p anteriores al marcador, 2 pd, pm, sigue el esquema (vuelta 4), pm, *2 pd, 2 pr, rep desde * hasta los últimos 2 p, 2 pd.
Estas 4 vueltas marcan la pauta del punto en relieve y la posición de la franja de los ochos. Rep estas 4 vueltas siguiendo el esquema de los ochos, repitiendo las vueltas 3 a 26 un total de 3 (4; 4) veces y luego de la 3 a la 25 una vez más. (97; 101; 105 vueltas).

Crea un acabado pulido, sin costuras, tejiendo en redondo el ribete del cuello con agujas circulares.

Pasa 9 (9; 11) p de cada extremo a una aguja auxiliar. Pasa los 96 (104; 108) p centrales a una aguja auxiliar larga o a unas agujas circulares largas extra.

PUÑOS

Con el D de frente y agujas de 6,5 mm, remonta y teje 72 (76; 48) pd a lo largo del borde de la pieza.

Solo para la talla grande:
Vuelta sig: 78 pd.

Solo para las tallas pequeña y mediana:
Vuelta sig: 22 (23) pd, 2 pdj 2 veces, pd hasta el final de la vuelta. (70; 74 p)

Todas las tallas:
Vuelta 1 (D): *2 pd, 2 pr, rep desde * hasta los últimos 2 p, 2 pd.
Vuelta 2: *2 pr, 2 pd, rep desde * hasta los últimos 2 p, 2 pr.
Rep estas 2 vueltas una vez más.
Cierra los puntos en canalé.
Junta los puntos de arriba y abajo (en 2 grupos, uno en cada borde).

Pasa 9 (9; 11) de la aguja auxiliar a una aguja de 8 mm. Remonta 9 (9; 11) p del montaje provisional del borde inferior en una aguja de 8 mm.
Sujetando los dos grupos de puntos en la mano izquierda encarados por el derecho, teje de esta manera:
Si el borde superior de la labor está en la aguja delantera, *des 1 de esta a la aguja derecha, des 1 de la aguja trasera a la aguja derecha y pasa el primer p deslizado sobre el segundo, dejando el p en la aguja derecha.* Rep de * a * sobre 9 (9; 11) p.
Teje a pd y cierra estos 9 (9; 11) p con una aguja de 8 mm.
Si el borde inferior de la labor está en la aguja delantera, *des 1 de la aguja trasera a la aguja derecha, des 1 de la aguja delantera a la aguja derecha y pasa el primer p deslizado sobre el segundo, dejando el p en la aguja derecha.* Rep de * a * sobre 9 (9; 11) p.
Teje a pd y cierra estos 9 (9; 11) p con una aguja de 8 mm.

RIBETE DE CUELLO, DELANTEROS Y BAJO

Empezando en el centro del borde superior y trabajando hacia el puño, pasa 48 (52; 54) p de la aguja auxiliar a una aguja de tejer.
Remonta 96 (104; 108) p del montaje provisional en otra aguja y pasa los restantes 48 (52; 54) p a otra aguja.
Con el D de frente y agujas de 6,5 mm, teje 15 pr a lo largo de la franja de los ochos, 33 (37; 39) pr desde aquí hacia abajo a lo largo del tejido en relieve hasta la línea de costura, 96 (104; 108) pr a lo largo del bajo de la pieza hasta la segunda línea de costura, 33 (37; 39) pr hacia arriba a lo largo del punto en relieve y 15 pr a lo largo de la franja de los ochos hasta el centro de nuevo.
Pon un marcador para señalar el principio/final de la vuelta. (192; 208; 216 p)
Vuelta 1: 1 pd, *2 pr, 2 pd, rep hasta los últimos 3 p, 2 pr, 1 pd.
Rep esta vuelta 5 veces más.
Cambia a las agujas de 6 mm y rep la vuelta 15 veces. Cierra los puntos en canalé.

ACABADO

Haz las costuras de los puños y remata todos los cabos sueltos. Lava la prenda a mano y escúrrela en una toalla limpia. Colócala sobre una superficie plana, alisándola para darle forma, y déjala secar.

ESQUEMA

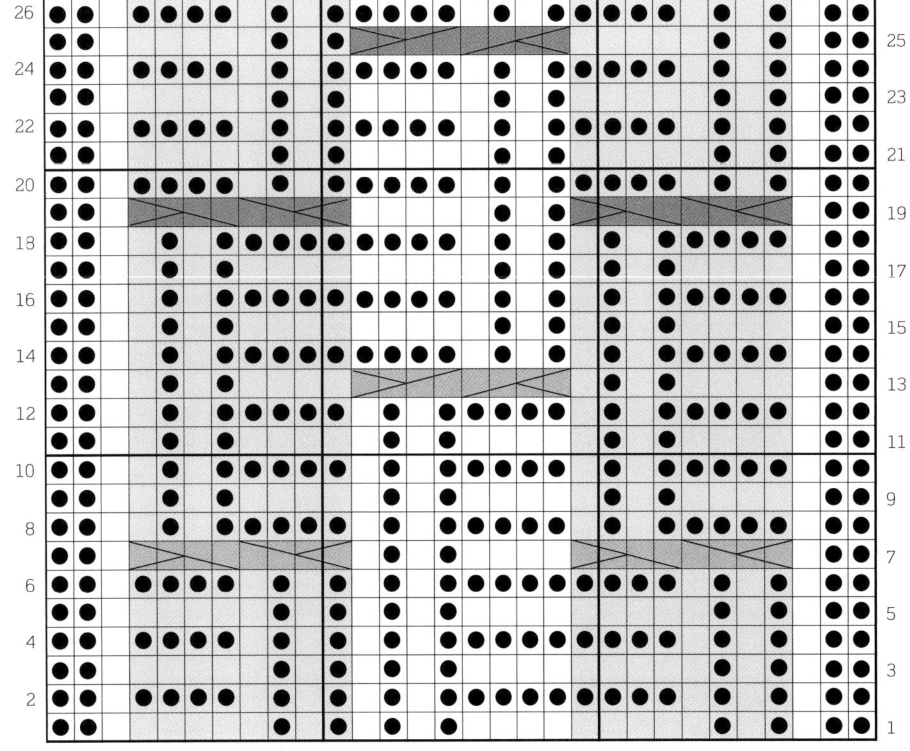

El motivo de ochos se teje sobre 24 puntos. En cada ocho hay 8 p. Los grupos de puntos que se cruzan se han sombreado en gris claro u oscuro para facilitar la identificación de los puntos que corresponden a cada ocho.

CLAVE

□ pd en el D; pr en el R

 pr en el D; pd en el R

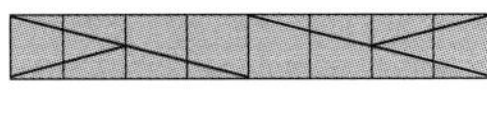 Canalé cruzado por delante sobre p bobo. Pasa los 4 p sig a la aguja para ochos y mantenlos al frente. Teje a pd los 4 p sig y los 4 p de la aguja para ochos en canalé (1 pd, 1 pr).

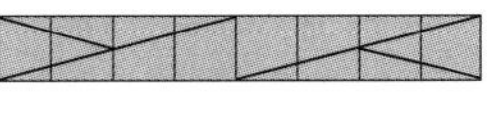 Canalé cruzado por detrás sobre p bobo. Pasa los 4 p sig a la aguja para ochos y mantenlos detrás. Teje los 4 p sig en canalé (1 pd, 1 pr) y los 4 p de la aguja para ochos a pd.

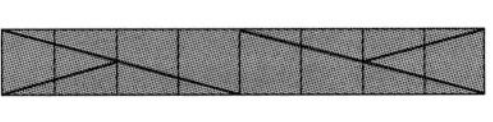 P bobo cruzado por delante sobre canalé. Pasa los 4 p sig a la aguja para ochos y mantenlos al frente. Teje los 4 p sig en canalé (1 pd, 1 pr) y los 4 p de la aguja para ochos a pd.

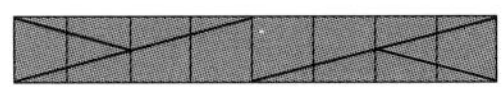 P bobo cruzado por detrás sobre canalé. Pasa los 4 p sig a la aguja para ochos y mantenlos detrás. Teje a pd los 4 p sig y los 4 p de la aguja para ochos en canalé (1 pd, 1 pr).

BUFANDA DE DOBLE FAZ

Nivel de dificultad ***

Esta bufanda bicolor tan calentita puede resultar complicada de tejer, pero con ella remetida bajo el abrigo nunca pasarás frío. Aunque las instrucciones proponen utilizar agujas circulares, puedes usar agujas de doble punta, si lo prefieres.

TÉCNICAS EMPLEADAS Punto tubular **p. 179**, Montaje tubular **p. 111**

MEDIDAS

17 cm × 150 cm aprox.

HILO

Cascade Anchor Bay de 100 g (50 % algodón y 30 % lana merina)

A

B

A: 903 Misty × 2

B: 997 Leaf × 2

AGUJAS

Agujas circulares de 3,75 mm y 40 cm de largo

TENSIÓN

21 p y 27 vueltas en 10 cm a p de jersey con agujas circulares de 3,75 mm

INSTRUCCIONES

Monta 70 puntos con el hilo A, con el método de montaje tubular. No cierres el círculo.

Vuelta 1: Con el hilo A, *1 pd, des 1 hdel, rep desde * hasta el final. Sin girar la labor, pasa los puntos a la punta de la aguja de la mano izquierda para volver a tejerlos. Aquí será donde tejiste el inicio de la última vuelta.

Vuelta 2: Con el hilo B, *des 1 hdet, 1 pr, rep desde * hasta el final de la vuelta. Gira la labor para tejer en la dirección contraria. Retuerce los hilos una vez para evitar que se formen agujeros.

Vuelta 3: Con el hilo B, teje como se indica en la vuelta 1.

Vuelta 4: Con el hilo A, teje como en la vuelta 2. Gira la labor para tejer en la dirección contraria. Retuerce los hilos una vez.

Estas 4 últimas vueltas forman la pauta.

Cont repitiendo las 4 últimas vueltas hasta que la labor mida 150 cm, terminando con una vuelta 4.

Cierra los puntos con el método de cierre tubular, con el hilo B. Remata la labor.

Remata los cabos sueltos. Estira la bufanda ligeramente bajo un paño húmedo con una plancha templada.

El efecto doble faz se consigue trabajando hacia atrás y hacia delante a lo largo de dos piezas de distinto color, en la misma aguja. Cada vez que cambies de color, empalma los hilos en el borde pasando el nuevo hilo por debajo y alrededor del anterior antes de tejer la vuelta.

CHAQUETA DE MUJER

Nivel de dificultad 

Esta chaqueta larga de diseño depurado, con mangas raglán y un solo botón, no lleva costuras laterales. El borde del bajo y de las bocamangas, que parece complicado, consta simplemente de repeticiones de 10 vueltas y subraya la sobriedad del resto de la prenda.

LABORES

TÉCNICAS EMPLEADAS Menguados parejos **p. 140**, Remontar puntos **p. 196**, Ojales **p. 201**, Punto colchonero **p. 214**

TALLA
Pequeña, o S (mediana, o M; grande, o L)
Contorno de pecho de la prenda: 102 (113; 124) cm
Largo hasta el hombro: 62 (63; 64) cm
Largo de manga (de puño a sisa): 45 cm

HILO
Debbie Bliss Cashmerino Aran de 50 g (55 % lana merina, 33 % acrílico y 12 % cachemira)

202 Silver × 15 (17:19)

AGUJAS
1 par de agujas de 4,5 mm (A)
1 par de agujas de 5 mm (B)
Agujas circulares de 4,5 mm y 100–120 cm de largo (C)
Agujas circulares de 5 mm y 100–120 cm de largo (D)

OTROS MATERIALES
1 botón

TENSIÓN
18 p y 24 vueltas en 10 cm a p de jersey con agujas de 5 mm

INSTRUCCIONES

ESPALDA Y DELANTERO (EN UNA PIEZA HASTA LAS SISAS)
Monta 180 (200; 220) p en las agujas circulares de 4,5 mm.
Teje 5 vueltas a pd. No cierres las vueltas, trabaja de un lado hacia otro.
Teje el borde de esta manera:
Vuelta 1 (D): [5 pr, 5 pd] hasta el final.
Vuelta 2: 1 pd, [5 pr, 5 pd] hasta los últimos 9 p, 5 pr, 4 pd.
Vuelta 3: 3 pr, [5 pd, 5 pr] hasta los últimos 7 p, 5 pd, 2 pr.
Vuelta 4: 3 pd, [5 pr, 5 pd] hasta los últimos 7 p, 5 pr, 2 pd.
Vuelta 5: 1 pr, [5 pd, 5 pr] hasta los últimos 9 p, 5 pd, 4 pr.
Vuelta 6: 4 pr, [5 pd, 5 pr] hasta los últimos 6 p, 5 pd, 1 pr.
Vuelta 7: 2 pd, [5 pr, 5 pd] hasta los últimos 8 p, 5 pr, 3 pd.
Vuelta 8: 2 pr, [5 pd, 5 pr] hasta los últimos 8 p, 5 pd, 3 pr.
Vuelta 9: 2 pd, [5 pr, 5 pd] hasta los últimos 6 p, 5 pr, 1 pd.
Vuelta 10: [5 pd, 5 pr] hasta el final.
Estas 10 vueltas forman la pauta. Teje 15 vueltas más siguiendo la pauta y luego 3 vueltas a pd.
Cambia a las agujas circulares de 5 mm. Empezando con una vuelta a pd, teje a p de jersey hasta que la pieza mida 38 cm desde el borde de montaje, acabando con una vuelta a pr.

DELANTERO DERECHO
Cambia a las agujas rectas.
Vuelta sig: 41 (44; 47) pd, gira y teje sobre estos p el delantero derecho.
Vuelta sig: Pr hasta el final.
Vuelta sig: 2 pd, des1-1pd-mon, pd hasta los últimos 4 p, 2 pdj, 2 pd. (39; 42; 45 p)
Vuelta sig: Pr hasta el final.
Vuelta sig: 2 pd, des1-1pd-mon, pd hasta el final. (38; 41; 44 p)

La cenefa con motivos en relieve consta de 10 vueltas repetidas dos veces y media. Adornos como este pueden complementar cualquier prenda de punto liso.

Vuelta sig: Pr hasta el final. (38; 41; 44 p)
Vuelta sig: 2 pd, des1-1pd-mon, pd hasta los últimos 4 p, 2 pdj, 2 pd.
Vuelta sig: Pr hasta el final.
Rep las 2 últimas vueltas 12 (14; 16) veces más. (12; 11; 10 p)
Vuelta sig: Pd hasta los últimos 4 p, 2 pdj, 2 pd.
Vuelta sig: Pr hasta el final.
Rep las 2 últimas vueltas 8 (7; 6) veces más. (3 p) Pasa estos puntos a una aguja auxiliar.

ESPALDA
Con el D de frente, empalma el hilo a los p restantes, cierra 8 (12; 16) p, teje a pd los 81(87; 93) p sig, gira y teje sobre estos 82 (88; 94) p.
Vuelta sig: Pr hasta el final.
Vuelta sig: 2 pd, des1-1pd-mon, pd hasta los últimos 4 p, 2 pdj, 2 pd. (80; 86; 92 p)
Vuelta sig: Pr hasta el final.
Vuelta sig: Pd hasta el final.
Vuelta sig: Pr hasta el final.
Vuelta sig: 2 pd, des1-1pd-mon, pd hasta los últimos 4 p, 2 pdj, 2 pd.
Vuelta sig: Pr hasta el final.
Rep las 2 últimas vueltas 21 (22; 23) veces más. (36; 40; 44 p)
Pasa estos p a una aguja auxiliar.

DELANTERO IZQUIERDO

Con el D de frente, empalma el hilo a los p restantes, cierra 8 (12; 16) p, pd hasta el final. (41; 44; 47 p)
Vuelta sig: Pr hasta el final.
Vuelta sig: 2 pd, des1-1pd-mon, hasta los últimos 4 p, 2 pdj, 2 pd. (39; 42; 45 p)
Vuelta sig: Pr hasta el final.
Vuelta sig: Pd hasta los últimos 4 p, 2 pdj, 2 pd. (38; 41; 44 p)
Vuelta sig: Pr hasta el final.
Vuelta sig: 2 pd, des1-1pd-mon, hasta los últimos 4 p, 2 pdj, 2 pd.
Vuelta sig: Pr hasta el final.
Rep las 2 últimas vueltas 12 (14; 16) veces más. (12; 11; 10 p)
Vuelta sig: 2 pd, des1-1pd-mon, hasta el final.
Vuelta sig: Pr hasta el final.
Rep las 2 últimas vueltas 8 (7; 6) veces más. (3 p)
Pasa estos p a una aguja auxiliar.

MANGAS

Monta 40 (44; 50) puntos con las agujas rectas de 4,5 mm. Teje 5 vueltas a pd.
Solo para las tallas pequeña y grande:
Vuelta 1 (D): [5 pr, 5 pd] hasta el final.
Vuelta 2: 1 pd, [5 pr, 5 pd] hasta los últimos 9 p, 5 pr, 4 pd.
Vuelta 3: 3 pr, [5 pd, 5 pr] hasta los últimos 7 p, 5 pd, 2 pr.
Vuelta 4: 3 pd, [5 pr, 5 pd] hasta los últimos 7 p, 5 pr, 2 pd.
Vuelta 5: 1 pr, [5 pd, 5 pr] hasta los últimos 9 p, 5 pd, 4 pr.

Los menguados parejos, crean un acabado profesional que define estéticamente a la manga raglán.

Vuelta 6: 4 pr, [5 pd, 5 pr] hasta los últimos 6 p, 5 pd, 1 pr.
Vuelta 7: 2 pd, [5 pr, 5 pd] hasta los últimos 8 p, 5 pr, 3 pd.
Vuelta 8: 2 pr, [5 pd, 5 pr] hasta los últimos 8 p, 5 pd, 3 pr.
Vuelta 9: 4 pd, [5 pr, 5 pd] hasta los últimos 6 p, 5 pr, 1 pd.
Vuelta 10: [5 pd, 5 pr] hasta el final.

Solo para la talla mediana:
Vuelta 1: 2 pd, [5 pr, 5 pd] hasta los últimos 2 p, 2 pr.
Vuelta 2: 3 pd, [5 pr, 5 pd] hasta el último p, 1 pr.
Vuelta 3: [5 pr, 5 pd] hasta los últimos 4 p, 4 pr.
Vuelta 4: [5 pd, 5 pr] hasta los últimos 4 p, 4 pd.
Vuelta 5: 3 pr, [5 pd, 5 pr] hasta el último p, 1 pd.
Vuelta 6: 1 pd, [5 pr, 5 pd] hasta los últimos 3 p, 3 pr.
Vuelta 7: 4 pd, [5 pr, 5 pd] hasta el final.
Vuelta 8: 4 pr, [5 pd, 5 pr] hasta el final.
Vuelta 9: 1 pr, [5 pd, 5 pr] hasta los últimos 3 p, 3 pd.
Vuelta 10: 2 pr, [5 pd, 5 pr] hasta los últimos 2 p, 2 pd.
Estas 10 vueltas forman la pauta de la cenefa. Teje otras 15 vueltas siguiendo la pauta.

Solo para las tallas pequeña y grande:
Teje 3 vueltas a pd.

Solo para la talla mediana:
Vuelta sig: Pd hasta el final, aumentando 1 p en el centro de la vuelta. (45 p)
Teje 2 vueltas a pd.

Todas las tallas:
Cambia a las agujas de 5 mm y teje 8 vueltas a p de jersey, empezando por una vuelta a pd.
Vuelta de aum: 3 pd, aum 1, pd hasta los últimos 3 p, aum 1, 3 pd.
Teje 7 vueltas a p de jersey.
Rep las 8 últimas vueltas 7 veces más y de nuevo la vuelta de aum. (58; 63; 68 p)
Cont recto hasta que la manga mida 45 cm desde el borde de montaje, acabando con una vuelta a pr.

FORMA RAGLÁN DEL HOMBRO

Cierra 5 (7; 9) p al principio de las 2 vueltas sig. (48; 49; 50 p)
Vuelta 1: 3 pd, des1-1pd-mon, pd hasta los últimos 5 p, 2 pdj, 3 pd.
Vuelta 2: Pr hasta el final.
Vuelta 3: Pd hasta el final.

Cuando el botón es un elemento visual tan importante como el de esta chaqueta, vale la pena buscar hasta dar exactamente con el más adecuado.

Vuelta 4: Pr hasta el final.
Rep las 4 últimas vueltas 4 (5; 6) veces más. (38; 37, 36 p)
Vuelta sig: 3 pd, des1-1pd-mon, pd hasta los últimos 5 p, 2 pdj, 3 pd-
Vuelta sig: Pr hasta el final.
Rep las 2 últimas vueltas 13 (12; 11) veces más. (10; 11; 12 p)
Pasa estos p a una aguja auxiliar.

TIRA DE DELANTEROS Y CUELLO

Con el D de frente y las agujas circulares de 4,5 mm, remonta y teje a pd 78 p hasta el inicio de la forma del cuello; 36 (38; 40) p en el lado derecho del cuello; 1 pd, des1-1pd-mon, de la aguja auxiliar derecha del cuello, 2 pdj, 6 (7; 8) pd, des1-1pd-mon, de la manga derecha; 2 pdj, 32 (36; 40) pd, des1-1pd-mon, de la espalda; 2 pdj, 4 (8; 9) pd, des1-1pd-mon, de la manga izquierda; 2 pdj, 1 pd de la aguja auxiliar, remonta y teje a pd 36 (38; 40) p bajando por el lado izquierdo del cuello y 78 p hasta el borde de montaje. (282; 292; 302 p).
Teje 1 vuelta a pd.
Vuelta 1 del ojal: 74 pd, cierra 4 p, pd hasta el final.
Vuelta 2 del ojal: Pd hasta el final, montando 4 p sobre los que cerraste en la vuelta anterior.
Teje 1 vuelta a pd. Cierra los puntos.

CONFECCIÓN

Estira las piezas. Haz las costuras de los hombros a punto colchonero, alineando bien las piezas. Haz las costuras de las mangas. Cose el botón. Vuelve a estirar ligeramente la prenda prestando especial atención a las costuras.

LABORES

GORRO CON TEXTURA

Nivel de dificultad 

El grueso zigzag invertido que da atractivo visual a este gorro masculino puede aplicarse al borde u otra parte de cualquier prenda de punto con el mismo fin. Este gorro es una labor fácil para practicar el tejido en redondo, o punto circular.

TÉCNICAS EMPLEADAS Tejer con cuatro agujas de doble punta **p. 191**, Menguados parejos en los bordes **p. 140**, Aumentos simples **p. 128**

TALLA

Hombre adulto medio.

HILO

Rico Essentials Soft Merino Aran de 50 g (100% lana merina)

044 Khaki × 2

AGUJAS

4 agujas de doble punta de 4,5 mm (A)
4 agujas de doble punta de 5 mm (B)

A

B

TENSIÓN

18 p y 24 vueltas en 10 cm a p de jersey con agujas de 5 mm

INSTRUCCIONES

Monta 90 puntos con las agujas de 4,5 mm. Únelos en círculo con cuidado de no retorcer los puntos y pon un marcador al principio de la vuelta.

CANALÉ

Vuelta 1: [1 pd, 1 pr] hasta el final.
Rep esta vuelta hasta que el canalé mida 3 cm.

RESTO DEL GORRO

Cambia a las agujas de 5 mm.
Teje 30 vueltas según el esquema, repitiendo el diseño de 18 puntos 5 veces alrededor del gorro.
Vuelta sig: [3 pd, 3 pr] hasta el final.
Rep esta vuelta 2 veces más. Ajusta la altura del gorro en este punto.
Vueltas de menguado:
Vuelta 1: [2 pd, 1 pr, 2 prj] hasta el final. (75 p)
Vueltas 2 a 4: [3 pd, 2 pr] hasta el final.
Vuelta 5: [1 pd, 2 pdj, 2 pr] hasta el final. (60 p)
Vueltas 6 a 8: [2 pd, 2 pr] hasta el final.
Vuelta 9: [2 pd, 2 prj] hasta el final. (45 p)
Vueltas 10 a 12: [2 pd, 1 pr] hasta el final.
Vuelta 13: [2 pdj, 1 pr] hasta el final. (30 p)
Vueltas 14 a 16: [1 pd, 1 pr] hasta el final.
Vuelta 17: 2 pdj hasta el final. (15 p)
Vuelta 18: 2 pdj hasta el último p, 1 pd. (8 p)
Pasa el hilo a través de los p restantes y remátalo.
Remata todos los cabos sueltos. Estira el gorro para darle forma con un método adecuado para el hilo elegido.

Detalle de la textura en zigzag. Este sencillo, pero efectista, motivo se crea simplemente a base de puntos del derecho y del revés según el esquema.

ESQUEMA

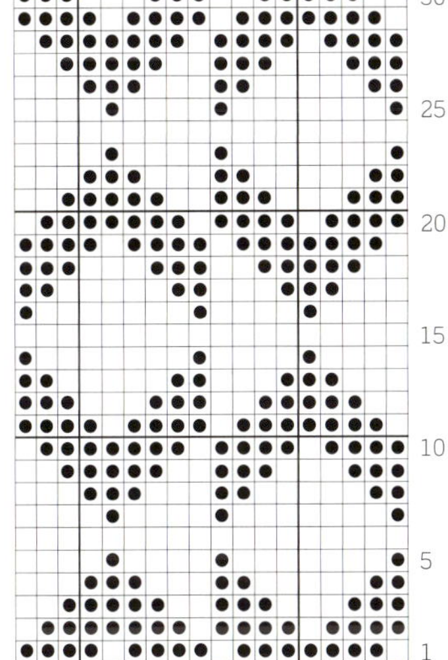

CLAVE

pd en el D; pr en el R

 pr en el R; pd en el D

JERSEY CON RAYAS

Nivel de dificultad 

Las rayas nunca pasan de moda y son ideales para practicar el punto con varios colores. Este modelo de jersey masculino, todo un clásico de invierno, lleva unas rayas que destacan las mangas raglán y combinan con las del bajo.

TÉCNICAS EMPLEADAS Montaje tejido del derecho **p. 92**, Punto de jersey **p. 114**, Menguados parejos **p. 141**, Aumentos simples **p. 128**, Punto colchonero **p. 214**

TALLA

Adulto: mediana, o M (extra grande, o XL; extra extra extra grande, o XXXL)
Contorno de pecho para la talla M (XL; XXXL): 107 (120; 133,5) cm
Largo hasta el hombro para la talla M (XL; XXXL): 76 (78; 80) cm
Largo de manga (del puño a la sisa) para la talla M (XL; XXXL): 54 (55; 56) cm

HILO

Cascade 220 Superwash Aran de 100 g (100% lana merina)

A: Westpoint Blue Heather 9325 × 6(7:7)
B: Midnight Blue 9543 × 1

AGUJAS

1 par de agujas de 4,5 mm (A)
1 par de agujas de 5 mm (B)

TENSIÓN

18 p y 24 vueltas en 10 cm a p de jersey con agujas de 5 mm

INSTRUCCIONES

ESPALDA

Monta 98 (110; 112) puntos con el hilo A y las agujas de 4,5 mm.
Vuelta 1 del canalé: 2 pd, [2 pr, 2 pd] hasta el final.
Vuelta 2 del canalé: 2 pr, [2 pd, 2 pr] hasta el final.
Rep estas 2 vueltas 4 veces más.
Cambia a las agujas de 5 mm.
Empezando con una vuelta a pd, cont a p de jersey a rayas [8 vueltas con hilo A, 4 vueltas con B] 3 veces, luego cont solo con A hasta que la espalda mida 45 (46; 47) cm desde el borde de montaje, acabando con una vuelta por el R.

Forma de las sisas raglán:
Cierra 6 (7: 8 p) al principio de las 2 vueltas sig. (86; 96; 106 p)

Solo para las tallas 1 y 2:
Vuelta sig (D): 2 pd, des1-1pd-mon, pd hasta los últimos 4 p, 2 pdj, 2 pd.
Vuelta sig: Pr hasta el final.
Vuelta sig: Pd hasta el final.
Vuelta sig: Pr hasta el final.
Rep las 4 últimas vueltas 3 (1;–) veces más. (78; 92; 106 p)

Todas las tallas:
Vuelta sig (D): 2 pd, des1-1pd-mon, pd hasta los últimos 4 p, 2 pdj.
Vuelta sig: Pr hasta el final. **
Rep las 2 últimas vueltas 23 (28; 33) veces más.
Deja los 30 (23: 38 p) restantes en espera en una aguja auxiliar.

Una simple, pero efectista, raya es un detalle útil y flexible. Hazla más llamativa con un color vivo, o más discreta con un tono coordinado.

DELANTERO

Téjelo como la espalda hasta **.

Rep las 2 últimas vueltas 14 (19; 24) veces más. (48; 52; 56 p).

Forma del escote delantero:

Vuelta sig (D): 2 pd, des1-1pd-mon, 13 pd, des1-1 pd-mon, gira y trabaja sobre estos p para el primer lado del escote delantero. (17 p)

Vuelta sig: Pr hasta el final.

Vuelta sig: 2 pd, des1-1pd-mon, pd hasta los últimos 2 p, des1-1pd-mon.

Rep las últimas 2 vueltas 5 veces más. (5 p)

Vuelta sig: Pr hasta el final.

Vuelta sig: 2 pd, des1-1pd-mon, 1 pd. (4 p)

Vuelta sig: Pr hasta el final.

Vuelta sig: 2 pd, des1-1 pd-mon. (3 p)

Vuelta sig: 3 pr, deja estos p en una aguja auxiliar.

Con el D de frente, coloca los 10 (14; 18) p centrales en una aguja auxiliar, empalma el hilo a los p restantes, teje 2 pdj, pd hasta los últimos 4 p, 2 pdj, 2 pd. (17 p)

Vuelta sig: Pr hasta el final.

Vuelta sig: 2 pdj, pd hasta los últimos 4 p, 2 pdj, 2 pd.

Rep las 2 últimas vueltas 5 veces más. (5 p)

Vuelta sig: Pr hasta el final.

Vuelta sig: 1 pd, 2 pdj, 2 pd. (4 p)

Vuelta sig: Pr hasta el final.

Vuelta sig: 1 pd, 2 pdj. (3 p)

Los menguados parejos, realizados a varios puntos de distancia del borde para dar forma a las piezas, crean un acabado profesional.

Vuelta sig: 3 pr y deja estos p en una aguja auxiliar.

MANGAS

Monta 46 (50; 54) p con el hilo A y las agujas de 4,5 mm.

Vuelta 1 del canalé (D): 2 pd, [2 pr, 2 pd] hasta el final.

Vuelta 2 del canalé: 2 pr, [2 pd, 2 pr] hasta el final.

Rep estas 2 vueltas 4 veces más.

Cambia a las agujas de 5 mm.

Teje a p de jersey, empezando con una vuelta a pd.

Teje 4 vueltas.

Vuelta de aum (R): 4 pd, aum 1, pd hasta los últimos 4 p, aum 1, 4 pd. Teje 9 vueltas.

Rep las 10 últimas vueltas 9 veces y de nuevo la vuelta de aumento. (68; 72, 76) p.

Cont tejiendo recto hasta que la manga mida 54 (55; 56) cm desde el borde de montaje, acabando con vuelta por el R.

FORMA RAGLÁN DEL HOMBRO

Cierra 6 (7; 8) p al empezar las 2 vueltas sig. (56; 58, 60 p)

Luego teje a rayas [8 vueltas con el hilo A, 4 vueltas con el B] 3 veces y después cont solo con el hilo A.

Vuelta sig (D): 2 pd, des1-1pd-mon, pd hasta los últimos 4 p, 2 pdj, 2 pd.

La tira del cuello se teje al final, remontando los puntos dejados en espera de varias agujas auxiliares. Su canalé es lo bastante elástico para facilitar el paso de la prenda por la cabeza, pero se recupera para ajustarse al cuello.

Vuelta sig: Pr hasta el final.

Vuelta sig: Pd hasta el final.

Vuelta sig: Pr hasta el final.

Rep las 4 últimas vueltas 10 veces más. (34; 36; 38 p)

Vuelta sig: 2 pd, des1-1pd-mon, pd hasta los últimos 4 p, 2 pdj.

Vuelta sig: Pr hasta el final.

Rep las 2 últimas vueltas 6 (10; 11) veces.

Deja los 14 p restantes en espera en una aguja auxiliar.

TIRA DEL CUELLO

Estira las piezas y cose las mangas raglán a punto colchonero.

Con el D de frente, el hilo A y las agujas de 4,5 mm, teje sobre la manga izquierda, el delantero, la manga derecha y la espalda como se indica a continuación:

Vuelta 1: 12 pd, des1-1pd-mon a lo largo de la manga izquierda; 2 pdj, 1 pd, desde la aguja auxiliar delantera izquierda; remonta y teje 13 pd del lado izquierdo del escote delantero; 10 (14; 18) pd desde la aguja auxiliar del centro del escote; remonta y teje 13 pd del lado derecho del escote delantero; des1-1 pd-mon, 1 pd, desde la aguja auxiliar delantera derecha; 2 pdj, 10 pd, des1-1pd-mon a lo largo de los p de la manga derecha, y 2 pdj, 28 (32; 36) pd desde la aguja auxiliar de la espalda. (94; 102; 110 p)

Vuelta 1 del canalé (R): 2 pr [2 pd, 2 pr] hasta el final.

Vuelta 2 del canalé: 2 pd [2 pr, 2 pd] hasta el final.

Estas 2 vueltas forman el canalé.

Teje otras 5 vueltas en canalé.

Cierra los puntos en canalé.

CONFECCIÓN

Haz las costuras laterales y de las mangas. Remata todos los cabos sueltos. Vuelve a estirar ligeramente la prenda, prestando atención a las costuras.

CHAQUETA CON CAPUCHA

Nivel de dificultad 

LABORES

¿Quién podría resistirse a esta capucha con orejitas? Esta prenda para bebé a punto de canasta con botones reúne muchas técnicas en una sola labor. Al no tener costuras en los hombros, se tarda menos tiempo en confeccionarla.

TÉCNICAS EMPLEADAS Punto bobo **p. 114**, Aumentos simples **p. 128**, Remontar puntos **p. 196**, Ojales **p. 201**, Punto colchonero **p. 214**

TALLA
9–12 (12–18) meses
Ancho (de puño a puño): 60 (65) cm
Largo: 28 (31) cm
Costura de la manga: 13 (16) cm

HILO
Rico Essentials Merino DK de 50 g (100 % lana merina)

033 Mint Green × 5(6)

AGUJAS
1 par de agujas de 3,25 mm (A)
1 par de agujas de 3,75 mm (B)

A

B

OTROS MATERIALES
4 botones

TENSIÓN
26 p y 40 vueltas en 10 cm a punto de canasta con agujas de 3,75 mm

INSTRUCCIONES

ESPALDA Y DELANTERO (EN UNA PIEZA, A PARTIR DEL BORDE INFERIOR TRASERO)
Monta 64 puntos con las agujas de 3,75 mm. Teje 10 vueltas a pd.
Vuelta de aum (R): 2 (1) pd, *aum 1, 7 (8) pd, rep desde * hasta los últimos 2 p, aum 1, 2 (1) pd. (77; 85 p)
Vuelta 1: 5 pd, *3 pr, 5 pd, rep desde * hasta el final.
Vuelta 2: 5 pr, *3 pd, 5 pr, rep desde * hasta el final.
Vuelta 3: Rep la vuelta 1.
Vuelta 4: Pd hasta el final.
Vuelta 5: 1 pd, 3 pr, *5 pd, 3 pr, rep desde * hasta el último p, 1 pd.
Vuelta 6: 1 pr, 3 pd, *5 pr, 3 pd, rep desde * hasta el último p, 1 pr.
Vuelta 7: Rep la vuelta 5.
Vuelta 8: Pd hasta el final.
Estas 8 vueltas forman la pauta del punto de canasta, rep hasta que la labor mida unos 20 (23) cm, acabando con una vuelta 7.

Forma de las mangas
Vuelta sig: Monta 28 (36) p, pd hasta el final.
Vuelta sig: Monta 28 (36) p y teje según la pauta como la vuelta 1. (133; 165 p)
Cont tejiendo recto 30 (34) vueltas más, acabando con una vuelta 7. La espalda estará completa. Pon un marcador en cada extremo de la última vuelta para indicar los hombros.

DELANTERO DERECHO
Vuelta sig (D): 53 (69) pd, gira y cont según la pauta solo sobre estos p. Pasa los p restantes a una aguja auxiliar. Teje 12 vueltas, acabando con una vuelta por el R.

Forma del escote
Aum 1 al principio de la vuelta sig y en el mismo borde en las 3 vueltas sig alternas. Luego aum 1 en este borde en las 4 vueltas sig. (61; 77 p)

El punto de canasta crea un tejido grueso de aspecto entrelazado, más cálido y con más relieve que el punto de jersey. La pauta del punto se crea mediante repeticiones de ocho vueltas.

Monta 5 p al principio de la vuelta sig (R). (66; 82 p)
Cont recto según la pauta hasta tejer 32 (36) vueltas desde el marcador, acabando con una vuelta 7 (3).

Forma de la manga
Cierra 28 (36) p al principio de la vuelta sig, pd hasta el final. (37; 45 p)
Cont a p de canasta hasta que el delantero case con la espalda para empezar el ribete a p bobo, acabando con una vuelta 7.
Ten en cuenta que los «cuadraditos» del delantero y la espalda serán diferentes en las costuras laterales y deberán casar.
Vuelta de men (D): [6 pd, 2 pdj] 4 (5) veces, pd hasta el final. (33; 40 p)
Teje 9 vueltas a pd. Cierra los puntos.

DELANTERO IZQUIERDO
Vuelve a los p dejados en espera y, con el D de frente, pasa los primeros 27 p a una aguja auxiliar para la parte posterior del escote y teje a pd hasta el final de la vuelta. (53; 69 p). Cont según la pauta el delantero derecho, invirtiendo la forma.

CAPUCHA
Con las agujas de 3,75 mm y el D de la labor de frente, remonta y teje a pd 29 p del escote del delantero derecho, teje a pd 27 p de la aguja auxiliar de la parte posterior del escote y remonta y teje a pd 29 p del escote del delantero izquierdo. (85 p)
Empezando con la vuelta 1, teje 5 vueltas según la pauta como para la espalda.

Forma de la capucha
Vuelta sig (D): P42 p según la pauta, aum 1, 1 pd, marca este p con un hilo de otro color, aum 1 y sigue la pauta hasta el final.
Teje 1 vuelta según la pauta, añadiendo puntos correctamente y tejiendo siempre del revés el punto central marcado en las vueltas por el R y del derecho en las vueltas por el D.
Vuelta sig: 43 p según la pauta, aum 1, 1 pd, aum 1 y sigue la pauta hasta el final.
Cont aum así en cada vuelta por el D hasta tener 95 p. Luego aum en cada cuarta vuelta 2 veces y después en las vueltas sig alternas 1 vez. (101 p). Ahora tendrás 3 pd de nuevo en el centro de la parte posterior de la capucha.
Cont tejiendo recto hasta que la capucha mida 16 cm desde el borde del escote, acabando con una vuelta del R.
Vuelta sig: Cierra 32 p, teje 37 p según la pauta y cierra los 32 p restantes.
Vuelve a empalmar el hilo a los 37 p restantes con el R de frente y teje 39 vueltas más según la pauta.
Deja 37 p en espera en una aguja auxiliar.
Haz las costuras de la capucha.

RIBETES DELANTEROS Y DE LA CAPUCHA
Con las agujas de 3,25 mm y el D de la labor de frente, remonta y teje a pd 56 (64) p del borde delantero derecho, 38 p del borde delantero de la capucha, teje a pd 37 p de la aguja auxiliar en el centro delantero de la capucha, remonta y teje a pd 38 p del lado izquierdo de la capucha y remonta y teje a pd 56 (64 p) del delantero izquierdo. (225; 241 p)
Teje 3 vueltas a pd.
Vuelta sig (D): 56 (64) pd, cierra los 113 p sig, pd hasta el final.
Cont en los 56 (64) p para la tapeta de los ojales. Teje 1 vuelta a pd.
Vuelta de los ojales: 2 (3) pd, eh, 2 pdj, [15 (17) pd, eh, 2 pdj] 2 veces, 14 (16) pd, eh, 2 pdj, 2 (3) pd.
Teje 5 vueltas más a pd. Cierra los puntos.

TAPETA DE LOS BOTONES
Con el R de la labor de frente, empalma el hilo a los 56 (64) p restantes del borde delantero derecho y teje 7 vueltas a pd.
Cierra los puntos.

PUÑOS
Con las agujas de 3,25 mm y el D de la labor de frente, remonta y teje a pd 40 (44) p a lo largo del borde de cada bocamanga.
Teje 9 vueltas a pd. Cierra los puntos.

OREJA (TEJE 2)
Monta 30 p con las agujas de 3,25 mm.
Teje 12 vueltas a pd.
Vuelta sig: [1 pd, 2 pdj] 10 veces. (20 p)
Teje 1 vuelta a pd.
Vuelta sig: [2 pdj] 10 veces.
Teje 1 vuelta a pd. Cierra los puntos.
Haz la costura central posterior.

CONFECCIÓN
Haz las costuras laterales y las de las mangas a punto colchonero, casando los cuadrados del punto. Cose los botones. Cose las orejas a los lados de la capucha a 6 cm del borde delantero y centradas sobre las costuras. Remata los cabos sueltos y estira la prenda.

El sencillo punto bobo hace que los puños y ribetes de la chaqueta queden planos.

Elige botones del mismo tono si solo los quieres para atar, o de un tono que contraste si deseas poner una nota de color que ilumine la prenda.

Las orejitas a punto bobo se tejen muy rápido y van cosidas a la capucha. Los aumentos simples (tejiendo dos puntos juntos) les dan la forma adecuada.

ARRULLO

Nivel de dificultad ***

Una suave mantita forrada de tela siempre es un regalo acertado para un recién nacido. El ribete a punto bobo que enmarca este arrullo a punto de cordoncillo sirve también para asegurar la tela. Disfruta eligiendo el color de la lana y la tela a juego.

TÉCNICAS EMPLEADAS Montaje provisional a ganchillo **p. 102**, Punto bobo **p. 114**, Estirado **p. 213**

MEDIDAS
70 × 90 cm aprox.

HILO
Drops Cotton Merino de 50 g (50% algodón y 50% lana merina)

015 Mustard Yellow × 9

AGUJAS
Agujas circulares de 4 mm y 70 cm de largo

OTROS MATERIALES
68 × 88 cm de tela para el forro

Aguja de punta afilada e hilo de coser

TENSIÓN
21 p y 28 vueltas en 10 cm a p bobo con agujas de 4 mm

21 p y 38 vueltas en 10 cm a punto de cordoncillo con agujas de 4 mm

INSTRUCCIONES
Monta 147 puntos con agujas circulares de 4 mm, con el método de montaje provisional a ganchillo.

RIBETE
Teje 8 vueltas (4 cordoncillos) a punto bobo con borde de cadeneta.

Vuelta 1: Des 1 pr hdet, pd hasta el último p, 1 pd ret.

MANTA
Punto de cordoncillo con ribete a punto bobo y borde de cadeneta.

Vuelta 1 (D): Des 1 del revés hdet, 4 pd, 1 pr, pd hasta los últimos 6 p, 1 pr, 4 pd, 1 pd ret.

Vuelta 2: Des 1 del revés hdet, 5 pd, pr hasta los últimos 6 p, 5 pd, 1 pd ret.

Vuelta 3: Des 1 del revés hdet, 4 pd, 1 pr, [1 pd, eh, des 1] hasta los últimos 7 p, 1 pd, 1 pr, 4 pd, 1 pd ret.

Vuelta 4: Des 1 del revés hdet, 5 pd, [1 pr, 2 pdj] hasta los últimos 7 p, 1 pr, 5 pd, 1 pd ret.

Estas 4 vueltas marcan la pauta del p de cordoncillo. Cont repitiendo las vueltas 1 a 4 hasta que la labor mida 87,5 cm, acabando con una vuelta 1.

Teje 8 vueltas a p bobo con borde de cadeneta como antes.

Cierra los puntos.

Remata los cabos sueltos. Prende la pieza con alfileres y estírala con una plancha caliente sobre un paño húmedo.

FORRO
Dobla hacia dentro 1,5 cm los bordes de la tela del forro y plancha el doblez. Prende con alfileres la tela a la manta, revés con revés, y únela con un hilván, dejando el ribete a la vista. Cósela a punto de lado.

El borde del forro de tela de la manta encaja a la perfección con el ribete a punto bobo, de manera que no quedan agujeros en los que podrían engancharse los deditos del bebé.

BÚHO ANTIESTRÉS

Nivel de dificultad ***

LABORES

Este animalito de punto será un nuevo compañero de juegos para un niño o un juguete al que a ti te apetecerá estrujar para relajarte. Personalízalo con detalles bordados y una coqueta bufanda. Tejido en redondo, es una labor tan exigente como gratificante.

TÉCNICAS EMPLEADAS Punto de jersey **p. 114**, Tejer con cuatro agujas de doble punta **p. 191**, Método jacquard **p. 159**, Bordado sobre punto **p. 229**

TAMAÑO

25 cm aprox.

HILO

King Cole Baby Alpaca DK de 50 g (100 % alpaca *baby*)

A B C D

A: 501 Fawn × 1
B: 665 Evergreen × 2
C: 1790 Reeds × 1
D: 705 Rustic × 1

AGUJAS

1 par de agujas de 3,25 mm (A)
1 juego de 4 agujas de doble punta de 3,25 mm (B)

A
B

OTROS MATERIALES

Marcador de puntos
Relleno para juguetes lavable
Hilo de bordar de varios cabos blanco y negro

TENSIÓN

24 p y 32 vueltas en 10 cm a p de jersey con agujas de 3,25 mm

INSTRUCCIONES

CUERPO (TEJIDO EN REDONDO DE ABAJO ARRIBA)

Monta 6 puntos con el hilo A y las agujas de doble punta. Repártelos entre 3 agujas (2 p en cada una) y únelos para empezar a tejer en redondo con cuidado de no girarlos. Marca el inicio/final de la vuelta con un marcador.
Vuelta 1: Pd.
Vuelta 2: 2 pd en 1 en cada p. (12 p)
Vuelta 3 y todas las vueltas sig alternas: Pd.
Vuelta 4: 2 pd en 1 en cada p. (24 p)
Vuelta 6: [2 pd en 1, 1 pd] hasta el final. (36 p)
Vuelta 8: [2 pd en 1, 1 pd] hasta el final. (54 p)
Vuelta 10: [2 pd en 1, 2 pd] hasta el final. (72 p) Teje 8 vueltas a pd.

MOTIVO EN JACQUARD

Vuelta 19: 32 pd con el hilo A, empalma el B, [1 pd con B, 3 pd con A] 2 veces, 1 pd con B, corta el hilo B, pd con el A hasta el final. Teje 3 vueltas a pd.
Vuelta 23: 30 pd con el hilo A, empalma el B, [1 pd con B, 3 pd con A] 3 veces, 1 pd con B, corta el hilo B, pd con el A hasta el final. Teje 3 vueltas a pd.
Vuelta 27: 28 pd con el hilo A, empalma el B, [1 pd con B, 3 pd con A] 4 veces, 1 pd con B, corta el hilo B, pd con el A hasta el final. Teje 3 vueltas a pd.
Vuelta 31: 30 pd con el hilo A, empalma el B, [1 pd con B, 3 pd con A] 3 veces, 1 pd con B, corta el hilo B, pd con el A hasta el final. Teje 3 vueltas a pd.
Vuelta 35: 28 pd con el hilo A, empalma el B, [1 pd con B, 3 pd con A] 4 veces, 1 pd con B, corta el hilo B, pd con el A hasta el final. Teje 3 vueltas a pd.
Vuelta 39: 30 pd con el hilo A, empalma el B, [1 pd con B, 3 pd con A] 3 veces, 1 pd con B, corta el hilo B, pd con el A hasta el final. Teje 3 vueltas a pd.
Vuelta 43: 28 pd con el hilo A, empalma el B, [1 pd con B, 3 pd con A] 4 veces, 1 pd con B, corta el hilo B, pd con el A hasta el final. Teje 2 vueltas a pd.
Vuelta 46: [1 pd con A, 1 pd con B] hasta el final.
A partir de aquí usa solo el hilo B y teje 8 vueltas a pd.

El motivo de un solo punto que imita las plumas del pecho del búho es un típico diseño Fair Isle, o jacquard, en el que solo se usan dos colores.

FORMA DE LA PARTE SUPERIOR

Vuelta 55: [2 pdj, 2 pd] hasta el final. (54 p)
Vuelta 56: Pd.
Vuelta 57: [2 pdj, 2 pd] hasta el final. (36 p)
Vuelta 58: Pd.
Vuelta 59: [2 pdj, 2 pd] hasta el final. (24 p)
Vuelta 60: Pd.
Pasa los p a un hilo o unas agujas circulares. Pasa el cabo suelto del montaje por los p de la primera vuelta, tira de él y remátalo por el R. Remata los cabos sueltos del motivo. Rellena el cuerpo. Devuelve los p a las agujas de doble punta y cont de este modo:

Vuelta 61: [2 pdj] hasta el final. (12 p)
Vuelta 62: Pd.
Vuelta 63: [2 pdj] hasta el final. (6 p)
Corta el hilo, pásalo por los p restantes, tira de él con fuerza y remátalo.

CABEZA (TEJIDA EN REDONDO DESDE ATRÁS)
Monta 6 p con el hilo B y las agujas de doble punta. Repártelos entre 3 agujas (2 p en cada una) y únelos para empezar a tejer en redondo con cuidado de no girarlos. Marca el inicio/final de la vuelta con un marcador.
Vuelta 1: Pd.
Vuelta 2: 2 pd en 1 en cada p. (12 p)
Vuelta 3: Pr.
Vuelta 4: 2 pd en 1 en cada p. (24 p)
Vuelta 5: Pr.
Vuelta 6: [2 pd en 1, 1 pd] hasta el final. (36 p)
Vuelta 7: Pr.
Vuelta 8: [2 pd en 1, 1 pd] hasta el final. (54 p)
Vuelta 9: Pr.
Vuelta 10: [2 pd en 1, 2 pd] hasta el final. (72 p)
Vuelta 11: Pr.
Vuelta 12: Pd.
Rep las 2 últimas vueltas 12 veces más.
Vuelta 37: Pr.
Cambia al hilo A y teje 3 vueltas a pd.

Cara
Vuelta 41: [2 pdj, 2 pd] hasta el final. (54 p)
Vuelta 42: Pd.
Vuelta 43: [2 pdj, 1 pd] hasta el final. (36 p)
Vuelta 44: Pd.
Vuelta 45: [2 pdj, 1 pd] hasta el final. (24 p)
Vuelta 46: Pd.
Pasa los p a un hilo o unas agujas circulares. Pasa el cabo suelto del montaje por los p de la primera vuelta, tira de él y remátalo por el R. Remata los cabos sueltos del motivo. Rellena la cabeza. Devuelve los p a las agujas de doble punta y cont de este modo:
Vuelta 47: [2 pdj] hasta el final. (12 p)
Vuelta 48: Pd.
Vuelta 49: [2 pdj] hasta el final. (6 p)
Corta el hilo, pásalo por los p restantes, tira de él con fuerza y remátalo.

ALA (TEJE 2)
Monta 14 p con el hilo B y agujas normales. Teje 2 vueltas a p de jersey empezando con una vuelta a pd.
Vuelta 3: 2 pd en 1, pd hasta los últimos 2 p, 2 pd en 1, 1 pd.
Teje 1 vuelta a pr.
Rep las 2 últimas vueltas 3 veces más. (22 p)
Teje 16 vueltas a p de jersey empezando con una vuelta a pd.
Vuelta 27: 1 pd, des1-1pd-mon, pd hasta los últimos 3 p, 2 pdj, 1 pd. Teje 1 vuelta a pr.
Rep las 2 últimas vueltas hasta que queden 4 p.
Vuelta 45: 2 pd en 1, pd hasta los últimos 2 p, 2 pd en 1, 1 pd.
Teje 1 vuelta a pr.
Rep las 2 últimas vueltas 8 veces más. (22 p)
Teje 18 vueltas a p de jersey empezando con una vuelta a pd.
Vuelta 81: 1 pd, des1-1pd-mon, pd hasta los últimos 3 p, 2 pdj, 1 pd.
Teje 1 vuelta a pr.
Rep las 2 últimas vueltas hasta que queden 14 p.
Cierra los puntos.

PIE (TEJE 2)
Monta 8 p con el hilo C y agujas normales. Teje 2 vueltas a p de jersey empezando con una vuelta a pd.
Vuelta 3: 2 pd en 1, pd hasta los últimos 2 p, 2 pd en 1, 1 pd. (10 p)
Teje 2 vueltas a p de jersey empezando con una vuelta a pr.
Vuelta 7: 2 pd en 1, pd hasta los últimos 2 p, 2 pd en 1, 1 pd. (12 p)
Teje 1 vuelta a pr.
Vuelta 9: 2 pd en 1, pd hasta los últimos 2 p, 2 pd en 1, 1 pd. (14 p)
Teje 9 vueltas a p de jersey empezando con una vuelta a pr.
Vuelta 19: 1 pd, des1-1pd-mon, pd hasta los últimos 3 p, 2 pdj, 1 pd. (12 p)
Teje 1 vuelta a pr.
Vuelta 21: 1 pd, des1-1pd-mon, pd hasta los últimos 3 p, 2 pdj, 1 pd. (10 p)
Teje 3 vueltas a p de jersey empezando con una vuelta a pr.
Vuelta 25: 1 pd, des1-1pd-mon, pd hasta los últimos 3 p, 2 pdj, 1 pd. (8 p)
Teje 1 vuelta a pr. Cierra los puntos.

BUFANDA
Monta 9 p con el hilo D y agujas normales. Teje 6 vueltas a p de jersey empezando con una vuelta a pd.
Cambia al hilo C y teje 2 vueltas a p de jersey empezando con una vuelta a pd.
Cambia al hilo D y teje 6 vueltas a p de jersey empezando con una vuelta a pd.
Estas 8 últimas vueltas marcan la pauta de las rayas. Rep estas vueltas 15 veces más subiendo el hilo que no se usa por el lado de la labor.
Cierra los puntos.

CONFECCIÓN
Dobla cada ala por la parte más estrecha, revés con revés, y cose los bordes a punto colchonero. Deja abierta la parte superior. Cose las alas a los lados del cuerpo con el borde de montaje por encima y el de cierre por debajo. Cose primero el borde de montaje a la parte superior del cuerpo y luego el de cierre.

Da vida a tu búho bordándole los rasgos faciales, como los ojos y el pico. Este disimula ingeniosamente el círculo prieto que se forma al final del tejido.

Dobla cada pie por la mitad, revés con revés, y cose los bordes laterales a punto colchonero, dejando los bordes superiores abiertos. Rellénalo. Da unas puntadas con hilo C por encima de cada pie para formar los «dedos». Une con un sobrehilado los bordes de montaje y de cierre, y luego cose los pies a la parte interior de la base del cuerpo en la posición que se ve en la foto.

MECHONES DE LAS OREJAS (HAZ 2)
Corta 8 trozos de hilo B y dóblalos por la mitad. Pasa las lazadas hasta su punto central a través del tejido de la cabeza del búho en el lugar donde estarían las orejas y luego pasa los extremos del hilo a través de las lazadas (para esto te será útil un ganchillo) y tira con fuerza. Recorta cada mechón uniformemente.

RASGOS FACIALES
Borda el pico en el centro de la cara con hilo C, como se ve en la imagen. Para hacer los ojos, borda a cada lado un círculo a cadeneta con dos hebras de hilo de bordar negro y rellénalo con puntadas rectas desde el centro hacia fuera. Para terminar, da una puntadita blanca para iluminar cada ojo donde muestra la imagen.
Cose la cabeza al cuerpo con firmeza.

FLECO DE LA BUFANDA
Remata todos los cabos. Corta 10 trozos de hilo D de unos 8 cm de largo. Dobla por la mitad 2 trozos, pásalos hasta su punto central a través de un extremo de la bufanda y luego pasa los extremos del hilo a través de la lazada (para esto te será útil un ganchillo). Repite la operación 4 veces más. Recorta el fleco de manera uniforme.
Repite en el otro extremo de la bufanda. Anuda la bufanda en torno al cuello del búho.

GORRO CON POMPÓN

Nivel de dificultad 

Apuesta por el color en este vistoso gorro con un motivo multicolor creado mediante la técnica jacquard, pasando los hilos por detrás de la labor. Puedes hacer el pompón con un cartón recortado (p. 234) o con una pomponera (p. 47).

TÉCNICAS EMPLEADAS Montaje en ochos **p. 93**, Punto de jersey **p. 114**, Esquemas de punto jacquard **p. 158**, Método jacquard **p. 159**

TALLA

Infantil (43 cm de contorno de cabeza aprox.)

HILO

King Cole Merino Blend DK de 50 g (100% lana)

A B C

A: 052 Irish Navy × 2
B: 855 Mustard × 1
C: 049 Clerical × 1

AGUJAS

1 par de agujas de 3,25 mm (A)
1 par de agujas de 4 mm (B)

OTROS MATERIALES

1 pomponera

TENSIÓN

22 p y 28 vueltas en 10 cm a p de jersey con agujas de 4 mm

INSTRUCCIONES

Monta 111 puntos con el hilo A y las agujas de 3,25 mm, con la versión del montaje en ochos para canalé simple.
Vuelta 1 (D): 1 pd, [1 pr, 1 pd] hasta el final.
Vuelta 2: Pr 1, [1 pd, 1 pr] hasta el final.
Rep estas 2 vueltas 11 veces más.
Cambia a las agujas de 4 mm.
Teje 4 vueltas a p de jersey, empezando con una vuelta a pd.
Cont a p de jersey, llevando el hilo que no usas a lo largo del R de la labor y leyendo el esquema de derecha a izquierda en las vueltas por el D (tejidas a pd) y de izquierda a derecha en las del R (tejidas a pr), de este modo:
Vuelta 1 (D): 1 pd de A a B, rep 6 p de B a C hasta los últimos 2 p, 2 pd de C a D.
Vuelta 2: 2 pr de D a C, rep 6 p de C a B hasta el último p, 1 pr de B a A.
Cont hasta completar las 19 vueltas del motivo.
Cont solo con el hilo B, 7 vueltas a p de jersey, empezando con una vuelta a pr.

FORMA DE LA CORONILLA

Vuelta 1: 3 pd, [2 pdj, 4 pd] hasta el final. (93 p) 1 vuelta a pr.
Vuelta 3: 3 pd, [2 pdj, 3 pd] hasta el final. (75 p) 1 vuelta a pr.
Vuelta 5: 3 pd, [2 pdj, 2 pd] hasta el final. (57 p) 1 vuelta a pr.
Vuelta 7: 3 pd, [2 pdj, 1 pd] hasta el final. (39 p) 1 vuelta a pr.
Vuelta 9: 3 pd, [2 pdj] hasta el final. (21 p) 1 vuelta a pr.
Corta el hilo, pásalo a través de los p restantes y remátalo firmemente.

CONFECCIÓN

Haz la costura posterior y remata los cabos sueltos.
Haz un pompón de unos 8 cm de diámetro y cóselo firmemente a la punta del gorro.

ESQUEMA

Vuelta	D	C						B	A
19	○	●	○	○	○	○	○	●	○
18	●	○	●	○	○	○	●	○	●
17	○	●	○	●	○	●	○	●	○
16	●	●	●	○	●	○	●	●	●
15	●	●	●	●		●	●	●	●
14	●	●	●		●		●	●	●
13		●		●		●		●	
12	●		●		●		●		●
11				●		●			
10					●				
9		○						○	
8	○	○	○				○	○	○
7	○	●	○	○	●	○	○	●	○
6	○	●	○	○	●	○	○	●	○
5	○	○	○				○	○	○
4		○						○	
3					●				
2				●	●	●			
1	●		●	●		●	●		●

D C Rep = 6 p B A

CLAVE

● A  B  C

Este detalle muestra el hábil uso del color y cuán fácil es crear un motivo en jacquard jugando con solo tres colores.

POSAVASOS GEOMÉTRICOS

Nivel de dificultad ***

Alegra cualquier mesa con estos posavasos de algodón tejidos como un medallón: con agujas de doble punta a partir del centro. Las cuatro primeras vueltas son complicadas, pero tómatelo con calma porque después el punto es muy fácil. Cada ovillo da para seis posavasos.

TÉCNICAS EMPLEADAS Montaje de agujero **p. 105**, Tejer con cuatro agujas de doble punta **p. 191**, Aumentos simples **p. 128**, Estirado **p. 213**

MEDIDAS

10 cm de lado aprox.

HILO

Scheepjes Cotton 8 de 50 g (100% algodón)

A

B

C

D

A: 622 Light Turquoise × 1
B: 551 Yellow × 1
C: 642 Light Green × 1
D: 639 Light Orange × 1

AGUJAS

5 agujas de doble punta de 3 mm

OTROS MATERIALES

1 ganchillo

TENSIÓN

28 p y 44 vueltas en 10 cm a p de jersey con agujas de 3 mm

INSTRUCCIONES

Monta 8 puntos con el método de montaje de agujero y un ganchillo.
Pasa 2 p a cada una de 4 agujas y teje con la quinta. Marca el inicio de la vuelta.
Vuelta 1: Pd ret hasta el final.
Vuelta 2: 2 pd en 1 hasta el final. (16 p)
Vuelta 3 y todas las vueltas impares: Pd.
Vuelta 4: [2 pd en 1, 2 pd, 2 pd en 1] 4 veces. (24 p)
Vuelta 6: [2 pd en 1, 4 pd, 2 pd en 1] 4 veces. (32 p)
Vuelta 8: [2 pd en 1, 6 pd, 2 pd en 1] 4 veces. (40 p)
Vuelta 10: [2 pd en 1, 8 pd, 2 pd en 1] 4 veces. (48 p)
Vuelta 12: [2 pd en 1, 10 pd, 2 pd en 1] 4 veces. (56 p)
Vuelta 14: [2 pd en 1, 12 pd, 2 pd en 1] 4 veces. (64 p)
Vuelta 16: [2 pd en 1, 14 pd, 2 pd en 1] 4 veces. (72 p)
Vuelta 18: [2 pd en 1, 16 pd, 2 pd en 1] 4 veces. (80 p)
Vuelta 20: [2 pd en 1, 18 pd, 2 pd en 1] 4 veces. (88 p)
Vuelta 22: [2 pd en 1, 20 pd, 2 pd en 1] 4 veces. (96 p)
Vuelta 24: [2 pd en 1, 22 pd, 2 pd en 1] 4 veces. (104 p)
Vuelta 26: [2 pd en 1, 24 pd, 2 pd en 1] 4 veces. (112 p)
Vuelta 27: Pd hasta el final.

Cierra los puntos flojos, sobre todo en las esquinas, dejando el último p en la aguja. Corta el hilo y enhébralo en una aguja de coser. Pásalo por el centro del último p, por debajo de las dos hebras de la base del primer p montado y otra vez por el centro del último p. Esto continúa la cadeneta en torno al borde, haciendo invisible el inicio de la vuelta. Estira la pieza prendiéndola con alfileres y pasándole una plancha caliente sobre un trapo húmedo.

Durante unas cuantas primeras vueltas, ve extendiendo la pieza sobre una superficie plana con las agujas formando un cuadrado para comprobar que los puntos siguen el orden correcto y no se han girado.

CAMINO DE MESA

Nivel de dificultad ***

Lleva la elegancia a la mesa del comedor con este camino de algodón 100%. Los hilos de algodón son ideales para la ropa del hogar porque se lavan bien. Al tejer la sencilla franja calada del centro, te encantará ver «crecer» las hojas vuelta a vuelta.

LABORES

TÉCNICAS EMPLEADAS Montaje provisional a ganchillo **p. 102**, Punto de jersey **p. 114**, Ojete sencillo **p. 153**, Estirado **p. 213**

MEDIDAS
32 × 130 cm aprox.

HILO
Scheepjes Cotton 8 de 50 g (100% algodón)

651 Light Purple × 4

AGUJAS
1 par de agujas de 3 mm

OTROS MATERIALES
1 ganchillo

TENSIÓN
28 p y 40 vueltas en 10 cm a p de jersey con agujas de 3 mm

INSTRUCCIONES
Monta 93 puntos con el método de montaje provisional a ganchillo.
Vuelta 1 (D): Des 1, 34 pd, eh, 3 pd, 2 pdj, 1 pr, des1pd-1pd-mon, 3 pd, eh, 1 pd, eh, 3 pd, 2 pdj, 1 pr, des1pd-1 pd-mon, 3 pd, eh, pd hasta el final.
Vuelta 2: Des 1, 39 pr, 1 pd, 11 pr, 1 pd, pr hasta el final.
Vuelta 3: Des 1, 34 pd, eh, 1 pd, eh, 2 pd, 2 pdj, 1 pr, des1pd-1pd-mon, 1 pd, 2 pdj, 1 pr, des1pd-1pd-mon, 1 pd, 2 pdj, 1 pr, des1pd-1pd-mon, 2 pd, eh, 1 pd, eh, pd hasta el final. (91 p)
Vuelta 4: Des 1, 40 pr, 1 pd, [3 pr, 1 pd] 2 veces, 1 pd, pr hasta el final.
Vuelta 5: Des 1, 34 pd, eh, 3 pd, eh, 1 pd, 2 pdj, 1 pr, des1pd-1pd-mon, 1 pd, 1 pr, 1 pd, 2 pdj, 1 pr, des1pd-1pd-mon, 1 pd, eh, 3 pd, eh, pd hasta el final.
Vuelta 6: Des 1, 41 pr, 1 pd, 2 pr, 1 pd, 2 pr, 1 pd, pr hasta el final.
Vuelta 7: Des 1, 34 pd, eh, 5 pd, eh, 2 pdj, 1 pr, des1pd-1 pd-mon, 1 pr, 2 pdj, 1 pr, des1pd-1pd-mon, eh, 5 pd, eh, pd hasta el final.
Vuelta 8: Des 1, 42 pr, 1 pd, [1 pr, 1 pd] 2 veces, pr hasta el final.
Vuelta 9: Des 1, 34 pd, eh, 7 pd, eh, des1pd-2 pdj-mon, 1 pr, 3 pdj, eh, 7 pd, eh, pd hasta el final.
Vuelta 10: Des 1, 44 pr, 1 pd, pr hasta el final.
Vuelta 11: Des 1, 34 pd, eh, 9 pd, eh, des1pd-2 pdj-mon, eh, 9 pd, eh, pd hasta el final. (93 p)
Vuelta 12: Des 1, pr hasta el final.
Estas 12 vueltas crean la pauta del calado. Rep las vueltas 1 a 12 hasta que la labor mida 130 cm, acabando con una vuelta 12. Cierra los puntos.
Estira la pieza con alfileres y pasándole una plancha caliente sobre un trapo húmedo hasta que deje de enrollarse.

Este motivo repetitivo forma una columna separada del punto de jersey por ojetes. Los ochos también suelen estar separados del punto principal por columnas de punto del revés a modo de ribetes.

FUNDA DE COJÍN DE DAMERO

Nivel de dificultad 

Anima cualquier silla o sofá con este precioso cojín, ideal para una primera labor, ya que no requiere aumentar ni menguar. Solo hay que saber tejer a punto bobo y empalmar un hilo de otro color. Una cremallera insertada en una costura hará más fácil quitar la funda para lavarla.

TÉCNICAS EMPLEADAS Montaje tejido del derecho **p. 92**, Punto bobo **p. 114**, Intarsia **p. 164**, Cierre del derecho **p. 106**, Sobrehilado **p. 215**, Coser una cremallera **p. 219**

MEDIDAS

50 × 50 cm aprox.

HILO

Drops Eskimo de 50 g (100% lana)

A

B

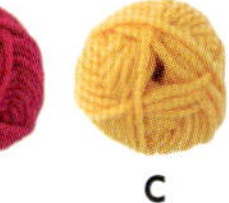
C

D

A: 01 Off White × 2
B: 26 Hot Pink × 2
C: 24 Yellow × 2
D: 14 Dark Grey × 2

AGUJAS

1 par de agujas de 10 mm

OTROS MATERIALES

1 cojín o relleno de poliéster para cojín de 50 × 50 cm
Cremallera de 50 cm (opcional)

TENSIÓN

10 p y 19 vueltas en 10 cm a p bobo con agujas de 10 mm

INSTRUCCIONES

Desliza el primer punto de cada vuelta. Esto crea un orillo firme y pulido, y te permitirá coser con más facilidad si eliges hacerlo a punto colchonero en lugar de con un sobrehilado.
La funda consta de cuatro tiras tejidas de abajo arriba y de izquierda a derecha como se indica a continuación.

TIRA 1 (TEJE 2)

Monta 25 puntos con el hilo D y agujas de 10 mm. Teje 46 vueltas a punto del derecho. Cambia al hilo B y teje otras 46 vueltas a punto del derecho.
Cierra los puntos.

TIRA 2 (TEJE 2)

Monta 25 puntos con el hilo C y agujas de 10 mm. Teje 46 vueltas a punto del derecho. Cambia al hilo A y teje otras 46 vueltas a punto del derecho.
Cierra los puntos.

CONFECCIÓN

Para coser, usa hebras cortas y una aguja roma de ojo grande. El hilo tiende a dividirse con facilidad, por lo que hay que tener cuidado al pasarlo por el tejido. Coloca las tiras una junto a otra a lo largo y casa los bordes de montaje y de cierre. Cóselas, con el R de frente, con un sobrehilado. (Es mejor sobrehilar las tiras tejidas a punto bobo, ya que las puntadas se confunden con la textura del punto).
Inserta una cremallera si lo deseas.
Remata todos los cabos y estira la funda.

Cuando se añaden nuevos colores tejiendo a punto bobo, o a rayas, dichos colores quedarán claramente separados por una línea recta en el derecho (D) de la labor si se introducen en una vuelta impar (D). Te será fácil identificar el D y el R porque la unión tiene un aspecto diferente por detrás.

MANTA DE DAMERO

Nivel de dificultad ***

Esta gruesa y deliciosamente cálida manta se teje muy rápido. El punto bobo es muy fácil y produce un tejido idéntico por las dos caras que no se enrolla, por lo que apenas necesita estirado. Esta manta queda fenomenal con el cojín a juego (pp. 304–305).

LABORES

TÉCNICAS EMPLEADAS Montaje tejido del derecho **p. 92**, Punto bobo **p. 114**, Intarsia **p. 164**, Cerrar los puntos del derecho **p. 106**, Sobrehilado **p. 215**

MEDIDAS

100 × 125 cm aprox.

HILO

Drops Eskimo de 50 g (100 % lana)

A B C D E

A: 01 Off White × 6
B: 26 Hot Pink × 3
C: 24 Yellow × 2
D: 14 Dark Grey × 5
E: 46 Medium Grey × 2

AGUJAS

1 par de agujas de 10 mm

TENSIÓN

10 p y 19 vueltas en 10 cm a p bobo con agujas de 10 mm

INSTRUCCIONES

La manta se compone de cuatro tiras tejidas de abajo arriba y de izquierda a derecha como se indica a continuación (y se muestra también a la dcha).

TIRA 1

Monta 25 puntos con el hilo A y agujas de 10 mm, y teje 46 vueltas a punto del derecho.
Cambia al hilo B y teje 46 vueltas.
Cambia al hilo A y teje 46 vueltas.
Cambia al hilo D y teje 46 vueltas.
Cambia al hilo B y teje 46 vueltas.
La tira debería medir 125 cm.
Cierra los puntos.

TIRA 2

Monta 25 puntos con el hilo D y agujas de 10 mm, y teje 46 vueltas a punto del derecho.
Cambia al hilo A y teje 46 vueltas.
Cambia al hilo D y teje 46 vueltas.
Cambia al hilo C y teje 46 vueltas.
Cambia al hilo A y teje 46 vueltas.
La tira debería medir 125 cm.
Cierra los puntos.

TIRA 3

Monta 25 puntos con el hilo C y agujas de 10 mm, y teje 46 vueltas a punto del derecho.
Cambia al hilo E y teje 46 vueltas.
Cambia al hilo A y teje 46 vueltas.
Cambia al hilo D y teje 46 vueltas.
Cambia al hilo E y teje 46 vueltas.
La tira debería medir 125 cm.
Cierra los puntos.

TIRA 4

Monta 25 puntos con el hilo A y agujas de 10 mm, y teje 46 vueltas a punto del derecho.
Cambia al hilo D y teje 46 vueltas.
Cambia al hilo B y teje 46 vueltas.
Cambia al hilo A y teje 46 vueltas.
Cambia al hilo D y teje 46 vueltas.
La tira debería medir 125 cm.
Cierra los puntos.

SECUENCIA DE COLORES

CONFECCIÓN

Para coser, utiliza hebras cortas y una aguja roma de ojo grande. El hilo tiende a dividirse con facilidad, por lo que hay que tener cuidado al pasarlo por el tejido.
Coloca las tiras una junto a otra a lo largo y casa los bordes de montaje y de cierre.
Cóselas, con el R de frente, con un sobrehilado. (Es mejor sobrehilar las tiras tejidas a punto bobo, ya que las puntadas se confunden con la textura del punto). Inserta una cremallera si lo deseas.
Remata todos los cabos sueltos y estira la labor.

LABORES

FUNDA DE COJÍN RÚSTICA

Nivel de dificultad ***

Pon una nota de color a un sofá o un sillón con esta gruesa funda de cojín adornada con una franja en la que una hebra se entrecruza en la superficie a modo de acolchado y le da un aire original y elegante a la vez.

TÉCNICAS EMPLEADAS Canalé simple **p. 115**, Punto de jersey **p. 114**, Menguados simples **p. 135**, Cierre con efecto canalé **p. 107**

MEDIDAS

52 × 32 cm aprox.

HILO

Hooked Zpagetti Super Chunky de 850 g (100 % tela de camiseta reciclada)

0036 Cobalt Sea × 2

AGUJAS

1 par de agujas de 12 mm (A)
1 par de agujas de 15 mm (B)

OTROS MATERIALES

5 botones de 50 mm
Un cojín o relleno de poliéster para cojín de 52 × 32 cm aprox.

TENSIÓN

7,5 p y 10 vueltas en 10 cm a p de jersey con agujas de 15 mm
7,5 p y 15 vueltas en 10 cm en la parte acolchada con agujas de 15 mm

INSTRUCCIONES

Monta 41 puntos con las agujas de 12 mm y con el método que prefieras.

Teje un canalé simple de esta manera:
Vuelta 1 (D): *1 pd, 1 pr, rep desde * hasta el último p, 1 pd.
Vuelta 2: 1 pr, *1 pd, 1 pr, rep desde * hasta el final.
Rep estas dos vueltas 3 veces más.

Cambia a las agujas de 15 mm y teje a p de jersey de esta manera:
Vuelta 1 (D): Pd.
Vuelta 2: Pr.
Rep estas 2 vueltas 8 veces y luego la vuelta 1 de nuevo, acabando con una vuelta por el D.

Teje la parte acolchada de esta manera:
Vuelta 1 (R): 3 pd, *des 5 con el hilo por detrás de la labor (hdet), 1 pr, rep desde * hasta los últimos 2 p, 2 pr.
Vuelta 2 (D): Pd.
Vuelta 3: Pr.
Vuelta 4: 2 pd, des 3 hdet, *inserta la aguja derecha de delante atrás bajo la hebra suelta de la vuelta 1 y teje del derecho el sig p, pasando la hebra sobre el p para trabarla, des 5 hdet, rep desde * hasta los últimos 6 p, teje del derecho la hebra suelta con el sig p como antes, des 3 hdet, 2 pd.
Vuelta 5: 2 pr, des 3 hdet, *1 pr, des 5 hdet, rep desde * hasta los últimos 6 p, 1 pr, des 3 hdet, 2 pr.
Vuelta 6: Pd.
Vuelta 7: Pr.
Vuelta 8: 2 pd, *inserta la aguja derecha de delante atrás bajo la hebra suelta de la vuelta 5 y teje del derecho el sig p, pasando la hebra sobre el p para trabarla, des 5 hdet, rep desde * hasta los últimos 3 p, teje del derecho la hebra suelta con el sig p como antes, 2 pd.
Rep estas 8 vueltas 2 veces más, acabando con una vuelta por el D.
Teje a p de jersey de esta manera:
Vuelta 1 (R): Pr.
Vuelta 2 (D): Pd.
Rep estas 2 vueltas 8 veces y teje la vuelta 1 de nuevo, acabando con una vuelta por el R.

Cambia a las agujas de 12 mm y teje un canalé simple de esta manera:
Vuelta 1 (D): *1 pd, 1 pr, rep desde * hasta el último p, 1 pd.
Vuelta 2: 1 pr, *1 pd, 1 pr, rep desde * hasta el final. Rep estas 2 vueltas 1 vez más.

Vuelta de los ojales (D): [1 pd, 1 pr] 3 veces, *eh, 2 pdj, [1 pd, 1 pr] 2 veces, 1 pd, eh, 2 pdj, [1 pr, 1 pd] 2 veces, 1 pr, rep desde * hasta los últimos 7 p, eh, 2 pdj, [1 pd, 1 pr] 2 veces, 1 pd. Cont tejiendo en canalé otras 3 vueltas. Cierra los puntos en canalé.

CONFECCIÓN

Con el D de frente, superpón la banda de los ojales a la de los botones y coloca esta en el centro de la parte posterior de la funda. Cose los lados. Remata los cabos sueltos y cose los botones. Introduce el cojín.

La franja de aspecto acolchado presenta una serie de hebras sueltas que quedan trabadas unas vueltas más arriba para crear los rombos de la superficie.

MANTA DE MOSAICO

Nivel de dificultad 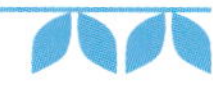

Esta manta a punto de jersey consta de grandes motivos de colores insertos con la técnica de intarsia en fondos de distintos tonos, pero puedes utilizar solo un motivo o combinar dos o tres. Encontrarás los esquemas en la página 312.

TÉCNICAS EMPLEADAS Punto de jersey **p. 114**, Punto bobo **p. 114**, Seguir un esquema multicolor **p. 158**, Intarsia **p. 164**, Remontar puntos **p. 196**

LABORES

MEDIDAS

127 × 107 cm aprox.

HILO

Debbie Bliss Falkland Aran de 100 g

A: 01 Crudo × 4
B: 05 Camel × 5
C: 03 Antracita × 3
D: 06 Jengibre × 2
E: 10 Añil × 1

AGUJAS

1 par de agujas de 5 mm (A)
Agujas circulares de 4,5 mm y 120 cm de largo (B)

OTROS MATERIALES

Carretes

TENSIÓN

19 p y 28 vueltas en 10 cm a p de jersey con agujas de 5 mm

INSTRUCCIONES

Utiliza la técnica de intarsia y carretes para los hilos.

CUADRADO RIBETEADO (TEJE 10)

Monta 48 puntos con el hilo B y las agujas de 5 mm. Teje 68 vueltas siguiendo el esquema (p. 312) y cierra los puntos.

CUADRADO CON CORAZÓN (TEJE 5)

Monta 48 puntos con el hilo A y las agujas de 5 mm. Teje 68 vueltas siguiendo el esquema (p. 312) y cierra los puntos.

CUADRADO CON LUNA (TEJE 2)

Monta 48 puntos con el hilo D y las agujas de 5 mm. Teje 68 vueltas siguiendo el esquema (p. 312) y cierra los puntos.

CUADRADO CON ESTRELLA (TEJE 3)

Monta 48 puntos con el hilo A y las agujas de 5 mm. Teje 68 vueltas siguiendo el esquema (p. 312) y cierra los puntos.

Estira todos los cuadrados siguiendo las instrucciones de la etiqueta y disponlos en el orden que se muestra a la derecha. Cóselos con un sobrehilado, o a punto colchonero para que las uniones sean menos visibles, si lo deseas.

BORDES SUPERIOR E INFERIOR

Con el hilo B y agujas circulares de 4,5 mm, y con el D de frente, remonta y teje del derecho 192 p a lo largo del borde inferior de la manta (el borde de montaje de los cuadrados). Teje 10 vueltas a p bobo y cierra los puntos. Rep en el borde superior.

BORDES LATERALES

Con el hilo B y agujas circulares de 4,5 mm, y con el D de frente, remonta y teje del derecho 5 p en el borde inferior derecho de la manta, 210 p a lo largo de los cuadrados y 5 p en el borde superior. Teje 10 vueltas a p bobo y cierra los puntos. Rep en el borde izquierdo.

Remata los cabos sueltos. Estira ligeramente al vapor la manta bajo un trapo húmedo o como requiera el hilo que hayas elegido.

MANTA MONTADA

ESQUEMAS DE LA MANTA DE MOSAICO

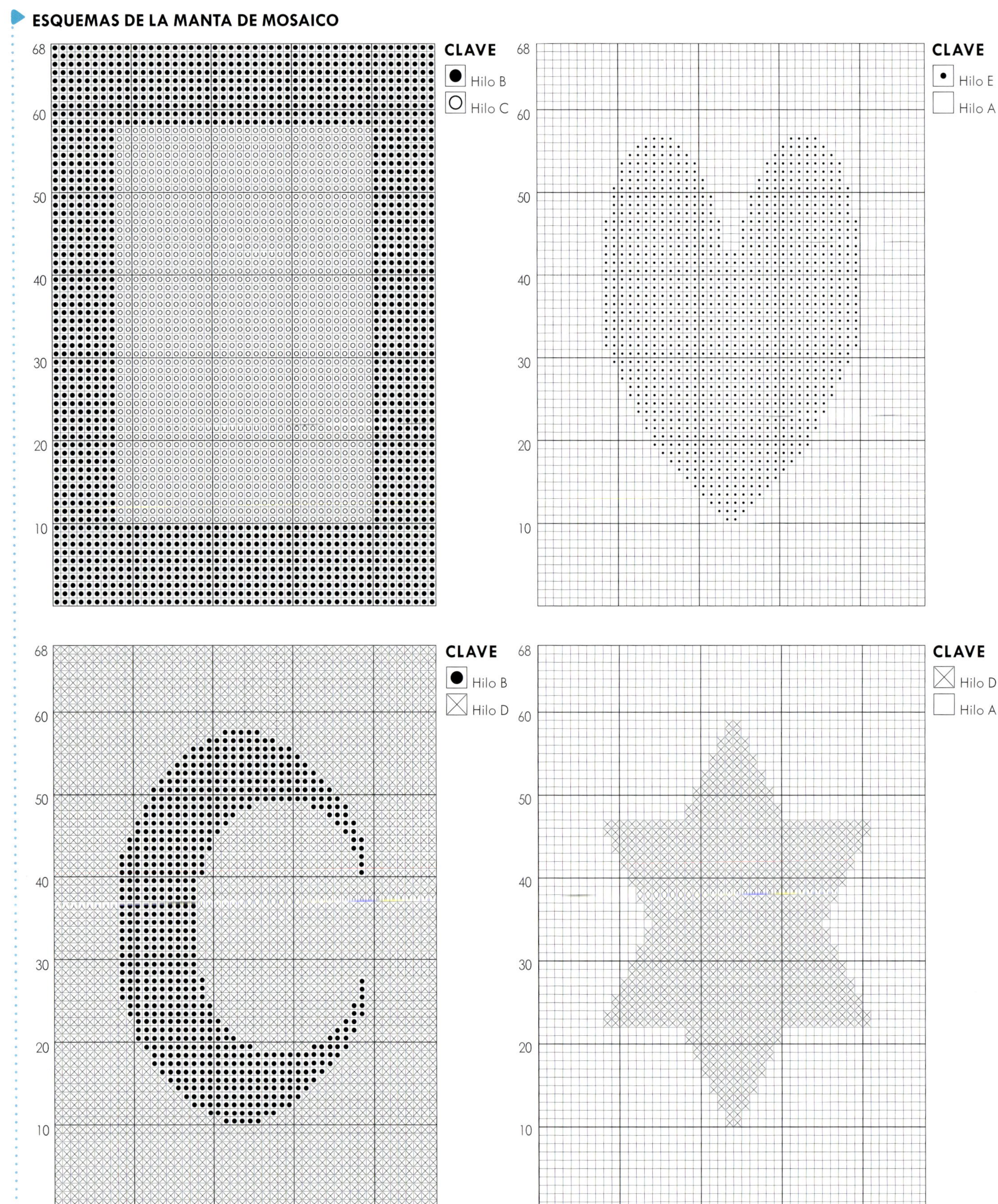

FUNDA DE COJÍN FIELTRADA

Nivel de dificultad **

Utiliza la técnica de intarsia para crear las hipnotizantes formas fluidas que evocan el borboteo del magma. Las burbujas se difuminan mediante fieltrado (en tu propia lavadora). Es conveniente fieltrar una muestra antes de empezar a tejer la funda.

TÉCNICAS EMPLEADAS Punto de jersey **p. 114**, Cómo seguir un esquema de punto multicolor **p. 158**, Intarsia **p. 164**, Coser una cremallera **p. 219**, Punto fieltrado **p. 244**

MEDIDAS

30 cm de lado aprox. (tras el fieltrado)

HILO

Rowan Kid Classik de 50 g (70% lana, 22% mohair y 8% poliamida)

A

B

A: 828 Feather × 2
B: 876 Drought × 2

AGUJAS

1 par de agujas de 5 mm

OTROS MATERIALES

Carretes
1 aguja de zurcir de punta roma
1 aguja de zurcir de punta afilada
Hilo de perlé
Imperdibles grandes
Cojín de 30 × 30 cm
1 cremallera de 30 cm (opcional)

TENSIÓN

Antes de fieltrar: 19 p y 25 vueltas en 10 cm a punto de jersey con agujas de 5 mm.

INSTRUCCIONES

PIEZAS DE LA FUNDA (TEJE 2)

Monta 88 puntos. Teje las vueltas 1 a 120 del esquema (amplíalo si es preciso), con la técnica de intarsia usando los carretes. Cierra los puntos.

CONFECCIÓN

Remata los cabos sueltos. Prende con alfileres las piezas encaradas por el D, casando los bordes de montaje y de cierre. Con una aguja roma, cose los finales de vuelta y los bordes con un pespunte. Vuelve la funda del derecho. Hilvana los bordes de montaje con hilo de perlé. **Fieltra la funda en la lavadora** a 60° C (o a los que sugiera la muestra de prueba). Retira el hilván, rellénala con bolsas de plástico y une con imperdibles los bordes inferiores para que mantenga la forma. Déjala secar. **Inserta una cremallera** (p. 219) para que la funda sea fácil de quitar. El tejido fieltrado será muy grueso, por lo que necesitarás la aguja de punta afilada. Mete el cojín en la funda. También puedes coser los bordes inferiores.

ESQUEMA

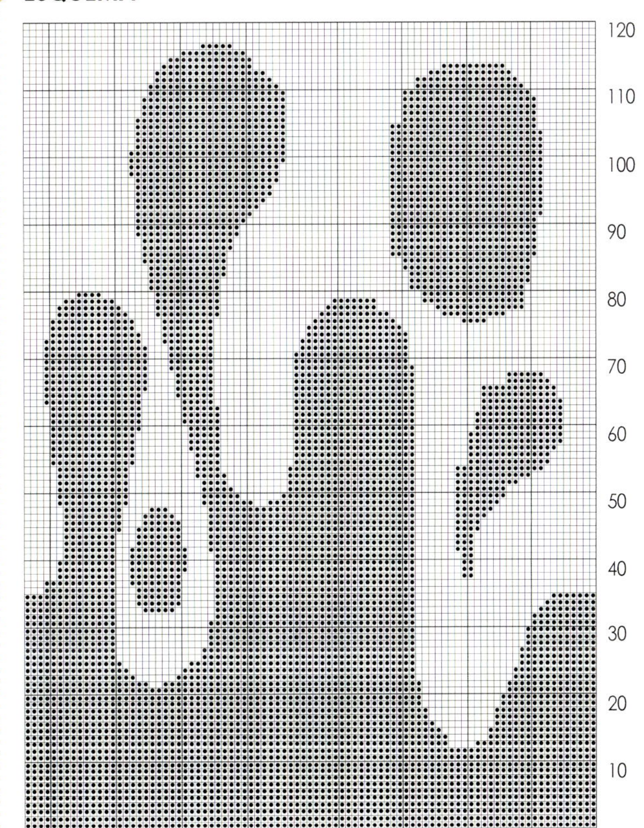

CLAVE

Hilo A
Hilo B

En la página 355 encontrarás una versión ampliada de este esquema.

FELPUDO RÚSTICO

Nivel de dificultad ***

Para este grueso felpudo tejido con múltiples hebras no necesitas agujas, ya que se teje con los brazos. Un trío de colores, uno de los cuales pone el acento vibrante, permite una infinidad de combinaciones que te inspirarán en futuras labores.

TÉCNICAS EMPLEADAS Hacer un nudo corredizo **p. 252**, Montaje doble **p. 253**, Puntos **pp. 254–255**, Cerrar los puntos **p. 258**, Rematar cabos sueltos **p. 259**

MEDIDAS

67 × 90 cm aprox.

HILO

Hooked Zpagetti Super Chunky de 850 g (100 % tela de camiseta reciclada)

A B C

A: Bordeaux Autumn × 2
B: Glittering Fuchsia × 2
C: Red Romance × 1

TENSIÓN

3 p y 4,5 vueltas en una muestra de 10 cm de lado tejida con los brazos

INSTRUCCIONES

Con 5 hebras (una de cada ovillo) juntas, monta 20 puntos en tu brazo con un método de montaje doble o simple.
Haz el nudo corredizo a unos 5 m de los extremos y asegúrate de que el cabo suelto sea el extremo que quede frente a ti (alrededor de tu pulgar).

Ten en cuenta que todas las vueltas se tejen por el D. Trabaja como se indica a continuación:
Vuelta 1 (D): 1 pd, *des 2 p del derecho con el hilo hacia el frente (hdel), 2 pd, rep desde * hasta los últimos 3 p, des 2 pd hdel, 1 pd.
Vuelta 2 (D): 1 pr, 2 pd, *des 2 pd hdel, 2 pd, rep desde * hasta el último p, 1 pr.
Rep estas 2 vueltas hasta que el felpudo mida 90 cm desde el borde de montaje, acabando con una vuelta 2.
Cierra los puntos con firmeza. Entreteje los cabos sueltos con las manos.

El uso de múltiples hilos finos crea una bonita mezcla de colores aleatoria y da textura al punto. A veces, tejiendo con varias hebras se obtiene un tejido más denso que con una sola hebra gruesa del mismo hilo.

PUNTOS

COMBINACIONES DE PUNTOS DEL DERECHO Y DEL REVÉS

PUNTO DE ARROZ

Instrucciones
Para un número de puntos par:
Vuelta 1: *1 pd, 1 pr, rep desde *.
Vuelta 2: *1 pr, 1 pd, rep desde *.
Rep las vueltas 1 y 2.

Para un número de puntos impar:
Vuelta 1: *1 pd, 1 pr, rep desde * hasta el último p, 1 pd.
Rep la vuelta.

CANALÉ SIMPLE

Instrucciones
Para un número de puntos par:
Vuelta 1: *1 pd, 1 pr, rep desde * hasta el final.
Rep la vuelta 1.

Para un número de puntos impar:
Vuelta 1: *1 pd, 1 pr, rep desde * hasta el último p, 1 pd.
Vuelta 2: *1 pr, 1 pd, rep desde * hasta el último p, 1 pr.
Rep las vueltas 1 y 2.

CANALÉ DOBLE (O 2x2)

Instrucciones
Monta un número de puntos múltiplo de 4.
Vuelta 1: *2 pd, 2 pr, rep desde *.
Rep la vuelta.

PUNTO DE DAMERO

Instrucciones
Monta un número de puntos múltiplo de 8.
Vueltas 1 a 5: *4 pd, 4 pr, rep desde *.
Vueltas 6 a 10: *4 pr, 4 pd, rep desde *.
Rep las vueltas 1 a 10.

PUNTO DE DAMERO EN RELIEVE

Instrucciones
Monta un número de puntos múltiplo de 4 y 3 puntos más.
Vuelta 1: 3 pd, *1 pr, 3 pd, rep desde *.
Vuelta 2: 1 pd, *1 pr, 3 pd, rep desde *.
Vueltas 3 a 6: Rep las vueltas 1 y 2 dos veces.
Vuelta 7: 1 pd, *1 pr, 3 pd, rep desde * hasta los 2 últimos p, 1 pr, 1 pd.
Vuelta 8: 3 pd, *1 pr, 3 pd, rep desde *.
Vueltas 9 a 12: Rep las vueltas 7 y 8 dos veces.
Rep las vueltas 1 a 12.

PUNTO DE DAMERO CON RAYAS

Instrucciones
Monta un número de puntos múltiplo de 6 y 3 puntos más.
Vuelta 1 y todas las vueltas impares (D): Pd.
Vuelta 2: Pd.
Vueltas 4 y 6: 3 pr, *3 pd, 3 pr, rep desde *.
Vueltas 8 y 10: Pd.
Vueltas 12 y 14: 3 pd, *3 pr, 3 pd, rep desde *.
Vuelta 16: Pd.
Rep las vueltas 1 a 16.

PUNTO DE DAMERO PEQUEÑO

Instrucciones
Monta un número de puntos múltiplo de 10 y 5 puntos más.
Vuelta 1: *5 pd, 5 pr, rep desde * hasta los últimos 5 p, 5 pd.
Vuelta 2: Pr.
Rep las 2 últimas vueltas dos veces más y luego la vuelta 1 de nuevo.
Vuelta 8: 5 pd, *5 pr, 5 pd, rep desde * hasta el final.
Vuelta 9: Pd.
Rep las 2 últimas vueltas dos veces más y luego la vuelta 8 de nuevo.

PUNTO DE ROMBOS

Instrucciones
Monta un número de puntos múltiplo de 9.
Vuelta 1 (D): 2 pd, *5 pr, 4 pd, rep desde * hasta los últimos 7 p, 5 pr, 2 pd.
Vuelta 2: 1 pr, *7 pd, 2 pr, rep desde * hasta los últimos 8 p, 7 pd, 1 pr.
Vuelta 3: Pr.
Vuelta 4: Rep la vuelta 2.
Vuelta 5: Rep la vuelta 1.
Vuelta 6: 3 pr, *3 pd, 6 pr, rep desde * hasta los últimos 6 p, 3 pd, 3 pr.
Vuelta 7: 4 pd, *1 pr, 8 pd, rep desde * hasta los últimos 5 p, 1 pr, 4 pd.
Vuelta 8: Rep la vuelta 6.
Rep las vueltas 1 a 8.

PUNTO BRIOCHE (O INGLÉS) [p. 165]

Instrucciones
Monta un número de puntos impar.
Vuelta 1: Des 1, *1 pr, 1 pd, rep desde * hasta el final.
Vuelta 2: Des 1, *1 pd en el p de abajo, 1 pr, rep desde * hasta el final.
Rep las vueltas 1 y 2.

CANALÉ DEL PESCADOR

Instrucciones
Monta un número de puntos impar y teje 1 vuelta a punto del derecho.
Vuelta 1 (D): Des 1, *1 pd en el p de abajo, 1 pr, rep desde * hasta el final.
Vuelta 2: Des 1, *1 pr, 1 pd en el p de abajo, rep desde * hasta los últimos 2 p. 1 pr, 1 pd.
Rep las vueltas 1 y 2.

PUNTO DE ARROZ DOBLE

Instrucciones
Monta un número de puntos impar.
Vuelta 1 (D): *1 pd, 1 pr, rep hasta el último p, 1 pd.
Vuelta 2: *1 pr, 1 pd, rep desde * hasta el último p, 1 pr.
Vuelta 3: Como la vuelta 2.
Vuelta 4: Como la vuelta 1.
Rep las vueltas 1 a 4.

MEDIO PUNTO DE ARROZ

Instrucciones
Monta un número de puntos impar.
Vuelta 1 (D): *1 pr, 1 pd, rep desde * hasta el último p, 1 pd.
Vuelta 2: Pr.
Rep las vueltas 1 y 2.

CANALÉ CRUZADO

Instrucciones
Monta un número de puntos múltiplo de 4.
Vuelta 1 (D): *2 pd, 2 pr, rep desde * hasta el final.
Vuelta 2: Como la vuelta 1.
Vuelta 3: *1 pd, 2 pr, 1 pd, rep desde * hasta el final.
Vuelta 4: *1 pr, 2 pd, 1 pr, rep desde * hasta el final.
Vuelta 5: *2 pr, 2 pd, rep desde * hasta el final.
Vuelta 6: Como la vuelta 5.
Vuelta 7: Como la vuelta 4.
Vuelta 8: Como la vuelta 3.
Rep las vueltas 1 a 8.

CANALÉ PARTIDO

Instrucciones
Monta un número de puntos múltiplo de 4 y 2 puntos más.
Vuelta 1 (D): *3 pd, 1 pr, rep desde * hasta los últimos 2 p, 2 pd.
Vuelta 2: 1 pr, *3 pd, 1 pr, rep desde * hasta el último p, 1 pd.
Rep las vueltas 1 y 2.

PUNTO DE ARROZ PARTIDO

Instrucciones
Monta un número de puntos impar.
Vuelta 1 (D): Pd.
Vuelta 2: *1 pr, 1 pd, rep desde * hasta el final.
Rep las vueltas 1 y 2.

CANALÉ 4x4 A PUNTO BOBO

Instrucciones
Monta un número de puntos múltiplo de 8 y 4 puntos más.
Vuelta 1 (D): 4 pd, *4 pr, 4 pd, rep desde * hasta el final.
Vuelta 2: Pr.
Rep las vueltas 1 y 2.

RAYAS VERTICALES A PUNTO DE ARROZ

Instrucciones
Monta un número de puntos múltiplo de 6 y 4 puntos más.
Vuelta 1 (D): 4 pd, *1 pd, 1 pr, 4 pd, rep desde * hasta el final.
Vuelta 2: *5 pr, 1 pd, rep desde * hasta los últimos 4 p, 4 pr.
Rep las vueltas 1 y 2.

PUNTO ANDALUZ DOBLE

Instrucciones
Monta un número de puntos múltiplo de 6 y 2 puntos más.
Vuelta 1 (D): Pr.
Vuelta 2: 2 pd, *4 pr, 2 pd, rep desde * hasta el final.
Vuelta 3: Como la vuelta 1.
Vuelta 4: 2 pr, *1 pr, 2 pd, 3 pr, rep desde * hasta el final.
Rep las vueltas 1 a 4.

AUMENTOS Y MENGUADOS

PUNTO DE ZIGZAG

Instrucciones
Monta un número de puntos múltiplo de 12.
Vuelta 1 (D): *2pdj, 3 pr, [aum en el p sig] dos veces, 3 pr, des1-1pd-mon, rep desde * hasta el final.
Vuelta 2: Pr.
Rep las vueltas 1 y 2.

ZIGZAG A PUNTO BOBO

Instrucciones
Monta un número de puntos múltiplo de 11.
Vuelta 1 (R): Pd.
Vueltas 2, 3, 4, y 5: Como la vuelta 1.
Vuelta 6: *2pdj, 2 pd, [aum en el sig p] dos veces, 3 pd, des1-1pd-mon, rep desde * hasta el final.
Vuelta 7: Pr.
Rep las 2 últimas vueltas dos veces más y después otra vez la vuelta 6.
Rep las vueltas 1 a 12.

PUNTO PAVO REAL

Instrucciones
Monta un número de puntos múltiplo de 18 y 2 puntos más.
Vuelta 1 (D): Pd.
Vuelta 2: Pr.
Vuelta 3: 1 pd, *[2pdj] tres veces, [eh, 1 pd] seis veces, [2pdj] tres veces, rep desde * hasta el último p, 1 pd.
Vuelta 4: Pd.
Rep las vueltas 1 a 4.

CANALÉ EN DIAGONAL

Instrucciones
Monta un número de puntos múltiplo de 2.
Vuelta 1 (R): *1 pd, 1 pr, rep desde * hasta el final.
Vuelta 2: Des1-1pr-mon, *1 pd, 1 pr, rep desde * hasta los últimos 2 p, 1 pd, [1 pr, 1 pd] en el p sig.
Vuelta 3: *1 pr, 1 pd, rep desde * hasta los últimos 2 p, 2 pr.
Vuelta 4: Des1-1pd-mon, *1 pr, 1 pd, rep desde * hasta los últimos 2 p, 1 pr, [1 pd, 1 pr] en el p sig.
Rep las vueltas 1 a 4.

PUNTO DE ARÁNDANO

Instrucciones
Monta un número de puntos múltiplo de 4 y 2 puntos más.
Vuelta 1 (D): Pr.
Vuelta 2: 1 pd *[1 pd, 1 pr, 1 pd] en el p sig, 3 prj, rep desde * hasta el último p, 1 pd.
Vuelta 3: Pr.
Vuelta 4: 1 pd, *3prj, [1 pd, 1 pr, 1 pd] en el p sig, rep desde * hasta el último p, 1 pd.
Rep las vueltas 1 a 4.

PUNTO *PUFF*

Instrucciones
Monta un número de puntos múltiplo de 4 y 1 punto más.
Vuelta 1 (D): Pd.
Vuelta 2: Pr.
Vuelta 3: 1 pr, *3prj sin sacarlos de la aguja, eh, reinserta la aguja derecha en los 3 p recién hechos y teje 3prj, esta vez sacándolos de la aguja izquierda, 1 pr, rep desde * hasta el final.
Vuelta 4: Pr.
Rep las vueltas 1 a 4.

PUNTO DE GARBANZO

Instrucciones
Monta un número de puntos impar.
Vuelta 1 (D): Pd.
Vuelta 2: 1 pd, *[1 pr, 1 pd] dos veces en el p sig, pasar el 2°, 3° y 4° p sobre el primer p de la aguja derecha, 1 pr, rep desde * hasta el final.
Vuelta 3: Como la vuelta 1.
Vuelta 4: 2 pd, [1 pr, 1 pd] dos veces en el p sig, pasar el 2°, 3° y 4° p sobre el primer p de la aguja derecha, 1 pd, rep desde * hasta el último p, 1 pd.
Rep las vueltas 1 a 4.

AUMENTOS Y MENGUADOS: FLORES SENCILLAS

FLOR DE DOCE PÉTALOS

Instrucciones
Usa un hilo de color A (pétalos) y otro de color B (centro de la flor y tallo).
Monta 12 puntos tejiendo del derecho (p. 92) con el hilo A, dejando un cabo suelto de al menos 25 cm de largo.
Vuelta 1 (D): Cierra 10 p del derecho y desliza los p restantes de la aguja derecha a la izquierda. (2 p)
Nota: No gires la labor al tejer los pétalos: trabaja siempre con el D de frente.
Vuelta 2 (D): Monta 12 p tejiendo del derecho en la aguja izquierda; luego cierra 10 p del derecho y desliza los p restantes de la aguja derecha a la izquierda. (4 p)
Vueltas 3 a 12: Rep la vuelta 2 diez veces hasta hacer 12 pétalos (24 p; 2 p en la base de cada pétalo)
Corta el hilo A.
Con el hilo B, cont trabajando sobre los 24 p en vueltas normales para hacer el centro de la flor como se indica a continuación:
Vuelta 13 (D): [2 pdj] doce veces. (12 p)
Vuelta 14 (R): Pd.
Vuelta 15 (D): Pd.
Desliza todos los p a la aguja izquierda. Luego corta el hilo, dejando un cabo suelto de al menos 25 cm de largo. Enhebra el cabo en una aguja lanera de punta roma y, con el D de frente, pásalo a través de los p al mismo tiempo que los sacas de la aguja. Tira del hilo para juntar bien los p. Con el D de frente y con la misma aguja, cose con un sobrehilado los extremos del centro de la flor, trabajando desde el centro hasta el principio del hilo de cada pétalo. Anuda los cabos del mismo hilo al ras de la labor, por el R, y luego todos los cabos, también por el revés. Para hacer el tallo, trenza los cabos usando dos de color A juntos y los de color B solos para hacer una trenza de tres ramales. Anuda el extremo del tallo y recorta los cabos.
No planches.

FLOR DE PÉTALOS CURVOS

Instrucciones
Usa un hilo de color A (pétalos) y otro de color B (centro de la flor).
Monta 10 puntos tejiendo del derecho (p. 92) con el hilo A, dejando un cabo suelto de al menos 25 cm de largo.
Vuelta 1 (D): Teje 8 pd y gira la labor, dejando los restantes p sin tejer.
Vuelta 2 (R): Pd hasta el final.
Vueltas 3 y 4: Rep las vueltas 1 y 2.
Vuelta 5 (D): Cierra 8 p del derecho, sin apretar, y des 1 de la aguja derecha a la izquierda. (2 p)
Nota: No gires la labor tras la última vuelta de cada pétalo (vuelta de cierre): mantén el D de frente para la sig vuelta.
Vuelta 6 (D): Monta 10 p tejiendo del derecho en la aguja izquierda, 8 pd y gira.
Vueltas 7, 8, 9, y 10: Rep las vueltas 2 a 5 del primer pétalo. (4 p)
Rep las vueltas 6 a 10 cinco veces más hasta hacer 7 pétalos en total. (14 p; 2 p en la base de cada pétalo)
Corta el hilo A.
Con el hilo B, y trabajando sobre los 14 p, cont en vueltas normales para hacer el centro de la flor como se indica a continuación:
3 vueltas a pd.
1 vuelta a pr.
1 vuelta a pd, es decir, acabando con una vuelta por el D.
Acábala como la flor de doce pétalos (arriba) desde ** hasta **.
No planches.
Adorna el centro con un botoncito, si lo deseas.

ANÉMONA

Instrucciones
Nota: Desliza todos los puntos del revés, con el hilo en el R de la labor.
Teje con un hilo de color A (pétalos) y con hilos de los colores B y C (centro de la flor).
Monta 41 puntos con el hilo A, con el método de montaje doble (p. 95) y dejando un cabo de al menos 25 cm de largo.

Vuelta 1 (D): *Des 1, 7 pd, rep desde * hasta el último p, 1 pr.
Vuelta 2: *Des 1, pd hasta el final.
Vuelta 3: Rep la vuelta 1.
Vuelta 4: *Des 1, 7 pr, des 1, pasa el hilo hacia atrás entre las dos agujas y después alrededor de la labor sobre el borde de montaje, sobre la labor entre las dos agujas y alrededor del borde de montaje nuevamente, de modo que al acabar quede por delante; tira del hilo para fruncir la labor con firmeza, 7 pr, rep desde * hasta el último p, 1 pd.
Corta el hilo A y cambia al B.
Vuelta 5: *2 pdj, rep desde * hasta los últimos 3 p, des1-2pdj-mon. (20 p)
Vuelta 6: Pd.
Corta el hilo B y cambia al hilo C.
Vuelta 7: [2 pdj] diez veces. (10 p)
Acábala como la flor de doce pétalos (p. anterior) desde ** a **, pero usa también el hilo A para coser los pétalos entre ellos (dejando una parte sin coser para crear un entrante), y haz una trenza con una hebra doble de cada color, A, B y C.
No planches.

FLOR-POMPÓN

Instrucciones
Monta 7 puntos.
Vuelta 1 (D): 1 pd, eh, rep desde * hasta el último p, 1 pd. (13 p)
Vuelta 2 y todas las vueltas sig alternas: Pr.
Vuelta 3: *2 pd, eh, rep desde * hasta el último p, 1 pd. (19 p)

Vuelta 5: *3 pd, eh, rep desde * hasta el último p, 1 pd. (25 p)
Vuelta 7: *4 pd, eh, rep desde * hasta el último p, 1 pd. (31 p)
Vuelta 9: *5 pd, eh, rep desde * hasta el último p, 1 pd. (37 p)
Vuelta 11: *6 pd, eh, rep desde * hasta el último p, 1 pd. (43 p)
Vuelta 13: *7 pd, eh, rep desde * hasta el último p, 1 pd. (49 p)
Vuelta 15: Pd.
Vuelta 17: *6 pd, 2 pdj, rep desde * hasta el último p, 1 pd. (43 p)
Vuelta 19: *5 pd, 2 pdj, rep desde * hasta el último p, 1 pd. (37 p)
Vuelta 21: *4 pd, 2 pdj, rep desde * hasta el último p, 1 pd. (31 p)
Vuelta 23: *3 pd, 2 pdj, rep desde * hasta el último p, 1 pd. (25 p)
Vuelta 25: *2 pd, 2 pdj, rep desde * hasta el último p, 1 pd. (19 p)
Vuelta 27: *1 pd, 2 pdj, rep desde * hasta el último p, 1 pd. (13 p)
Vuelta 29: *2 pdj, rep desde * hasta el último p, 1 pd. (7 p)
Corta el hilo dejando un cabo suelto largo y pasa este a través de los 7 p restantes. Cont uniendo los finales de las vueltas con el cabo suelto a punto colchonero con el D al frente, pasa el cabo por el borde de montaje y tira de él con firmeza. Alinea el borde de montaje con el de cierre y aplasta la flor para aplanarla, de modo que los dos bordes coincidan. Da unas puntadas en el centro y adórnalo con abalorios o botones si lo deseas.

HOJA GRANDE

Instrucciones
Nota: Aunque el tallo se teje con agujas de doble punta, puedes utilizar agujas normales tras la vuelta 1.
Monta con cualquier método 3 p en una aguja de doble punta y teje 1 vuelta a pd (este será el D). Vuelta del nervio central (D): Con el D de frente, des los p al extremo contrario de la aguja, luego pasa el hilo a lo largo del R, tira de él con firmeza y teje a pd hasta el final. Rep esta vuelta hasta que el tallo tenga la longitud deseada.
Vuelta 1 (D): Con el D de frente, des los p al extremo contrario de la aguja, pasa el hilo a largo del R, tira de él con firmeza y teje 1 pd, [eh, 1 pd] dos veces. (5 p)
Cont las vueltas girando la labor de la manera habitual.
Vuelta 2 (R): 2 pd, 1 pr, 2 pd.
Vuelta 3: 2 pd, eh, 1 pd, eh, 2 pd. (7 p)
Vuelta 4 (R): Monta 1 p en la aguja izquierda, cierra 1 p (del derecho), pd hasta el p central, eh, 1 pr central, eh, pd hasta el final. (7 p)
Vuelta 5: Monta 1 p (tejiendo del derecho) en la aguja izquierda, cierra 1 p, pd hasta el p central, eh 1 pr central, pd hasta el final. (9 p)
Vueltas 6 a 9: Rep las vueltas 4 y 5 dos veces. (13 p)
Vuelta 10: Rep la vuelta 4. (13 p)
Vuelta 11: Monta 1 p en la aguja izquierda, cierra 1 p, pd hasta el final. (13 p)
Vuelta 12: Rep la vuelta 4. (13 p)
Vuelta 13: Monta 1 p en la aguja izquierda, cierra 1 p, pd hasta 2 p antes del p central, 2 pdj, 1 pd en el punto central, 2 pd desj, pd hasta el final. (11 p)
Vueltas 14 a 19: Rep las vueltas 4 y 13 tres veces. (5 p)
Vuelta 20: 2 pd, 1 pr, 2 pd.
Vuelta 21: 2 pdj, 1 pd, 2 pd desj. (3 p)
Vuelta 22: 1 pd, 1 pr, 1 pd.
Vuelta 23: Des1-2pdj-mon y remata.
Remata todos los cabos sueltos.
No planches.

FLOR DE PETALOS DE LAZO Y CENTRO PEQUEÑO

Instrucciones

Teje con hilo A (exterior de los pétalos), hilo B (interior de los pétalos) e hilo C (centro de la flor).

Monta 90 p con el hilo A, con el método de montaje doble (p. 95), dejando un cabo suelto de al menos 25 cm.

Vuelta 1 (R): 6 pd, des1-2pdj-mon, *12 pd, des1-2pdj-mon, rep desde * hasta los últimos 6 p 6 pd.

Corta el hilo y cambia al B.

Vuelta 2 (D): *1 pd, cierra los 11 p sig del derecho, rep desde *. (12 p)

Corta el hilo B y cambia al C.

Vuelta 3: Pr.

Vuelta 4: *2 pdj, 1 pd, rep desde *. (8 p)

Acábala como la flor de doce pétalos (p. 324) desde ** a **, pero usa también el hilo A para coser los puntos del principio y el final del montaje y haz una trenza con dos hebras de cada color, A, B y C.

No planches.

FLOR DE PÉTALOS DE LAZO Y CENTRO GRANDE

Instrucciones

Teje con hilo A (exterior de los pétalos), hilo B (interior de los pétalos) e hilo C (centro de la flor).

Monta 72 p con el hilo A, con el método de montaje doble (p. 95), dejando un cabo suelto de al menos 25 cm.

Corta el hilo A y cambia al B.

Vuelta 1 (D): Pd.

Vuelta 2: *2 p en 1, cierra los 10 p sig del derecho, rep desde *. (18 p)

Corta el hilo B y cambia al C.

Vuelta 3: Pd.

Vuelta 4: * 4 pd, 2 pdj, rep desde *. (15 p)

Vuelta 5: Pd.

Vuelta 6: Pr.

Vuelta 7: *1 pd, 2 pdj, rep desde * hasta el final. (10 p)

Acábala como la flor de doce pétalos (p. 324) desde ** a **, pero usa también el hilo A para coser los puntos del principio y el final del montaje y haz una trenza con dos hebras de cada color, A, B y C.

No planches. Adorna el centro con un botoncito, si lo deseas.

OCHOS Y PUNTOS CRUZADOS

CLAVE

- pd en el D; pr en el R
- pr en el R; pd en el D
- o4det
- o4del
- c3i
- c3d
- o6det
- o6del
- g = garbanzo
- eh
- o8det
- o8del
- 2 pdj
- 2 pd desj

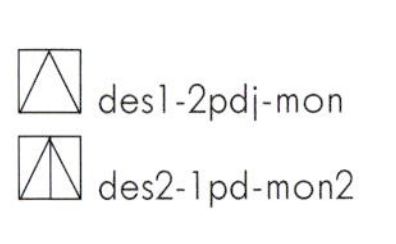

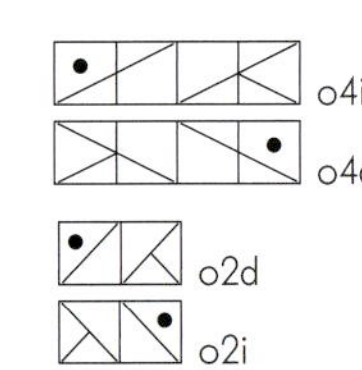

OCHOS DE CUATRO PUNTOS

Instrucciones

Abreviaturas especiales

o4del: Desliza los 2 p sig a la aguja para ochos y mantenlos al frente de la labor, teje 2 pd en la aguja izquierda y luego 2 pd en la aguja para ochos.

o4det: Desliza los 2 p sig a la aguja para ochos y mantenlos por detrás de la labor, teje 2 pd en la aguja izquierda y luego 2 pd en la aguja para ochos.

Monta un número de puntos múltiplo de 14 y 3 puntos más.

Vuelta 1 (D): 3 pr, *4 pd, 3 pr, rep desde *.

Vuelta 2: 3 pd, *4 pr, 3 pd, rep desde *.

Vuelta 3: 3 pr, *4 pd, 3 pr, o4del, 3 pr, rep desde *.

Vuelta 4: Rep la vuelta 2.

Vuelta 5: 3 pr, *o4det, 3 pr, 4 pd, 3 pr, rep desde *

Rep las vueltas 2 a 5.

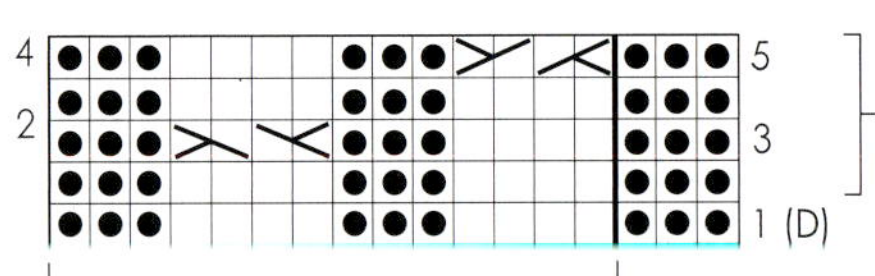

OCHOS EN CADENA

Instrucciones
Abreviaturas especiales
o4del: Desliza los 2 p sig a la aguja para ochos y mantenlos al frente de la labor, teje 2 pd en la aguja izquierda y luego 2 pd en la aguja para ochos.
o4det: Desliza los 2 p sig a la aguja para ochos y mantenlos por detrás de la labor, teje 2 pd en la aguja izquierda y luego 2 pd en la aguja para ochos.
Monta un número de puntos múltiplo de 22 y 3 puntos más.
Vuelta 1 (D): 3 pr, *8 pd, 3 pr, rep desde *.
Vuelta 2 y todas las vueltas pares (R): 3 pd, *8 pr, 3 pd, rep desde *.
Vuelta 3: 3 pr, *8 pd, 3 pr, o4det, o4del, 3 pr, rep desde *.
Vuelta 5: 3 pr, *o4det, o4 del, 3 pr, 8 pd, 3 pr, rep desde *.
Vuelta 7: 3 pr, *8 pd, 3 pd, o4del, o4det, 3 pr, rep desde *.
Vuelta 9: 2 pr, *o4del, o4det, 3 pr, 8 pd, 3 pr, rep desde *.
Rep las vueltas 2 a 9.

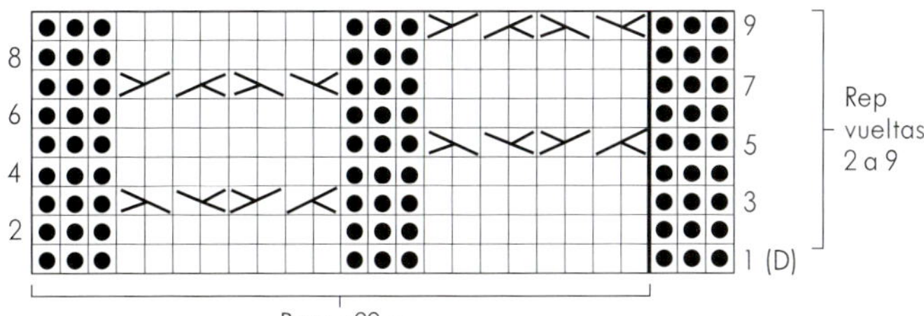

OCHOS DE SEIS PUNTOS

Instrucciones
Abreviaturas especiales
o6del: Desliza los 3 p sig a la aguja para ochos y mantenlos al frente de la labor, teje 3 pd en la aguja izquierda y luego 3 pd en la aguja para ochos.
o6det: Desliza los 3 p sig a la aguja para ochos y mantenlos por detrás de la labor, teje 3 pd en la aguja izquierda y luego 3 pd en la aguja para ochos.
Monta un número de puntos múltiplo de 18 y 3 puntos más.
Vuelta 1 (D): 3 pr, *6 pd, 2 pr, rep desde *.
Vuelta 2 y todas las vueltas pares (R): 3 pd, *6 pr, 3 pd, rep desde *.
Vuelta 3: 3 pd, *6 pr, 3 pd, rep desde *.
Vuelta 5: Rep la vuelta 1.
Vuelta 7: 3 pr, *6 pd, c6del, 3 pr, rep desde *.
Vuelta 9: Rep la vuelta 1.
Rep las vueltas 2 a 9.

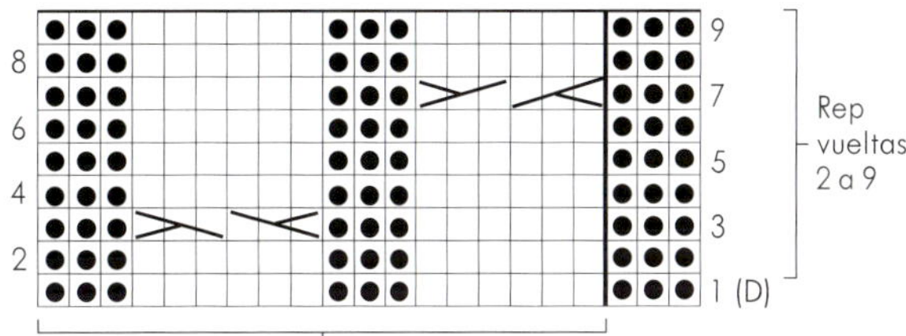

PUNTO DE HERRADURA

Instrucciones
Abreviaturas especiales
o4del: Desliza los 2 p sig a la aguja para ochos y mantenlos al frente de la labor, teje 2 pd en la aguja izquierda y luego 2 pd en la aguja para ochos.
o4det: Desliza los 2 p sig a la aguja para ochos y mantenlos por detrás de la labor, teje 2 pd en la aguja izquierda y luego 2 pd en la aguja para ochos.
Monta un número de puntos múltiplo de 22 y 3 puntos más.
Vuelta 1 (D): 3 pr, *8 pd, 3 pr, rep desde *.
Vuelta 2 y todas las vueltas pares: 2 pd, *8 pr, 3 pd, rep desde *.
Vuelta 3: 3 pr, *8 pd, 3 pr, o4det, o4del, 3 pr, rep desde *.
Vuelta 5: Rep la vuelta 1.
Vuelta 7: 3 pr, *o4det, o4del, 3 pr, 8 pd, 3 pr, rep desde *.
Vuelta 9: Rep la vuelta 1.
Rep las vueltas 2 a 9.

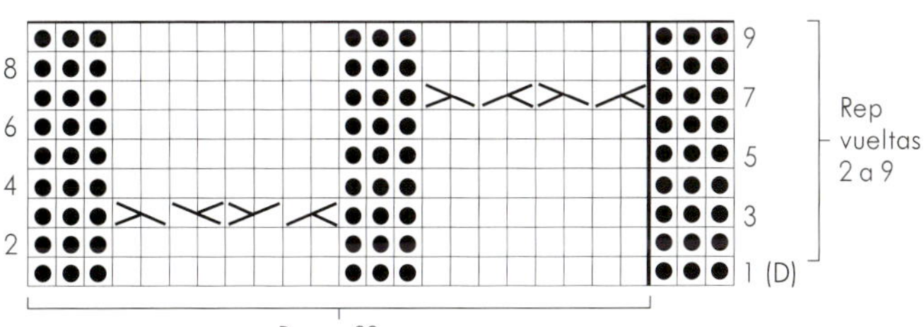

TRENZAS

Instrucciones
Abreviaturas especiales
o8del: Pasa 4 p a la aguja para ochos y mantenlos al frente de la labor, teje 4 pd en la aguja izquierda y luego 4 pd en la aguja para ochos.
o8det: Pasa 4 p a la aguja para ochos y mantenlos por detrás de la labor, teje 4 pd en la aguja izquierda y luego 4 pd en la aguja para ochos.

Monta un número de puntos múltiplo de 20.
Vuelta 1: *4 pr, 12 pd, 4 pr, rep desde * hasta el final.
Vuelta 2 y todas las vueltas sig alternas: *4 pd, 12 pr, 4 pd, rep desde * hasta el final.
Vuelta 3: *4 pr, o8del, 4 pd, 4 pr, rep desde * hasta el final.
Vueltas 5 y 7: Como la vuelta 1.
Vuelta 9: *4 pr, 4 pd, o8det, rep desde * hasta el final.
Vuelta 11: Como la vuelta 1.
Vuelta 12: Como la vuelta 2.
Rep las vueltas 1 a 12.

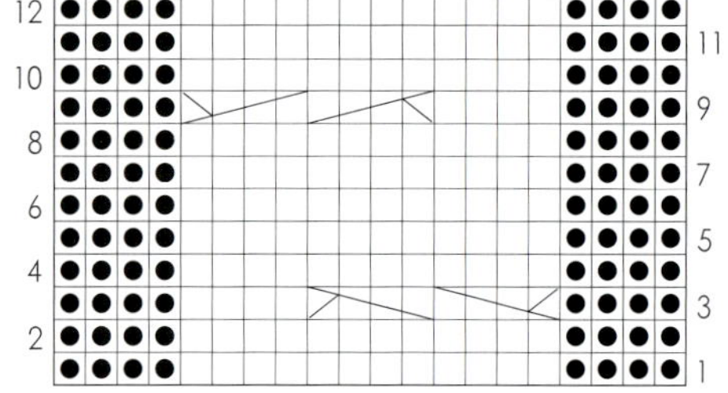

OCHOS ROMBOIDALES

Instrucciones
Abreviaturas especiales
o4d: Desliza los 3 p sig a la aguja para ochos y mantenlos por detrás de la labor, teje 1 pd en la aguja izquierda y 3 pd en la aguja para ochos.
o4i: Desliza el p sig a la aguja para ochos y mantenlo por detrás, 3 pd en la aguja izquierda y 1 pd en la aguja para ochos.
o4del: Desliza 2 p a la aguja para ochos y mantenlos al frente de la labor, teje 2 pd en la aguja izquierda y luego 2 pd en la aguja para ochos.
Monta un número de puntos múltiplo de 20.
Vuelta 1: *8 pr, o4del, 8 pr, rep desde * hasta el final.
Vuelta 2: *8 pd, 4 pr, 8 pd, rep desde * hasta el final.
Vuelta 3: *6 pr, o4d, o4i, 6 pr, rep desde * hasta el final.
Vuelta 4: *6 pd, 2 pr, 4 pd, 2 pr, 6 pd, rep desde * hasta el final.
Vuelta 5: *4 pr, o4d, 4 pr, o4i, 4 pr, rep desde * hasta el final.
Vuelta 6: *4 pd, 2 pr, 8 pd, 2 pr, 4 pd, rep desde * hasta el final.
Vuelta 7: *2 pr, o4d, 8 pr, o4i, 2 pr, rep desde * hasta el final.
Vuelta 8: *2 pd, 2 pr, 12 pr, 2 pd, rep desde * hasta el final.
Vuelta 9: *2 pr, o4i, 8 pr, o4d, 2 pr, rep desde * hasta el final.
Vuelta 10: Como la vuelta 6.
Vuelta 11: *4 pr, o4i, 4 pr, o4d, 4 pr, rep desde * hasta el final.
Vuelta 12: Como la vuelta 4.
Vuelta 13: *6 pr, o4i, o4d, 6 pr, rep desde * hasta el final.
Vuelta 14: Como la vuelta 2.
Rep las vueltas 1 a 14.

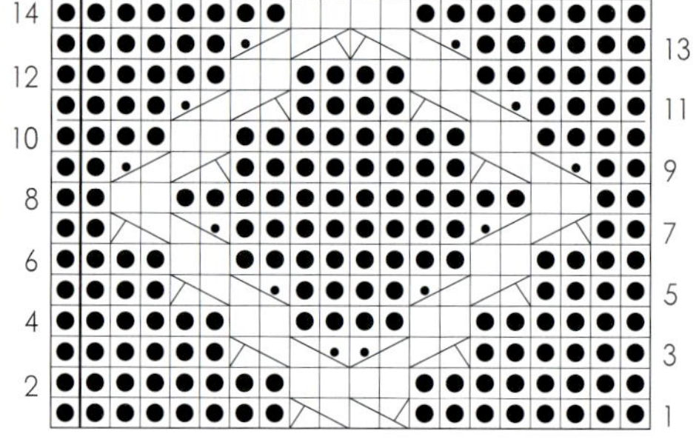

NIDO DE ABEJA

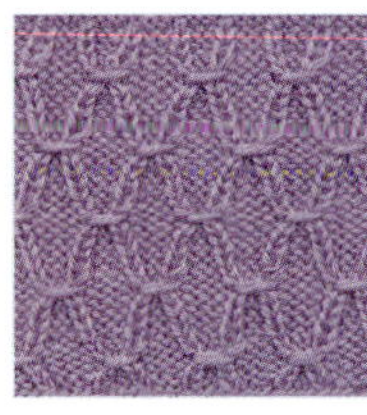

Instrucciones
Abreviatura especial
env 5 p: Desliza los 5 p sig a la aguja para ochos y mantenlos al frente de la labor, pasa el hilo hacia delante y rodea con él dos veces esos puntos en sentido antihorario, de modo que al final el hilo quede por detrás. Teje (1 pd, 3 pr, 1 pd) en la aguja para ochos.
Monta un número de puntos múltiplo de 8 y 7 puntos más.
Vuelta 1 (D): 1 pr, 1 pd, *3 pr, 1 pd, rep desde * hasta el último p, 1 pr.
Vuelta 2: 1 pd, 1 pr, *3 pd, 1 pr, rep desde * hasta el último p, 1 pd.
Vuelta 3: 1 pr, env 5 p, *3pr, env 5 p, rep desde * hasta el último p, 1 pr.
Vuelta 4: Como la vuelta 2.
Vuelta 5: Como la vuelta 1.
Rep las 2 últimas vueltas una vez más y luego la vuelta 2 de nuevo.
Vuelta 9: 1 pr, 1 pd, 3 pr, *env 5 p, 3 pr, rep desde * hasta los últimos 2 p, 1 pd, 1 pr.
Vuelta 10: Como la vuelta 2.
Vuelta 11: Como la vuelta 1.
Vuelta 12: Como la vuelta 2.
Rep las vueltas 1 a 12.

PUNTOS CRUZADOS EN ZIGZAG SOBRE PUNTO BOBO

Rep vueltas 3 a 18

Rep = 6 p

Instrucciones

Abreviaturas especiales

cr2d (cruzar 2 hacia la derecha): Desliza el primer p a la aguja izquierda y teje del derecho el segundo p por la parte anterior de la lazada (sin sacar el p de la aguja izquierda), luego teje del derecho el primer p de la aguja izquierda y deja caer ambos puntos a la vez.

cr2i (cruzar 2 hacia la izquierda): Desliza el primer p a la aguja izquierda y teje del derecho el segundo p, situando la aguja derecha tras el primer p (sin sacar el p de la aguja izquierda); luego teje del derecho el primer p de la aguja izquierda y deja caer ambos puntos a la vez.

Monta un número de puntos múltiplo de 6 y 1 punto más.

Vuelta 1 (D): Pd.

Vuelta 2: *5 pd, 1 pr, rep desde * hasta el último p, 1 pd.

Vuelta 3: 1 pd, *cr2i, 4 pd, rep desde *.

Vuelta 4: *4 pd, 1 pr, 1 pd, rep desde * hasta el último p, 1 pd.

Vuelta 5: 1 pd, *1 pd, cr2i, 3 pd, rep desde *.

Vuelta 6: *3 pd, 1 pr, 2 pd, rep desde * hasta el último p, 1 pd.

Vuelta 7: 1 pd, *2 pd, cr2i, 2 pd, rep desde *.

Vuelta 8: *2 pd, 1 pr, 3 pd, rep desde * hasta el último p, 1 pd.

Vuelta 9: 1 pd, *3 pr, cr2i, 1 pd, rep desde *.

Vuelta 10: *1 pd, 1 pr, 4 pd, rep desde * hasta el último p, 1 pd.

Vuelta 11: 1 pd, *3 pd, cr2d, 1 pd, rep desde *.

Vuelta 12: Como la vuelta 8.

Vuelta 13: 1 pd, *2 pd, cr2d, 2 pd, rep desde *.

Vuelta 14: Como la vuelta 6.

Vuelta 15: 1 pd, *1 pd, cr2d, 3 pd, rep desde *.

Vuelta 16: Como la vuelta 4.

Vuelta 17: 1 pd, *cr2d, 4 pd, rep desde *.

Vuelta 18: Como la vuelta 2.

Rep las vueltas 3 a 18.

OCHOS A PUNTO DE JERSEY Y PUNTO BOBO

Instrucciones

Abreviatura especial

o8del: Pasa 4 p a una aguja para ochos y mantenlos al frente de la labor, teje 4 pd y luego 4 pd en la aguja para ochos.

Monta un número de puntos múltiplo de 18.

Vuelta 1 (D): *5 pr, 8 pd, 5 pr, rep desde * hasta el final.

Vuelta 2: *9 pd, 4 pr, 5 pd, rep desde * hasta el final.

Rep las 2 últimas vueltas dos veces.

Vuelta 7: *5 pr, o8del, 5 pr, rep desde * hasta el final.

Vuelta 8: *5 pd, 4 pr, 9 pd, rep desde * hasta el final.

Vuelta 9: Como la vuelta 1.

Rep las 2 últimas vueltas cuatro veces y luego la vuelta 8 de nuevo.

Vuelta 19: Como la vuelta 7.

Vuelta 20: Como la vuelta 2.

Vuelta 21: Como la vuelta 1.

Vuelta 22: Como la vuelta 2.

Vuelta 23: Como la vuelta 1.

Vuelta 24: Como la vuelta 2.

Rep las vueltas 1 a 24.

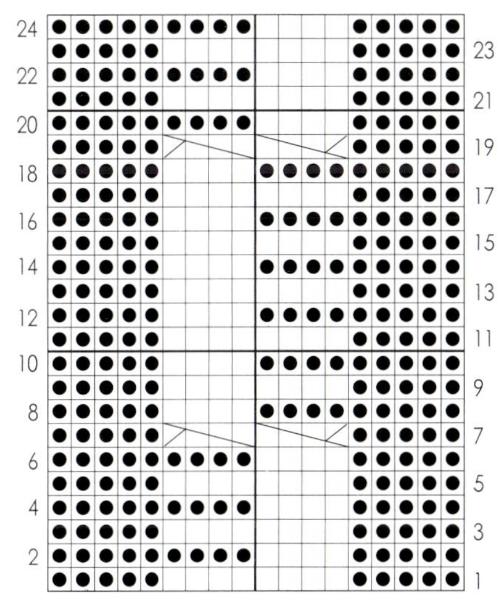

OCHOS CON GARBANZOS

Instrucciones

Abreviaturas especiales

o8det: Pasa 4 p a una aguja para ochos y mantenlos por detrás, teje 4 pd y luego 4 pd en la aguja para ochos.

g: garbanzo. Hazlo de este modo: [1 pd, eh] dos veces, 1 pd, gira, 5 pd, gira, des 4 p a la aguja izquierda, 1 pd y pasa los 4 p des (uno a uno) por encima, todo ello en el p sig.

Monta un número de puntos múltiplo de 8 y 4 puntos más.

Vuelta 1: Pd.

Vuelta 2 y todas las vueltas sig alternas: Pr.

Vuelta 3: Pd.

Vuelta 5: 2 pd, *o8det, rep desde * hasta los últimos 2 p, 2 pd.

Vuelta 7: 2 pd, *g, 7 pd, rep desde * hasta los últimos 2 p, 2 pd.

Vuelta 9: Pd.

Vuelta 11: 6 pd, *c8det, rep desde * hasta los últimos 6 p, 6 pd.

Vuelta 13: 6 pd, *g, 7 pd, rep desde * hasta los últimos 13 p, 13 pd.

Vuelta 14: Como la vuelta 2.

Rep las vueltas 3 a 14.

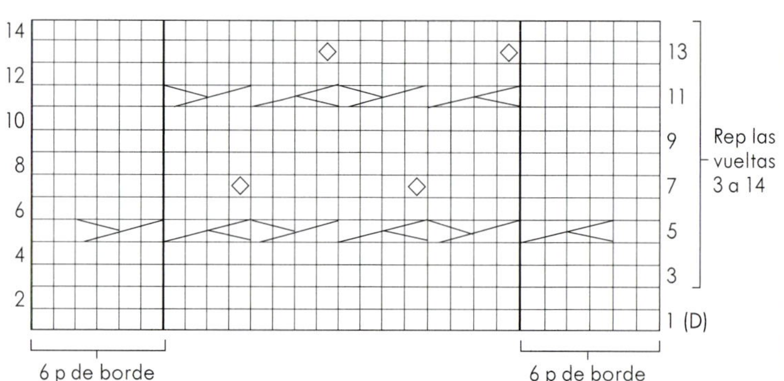

PUNTO DE CANASTA

Instrucciones

Abreviaturas especiales

o6del: Pasa 3 p a una aguja para ochos y mantenlos al frente de la labor, teje 3 pd y luego 3 pd en la aguja para ochos.

o6det: Pasa 3 p a una aguja para ochos y mantenlos por detrás de la labor, teje 3 pd y luego 3 pd en la aguja para ochos.

Monta un número de puntos múltiplo de 6 (12 p como mínimo).

Vuelta 1 (D): Pd.

Vuelta 2 y todas las vueltas sig alternas: Pr.

Vuelta 3: 2 pd, *o6det, rep desde * hasta los últimos 3 p, 2 pd.

Vuelta 5: Pd.

Vuelta 7: *o6del, rep desde * hasta el final.

Vuelta 8: Como la vuelta 2.

Rep las vueltas 1 a 8.

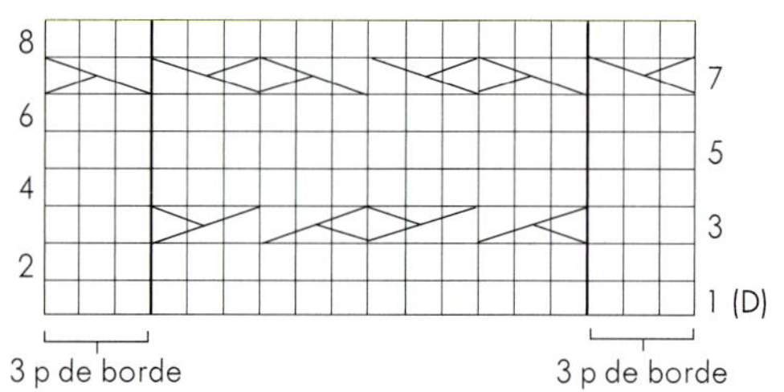

PUNTO DE DAMERO CON OCHOS

Instrucciones

Abreviatura especial

o4del: Pasa 2 p a una aguja para ochos y mantenlos al frente de la labor, teje 3 pd y luego 2 pd en la aguja para ochos.

Monta un número de puntos múltiplo de 8 y 4 puntos más.

Vuelta 1 (D): *4 pr, 4 pd, rep desde * hasta los últimos 4 p, 4 pr.

Vuelta 2: 4 pd, *4 pr, 4 pd, rep desde *.

Vuelta 3: Como la vuelta 1.

Vuelta 4: Como la vuelta 2.

Vuelta 5: *4 pr, o4del, rep desde * hasta los últimos 4 p, 4 pr.

Vueltas 6 y 7: Como la vuelta 2.

Vuelta 8: Como la vuelta 1.

Vuelta 9: Como la vuelta 2.

Vuelta 10: Como la vuelta 1.

Vuelta 11: *o4del, 4 pr, rep desde * hasta los últimos 4 p, o4del.

Vuelta 12: Como la vuelta 1.

Rep las vueltas 1 a 12.

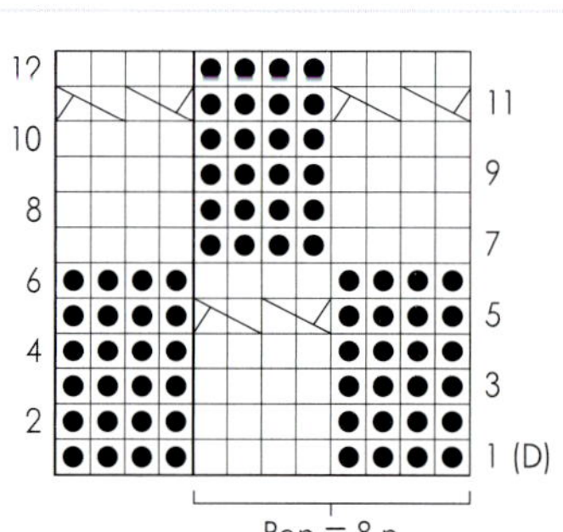

FALSO PUNTO DE OCHOS

Instrucciones

Monta un número de puntos múltiplo de 5 y 2 puntos más.

Nota: El número de puntos varía de vuelta en vuelta.

Vuelta 1 (D): 2 pr, *pasa el hilo hacia atrás entre las 2 agujas, des 1 del revés, 2 pr, monta el p des sobre los 2 últimos p y déjalo caer de la aguja derecha, 2 pr, rep desde *.

Vuelta 2: 2 pd, *1 pr, eh, 1 pr, 2 pd, rep desde *.

Vuelta 3: 2 pr, *3 pd, 2 pd, rep. desde *.

Vuelta 4: 2 pd, *3 pr, 2 pd, rep. desde *.

Rep las vueltas 1 a 4.

CANALÉ ONDULADO

Instrucciones

Abreviaturas especiales

o2d: Desliza el primer p a la aguja izquierda y teje el segundo del derecho por la parte anterior de la lazada (sin dejarlo caer de la aguja), luego teje del revés el primer p de la aguja izquierda y deja caer los dos p de la aguja a la vez.

o2i: Desliza el primer p a la aguja izquierda y teje el segundo del revés manteniendo la aguja derecha tras el primer p (sin dejar caer el p de la aguja izquierda), luego teje del derecho el primer p de la aguja izquierda y deja caer los dos p de la aguja a la vez.

Monta un número de puntos múltiplo de 3 (9 puntos como mínimo).

Vuelta 1 (D): *1 pr, o2d, rep desde * hasta el final.
Vuelta 2: *1 pd, 1 pr, 1 pd, rep desde * hasta el final.
Vuelta 3: *o2d, 1 pr, rep desde * hasta el final.
Vuelta 4: *2 pd, 1 pr, rep desde * hasta el final.
Vuelta 5: *1 pd, 2 pr, rep desde * hasta el final.
Vuelta 6: Como la vuelta 4.
Vuelta 7: *o2i, 1 pr, rep desde * hasta el final.
Vuelta 8: Como la vuelta 2.
Vuelta 9: *1 pr, o2i, rep desde * hasta el final.
Vuelta 10: *1 pr, 2 pd, rep desde * hasta el final.
Vuelta 11: *2 pr, 1 pd, rep desde * hasta el final.
Vuelta 12: Como la vuelta 10.
Rep las vueltas 1 a 12.

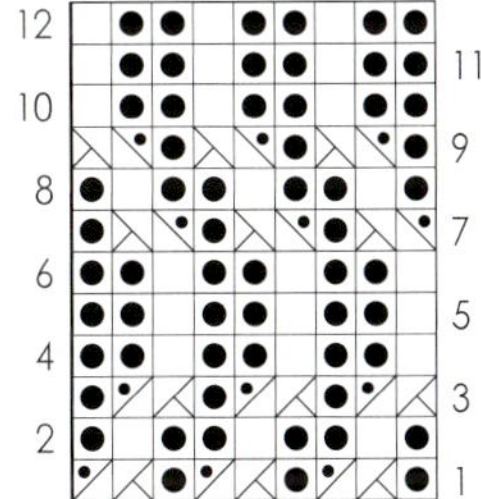

OCHOS DE ABANICOS

Instrucciones

Lee las vueltas impares (R) de izquierda a derecha, y las pares (D), de derecha a izquierda.

Abreviaturas especiales

o2d: Desliza el primer p a la aguja izquierda y teje el segundo del derecho por la parte anterior de la lazada (sin dejarlo caer), luego teje del revés el primer p de la aguja izquierda y deja caer los dos p de la aguja a la vez.

o2i: Desliza el primer p a la aguja izquierda y teje el segundo del revés manteniendo la aguja derecha tras el primer p (sin dejarlo caer), luego teje del derecho el primer p de la aguja izquierda y deja caer los dos p de la aguja a la vez.

Monta un número de puntos múltiplo de 14 y 2 puntos más.

Vuelta 1 y todas las vueltas sig alternas (R): Pr.
Vuelta 2: *6 pd, od2, 6 pd, rep desde * hasta los últimos 2 p, 2 pd.
Vuelta 4: *5 pd, o2d, 1 pr, 6 pd, rep desde * hasta los últimos 2 p, 2 pd.
Vuelta 6: *4 pd, o2d, 2 pr, 6 pd, rep desde * hasta los últimos 2 p, 2 pd.
Vuelta 8: *3 pd, o2d, 3 pr, 6 pd, rep desde * hasta los últimos 2 p, 2 pd.
Vuelta 10: *2 pd, o2d, 4 pr, 6 pd, rep desde * hasta los últimos 2 p, 2 pd.
Vuelta 12: *8 pd, o2i, 4 pd, rep desde * hasta los últimos 2 p, 2 pd.
Vuelta 14: *8 pd, 1 pr, o2i, 3 pd, rep desde * hasta los últimos 2 p, 2 pd.
Vuelta 16: *8 pd, 2 pr, o2i, 2 pd, rep desde * hasta los últimos 2 p, 2 pd.
Vuelta 18: *8 pd, 3 pr, o2i, 1 pd, rep desde * hasta los últimos 2 p, 2 pd.
Vuelta 20: *8 pd, 4 pr, o2i, rep desde * hasta los últimos 2 p, 2 pd.
Rep las vueltas 1 a 20.

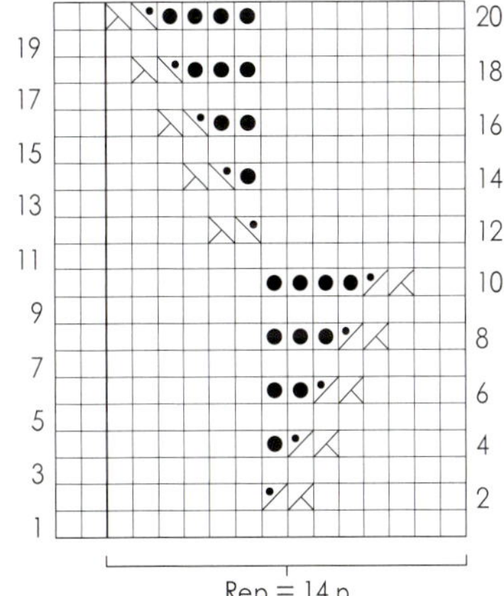

PUNTOS CALADOS Y ENCAJE

CLAVE

- ☐ pd en el D; pr en el R
- ● pr en el D; pd en el R
- O eh
- / 2 pdj
- \ 2 pd desj
- Λ des1-2pdj-mon
- Λ des2-1pd-mon2

PUNTO DE RED

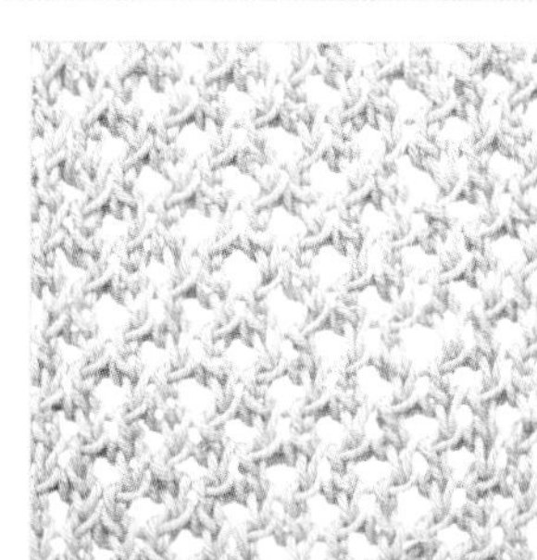

Instrucciones
Monta un número de puntos múltiplo de 3.
Vuelta 1 (D): 2 pd, *2 pdj, eh, 1 pd, rep desde * hasta el último p, 1 pd.
Vuelta 2: Pr.
Vuelta 3: 2 pd, *eh, 1 pd, 2 pdj, rep desde * hasta el último p, 1 pd.
Vuelta 4: Pr.
Rep las vueltas 1 a 4.

4
2
3
1 (D)
Rep = 4 vueltas
Rep = 3 p

PUNTO CALADO DE TRÉBOLES

Instrucciones
Monta un número de puntos múltiplo de 8 y 7 puntos más.
Vuelta 1 (D): Pd.
Vuelta 2 y restantes vueltas pares (D): Pr.
Vuelta 3: 2 pd, *eh, des1-2pdj-mon, eh, 5 pd, rep desde * hasta los últimos 5 p, eh, des1-2pdj-mon, eh, 2 pd.
Vuelta 5: 2 pd, *1 pd, eh, 2 pd desj, 5 pd, rep desde * hasta los últimos 5 p, 1 pd, eh, 2 pd desj, 2 pd.
Vuelta 7: Pd.
Vuelta 9: 2 pd, *4 pd, eh, des1-2pdj-mon, eh, 1 pd, rep desde * hasta los últimos 5 p, 5 pd.
Vuelta 11: 2 pd, *5 pd, eh, 2 pd desj, 1 pd, rep desde * hasta los últimos 5 p, 5 pd.
Vuelta 12: Pr.
Rep las vueltas 1 a 12.

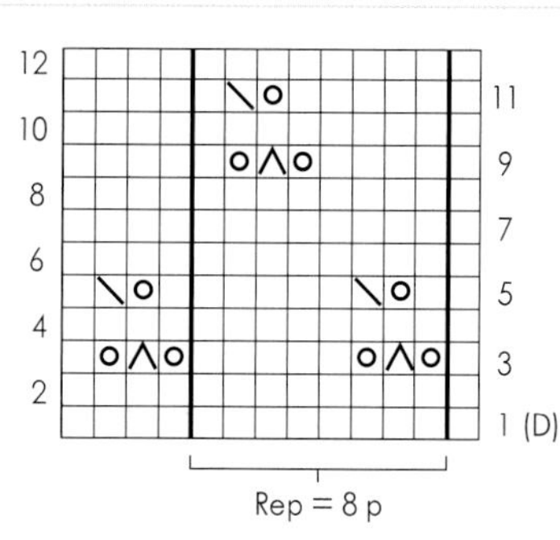

PUNTO DE RED ANCHA

Instrucciones
Nota: Este tejido es idéntico por las dos caras.
Hay que estirarlo verticalmente para abrir los ojetes.
Monta un número de puntos múltiplo de 3 y 4 puntos más.
Vuelta 1: 2 pd, *des1-2pdj-mon, eh dos veces, rep desde * hasta los últimos 2 p, 2 pr.
Vuelta 2: 2 pd, *[1 pd, 1 pr] en el doble hilo, 1 pr, rep desde * hasta los últimos 2 p, 2 pd.
Vuelta 3: Pd.
Rep las vueltas 1 a 3.

PUNTO DE RED VERTICAL

Instrucciones
Monta un número de puntos impar.
Vuelta 1: 1 pd, eh, 2 pdj, rep desde *.
Vuelta 2: Pr.
Vuelta 3: *2 pd desj, eh, rep desde * hasta el último punto, 1 pd.
Vuelta 4: Pr.
Rep las vueltas 1 a 4.

ENCAJE DE MINIHOJAS

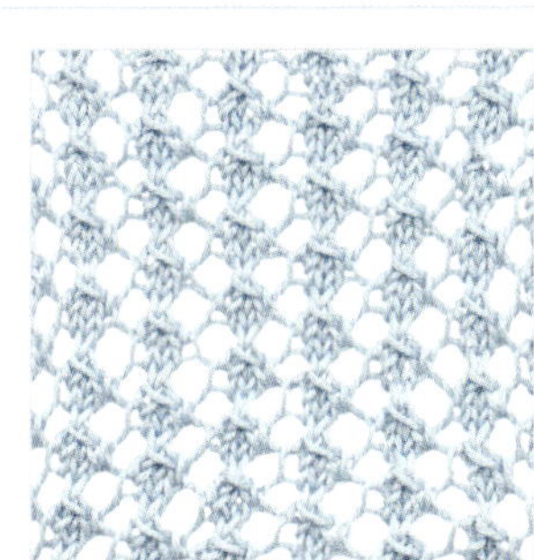

Instrucciones
Monta un número de puntos múltiplo de 6 y 2 puntos más.
Vuelta 1 (D): 1 pd, *3 pd, eh, des1-2 pdj-mon, eh, rep desde * hasta el último punto, 1 pd.
Vuelta 2: Pr.
Vuelta 3: 1 pd, *eh, des1-2pdj-mon, eh, 3 pd, rep desde * hasta el último p, 1 pd.
Vuelta 4: Pr.
Rep las vueltas 1 a 4.

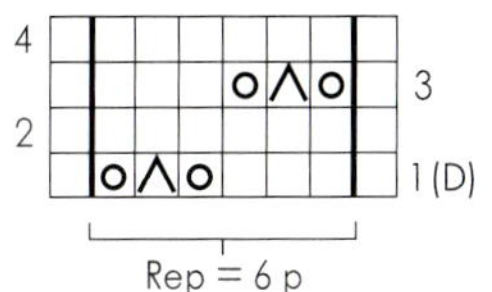

PUNTO CALADO DE FLECHAS

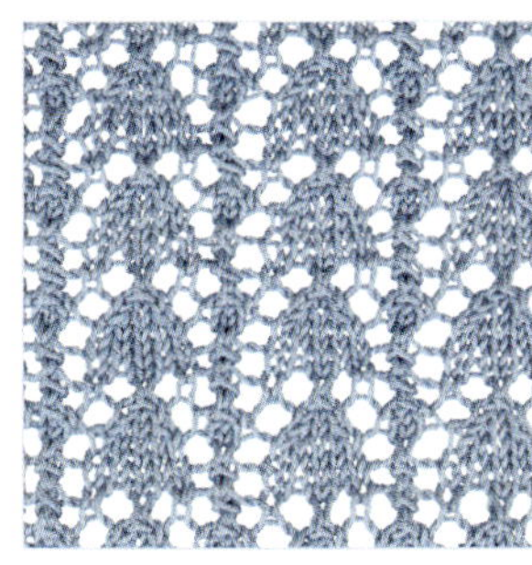

Instrucciones
Monta un número de puntos múltiplo de 8 y 5 puntos más.
Vuelta 1 (D): 1 pd, eh, des1-2pdj-mon, eh, *5 pd, eh, des1-2pdj-mon, eh, rep desde * hasta el último p, 1 pd.
Vuelta 2 y restantes vueltas pares (R): Pr.
Vuelta 3: Rep la vuelta 1.
Vuelta 5: 4 pd, eh, 2 pd desj, 1 pd, 2 pdj, eh, 3 pd, rep desde * hasta el último p, 1 pd.
Vuelta 7: 1 pd, eh, des1-2 pdj-mon, *1 pd, eh, des1-2pdj-mon, eh, hasta el último p, 1 pd.
Vuelta 8: Pr.
Rep las vueltas 1 a 8.

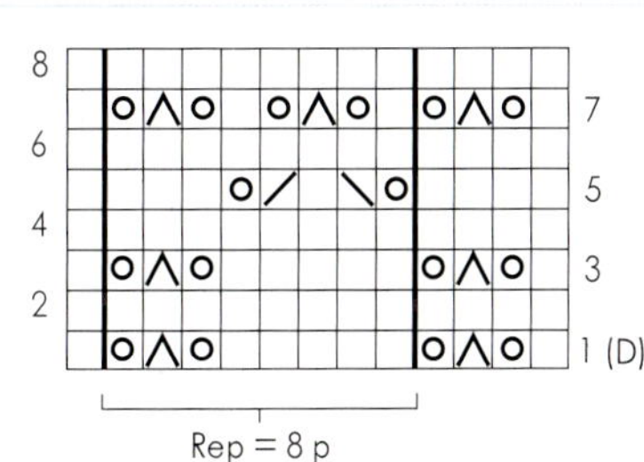

PUNTO DE RED EN ZIGZAG

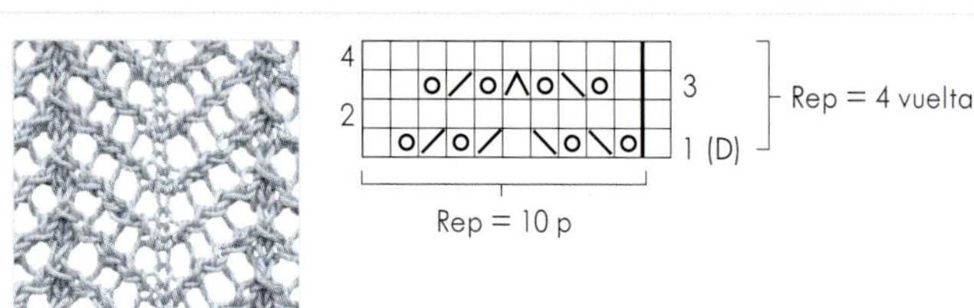

Instrucciones
Monta un número de puntos múltiplo de 10 y 1 punto más.
Vuelta 1 (D): 1 pd, *[eh, 2 pd desj] dos veces, 1 pd, [2 pdj, eh] dos veces. 1 pd, rep desde *.
Vuelta 2: Pr.
Vuelta 3: 1 pd, *1 pd, eh, 2 pd desj, eh, des1-2pdj-mon, eh, 2 pdj, eh, 2 pd, rep desde * hasta el final.
Vuelta 4: Pr.
Rep las vueltas 1 a 4.

PUNTO CALADO DE ESTRELLAS

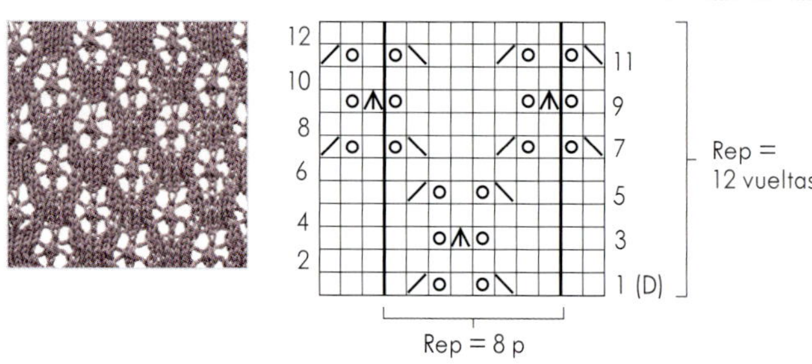

Instrucciones
Abreviatura especial
Des2-1pd-mon2: Deslizar 2 p, tejer 1 punto del derecho y pasar por encima de este (montar) los 2 p deslizados.
Monta un número de puntos múltiplo de 8 y 5 puntos más.
Vuelta 1 (D): 4 pd, *2 pd desj, eh, 1 pd, eh, 2 pdj, 3 pd, rep desde * hasta el último p, 1pd.
Vuelta 2 y todas las vueltas pares (R): Pr.
Vuelta 3: 5 pd, *eh, des2-1pd-mon2, eh, 5 pd, rep desde *
Vuelta 5: Rep la vuelta 1.
Vuelta 7: 2 pd desj, eh, 1 pd, eh, 2 pdj, *3 pd, 2 pd desj, eh, 1 pd, eh, 2 pdj, rep desde *.
Vuelta 9: 1 pd, *eh, des2-1pd-mon2, eh, 5 pd, rep desde *, acabando la última rep con 1 pd (en vez de 5 pd).
Vuelta 11: Rep la vuelta 7.
Vuelta 12: Pr.
Rep las vueltas 1 a 12.

PUNTO CALADO DE HOJAS GRANDES

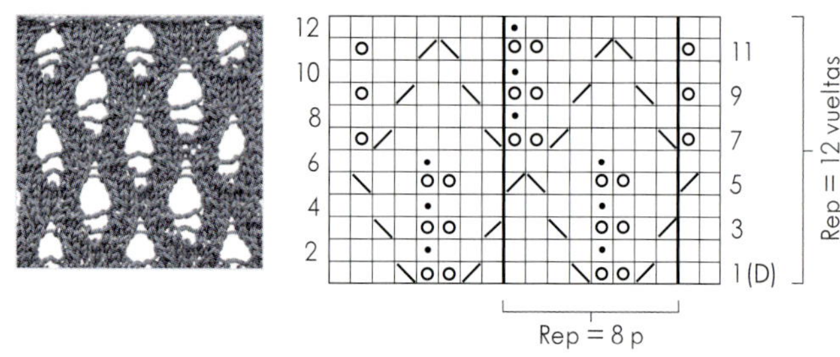

Instrucciones
Monta un número de puntos múltiplo de 8 y 2 puntos más.
Vuelta 1 (D): 2 pd, *1 pd, 2 pdj, eh dos veces, 2 pd desj, 2 pd, rep desde * hasta el final.
Vuelta 2 y todas las vueltas pares (R): Pr, tejiendo [1 pd, 1 pr] en cada doble aum y 1 pr en el aum simple del principio y el final de la vuelta.
Vuelta 3: 2 pd, *2 pdj, 1 pd, eh dos veces, 1 pd, 2 pd desj, 2 pd, rep desde *.
Vuelta 5: 1 pd, *2 pdj, 2 pd, eh dos veces, 2 pd, 2 pd desj, rep desde * hasta el último p, 1 pd.
Vuelta 7: 1 pd, eh, *2 pd desj, 4 pd, 2 pdj, eh dos veces, rep desde * hasta los últimos 9 p, 2 pd desj, 4 pd, 2 pdj, eh, 1 pd.
Vuelta 9: 1 pd, eh, *1 pd, 2 pd desj, 2 pd, 2 pdj, 1 pd, eh dos veces, rep desde * hasta los últimos 9 p, 1 pd, 2 pd desj, 2 pd, 2 pdj, 1 pd, eh, 1 pd.
Vuelta 11: 1 pd, eh, *2 pd, 2 pd desj, 2 pdj, 2 pd, eh dos veces, rep desde * hasta los últimos 9 p, 2 pd, 2 pd desj, 2 pdj, 2 pd, eh, 1 pd.
Vuelta 12: Rep la vuelta 2.
Rep las vueltas 1 a 12.

PUNTO DE DOMINÓ CALADO

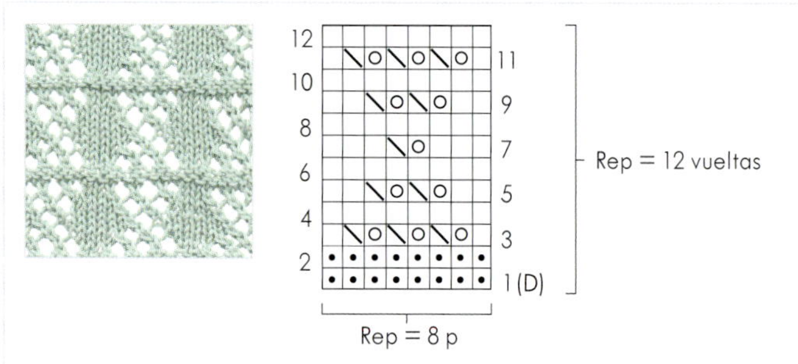

Instrucciones
Monta un número de puntos múltiplo de 8.
Vuelta 1 (D): Pr.
Vuelta 2: Pd.
Vuelta 3: *1 pd, [eh, 2 pd desj] tres veces, 1 pd, rep desde *.
Vuelta 4 y todas las sig vueltas pares (R): Pr.
Vuelta 5: *2 pd, [eh, 2 pd desj] dos veces, 2 pd, rep desde *.
Vuelta 7: *3 pd, eh, 2 pd desj, 3 pd, rep desde *.
Vuelta 9: Rep la vuelta 5.
Vuelta 11: Rep la vuelta 3.
Vuelta 12: Pr.
Rep las vueltas 1 a 12.

ENCAJE DE HOJAS

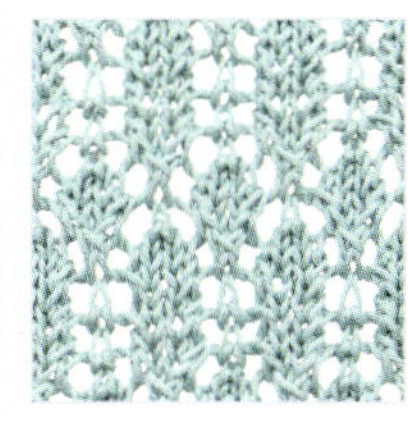

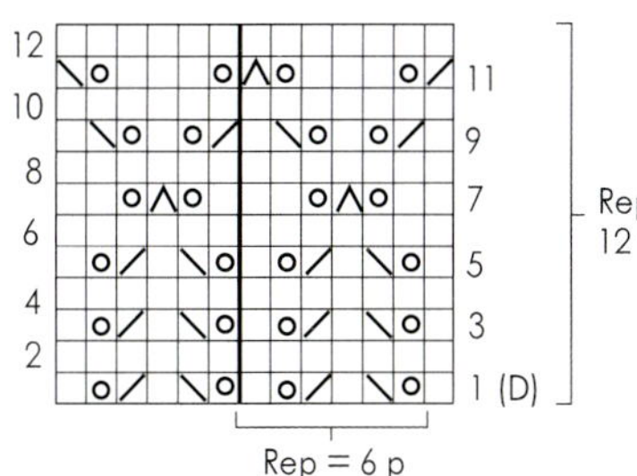

Instrucciones
Monta un número de puntos múltiplo de 6 y 1 punto más.
Vuelta 1 (D): 1 pd, *eh, 2 pd desj, 1 pd, 2 pdj, eh, rep desde *.
Vuelta 2: Pr.
Vueltas 3 a 6: Rep las vueltas 1 y 2 dos veces.
Vuelta 7: 2 pd, *eh, des1-2pdj-mon, eh, 3 pd, rep desde *, acabando la última rep con 2 pd (en vez de 3 pd).
Vuelta 8 y todas las sig vueltas pares (R): Pr.
Vuelta 9: 1 pd, *2 pdj, eh, 1 pd, eh, 2 pd desj, 1 pd, rep desde *.
Vuelta 11: 2 pdj, *eh, 3 pd, eh, des1-2pdj-mon, rep desde * hasta los últimos 5 p, eh, 3 pd, eh, 2 pd desj.
Vuelta 12: Pr.
Rep las vueltas 1 a 12.

PUNTO DE ROMBOS CALADO

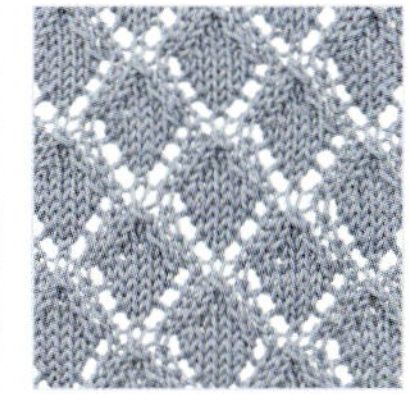

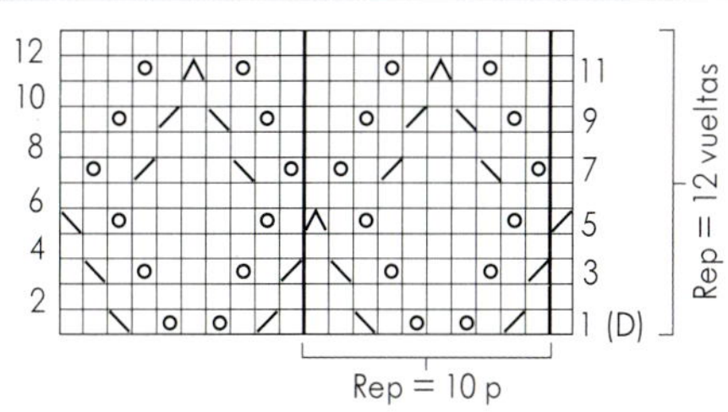

Instrucciones
Monta un número de puntos múltiplo de 10 y punto más.
Vuelta 1 (D): 1 pd, *1 pd, 2 pdj, [1 pd, eh] dos veces, 1 pd, 2 pd desj, 2 pd, rep desde *.
Vuelta 2 y todas las vueltas pares: Pr.
Vuelta 3: 1 pd, *2 pdj, 1 pd, eh, 3 pd, eh, 1 pd, 2 pd desj, 1 pd, rep desde *.
Vuelta 5: 2 pdj, *1 pd, eh, 5 pd, eh, 1 pd, des1-2pdj-mon, rep desde *, acabando la última repetición con 2 pd desj (en vez de des1-2pdj-mon).
Vuelta 7: 1 pd, *eh, 1 pd, 2 pd desj, 3 pd, 2 pdj, 1 pd, eh, 1 pd, rep desde *.
Vuelta 9: 1 pd, *1 pd, eh, 1 pd, 2 pd desj, 1 pd, 2 pdj, 1 pd, eh, 2 pd, rep desde *.
Vuelta 11: 1 pd, *2 pd, eh, 1 pd, des1-2pdj-mon, 1 pd, eh, 3 pd, rep desde *.
Vuelta 12: Pr.
Rep las vueltas 1 a 12.

MOTIVOS CALADOS CON FORMA DE UVE

Instrucciones
Monta un número de puntos múltiplo de 8 y 6 puntos más.
Vuelta 1: 5 pd, *des1-1pd-mon, eh, 6 pd, rep desde * hasta el último p, 1 pd.
Vuelta 2 y todas las vueltas sig alternas: Pr.
Vuelta 3: 4 pd, *des1-1 pd-mon, eh, 1 pd, eh, 2 pdj, 3 pd, rep desde * hasta los últimos 2 p, 2 pd.
Vuelta 5: 3 pd, *des1-1 pd-mon, eh, 3 pd, eh, 2 pdj, 1 pd, rep desde * hasta los últimos 3 p, 3 pd.
Vuelta 7: Pd.
Vuelta 8: Pr.
Rep las vueltas 1 a 8.

MOTIVOS CALADOS ROMBOIDALES

Instrucciones
Monta un número de puntos múltiplo de 12 y 7 puntos más.
Vuelta 1 (D): *2 pd, 2 pdj, eh, 8 pd, rep desde * hasta los últimos 7 p, 2 pd, 2 pdj, eh, 3 pd.
Vuelta 2 y todas las vueltas sig alternas: Pr.
Vuelta 3: *1 pd, 2 pdj, eh, 2 pdj, eh, 7 pd, rep desde * hasta los últimos 7 p, 1 pd, 2 pdj, eh, 2 pdj, eh, 2 pd.
Vuelta 5: Como la vuelta 1.
Vuelta 7: Pd.
Vuelta 9: *8 pd, 2 pdj, eh, 2 pd, rep desde * hasta los últimos 7 p, 7 pd.
Vuelta 11: *7 pd, 2 pdj, eh, 2 pdj, eh, rep desde * hasta los últimos 7 p, 7 pd.
Vuelta 13: Como la vuelta 9.
Vuelta 15: Pd.
Vuelta 16: Pr.
Rep las vueltas 1 a 16.

PUNTO DE MALLA

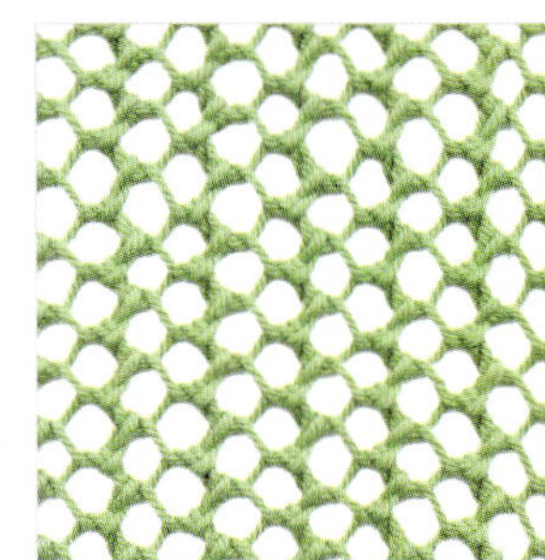

Instrucciones
Monta un número de puntos par.
Vuelta 1 (D): 1 pd, *eh, 2 prj, rep desde * hasta el último p, 1 pd.
Vuelta 2: Como la vuelta 1.
Rep las vueltas 1 y 2.

PUNTO DE VAINICA

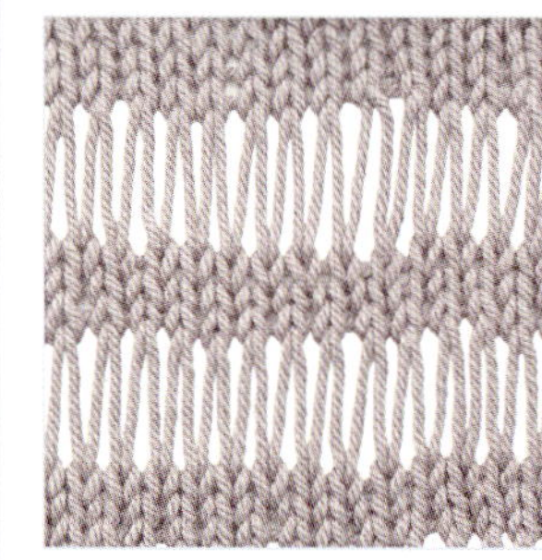

Instrucciones
Monta cualquier número de puntos.
Vuelta 1 (R): Pr.
Vuelta 2: Pd.
Vuelta 3: Pr.
Vuelta 4: *Inserta la aguja derecha en el sig p como para tejer 1 pd, eh en esa aguja tres veces y saca las 3 lazadas a través del p, rep desde * hasta el final.
Vuelta 5: *Teje 1 pr solo en la primera de las 3 lazadas, dejando que las otras 2 salgan de la aguja izquierda y se estiren al máximo, rep desde * hasta el final.
Rep las vueltas 2 a 5.

PUNTO DE ESCALERA

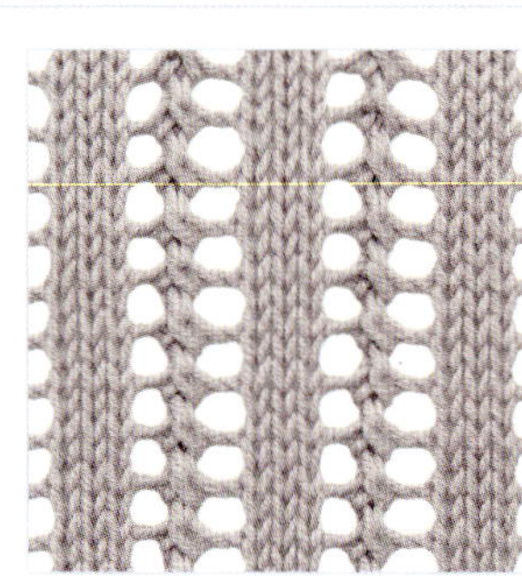

Instrucciones
Monta un número de puntos múltiplo de 6 y 3 puntos más.
Vuelta 1 (D): 3 pd, *eh, des1-2 pdj-mon, eh, 3 pd, rep desde * hasta el final.
Vuelta 2: Pr.
Rep las vueltas 1 y 2.

HILERAS CALADAS

Instrucciones
Monta un número de puntos múltiplo de 2.
Vuelta 1 (D): Pd.
Vuelta 2 y todas las vueltas sig alternas: Pr.
Vuelta 3: Como la vuelta 1.
Vuelta 5: 1 pd, *2 pdj, eh, rep desde * hasta el último p. 1 pd.
Vuelta 6: Pr.
Rep las vueltas 1 a 6.

MOTIVO NÁUTICO CALADO

Instrucciones
Monta 17 puntos como mínimo.
Vuelta 1 (D): 7 pd, 2 pdj, eh, pd hasta el final.
Vuelta 2: 6 pr, 2 pr ret, eh, 1 pr, eh, 2 prj, pr hasta el final.
Vuelta 3: 5 pd, [2 pdj, eh] dos veces, 1 pd, eh, des1-1pd-mon, pd hasta el final.
Vuelta 4: 4 pr, 2 prj ret, eh, 5 pr, eh, 2 prj, pr hasta el final.
Vuelta 5: 3 pd, 2 pdj, eh, 2 pd, 2 pdj, eh, 3 pd, eh, des1-1pd-mon, pd hasta el final.
Vuelta 6: Pr.
Vuelta 7: [2 pdj, eh] dos veces, 3 pd, 2 pdj, eh, 4 pd, [eh, des1-1pd-mon] dos veces.
Vuelta 8: Pr.
Vuelta 9: 7 pd, 2 pdj, eh, pd hasta el final.
Rep las dos últimas vueltas dos veces más y luego otra vez la vuelta 8.
Vuelta 15: 5 pd, [2 pdj, eh] dos veces, 1 pd, eh, des1-1pd-mon, pd hasta el final.
Vuelta 16: Pr.
Vuelta 17: Como la vuelta 9.
Vuelta 18: Pr.
Vuelta 19: Como la vuelta 9.
Estas 19 vueltas forman el motivo.

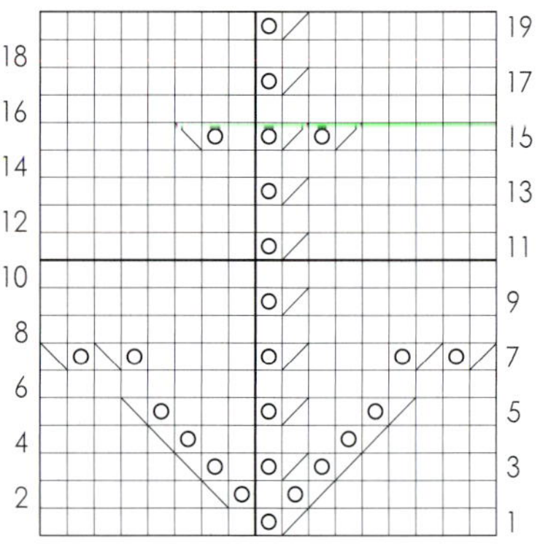

PUNTO DE HERRADURA CALADO

Instrucciones
Monta un número de puntos múltiplo de 10 y 1 punto más.
Vuelta 1 (D): 1 pd, *eh, 3 pd, des1-2pdj-mon, 3 pd, eh, 1 pd, rep desde * hasta el final.
Vuelta 2 y todas las vueltas sig alternas: Pr.
Vuelta 3: 2 pd, *eh, 2 pd, des1-2pdj-mon, 2 pd, eh, 3 pd, rep desde * hasta los últimos 9 p, eh, 2 pd, des1-2pdj-mon, 2 pd, eh, 2 pd.
Vuelta 5: 3 pd, *eh, des1-2pdj-mon, 1 pd, eh, 5 pd, rep desde * hasta los últimos 8 p, eh, 1 pd, des1-2 pdj-mon, 1 pd, eh, 3 pd.
Vuelta 7: 4 pd, *eh, des1-2pdj-mon, eh, 7 pd, rep desde * hasta los últimos 7 p, eh, des1-2pdj-mon, eh, 4 pd.
Vuelta 8: Pr.
Rep las vueltas 1 a 8.

CANALÉ CALADO EN DIAGONAL

Instrucciones
Monta un número de puntos múltiplo de 7 y 1 punto más.
Vuelta 1 (D): 1 pr, *eh, des1-1pd-mon, 4 pd, 1 pr, rep desde * hasta el final.
Vuelta 2 y todas las vueltas sig alternas: 1 pd, *6 pr, 1 pd, rep desde * hasta el final.
Vuelta 3: 1 pr, *1 pd, eh, des1-1pd-mon, 3 pd, 1 pr, rep desde * hasta el final.
Vuelta 5: 1 pr, *2 pd, eh, des1-1pd-mon, 2 pd, 1 pr, rep desde * hasta el final.
Vuelta 7: 1 pr, *3 pd, eh, des1-1pd-mon, 1 pd, 1 pr, rep desde * hasta el final.
Vuelta 9: 1 pr, *4 pd, eh, des1-1pd-mon, 1 pr, rep desde * hasta el final.
Vuelta 10: Como la vuelta 2.
Rep las vueltas 1 a 10.

PUNTO CALADO CON PUNTOS CAÍDOS

Instrucciones
Monta un número de puntos múltiplo de 4 y 2 puntos más.
Vuelta 1 (D): Pd.
Vuelta 2 y todas las vueltas sig alternas: P.
Vuelta 3: 1 pd, *2 pd, eh, 2 pd, rep desde * hasta el último p, 1 pd.
Vuelta 5: Pd.
Vuelta 7: 1 pd, *eh, 2 pd, deja caer el p sig de la aguja izquierda hasta el aum de hilo de la vuelta 3, 2 pd, rep desde * hasta el último p, 1 pd.
Vuelta 9: Pd.
Vuelta 11: 1 pd, *deja caer el p sig de la aguja izquierda hasta el aum de hilo de la vuelta 7, 2 pd, eh, rep desde * hasta el último p, 1 pd.
Vuelta 12: Pr.
Rep las vueltas 5 a 12.
Cierra los puntos por el R.

PUNTO DE MALLA VERTICAL

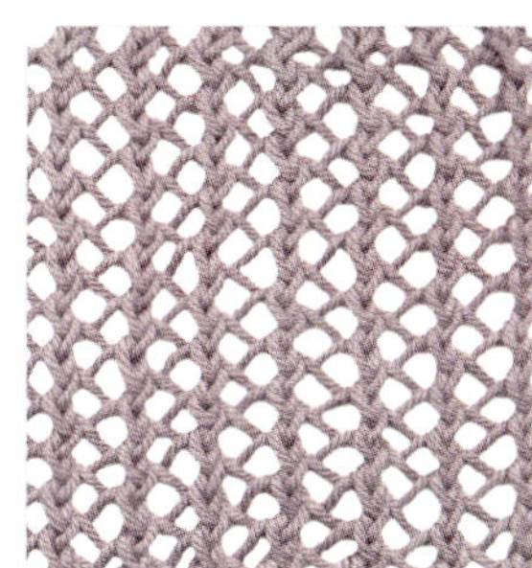

Instrucciones
Monta un número de puntos múltiplo de 2 y 1 punto más.
Vuelta 1 (D): 1 pd, *des1-1pd-mon, eh, rep desde * hasta el último p.
Vuelta 2: 1 pd, 1 pr, *eh, 2 pdj, rep desde * hasta el último p, 1 pd.
Rep las vueltas 1 y 2.

PUNTO MULTICOLOR

CENEFAS EN JACQUARD

Instrucciones
Utiliza la técnica jacquard, o Fair Isle, para tejer estos modelos de cenefas. Puedes cambiar el color del fondo y de los motivos a tu gusto.

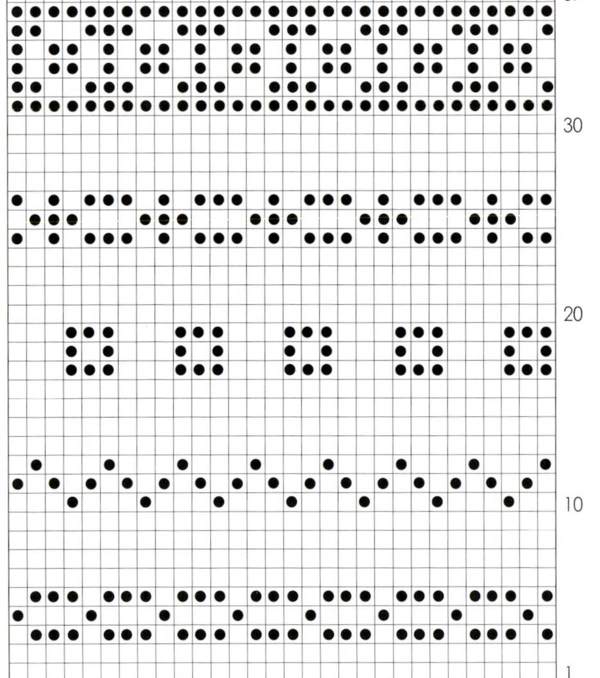

HILERAS DE CÍRCULOS

Instrucciones
Este diseño se teje con la técnica jacquard, o Fair Isle. Elige cuatro colores: dos para los motivos y dos para los fondos respectivos.

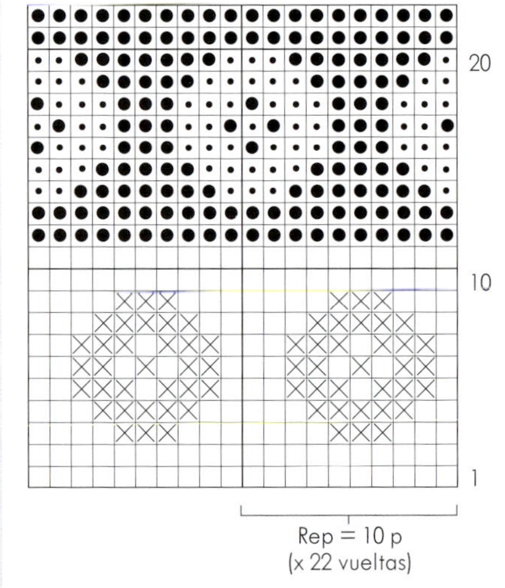

CORAZÓN EN INTARSIA

Instrucciones
Para este corazón utiliza la técnica de intarsia. Elige cuatro colores: tres para el motivo y uno para el fondo.

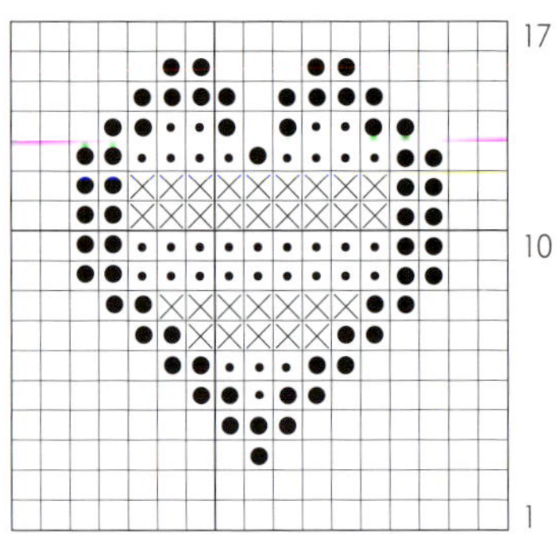

FLORECITAS EN JACQUARD

Instrucciones
Este diseño repetitivo se teje con la técnica jacquard o Fair Isle. Elige dos colores: uno para los motivos y otro para el fondo.

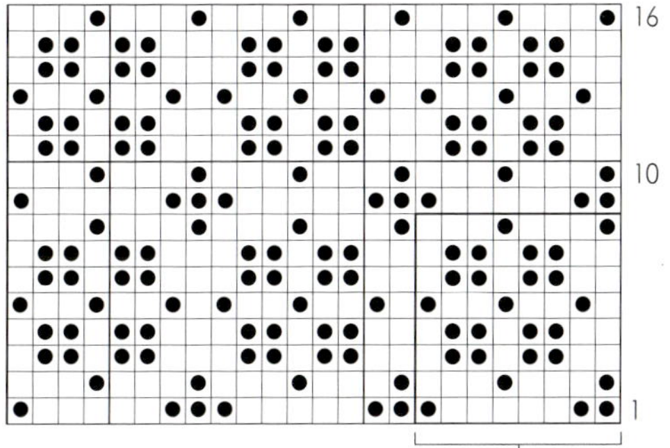

Rep = 8 p de ancho
(x 8 vueltas de alto)

ZIGZAG TRICOLOR EN JACQUARD

Instrucciones
Para este diseño repetitivo utiliza la técnica jacquard con tres hilos. Elige tres colores o tonos: una combinación de tonos claro, medio y oscuro quedará preciosa.

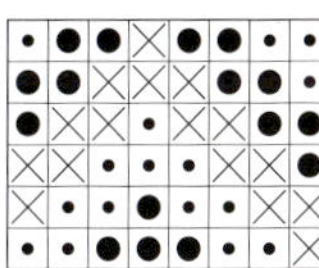

Rep = 8 p

PÁJARO EN INTARSIA

Instrucciones
Para tejer este pájaro utiliza la técnica de intarsia. Elige cinco colores: cuatro para el diseño y uno para el fondo. Puedes integrar un solo motivo en la labor o disponer varios salpicados al azar o a intervalos regulares.

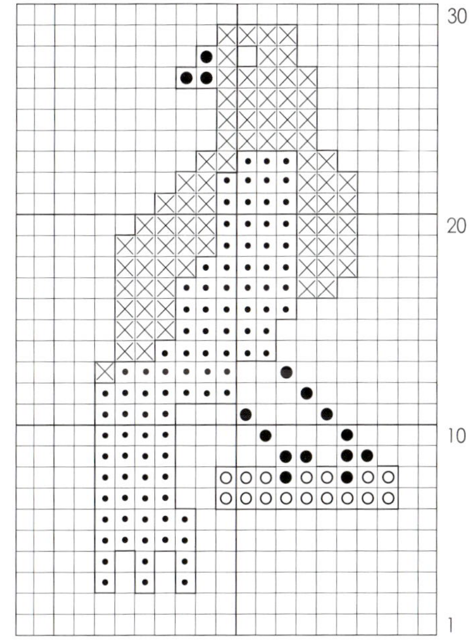

Motivo = 15 p de ancho
(x 27 vueltas de alto)

FLORES EN INTARSIA

Instrucciones
Utiliza la técnica de intarsia para las flores de este diseño repetitivo y la jacquard o Fair Isle solo en el fondo. Elige cuatro colores: dos para cada flor y uno para el fondo.

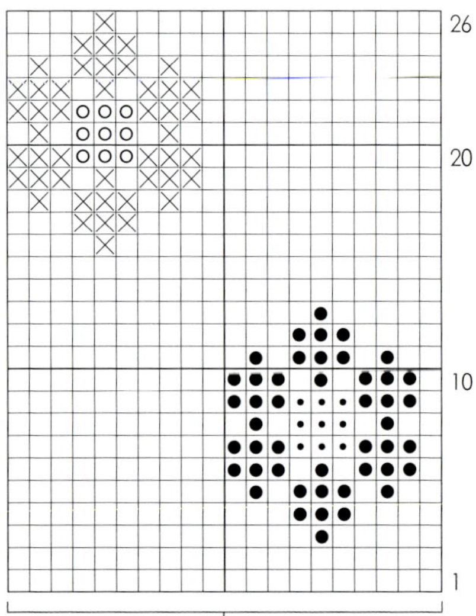

Rep = 20 p (x 26 vueltas)

NÚMEROS Y LETRAS EN INTARSIA

Instrucciones
Utiliza la técnica de intarsia para tejer estos motivos y la jacquard solo para el color de fondo. Elige ocho colores: siete para los motivos y uno para el fondo.

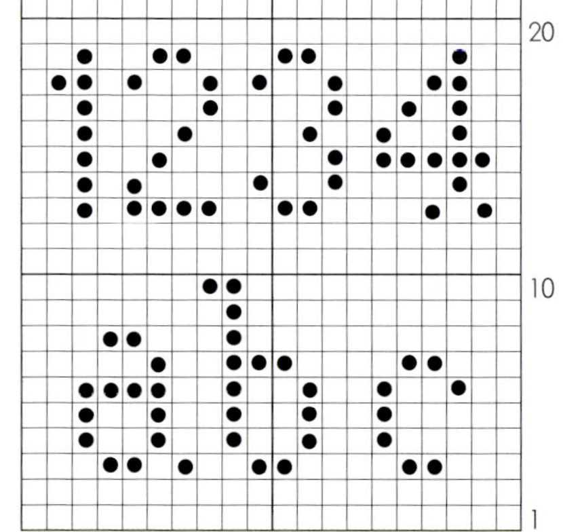

FLOR EN JACQUARD E INTARSIA

Instrucciones
Combina las técnicas jacquard y de intarsia utilizando la primera para el motivo floral y tejiendo el fondo en torno a la flor en intarsia.

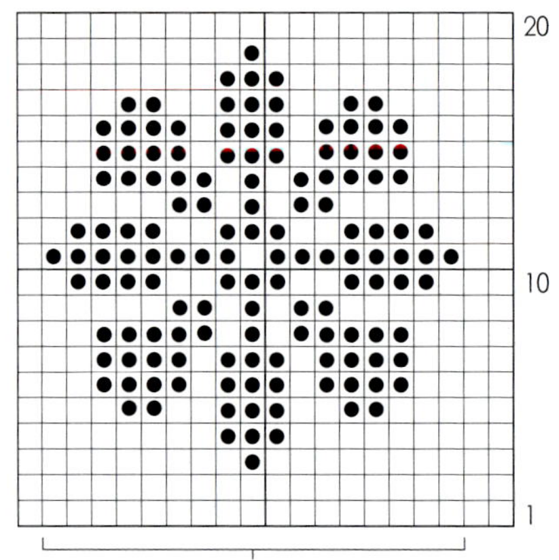

Motivo = 17 p de ancho (x 17 vueltas de alto)

GATO EN INTARSIA

Instrucciones
Teje este gato con la técnica de intarsia. Elige dos colores: uno para el motivo y uno para el fondo.

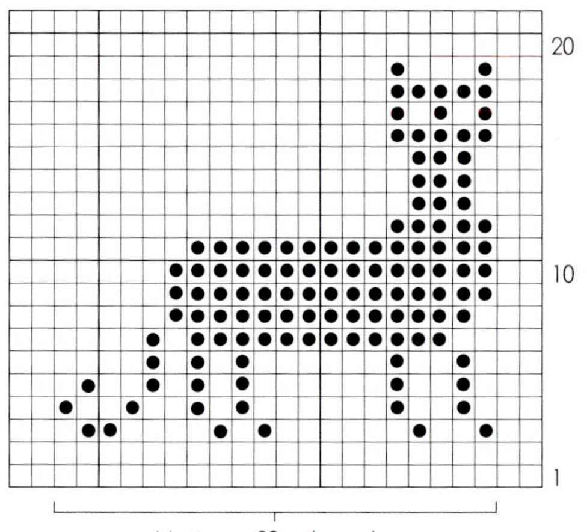

Motivo = 20 p de ancho (x 17 vueltas de alto)

TULIPÁN EN INTARSIA

Instrucciones
Utiliza la técnica de intarsia para el motivo del tulipán y el fondo en torno a la flor; para tejer el tallo, utiliza la técnica jacquard solo para el color del fondo. Elige cuatro colores: tres para el motivo y uno para el fondo.

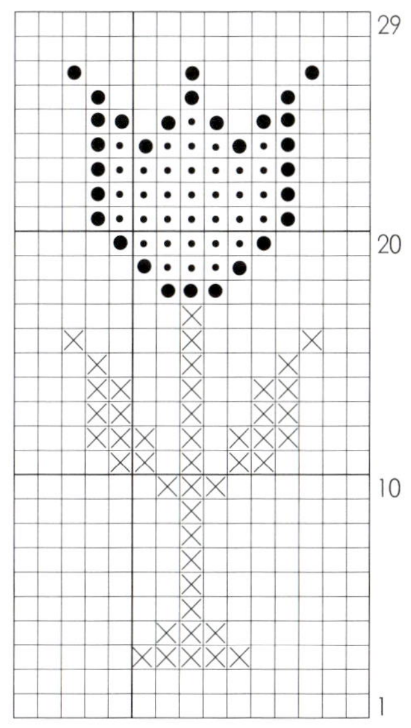

Motivo = 11 p de ancho
(x 25 vueltas de alto)

CORAZONES EN JACQUARD

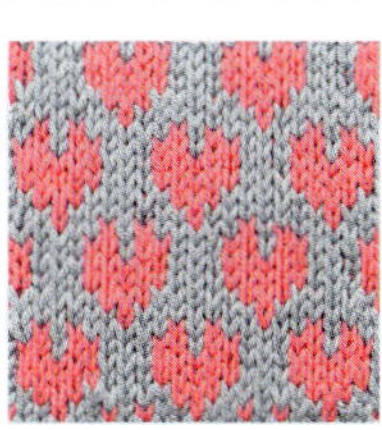

Instrucciones
Para este diseño repetitivo utiliza la técnica jacquard o Fair Isle. Elige dos colores: uno para el motivo y otro para el fondo.

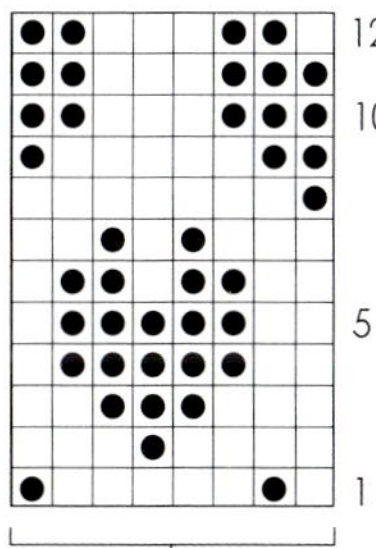

Rep = 8 p

MUÑEQUITA EN INTARSIA

Instrucciones
Teje este con la técnica de intarsia. Elige ocho colores: siete para el motivo y uno para el fondo. Puedes integrar solo un motivo en la labor o disponer varios aquí y allá o a intervalos regulares.

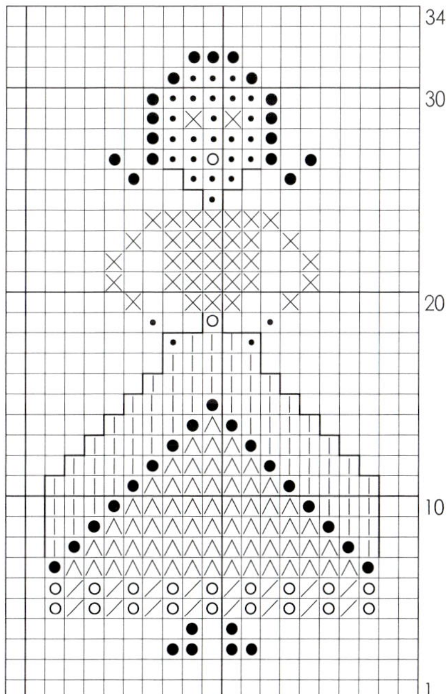

Motivo = 17 p de ancho
(x 30 vueltas de alto)

PATO EN INTARSIA

Instrucciones
Para este paso utiliza la técnica de intarsia. Elige cuatro colores: tres para el motivo y uno para el fondo.

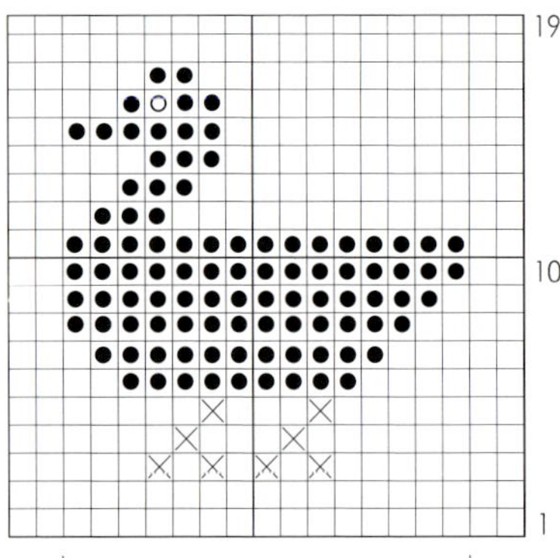

MOTIVO *ARGYLE* EN JACQUARD E INTARSIA

Instrucciones
Utiliza las técnicas de intarsia y jacquard o Fair Isle para tejer este motivo. Elige tres colores: uno para el motivo, otro para el fondo y otro para la franja.

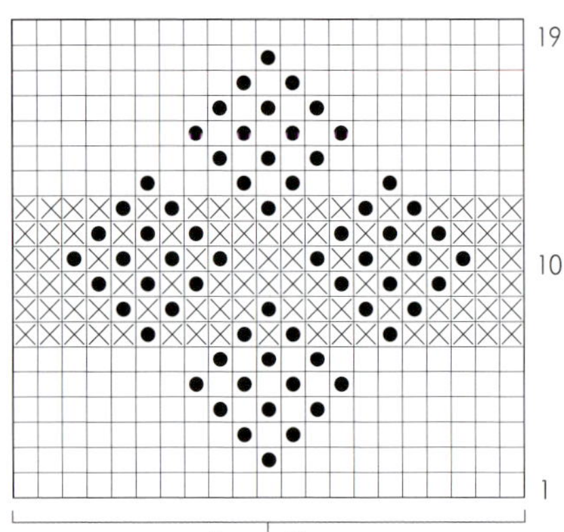

CALAVERA Y TIBIAS EN INTARSIA

Instrucciones
Teje este motivo con la técnica de intarsia. Elige dos colores: uno para el motivo y otro para el fondo.

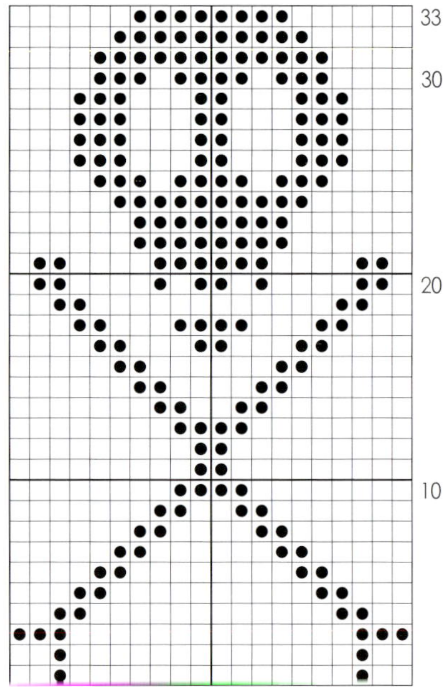

ENREDADERA EN INTARSIA

Instrucciones
Utiliza la técnica de intarsia para tejer este motivo. Elige tres colores: dos para el motivo y uno para el fondo.

Rep = 30 vueltas

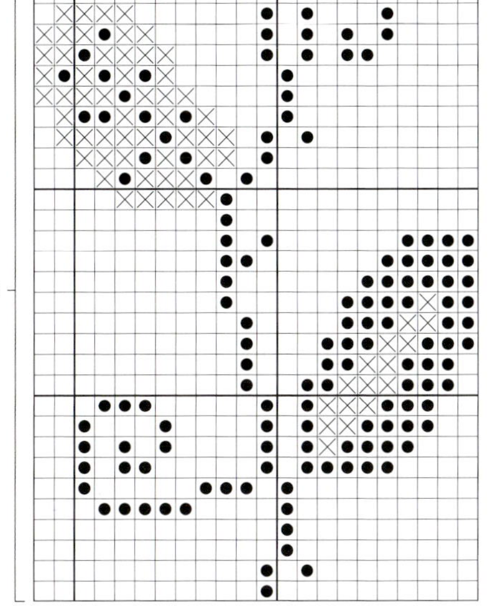

COPO DE NIEVE EN INTARSIA

Instrucciones
Utiliza la técnica de intarsia para tejer este motivo. Elige dos colores: uno para el motivo y otro para el fondo.

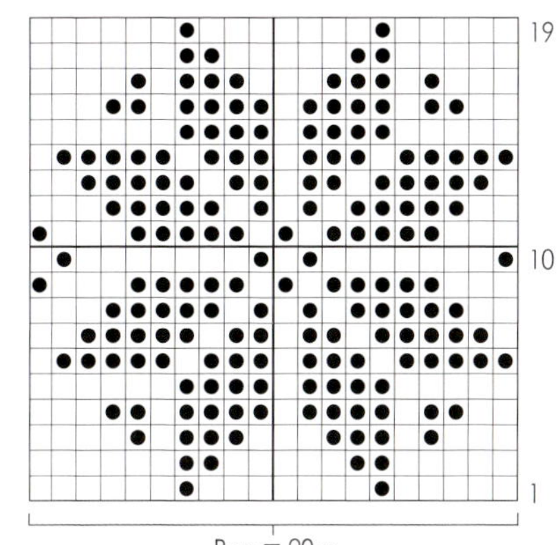

FALSO PUNTO MULTICOLOR

HILERAS DE PUNTOS DEL REVÉS

Instrucciones
Nota: Todos los puntos se deslizan del revés.
Monta un número de puntos impar con el hilo A.
Vuelta 1 (D): Pd con el hilo A.
Vuelta 2: Pr con el hilo A.
Vueltas 3 y 4: Como las vueltas 1 y 2.
Vuelta 5: Con el hilo B, 1 pd, *des 1 hdet, 1 pd, rep desde * hasta el final.
Vuelta 6: Con el hilo B, 1 pd, *des 1 hdel, 1 pd, rep desde * hasta el final.
Vuelta 7: Como la vuelta 1.
Vuelta 8: Como la vuelta 2.
Rep las 2 últimas vueltas una vez más.
Vuelta 11: Con el hilo B, des 1 hdet, *1 pd, des 1 hdet, rep desde * hasta el final.
Vuelta 12: Con el hilo B, des 1 hdel, *1 pd, des 1 hdel, rep desde * hasta el final.
Rep las vueltas 2 a 9.

RAYAS IRREGULARES

Instrucciones
Nota: Todos los puntos se deslizan del revés.
Monta un número de puntos múltiplo de 4 y 2 puntos más con el hilo A.
Vuelta 1 (D): Pd con el hilo A.
Vuelta 2: Pr con el hilo A.
Vueltas 3 y 4: Como las vueltas 1 y 2.
Vuelta 5: Con el hilo B, 2 pd, * des 1, 3 pd, rep desde * hasta el final.
Vuelta 6: Pr con el hilo B.
Vuelta 7: Pd con el hilo B.
Vuelta 8: Pr con el hilo B.
Vuelta 9: Con el hilo A, 4 pd, *des 1, 3 pd, rep desde * hasta los últimos 2 p, des 1, 1 pd.
Rep las vueltas 2 a 9.

PUNTO DE FLECHA

Instrucciones
Abreviaturas especiales
o3i: Pasar 1 p a una aguja para ochos y mantenerlo al frente de la labor, tejer 2 pd y luego 1 pd en la aguja para ochos.
o3d: Pasar 2 p a una aguja para ochos y mantenerlos por detrás de la labor, tejer 1 pd y luego 2 pd en la aguja para ochos.

Nota: Todos los puntos se deslizan del revés. Monta un número de puntos múltiplo de 7 y 1 punto más con el hilo A.
Vuelta 1 (D): Pd con el hilo A.
Vuelta 2: Pr con el hilo A.
Vuelta 3: Con el hilo B, *1 pd, des 1, 4 pd, des 1, rep desde * hasta el último p, 1 pd.
Vuelta 4: Con el hilo B, 1 pr, *des 1, 4 pr, des 1, 1 pr, rep desde * hasta el último p, 1 pr.
Vuelta 5: Como la vuelta 3.
Vuelta 6: Como la vuelta 4.
Vuelta 7: Con el hilo B, *1 pd, o3i, o3d, rep desde * hasta el último p, 1 pd.
Vuelta 8: Pr con el hilo B.
Vuelta 9: Con el hilo A, *1 pd, des 1, 4 pd, des 1, rep desde * hasta el último p, 1 pd.
Vuelta 10: Con el hilo A, 1 pr, *des 1, 4 pr, des, 1 pr, rep desde * hasta el último p, 1 pr.
Vuelta 11: Como la vuelta 9.
Vuelta 12: Como la vuelta 10.
Vuelta 13: Con el hilo A, *1 pd, o3i, o3d, rep desde * hasta el último p, 1 pd.
Vuelta 14: Pr con el hilo A.
Rep las vueltas 3 a 14.

PUNTO BOBO DESLIZADO TRICOLOR

Instrucciones
Nota: Todos los puntos se deslizan del revés. Monta un número de p múltiplo de 4 y 3 puntos más con el hilo C.
Vuelta 1 (D): Con el hilo A, 1 pd, *des 1, 3 pd, rep desde * hasta los últimos 2 p, des 1, 1 pd.
Vuelta 2: Con el hilo A, 1 pd, *des 1 hdel, 3 pd, rep desde * hasta los últimos 2 p, des 1 hdel, 1 pd.
Vuelta 3: Con el hilo B, 3 pd, *des 1, 3 pd, rep desde * hasta el final.
Vuelta 4: Con el hilo B, 3 pd, *des 1 hdel, 3 pd, rep desde * hasta el final.
Vuelta 5: Con el hilo C, 1 pd, *des 1, 3 pd, rep desde * hasta los últimos 2 p, des 1, 1 pd.
Vuelta 6: Con el hilo C, 1 pd, *des 1 hdel, 3 pd, rep desde * hasta los últimos p, des 1 hdel, 1 pd.
Vuelta 7: Con el hilo A, 3 pd, des 1, 3 pd, rep desde * hasta el final.
Vuelta 8: Con el hilo A, 3 pd, *des 1 hdel, 3 pd, rep desde * hasta el final.
Vuelta 9: Con el hilo B, 1 pd, * des 1, 3 pd, rep desde * hasta el final.
Vuelta 10: Con el hilo B, 1 pd, *des 1 hdel, 3 pd, rep desde * hasta los últimos 2 p, des 1 hdel, 1 pd.
Vuelta 11: Con el hilo C, 3 pd, *des 1, 3 pd, rep desde * hasta el final.
Vuelta 12: Con el hilo C, 3 pd, *des 1 hdel, 3 pd, rep desde * hasta el final.
Rep las vueltas 1 a 12.

PUNTO DE TELAR

Instrucciones
Nota: Todos los puntos se deslizan del revés. Monta un número de puntos par con el hilo A.
Vuelta 1 (D): Con el hilo A, *1 pd, des1 hdel, rep desde * hasta el final.
Vuelta 2: Con el hilo A, *1 pr, des 1 hdet, rep desde * hasta el final.
Vuelta 3: Con el hilo B, *1 pd, des 1 hdel, rep desde * hasta el final.
Vuelta 4: Con el hilo B, 1 pr, des 1 hdet, rep desde * hasta el final.
Rep las vueltas 1 a 4.

RAYAS VERTICALES

Instrucciones
Nota: Todos los puntos se deslizan del revés. La tensión será mayor a causa de las columnas de puntos deslizados, por lo que se recomienda montar un tercio más de los puntos requeridos.
Con el hilo A, monta un número de puntos múltiplo de 4 (mínimo 12 p).
Vuelta 1 (D): Pd con el hilo A.
Vuelta 2: Pr con el hilo A.
Vuelta 3: Con el hilo B, 3 pd, des 2, *2 pd, des 2, rep desde * hasta los últimos 3 p, 3 pd.
Vuelta 4: Con el hilo B, 3 pr, des 2, *2 pr, des 2, rep desde * hasta los últimos 3 p, 2 pr.
Vuelta 5: Con el hilo A, 1 pd, des 2, *2 pd, des 2, rep desde * hasta el último p, 1 pd.
Vuelta 6: Con el hilo A, 1 pr, des 2, *2 pr, des 2, rep desde * hasta el último p, 1 pr.
Rep las vueltas 3 a 6.

PUNTO DE PANAL

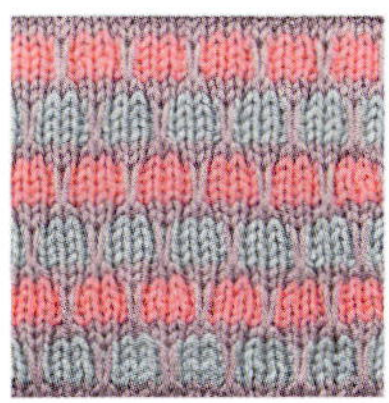

Instrucciones
Nota: Todos los puntos se deslizan del revés.
Monta un número de puntos múltiplo de 4 y 1 punto más con el hilo A.
Vuelta 1 (D): Pd con el hilo A.
Vuelta 2: Pr con el hilo B.
Vuelta 3: Con el hilo B, *des 1, 3 pd, rep desde * hasta el último p, 1 pd.
Vuelta 4: Con el hilo B, 1 pr, *3 pr, des 1, rep desde * hasta el último p, 1 pd.
Vuelta 5: Como la vuelta 3.
Vuelta 6: Como la vuelta 4.
Vuelta 7: Pd con el hilo A.
Vuelta 8: Pr con el hilo A.
Vuelta 9: Con el hilo C, *2 pd, des1, 1 pd, rep desde * hasta el último p, 1 pd.
Vuelta 10: Con el hilo C, 1 pr, *1 pr, des1, 2 pr, rep desde * hasta el último p, 1 pd.
Vuelta 11: Como la vuelta 9.
Vuelta 12: Como la vuelta 10.
Vuelta 13: Pd con el hilo A.
Vuelta 14: Pr con el hilo A.
Rep las vueltas 3 a 14.

RIBETES

RIBETE DE PÉTALOS

Instrucciones
Monta 6 puntos.
Vuelta 1 (D): Pd.
Vuelta 2: Eh, 2 pd, 2 pdj, eh, 2 pd. (7 p)
Vuelta 3: Pd.
Vuelta 4: Eh, pd hasta los últimos 4 p, 2 pdj, eh, 2 pd. (8 p)
Vueltas 5 a 10: Rep las vueltas 3 y 4 tres veces. (11 p)
Vuelta 11: Pd.
Vuelta 12: Cierra 5 p del derecho sin apretar, 1 pd, 2 pdj, eh, 2 pd. (6 p)
Rep las vueltas 1 a 12 hasta que el ribete tenga la longitud deseada, acabando con una vuelta 12.
Cierra los puntos del derecho.

RIBETE DE PICOS

Instrucciones
Monta 6 puntos.
Vuelta 1 y todas las vueltas impares (D): Pd.
Vuelta 2: Eh, 2 pd, 2 pdj, eh, 2 pd. (7 p)
Vuelta 4: Eh, 3 pd, 2 pdj, eh, 2 pd. (8 p)
Vuelta 6: Eh, 4 pd, 2 pdj, eh, 2 pd. (9 p)
Vuelta 8: Eh, 5 pdj, eh, 2 pd. (10 p)
Vuelta 10: Eh, 6 pd, 2 pdj, eh, 2 pd. (11 p)
Vuelta 12: Eh, des1-2pdj-mon, 4 pd, 2 pdj, eh, 2 pd. (10 p)
Vuelta 14: Eh, des1-2pj-mon, 3 pd, 2 pdj, eh, 2 pd. (9 p)
Vuelta 16: Eh, des1-2 pdj-mon, 2 pd, 2pdj, eh, 2 pd. (8 p)
Vuelta 18: Eh, des1-2pdj-mon, 1 pd, 2 pdj, eh, 2 pd. (7 p)
Vuelta 20: Eh, des1-2pdj-mon, 2 pdj, eh, 2 pd. (6 p)
Rep las vueltas 1 a 20 hasta que el ribete tenga la longitud deseada, acabando con una vuelta 20.
Cierra los puntos del derecho.

VOLANTE CON PIQUILLO

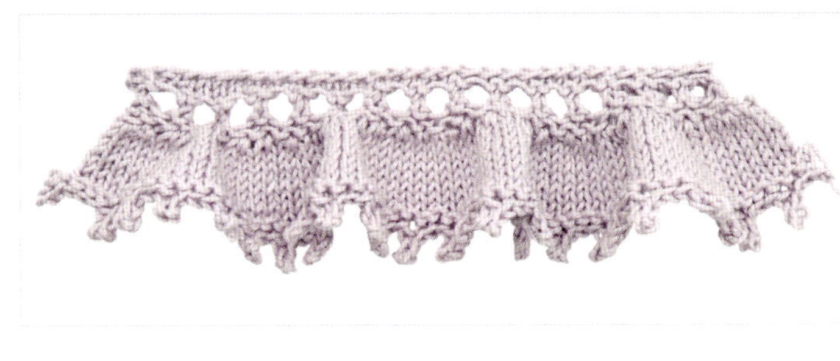

Instrucciones
Nota: Este ribete se teje a lo ancho.
Monta un número de puntos impar.
Vuelta 1 (D): Pd.
Vuelta 2: Pd.
Vuelta 3: *2 pdj, eh, rep desde * hasta el último p, 1 pd.
Vueltas 4, 5 y 6: Pd.
Vuelta 7: 1 pd, *[1 pd, 1 pr, 1 pd] en el p sig, rep desde *.
(Con esta vuelta, el número de p en la aguja aumenta unas dos veces y media).
Vuelta 8: Pr.
Vuelta 9: Pd.
Vueltas 10, 11, 12, y 13: Rep las vueltas 8 y 9 dos veces.
Vuelta 14 (R): Pr.
Vueltas 15 y 16: Pd.
Teje el piquillo mientras cierras como sigue:
Cierre con piquillo: *Monta 2 p en la aguja izquierda con el método del montaje tejido del derecho, cierra 5 p del derecho, pasa el p de la aguja derecha a la aguja izquierda, rep desde *, acabando el último cierre como requieran los p restantes.

PUNTILLA

Instrucciones
Monta 7 puntos.
Vuelta 1 (D): 2 pd, eh, 2 pdj, eh dos veces, 2 pdj, 1 pd. (8 p)
Vuelta 2: 3 pd, 1 pr, 2 pd, eh, 2 pdj.
Vuelta 3: 2 pd, eh, 2 pdj, 1 pd, eh dos veces, 2 pdj, 1 pd. (9 p)
Vuelta 4: 3 pd, 1 pr, 3 pd, eh, 2 pdj.
Vuelta 5: 2 pd, eh, 2 pdj, 2 pd, eh dos veces, 2 pdj, 1 pd. (10 p)
Vuelta 6: 3 pd, 1 pr, 4 pd, eh, 2 pdj.
Vuelta 7: 2 pd, eh, 2 pdj, 6 pd.
Vuelta 8: Cierra 3 p del derecho, 4 pd, eh, 2 pdj. (7 p)
Rep las vueltas 1 a 8 hasta que la puntilla tenga la longitud deseada, acabando con una vuelta 8.
Cierra los puntos del derecho.

RIBETE CON PIQUITOS

Instrucciones
Monta un número de p múltiplo de 2 y 1 punto más.
Teje a p de jersey hasta llegar a la línea del doblez, acabando con una vuelta por el R (6 vueltas a p de jersey como mínimo).
Vuelta de los piquitos (D): *2 pdj, eh, rep desde * hasta el último p, 1 pd.
Empezando con una vuelta a p del revés, teje 5 vueltas a p de jersey y cierra los puntos. Dobla la pieza por la vuelta de los piquitos y cósela a la parte de atrás con un sobrehilado (p. 215).

RIBETE DE FESTÓN CALADO

Instrucciones
Todos los puntos se montan con el método de montaje simple (p. 91).
Monta un número de puntos múltiplo de 6 y 2 puntos más.
Vuelta 1 (D): Pd.
Vuelta 2: *1 pd, cierra 3 p, rep. desde * hasta el final.
Vuelta 3: 1 pd, *monta 1 p, 2 pd, rep desde * hasta el último p, monta 1 p, 1 pd.
Vueltas 4, 5, y 6: Pd.

RIBETE CON FLECO

Instrucciones
Nota: Teje este ribete con dos hebras de hilo juntas y haz el tejido prieto. También puedes modificar la longitud del fleco sumando o restando puntos del derecho al final de la vuelta 1 y ajustando el número correspondiente de puntos del revés al principio de la vuelta 2.
Monta 12 puntos.
Vuelta 1 (D): 2 pd, eh, 2 pdj, 8 pd.
Vuelta 2: 7 pr, 2 pd, eh, 2 pdj, 1 pd.
Rep las vueltas 1 y 2 hasta que el ribete tenga la longitud deseada, acabando con una vuelta 2.
Cierre (D): Cierra los primeros 5 p del derecho, corta el hilo y pásalo por la lazada de la aguja derecha para rematar; luego deja caer los 6 p restantes de la aguja izquierda y deshazlos para formar el fleco. Alisa las lazadas y, si fuera necesario, plánchalas ligeramente al vapor para que queden rectas. A continuación, córtalas por abajo. Anuda los hilos en grupos de cuatro muy cerca del borde del tejido. Si fuera preciso, recorta un poco las puntas del fleco para igualarlas.

PUNTILLA ANCHA

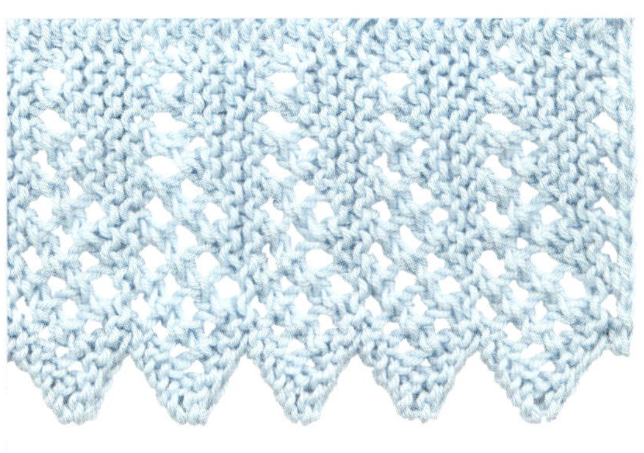

Instrucciones
Nota: Desliza del revés el primer punto de las vueltas impares y luego pasa el hilo hacia el revés de la labor entre las dos agujas para tejer del derecho el siguiente punto.
Vuelta 1 (D): Pd.
Vuelta 2: Des 1, 2 pd, [eh, 2 pdj] cinco veces, eh, 2 pd. (16 p)
Vuelta 3 y todas las sig vueltas impares (D): Pd.
Vuelta 4: Des 1, 5 pd, [eh, 2 pdj] cuatro veces, eh, 2 pd. (17 p)
Vuelta 6: Des 1, 8 pd, [eh, 2 pdj] tres veces, eh, 2 pd. (18 p)
Vuelta 8: Des 1, 11 pd, [eh, 2 pdj] dos veces, eh, 2 pd. (19 p)
Vuelta 10: Des 1, 18 pd.
Vueltas 11: Cierra 4 p del derecho, pr hasta el final. (15 p)
Rep las vueltas 2 a 11 hasta que la puntilla tenga la longitud deseada, acabando con una vuelta 11. Cierra los puntos del derecho.

FLECO DE ANILLAS CON ABALORIOS

Instrucciones
Ensarta previamente los abalorios y empújalos hacia abajo en el hilo hasta que llegue el momento de usarlos.
Monta 6 puntos.
Vueltas 1 y 2 (D): Pd.
Vuelta 3: Levanta 10 abalorios a lo largo del hilo y apriétalos junto al primer punto que se presenta en la aguja izquierda, 1 pd ret, pr hasta el final, dejando la anilla de abalorios en su sitio.
Vueltas 4, 5, y 6: Pd.
Rep las vueltas 1 a 6.

RIBETE DE CONCHAS CALADO

Instrucciones
Monta un número de puntos múltiplo de 6 y 1 punto más.
Vuelta 1 (D): Pd.
Vuelta 2: Pr.
Vuelta 3: **[1 pd, 1 pr, 1 pd, 1 pr, 1 pd] en el sig p, 5 pdj, rep desde * hasta el final.
Vuelta 4: Pr.
Rep las vueltas 1 a 4.

RIBETE DE OCHOS

Instrucciones
Abreviatura especial
o8det: Pasar 2 p a la aguja para ochos y dejarlos por detrás de la labor, tejer 2 pd y luego 2 pd de la aguja para ochos.
Monta 12 puntos.
Vuelta 1 (D): Pd.
Vuelta 2: 2 pd, 8 pr, 2 pd.
Rep las últimas 2 vueltas dos veces más.
Vuelta 7: 2 pd, o8det, 2 pd.
Vuelta 8: 2 pd, 8 pr, 2 pd.
Vuelta 9: Pd.
Rep las últimas 2 vueltas dos veces más y luego de nuevo la vuelta 8.
Rep las vueltas 1 a 14.

MEDALLONES

CÍRCULO SENCILLO

Instrucciones
Monta 8 puntos en una aguja. Luego pasa 2 puntos a cada una de cuatro agujas de doble punta y teje con una quinta aguja, también de doble punta, como se indica a continuación:
Vuelta 1: [1 p ret] dos veces en cada aguja.
Vuelta 2: [2 p en 1 en cada p] en cada aguja. (16 p)
Vueltas 3, 4, y 5: Pd.
Vuelta 6: [2 p en 1 en cada p] en cada aguja. (36 p)
Vueltas 7, 8, 9, 10, y 11: Pd.
Vuelta 12: Rep la vuelta 6. (64 p)
Vueltas 13, 14, 15, 16, 17, 18, y 19: Pd.
Vuelta 20: [2 p en 1 cada 2 p] en cada aguja. (96 p)
Vueltas 21, 22, 23, 24, y 25: Pd.
Vuelta 26: [2 p en 1 cada 3 p] en cada aguja. (128 p)
Vueltas 27, 28, 29, 30, y 31: Pd.
Vuelta 32: [2 p en 1 cada 4 p] en cada aguja. (160 p)
Continúa aumentando 32 puntos cada 6 vueltas y haciendo los aumentos en la vuelta siguiente tejiendo 2 p en 1 (por delante y por detrás de la lazada) cada 5 puntos, en la siguiente cada 6 puntos, y así sucesivamente, hasta que el círculo tenga el tamaño deseado.
Cierra los puntos del derecho.

CUADRADO SENCILLO

Instrucciones
Monta 8 puntos en una aguja. Luego pasa 2 puntos a cada una de cuatro agujas de doble punta y teje con una quinta aguja, también de doble punta, como se indica a continuación:
Vuelta 1: [2 p en 1] cuatro veces en cada una de las cuatro agujas.
Vuelta 2: [2 p en 1 en cada p] en cada una de las cuatro agujas. (16 p)
Vuelta 3: Pd.
Vuelta 4: [Pd, tejiendo 2 p en 1 en el primer y el segundo punto] en cada una de las cuatro agujas. (24 p)
Rep las vueltas 3 y 4 (aumentando 8 p en cada vuelta) hasta que el cuadrado tenga el tamaño deseado.
Cierra los puntos del derecho.

CUADRADO CON AUMENTOS EN ESPIRAL

Instrucciones
Monta 8 puntos en una aguja. Luego pasa 2 puntos a cada una de cuatro agujas de doble punta y teje con una quinta aguja, también de doble punta, como se indica a continuación:
Vuelta 1: [2 p en 1] dos veces en cada una de las cuatro agujas.
Vuelta 2: Pd, echando el hilo antes del primer p, en cada una de las cuatro agujas. (12 p)
Rep la vuelta 2 (aumentando 4 p en cada vuelta) hasta que el cuadrado tenga el tamaño deseado.
Cierra los puntos del derecho.

HEXÁGONO

Instrucciones
Monta 12 puntos en una aguja. Luego pasa 4 puntos a cada una de tres agujas de doble punta y teje con una cuarta aguja, también de doble punta, como se indica a continuación:
Vuelta 1: [2 p en 1] cuatro veces en cada una de las tres agujas.
Vuelta 2: [Eh, 2 pd, eh, 2 pd] en cada una de las tres agujas. (18 p)
Vuelta 3: Pd.
Vuelta 4: [Eh, 3 pd, eh, 3 pd] en cada una de las tres agujas. (24 p)
Vuelta 5: Pd.
Vuelta 6: [Eh, pd hasta la mitad de los restantes p de la aguja, eh, pd hasta el final de la aguja], en cada una de las tres agujas. (30 p)
Rep las vueltas 5 y 6 (aumentando 6 p en cada vuelta alterna) hasta que el hexágono tenga el tamaño deseado.
Cierra los puntos del derecho.

OCTÓGONO SENCILLO

Instrucciones
Monta 8 puntos en una aguja. Luego pasa 2 puntos a cada una de cuatro agujas de doble punta y teje con una quinta aguja, también de doble punta, como se indica a continuación:
Vuelta 1: [2 p en 1] dos veces en cada una de las cuatro agujas.
Vuelta 2: 2 p en 1 en cada una de las cuatro agujas. (16 p)
Vuelta 3 y todas las vueltas impares: Pd.
Vuelta 4: [1 pd, 2 p en 1, 1 pd, 2 p en 1] en cada una de las cuatro agujas. (24 p)
Vuelta 6: [2 pd, 2 p en 1, 2 pd, 2 p en 1] en cada una de las cuatro agujas. (32 p)
Vuelta 8: [3 pd, 2 p en 1, 3 pd, 2 p en 1] en cada una de las cuatro agujas. (40 p)
Vuelta 10: [4 pd, 2 p en 1, 4 pd, 2 p en 1] en cada una de las cuatro agujas. (48 p)
Vuelta 12: [5 pd, 2 p en 1, 5 pd, 2 p en 1] en cada una de las cuatro agujas. (56 p)
Cont de este modo (aumentando 8 p en vueltas alternas) hasta que el octógono tenga el tamaño deseado.
Cierra los puntos del derecho.

CUADRADO A INGLETE

Instrucciones
Monta 55 puntos.
Vuelta 1 (D): 26 pd, des2-1pd-mon2, pd hasta el final. (53 p)
Vuelta 2 y todas las vueltas sig alternas. Pd.
Vuelta 3: 25 pd, des2-1pd-mon2, pd hasta el final. (51 p)
Vuelta 5: 24 pd, des2-1pd-mon2, pd hasta el final. (49 p)
Cont menguando en las vueltas del D, tejiendo un punto menos antes de hacer el menguado en cada vuelta (por ejemplo: 23 p en la vuelta 6; 22 p en la vuelta 7) hasta que queden 3 p, acabando con una vuelta del R.
Vuelta sig: Des2-1pd-mon2. (1 p)
Saca el hilo a través del punto restante para rematar.

CUADRADO CON CALADOS

Instrucciones
Monta 8 puntos en una aguja. Luego pasa 2 puntos a cada una de cuatro agujas de doble punta y teje con una quinta aguja, también de doble punta, como se indica a continuación:
Vuelta 1: [2 p en 1] dos veces en cada una de las cuatro agujas.
Vuelta 2: [Eh, 1 pd, eh, 1 pd] en cada una de las cuatro agujas. (16 p)
Vuelta 3: Pd.
Vuelta 4: [Eh, 3 pd, eh, 1 pd] en cada una de las cuatro agujas. (24 p)
Vuelta 5: Pd.
Vuelta 6: [Eh, pr hasta el último p, eh, 1 pd] en cada una de las cuatro agujas. (32 p)
Rep las vueltas 5 y 6 (aumentando 8 p en cada vuelta alterna) hasta que el cuadrado tenga el tamaño deseado.
Cerrar los puntos del derecho.

PUNTO CON CUENTAS

DESTELLOS DISPERSOS

Instrucciones
Abreviatura especial
cc: colocar cuenta/abalorio.
Monta un número de puntos múltiplo de 6 y 2 puntos más.
Vuelta 1 (D): Pd.
Vuelta 2: Pr.
Vuelta 3: 1 pd, *cc, 5 pd, rep desde * hasta el último p, 1 pd.
Vuelta 4: Pr.
Vuelta 5: Pd.
Vuelta 6: Pr.
Vuelta 7: 1 pd, *3 pd, cc, 2 pd, rep desde * hasta el último p, 1 pd.
Vuelta 8: Pr.
Rep las vueltas 1 a 8.

ABALORIOS EN DIAGONAL

Instrucciones
Abreviatura especial
cc: colocar cuenta/abalorio.
Monta un número de puntos múltiplo de 5 y 2 puntos más.
Vuelta 1: 1 pd, *2 pd, cc, 2 pd, rep desde * hasta el último p, 1 pd.
Vuelta 2 y todas las vueltas sig alternas: Pr.
Vuelta 3: 1 pd, *1 pd, cc, 3 pd, rep desde * hasta el último p, 1 pd.
Vuelta 5: 1 pd, cc, 4 pd, rep desde hasta el último p, 1 pd.
Vuelta 7: 1 pd, *4 pd, cc, 1 pd, rep desde * hasta el último p, 1 pd.
Vuelta 9: 1 pd, *3 pd, cc, 1 pd, rep desde * hasta el último p, 1 pd.
Vuelta 10: Pr.
Rep las vueltas 1 a 10.

PUNTO DE JERSEY CON ABALORIOS

Instrucciones
Abreviatura especial
cc: colocar cuenta/abalorio.
Monta un número de puntos impar.
Vuelta 1: 1 pd, *cc, 1 pd, rep desde * hasta el final.
Vuelta 2: Pr.
Vuelta 3: 1 pd, *1 pd, cc, rep desde * hasta el último p, 1 pd.
Vuelta 4: Pr.
Rep las vueltas 1 a 4.

PUNTO DE ZIGZAG CON ABALORIOS

Instrucciones
Abreviatura especial
cc: colocar cuenta/abalorio.
Monta un número de puntos múltiplo de 10 y 1 punto más.
Empezando con una vuelta a pd, teje 2 vueltas a p de jersey.
Vuelta 1 (D): 1 pd, *cc, 1 pd, rep desde * hasta el final.
Vuelta 2 y todas las vueltas sig alternas (R): *1 pr, 1 pf rev, 3 pr, des 1-2 prj-mon, 3 pr, 1 pf, rep desde * hasta el último p, 1 pr.
Vueltas 3 y 5: Como la vuelta 1.
Vueltas 7, 9, y 11: Pd.
Vuelta 12: Como la vuelta 2.
Rep las vueltas 1 a 12.

PUNTO DE ROMBOS CON ABALORIOS

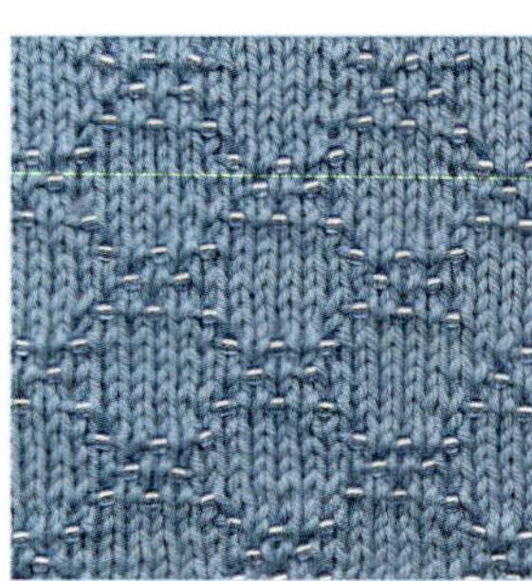

Instrucciones
Abreviatura especial
cc: colocar cuenta/abalorio.
Monta un número de puntos múltiplo de 10 y 7 puntos más.
Vuelta 1 (D): 1 pd *[cc, 1 pd] tres veces, 4 pd, rep desde * hasta los últimos 6 p, [cc. 1 pb] tres veces.
Vuelta 2 y todas las vueltas sig alternas: Pr.
Vuelta 3: 2 pd, *[cc, 1 pd] dos veces, 6 pd, rep desde * hasta los últimos 5 p, [cc, 1 pd] dos veces, 1 pd.
Vuelta 5: Como la vuelta 1.
Vuelta 7: 6 pd, *[cc, 1 pd] tres veces, 4 pd, rep desde * hasta los últimos 5 p, pd hasta el final.
Vuelta 9: 7 pd, *[cc, 1 pd] dos veces, 6 pd, rep desde * hasta el final.
Vuelta 11: Como la vuelta 7.
Rep las vueltas 1 a 12.

PUNTO *DIAMANTÉ*

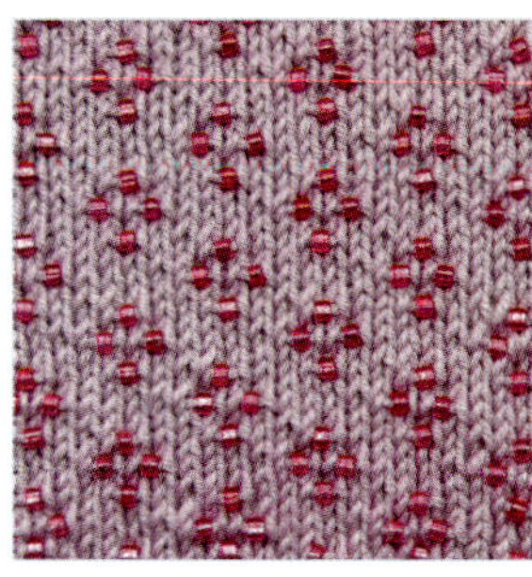

Instrucciones
Abreviatura especial
cc: colocar cuenta/abalorio.
Monta un número de puntos múltiplo de 8 y 2 puntos más.
Vuelta 1 (D): 1 pd, *1 pd, cc, 3 pd, cc, 2 pd, rep desde * hasta el último p, 1 pd.
Vuelta 3: 1 pd, *4 pd, cc, 1 pd, cc, 1 pd, rep desde * hasta el último p, 1 pd.
Vuelta 5: 1 pd, *1 pd, cc, 3 pd, cc, 2 pd, rep desde * hasta el último p, 1 pd.
Vuelta 7: 1 pd, *cc, 1 pd, cc, 5 pd, rep desde * hasta el último p, 1 pd.
Vuelta 8: Pr.
Rep las vueltas 1 a 8.

PUNTO BOBO CON ABALORIOS

Instrucciones
Abreviatura especial
cc: colocar cuenta/abalorio.
Monta un número de puntos impar.
Vuelta 1 (D): Pd.
Vuelta 2 y todas vueltas sig alternas: Pd.
Vuelta 3: 1 pd, *cc, 1 pd, rep desde * hasta el final.
Vueltas 5 y 6: Pd.
Rep las vueltas 1 a 6.

ABALORIOS EMBEBIDOS

Instrucciones
Abreviatura especial
cc: colocar cuenta/abalorio.
Monta un número de puntos múltiplo de 10 y 5 puntos más.
Vuelta 1 (D): Pd.
Vuelta 2: 1 pr, *3 pd, 7 pr, rep desde * hasta los últimos 4 p, 3 pd, 1 pr.
Vuelta 3: 2 pd, *cc, 9 pd, rep desde * hasta los últimos 2 p, 2 pd.
Vuelta 4: Pr.
Vuelta 5: Pd.
Vuelta 6: 6 pr, *3 pd, 7 pr, rep desde * hasta los últimos 9 p, 3 pd, pr hasta el final.
Vuelta 7: 7 pd, *cc, 9 pd, rep desde * hasta los últimos 8 p, cc, 7 pd.
Vuelta 8: Pr.
Rep las vueltas 1 a 8.

HILERAS DE ABALORIOS

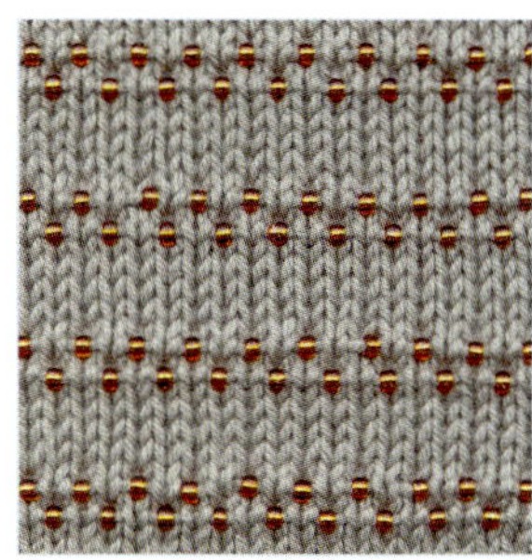

Instrucciones
Abreviatura especial
cc: colocar cuenta/abalorio.
Monta un número de puntos impar.
Vuelta 1 (D): Pd.
Vuelta 2 y todas las vueltas sig alternas: Pr.
Vuelta 3: *1 pd, cc, rep desde * hasta el último p, 1 pd.
Vuelta 5: 2 pd, *cc, 1 pd, rep desde * hasta el último p, 1 pd.
Vuelta 7: Pd.
Vuelta 8: Pr.
Rep las vueltas 1 a 8.

RAYAS VERTICALES DE LENTEJUELAS

Instrucciones
Abreviatura especial
cc: colocar cuenta/lentejuela.
Monta un número de puntos múltiplo de 8 y 1 punto más.
Vuelta 1: 1 pd, *2 pd, cc, 1 pd, cc, 3 pd, rep desde * hasta el final.
Vuelta 2: Pr.
Rep las vueltas 1 y 2.

TEJIDO DE LENTEJUELAS

Instrucciones
Abreviatura especial
cc: colocar cuenta/lentejuela.
Monta un número de puntos impar.
Vuelta 1: 1 pd, *cc, 1 pd, rep desde * hasta el final.
Vuelta 2: Pr.
Vuelta 3: *1 pd, cc, rep desde * hasta el último p, 1 pd.
Vuelta 4: Pr.
Rep las vueltas 1 a 4.

JUGUETES DE PUNTO: INSTRUCCIONES DEL MONO
(pp. 238–243)

CUERPO Y CABEZA
Se tejen de una sola pieza, empezando por el extremo inferior del cuerpo.
Monta 20 puntos con uno de los hilos para las rayas (B, C, D o E), dejando un cabo suelto largo para la costura de la espalda.
Vuelta 1 (D): [2 pd en 1, 1 pd] diez veces. (30 p)
Vuelta 2: Pr.
Vuelta 3: 1 pd, [1 pf, 3 pd] nueve veces, 1 pf, 2 pd. (40 p)
Vuelta 4: Pr.
Vuelta 5: 2 pd [1 pf, 4 pd] nueve veces, 1 pf, 2 pd. (50 p)
Cont tejiendo rayas regulares a p de jersey durante 13 vueltas más, acabando con el D de la labor de frente para la vuelta sig.
Cont tejiendo rayas regulares (colores B, C, D y E) a p de jersey como se indica a continuación:
Vuelta sig (D): 6 pd, [2 pdj, 10 pd] tres veces, 2 pdj, 6 pd. (46 p)
1 vuelta a pr.
Vuelta sig: 1 pd, [2 pdj, 4 pd] siete veces, 2 pdj, 1 pd. (38 p)
1 vuelta a pr.
Vuelta sig: 3 pd, [2 pdj, 8 pd] tres veces, 2 pdj, 3 pd. (34 p)
1 vuelta a pr.
Vuelta sig: 4 pd, [2 pdj, 3 pd] seis veces. (28 p)
Teje 9 vueltas sin aumentar ni menguar, acabando con el D de frente para la vuelta siguiente.
Forma de los hombros
Vuelta sig (D): 6 pd, 2 pdj, 12 pd, 2 pdj, 6 pd. (26 p)
1 vuelta a pr.
Vuelta sig: 5 pd, des1-2pdj-mon, 10 pd, des1-2pdj-mon, 5 pd. (22 p)
1 vuelta a pr.
Vuelta sig: 4 pd, des1-2 pdj-mon, 8 pd, des1-2pdj-mon, 4 pd. (18 p)
1 vuelta a pr.
Cabeza
Vuelta sig (D): 2 pd, [2 p en 1, 1 pd] ocho veces. (26 p)
1 vuelta a pr.
Vuelta sig: 2 pd, [1 pf, 3 pd] ocho veces. (34 p)
1 vuelta a pr.
Vuelta sig: 4 pd, [1 pf, 5 pd] seis veces. (40 p).
Teje 17 vueltas sin aumentar ni menguar, acabando con el D de frente para la vuelta siguiente.
Vuelta sig: 2 pd, [2 pdj, 3 pd] siete veces, 2 pdj, 1 pd. (32 p)
1 vuelta a pr.
Vuelta sig: 1 pd, [2 pdj, 2 pd] siete veces, 2 pdj, 1 pd. (24 p)
1 vuelta a pr.
Vuelta sig: [2 pdj, 1 pd] ocho veces. (16 p)
1 vuelta a pr.
Vuelta sig: 2 pdj ocho veces. (8 p)
Vuelta sig: 2 pdj siete veces. (4 p)
Corta el hilo, dejando un cabo suelto largo. Enhebra el cabo en una aguja lanera de punta roma y pásalo por los 4 puntos restantes dejándolos caer de la aguja. Tira del hilo para juntar los puntos y afiánzalo con unas puntadas.

PIERNAS (teje 2)
Cada pierna se empieza por la punta del pie.
Monta 6 puntos con el hilo A (el color para pies y manos), siguiendo el método de montaje simple (p. 91) y dejando un cabo suelto largo.
Vuelta 1 (D): 2 p en 1 cinco veces, 1 pd. (11 p)
Vuelta 2: Pr.
Vuelta 3: 1 pd, [1 pf, 1 pd] diez veces. (21 p)
Empezando con una vuelta a pr, teje 9 vueltas a p de jersey, acabando con el D de frente para la vuelta siguiente.
Vuelta 13 (D): 2 pd, [2 pdj, 3 pd] tres veces, 2pdj, 2 pd. (17 p)
Vuelta 14: Pr.
Corta el hilo A.
Cont tejiendo rayas regulares (de hilo B, C, D, y E) a p de jersey como se indica a continuación:
Teje 10 vueltas sin aumentar ni menguar, acabando con el D de frente para la vuelta siguiente.
Vuelta sig (D): 4 pd, 2 pdj, 6 pd, 2 pdj, 3 pd. (15 p)
Teje 15 vueltas sin aumentar ni menguar.
Vuelta sig (D): 3 pd, [2 pdj, 2 pd] dos veces, 2pdj, 2 pd. (12 p) **
Teje 11 vueltas sin aumentar ni menguar.
Cierra los puntos del derecho.

BRAZOS (teje 2)
Cada brazo se empieza por el extremo de la mano.
Teje igual que la pierna hasta **.
Teje 7 vueltas sin aumentar ni menguar.
Cierra 2 p al principio de las 4 vueltas sig.
Cierra los 4 puntos restantes, dejando un cabo suelto largo para coser el brazo al cuerpo.

HOCICO
Monta 6 p con uno de los colores de las rayas, (B, C, D o E), siguiendo el método de montaje simple (p. 91) y dejando un cabo suelto largo.
Vuelta 1 (D): [2 p en 1] cinco veces, 1 pd. (11 p)
Vuelta 2: Pr.
Vuelta 3: 1 pd, [1 pf, 1 pd] diez veces. (21 p)
Vuelta 4: Pr.
Corta el hilo y cámbialo por otro de los colores de las rayas para el resto del hocico.
Vuelta 5: 1 pd, [1 pf, 1 pd] diez veces. (31 p)
Empezando con una vuelta a pr, teje 5 vueltas a p de jersey.
Cierra los puntos del derecho, dejando un cabo suelto largo para coser el hocico a la cabeza.

OREJAS (teje 2)
Monta 3 p con el hilo F (el color para las orejas y la cola).
Vuelta 1 (R): 2 p en 1 dos veces, 1 pd. (5 p)
Nota: Haz los siguientes aumentos echando el hilo, asegurándote de que este se cruce al hacer los puntos correspondientes de la vuelta siguiente para cerrar el agujero tejiendo por la parte posterior de la lazada.
Vuelta 2 (D): [1 pd, eh] cuatro veces, 1 pd. (9 p)
Vuelta 3: Pd hasta el final, tejiendo cada aum de hilo por la parte posterior de la lazada.
Vuelta 4: [2 pd, eh] cuatro veces, 1 pd. (13 p)
Vuelta 5: Rep la vuelta 3.
Vuelta 6: Pd.
Teje 2 vueltas a pd.
Cierra los puntos del derecho, sin apretar, dejando un cabo suelto largo para fruncir la oreja y darle forma cóncava antes de coserla a la cabeza.

COLA
Monta 3 p con el hilo F (el color para orejas y cola), dejando un cabo suelto largo para coser la cola al cuerpo.
Teje a punto bobo (todas las vueltas a pd) hasta tener una tira un poco más larga que las piernas (o tan larga como prefieras).
En la vuelta siguiente, des1-2pdj-mon, y después remata el hilo.
La tira de la cola se enroscará por sí sola: no la planches.

ACABADO
Termina el mono como se indica en las páginas 238 a 243.

ESQUEMA DE LA FUNDA DE COJÍN FIELTRADA (pp. 314–315)

CLAVE

● Hilo A

□ Hilo B

GLOSARIO

aguja para ochos
Aguja de punto con una parte doblada formando un pico o una U, que se usa para tejer ochos.

agujas circulares
Par de agujas cortas unidas por un alambre o un tubito flexible, generalmente utilizadas para tejer en redondo (punto circular), así como labores grandes que por su anchura no cabrían en las agujas rectas convencionales.

agujas de doble punta
Agujas de punto que tienen una punta en cada extremo. Para tejer en redondo labores pequeñas, como mitones o calcetines, se usa un juego de cuatro o cinco agujas de este tipo.

alambre de estirado
Alambre que se inserta a lo largo del borde de una pieza de encaje para que conserve la forma.

algodón mercerizado
Hilo de algodón tratado para reforzarlo y darle brillo, también llamado perlé. Es especialmente adecuado para tejer artículos resistentes y que no se deformen, como un bolso.

aumentos
Puntos que se añaden mientras se teje. Pueden combinarse con otros puntos para dar forma a una pieza o crear texturas.

aumentos de hilo
Puntos que se añaden al mismo tiempo que se crean agujeros con fines decorativos, por ejemplo, al tejer motivos calados o encaje. Pueden hacerse de distintas maneras: echando el hilo entre puntos del derecho, entre puntos del revés, entre puntos del derecho y del revés, o al principio de una vuelta.

calibrador de agujas de punto
Utensilio para identificar el tamaño (número) de las agujas pasándolas a través de un agujero.

canalé
Punto de gran elasticidad (por lo que también se le denomina punto elástico), que se usa en las partes de las prendas donde el tejido debe ajustarse al cuerpo. El canalé simple, o canalé 1×1, se teje alternando 1 punto del derecho y 1 punto del revés; el canalé 2×2, alternando 2 puntos del derecho y 2 puntos del revés, y así sucesivamente.

carrete
Pequeño utensilio de plástico de diversas formas en el que se enrolla un hilo, muy útil para tejer motivos de intarsia con muchos colores.

cerrar los puntos
Completar una pieza de punto rematando las lazadas de los puntos de manera que estos no puedan deshacerse.

cierre con tres agujas
Método para cerrar los puntos uniendo dos series de puntos al mismo tiempo. Así se obtiene una costura firme y pulida, con un acabado liso por el derecho de la labor. Es una forma estupenda de acabar la puntera de un calcetín o la parte de las puntas de los dedos de un mitón.

cordoncillo
Tubo estrecho de punto tejido con tricotín o con agujas de doble punta, utilizado para cordones, tirantes y lazos o para ribetear.

cuentas para punto
Cuentas con un agujero central de distinto tamaño, adecuado para grosores de hilo específicos. Generalmente son lavables y de colores sólidos.

devanadera
Instrumento de madera que se utiliza junto con una ovilladora para convertir una madeja en ovillo.

ensartar cuentas
Proceso para agilizar el tejido de punto con cuentas pasando estas a lo largo del hilo antes de empezar, con ayuda de una aguja de coser y una lazada de hilo. Después, las cuentas se insertan en el tejido llevándolas a la cara delantera de la labor y rodeándolas con un punto deslizado.

estilo continental o alemán
Manera de tejer sujetando el hilo enrollándolo en la mano izquierda y usando los dedos de esta mano para colocarlo en la posición necesaria para crear los puntos.

estilo inglés
Manera de tejer sujetando el hilo enrollándolo en la mano derecha y usando el índice de esta mano para pasarlo alrededor de la aguja.

estirado
Proceso de acabado de una pieza de punto por el que se le da forma aplicándole agua o vapor.

Fair Isle
Técnica para tejer motivos geométricos multicolores originaria de la isla escocesa Fair Isle y posteriormente de las islas Shetland, también denominada jacquard. Véase también **jacquard**.

faja
Banda o cinta ancha de papel que rodea un ovillo o una madeja y en la que habitualmente se especifican las características del hilo: contenido de fibras, peso, longitud, tamaño de agujas recomendado, tensión del tejido e instrucciones de lavado.

fibra
Filamento obtenido a partir del pelo de un animal, o de origen artificial (fibra sintética), o derivado de una planta, que se procesa y se hila para fabricar un hilo.

hilo
Conjunto de fibras hiladas para formar una hebra larga idónea para tejer. Los hilos pueden ser de fibras naturales o artificiales, de mezclas de ambas, o de otros materiales.

hilo de varios cabos
Hilo formado por más de una hebra (o cabo) de fibras hiladas. Casi todos los hilos para hacer punto son de varios cabos, ya que ello evita que se retuerzan y el tejido se incline en diagonal.

horma para calcetines
Utensilio plano de plástico o madera que se introduce en un calcetín acabado para darle forma humedeciéndolo.

intarsia
Técnica para tejer motivos con hilos de distintos colores. Al cambiar de color, los hilos se entrecruzan o retuercen entre sí para evitar agujeros y no se transportan a lo largo del revés de la labor, por lo que se gasta menos hilo que con la técnica jacquard.

jacquard
Técnica empleada para tejer motivos multicolores llevando los hilos de los colores con los que no se trabaja a lo largo del revés de la labor hasta donde se vuelven a necesitar. Estos hilos también pueden entretejerse.

jacquard bordado o falso jacquard
Motivo creado trabajando con un hilo de distinto color sobre puntos de vueltas anteriores, en vez de tejiendo con dos hilos diferentes en cada vuelta.

lanolina
Sustancia grasa que contiene la lana de oveja.

madeja
Hilo recogido en grandes vueltas regulares que requiere ser devanado antes de usarlo.

medallón
Pieza plana circular, cuadrada, hexagonal u octogonal que se teje desde el centro hacia fuera.

menguados
Disminuciones del número de puntos mientras se teje a fin de dar forma a una pieza y crear texturas en combinación con otros puntos.

montaje (o cierre) tubular
También denominado montaje (o cierre) invisible, produce un borde excelente para un canalé simple. Es preferible usar agujas al menos dos números más finas que las del tejido principal para evitar que el canalé ceda y se deforme.

montaje doble
Cualquiera de los métodos para montar los puntos utilizando dos hilos o hebras. Tiende a formar un borde fuerte y elástico.

montaje en ochos
Método para montar los puntos con el que se obtiene un borde firme con aspecto de cordón, pulido y bien definido.

montaje para encaje
Método para montar los puntos que produce un efecto más flojo y abierto que los otros

métodos, especialmente indicado para tejer encaje y puntillas.

montaje simple
Cualquiera de los métodos para montar los puntos usando un solo hilo o hebra. El borde resultante suele ser flojo; si se retuercen los puntos quedará más firme.

montaje tejido del derecho
Método para montar los puntos utilizando dos agujas para combinar el montaje con el tejido de la primera vuelta. Si los puntos se tejen por delante (es decir, insertando la aguja por la parte anterior de la lazada) se crea un borde suave; si se tejen por detrás (por la parte posterior de la lazada), el borde queda más firme.

montaje trenzado
Véase **montaje en ochos**.

montar los puntos
Formar en una aguja el número de puntos iniciales al empezar a tejer una pieza de punto. Existen diversos métodos de montaje: la elección dependerá del efecto que se quiera conseguir.

muestra de tensión
Pieza de punto cuadrada, generalmente de 10 cm de lado, con el número de puntos por vuelta y de vueltas adecuado para la tensión requerida para una labor. Es preciso conseguir la tensión indicada en las instrucciones o el patrón; de lo contrario, la prenda o el artículo no tendrá la talla o el tamaño correctos.

nudo corredizo
Nudo que se hace para colocar la primera lazada en la aguja al empezar a montar los puntos.

ochos
Motivo creado cruzando varios puntos sobre otros en cada vuelta y que suele tener aspecto de trenza o de cuerda. Los puntos cruzados pertenecen a la misma familia.

ovilladora
Utensilio para devanar madejas y también dos o más hilos juntos para obtener una hebra doble. Con frecuencia se utiliza junto con una devanadera.

ovillo
Hilo que se vende ya devanado en forma de pelota o más alargada, listo para tejer.

perlé
Véase **algodón mercerizado**.

pespunte
Punto de costura utilizado para obtener costuras rectas y firmes que se hace por el revés de la labor.

pilling
Formación de bolitas de pelusa por aglomeración de pelillos que se desprenden por roce o desgaste de un tejido de punto.

pompón
Bola de hilo mullida, utilizada en ribetes o como adorno aislado.

punto al bies
Tejido que se hace dando a la pieza forma diagonal, inclinada hacia la izquierda o hacia la derecha.

punto bobo
También llamado punto Santa Clara, se hace tejiendo a punto del derecho todas las vueltas, sea cual sea la cara de la labor. El tejido resultante es grueso e idéntico por las dos caras, y no se enrolla en los bordes.

punto circular
Tejido hecho con agujas circulares o de doble punta para obtener una pieza sin costuras, como un gorro. No requiere girar la labor ni tejer vueltas por la cara del revés. Véase también **punto tubular**.

punto colchonero
Punto de costura casi invisible utilizado para unir piezas con el derecho de frente. Solo forma una pequeña costura por el revés de la labor.

punto de jersey
También llamado punto de media, se hace tejiendo a punto del derecho cada vuelta cuando se trabaja con el derecho de la labor de frente y a punto del revés cuando se trabaja con el revés de la labor de frente.

punto de media
Véase **punto de jersey**.

punto del derecho
Uno de los dos puntos básicos del tejido con agujas.

punto del revés
Uno de los dos puntos básicos del tejido con agujas.

punto deslizado
Punto que se pasa de la aguja izquierda a la derecha sin tejer. Generalmente los puntos se deslizan del revés (como si fueran a tejerse del revés), y con mucha menos frecuencia, del derecho. Los puntos deslizados al principio de cada vuelta pueden crear un borde muy pulido (orillo deslizado).

punto doble o doble faz
Véase **punto tubular**.

punto elástico
Véase **canalé**.

punto multicolor
Cualquiera de los métodos para introducir el color en un tejido de punto, ya sea combinando rayas o tejiendo motivos mediante las técnicas jacquard e intarsia, o deslizando puntos.

punto retorcido
Punto hecho insertando la aguja por la parte posterior de la lazada, con lo que se gira o retuerce el punto de la vuelta de abajo, y las «patas» del nuevo punto se cruzan en la base.

punto tubular
También llamado punto doble, o doble faz, se teje con agujas rectas deslizando uno de cada dos puntos y crea un tejido doble, con dos caras que pueden ser de distinto color.

punto tunecino
Punto hecho con agujas que origina un tejido similar al de ganchillo.

puntos abiertos
Puntos con los que se está trabajando o se mantienen en espera en una aguja auxiliar para seguir tejiendo después.

puntos cruzados
Puntos que se cruzan uno sobre otro formando un motivo de ochos estrecho, inclinándose hacia la izquierda o hacia la derecha. Para tejerlos no se precisa una aguja para ochos.

puntos en espera
Puntos que se deslizan a una aguja auxiliar o guardapuntos para continuar tejiendo sobre ellos posteriormente.

rematar los cabos sueltos
Proceso de acabado de una pieza de punto consistente en entretejer los extremos de los hilos que quedan colgando (por ejemplo, en los bordes de montaje y de cierre), para ocultarlos.

sobrehilado
Punto de costura utilizado para unir dos piezas de punto encaradas por el derecho mediante pequeñas puntadas a través de los puntos de los bordes. También se le llama punto por encima.

subir (el hilo) por el lado
Método para mantener pulidos los bordes de un tejido a rayas de dos colores en vueltas pares. Los hilos de distinto color se entrecruzan y se llevan hacia arriba por el lado de la pieza.

tejer del derecho
Trabajar con la cara de la labor de frente, insertando la aguja de la mano derecha en una lazada para tejer un punto del derecho. Véase también **tejer del revés**.

tejer del revés
Trabajar con los puntos de frente, insertando la aguja derecha en un punto como para hacer un punto del revés. Véase también **tejer del derecho**.

tejer en redondo
Véase **punto circular**.

tejer en vueltas cortas o acortadas
Técnica utilizada para dar forma a los hombros, curvar un bajo, hacer pinzas y redondear el talón de los calcetines. Las vueltas cortas se añaden solo en una parte de la labor, tejiendo una vuelta parcialmente en vez de completarla y usando uno de los tres métodos posibles para girar a fin de cerrar agujeros.

topes de agujas
Capuchones de plástico similares a los protectores de puntas de las agujas normales, utilizados para evitar que se salgan los puntos de las agujas de doble punta.

unidad de hilo
Cantidad específica de hilo preparada para la venta, como un ovillo o una madeja.

ÍNDICE

ÍNDICE

D

E

AGRADECIMIENTOS

Vikki Haffenden Este libro no habría sido posible sin el amor, la comprensión y las tazas de té de mi familia: Ross, Jack, Ben y Tom; su continuo apoyo ha sido un fabuloso regalo. Agradezco también a Gail y Mary, así como a Nikki Sims, Danielle Di Michiel y al equipo de DK su paciencia y entusiasmo con mis continuos añadidos y correcciones. También deseo expresar mi gratitud a todas las personas talentosas del mundo del tejido y el diseño, del pasado y del presente, que son fuente de inspiración para todos nosotros.

Frederica Patmore Quisiera expresar mi gratitud a Rowan Yarns por su ayuda con sus fabulosos hilos y prendas, especialmente a Sarah y Sharon, las Kidsilk Queens. Un agradecimiento muy especial a todas mis maravillosas tejedoras y a las verificadoras de patrones: ¡qué manos tan increíbles tienen todas! Finalmente, muchas gracias a DK por contar con mi colaboración: ha sido un placer trabajar con esta gran editorial, ¡especialmente contigo, Danielle!

Especialistas en patrones de punto: Karen Rogers, Karina Westermann, Sophie Adamantos, Paula Martin, Karin King, Natalie Warner, Angela Connor, Janet Semus, Annette Traves, Fiona Winning, Juliana Yeo, Caroline Pearce, Kay Massingham, Lisa MacNaughton, Juliet Bernard, Nancy Edwards, Emily Blades, Caroline Birkett, Zoë Halstead, Susie Johns, Val Pierce, y Jenni Pitt.

Dorling Kindersley UK expresa su agradecimiento a: Jo Allport, Shirley Bradford, Sian Brown, Caroline Birkett, Tessa Dennison, Zoë Halstead y Fiona Morris por los diseños de labores; Carol Ibbetson por la revisión de los patrones; Ruth Jenkinson por las fotografías; Rose Sharp Jones y Poppy Blakiston Houston por su asistencia técnica en la sesión de fotos; Caroline de Souza y XAB Design por su dirección de arte en la sesión de fotos; Rowan Yarns por ofrecernos sus hermosos hilos; Lana Pura por suministrar hilos y otros materiales; David MacLeod, de Rowan, y Ruth Cross por prestarnos prendas de vestir para las fotografías; Peter Anderson por fotografiar las imágenes de doble página; Jenny Latham y Oreolu Grillo por la revisión de los textos, y Vanessa y Hilary Bird por la elaboración del índice.

Dorling Kindersley India da las gracias a: Minal Gupta, Mimmy Jain, Mukta Roy, Aditi Batra y Simran Kaur por su apoyo en las sesiones fotográficas, y Dharini Ganesh por su ayuda en la edición.

DORLING KINDERSLEY

Edición Danielle Di Michiel
Edición de arte Jane Ewart
Edición Katie Hardwicke y Fiona Corbridge
Coordinación editorial Dawn Henderson
Coordinación de arte Christine Keilty
Diseño de cubiertas Nicola Powling
Producción editorial Jennifer Murray
Coordinación de producción Alice Sykes
Soporte técnico creativo Sonia Charbonnier

ACERCA DE LAS AUTORAS

Vikki Haffenden, autora de los capítulos de técnicas, es una experta en tejidos con especial atención al diseño y la práctica del tejido digital. Para esta nueva edición, Vikki ha revisado y actualizado toda la primera edición. Su trabajo como investigadora se ha centrado en el análisis de la relación de la industria y el consumidor con los tejidos de punto, especialmente en temas relacionados con la forma del cuerpo femenino. Tras años de experiencia profesional en el ámbito del diseño industrial y de la consultorúa, Vikki ha aplicado a su labor docente en la Universidad de Brighton sus conocimientos sobre el diseño de punto por ordenador. Ha colaborado en *The Knitting Book* (2011), *Knit Step by Step* (2012), *Big Book of Knitting* (2013) y *Baby & Toddler Knits Made Easy* (2013), todos ellos publicados por DK.

Frederica Patmore, autora de los capítulos sobre equipo y materiales, labores y puntos de la primera edición, también trabaja como consultora de diseño de Rowan Yarns, uno de los principales proveedores de hilos de lujo del mundo. Imparte todo tipo de cursos para diferentes niveles en las sedes de los grandes almacenes John Lewis y en tiendas especializadas, y colabora habitualmente en publicaciones de labores. Además de una maestra de la técnica del punto, es una consumada y exitosa diseñadora de patrones de punto.

Este libro se ha impreso con papel certificado por el Forest Stewardship Council™ como parte del compromiso de DK por un futuro sostenible. Para más información, visita www.dk.com/our-green-pledge.

DK LONDON

Edición
Nikki Sims y Kathryn Meeker
Edición de arte
Glenda Fisher y Tessa Bindloss
Edición
Amy Slack
Diseño
Hannah Moore
Auxiliar de edición
Poppy Blakiston Houston
Diseño de cubierta
Nicola Powling
Coordinación de cubiertas
Lucy Philpott
Preproducción
David Almond
Producción
Stephanie McConnell
Soporte técnico creativo
Sonia Charbonnier
Coordinación editorial
Stephanie Farrow
Coordinación de arte
Christine Keilty
Dirección de arte
Maxine Pedliham
Dirección de publicaciones
Mary-Clare Jerram

DE LA EDICIÓN ESPAÑOLA

Coordinación editorial
Marina Alcione
Asistencia editorial y producción
Eduard Sepúlveda

Nueva edición publicada en 2019

Publicado originalmente en Gran Bretaña en 2011 por Dorling Kindersley Limited
DK, One Embassy Gardens, 8 Viaduct Gardens, London, SW11 7BW

Parte de Penguin Random House

Título original: *The Knitting Book*
Primera edición 2023

Servicios editoriales: deleatur, s.l.
Traducción: María Ángeles Martínez de Marigorta

ISBN: 978-0-7440-8894-6

Impreso y encuadernado en China

Todas las imágenes © Dorling Kindersley Limited
Para más información: www.dkimages.com

Para mentes curiosas
www.dkespañol.com